数学核心素养研究丛书

大学视角下的
中学数学

Secondary School Mathematics
from a Collegiate Perspective

李尚志

著

华东师范大学出版社

·上海·

图书在版编目(CIP)数据

大学视角下的中学数学/李尚志著.—上海:华东师范大学出版社,2022

(数学核心素养研究丛书)
ISBN 978 - 7 - 5760 - 2929 - 1

Ⅰ.①大…　Ⅱ.①李…　Ⅲ.①中学数学课-教学研究
Ⅳ.①G633.602

中国版本图书馆 CIP 数据核字(2022)第 105047 号

DAXUE SHIJIAO XIA DE ZHONGXUE SHUXUE
大学视角下的中学数学

著　　者　李尚志
总 策 划　倪　明
项目编辑　汤　琪
责任编辑　孔令志　汤　琪　石　战　芮　磊　万源琳
责任校对　时东明
装帧设计　卢晓红

出版发行　华东师范大学出版社
社　　址　上海市中山北路 3663 号　邮编 200062
网　　址　www.ecnupress.com.cn
电　　话　021 - 60821666　行政传真 021 - 62572105
客服电话　021 - 62865537　门市(邮购)电话 021 - 62869887
地　　址　上海市中山北路 3663 号华东师范大学校内先锋路口
网　　店　http://hdsdcbs.tmall.com

印 刷 者　浙江临安曙光印务有限公司
开　　本　787 毫米×1092 毫米　1/16
印　　张　26
字　　数　400 千字
版　　次　2022 年 8 月第 1 版
印　　次　2024 年 6 月第 3 次
印　　数　72 01 - 9300
书　　号　ISBN 978 - 7 - 5760 - 2929 - 1
定　　价　78.00 元

出 版 人　王　焰

如发现图书内容有差错,或有更好的建议,请扫描下面的二维码联系我们。

(如发现本版图书有印订质量问题,请寄回本社客服中心调换或电话 021 - 62865537 联系)

内容提要

　　现在的中学教师,大多数读过大学甚至硕士博士。读了大学再去教中学,在大学学到的知识除了获得相应的文凭之外还有什么别的用处?既不能把大学数学术语或教育学术语硬搬到中学课堂上去,否则让学生越听越糊涂,也不可能扔掉大学知识去研究初等数学而搞出什么新成果,而应该是用大学的思维把中学教学中的困惑和疑难想清楚,再把知识翻译成中学生能听懂的"白话",让他们听明白。本书就是这种"白话翻译"的案例汇编,希望向中学老师展示一座连接中学与大学的桥梁,帮助他们将大学的思维与中小学的语言结合起来教好中学数学。师范院校的学生即将从事中小学教学,师范院校的老师要把这些学生培养成优秀的中小学教师,都需要这座桥梁,需要修炼这种翻译的功夫。另一方面,用中小学"白话"叙述的大学数学,更平易近人,能帮助大学新生以及社会其他公众跨过大学数学的高门槛,顺利进入大学数学的殿堂。

　　其实本书就是高观点下的中学数学。只不过,很多人心目中的"高观点"是用大学的名词术语把中学数学变得更加高不可攀,让人望而生畏,来显示自己高人一等。老子说"上善若水",技高一筹一定是像水那样"利万物而不争",只帮人干活而不高人一等。按照金庸笔下的武功秘籍,最高的武功不用"重剑",而用树枝、花朵,甚至不用固体而用"气"来克敌制胜。最高观点的数学也不是套用现成公式和算法来攻克难题,而是用大学的想法指挥中学甚至小学的知识来答疑解惑、攻坚克难。本书依靠的两大"武器":一是运算律,二是三角形面积公式,这些都是小学数学知识。但在大学视角和想法的指挥下这两个"武器"就锐利无比,所向披靡。如若不信,请看本书的案例。

　　中小学的"白话",有没有资格称为大学数学?简单知识解决复杂问题,就是欧几里得这样的老祖宗的传家宝,也是伽罗瓦这样的代数鼻祖发明的"抽象代数",是数学的最高武功。抽象代数就是用运算律推出全部代数。$\frac{1}{2}+\frac{1}{3}$ 为什么不等于 $\frac{2}{5}$ 而要通分,做除法为什么分母不能等于 0,负负为什么得正,非零数的 0 次幂为什么不等于 0 而等于 1,这些都不是哪个权威专家凭个人好恶所做的"规定",而是由大家都会的运算律出发通过逻辑推理得出的必然结论。鸡兔同笼问题是小学算术的难题,我们将鸡与兔用头、脚的数目表示成 $(1,2)$、$(1,4)$,问题就迎刃而解,小学生也能掌握,他不必知道这就是大学线性代数中数组向量的线性组合。为什么两点之间直线距离最短? 为什么点到直线的垂线段最短? 只需要作减法,看差大于 0 还是小于 0。 100^{99} 与 99^{100} 谁更大? 2022^{2021} 与 2021^{2022} 谁更大? 不需要奇思妙想,只需将两数相除,看它们的商大于 1 还是小于 1。要判定大于 1 还是小于 1,只需要知道当 $n>0$ 时 $e=2.71828\cdots$ 比 $\left(1+\frac{1}{n}\right)^n$ 大。中学生都知道 $e=2.71828\cdots$,却不知道这个奇怪的数有多么重要,有资格占用一个专门的字母"e"来表示。通过这个题他们就可以领略一次它的厉害。一次函数是最简单的函数,但很多不简单的函数 $f(x)$ 也可以在任一点 c 附近展开成自变量增量 $(x-c)$ 的多项式 $f(x)=f(c)+f'(c)(x-c)+\cdots$,这就是泰勒展开,一次项系数就是导数。书中有很多这样的简单例子,让你看到中学知识与大学知识之间没有悬崖峭壁,只隔一层窗户纸。

　　本书是把一部分窗户上的纸捅破让你们看看背后的风景,其余的窗户需要你们自己去打开,自己去观赏风景。

Executive Summary

Most of today's secondary school teachers have studied at university or even holding a master's or doctorate degree. After going to university and then teaching at secondary schools, what else is the use of knowledge acquired from university apart from getting a diploma? Teachers can neither show off own knowledge to transfer university mathematical terminologies or pedagogical terminologies to secondary school classrooms which make school students more confused, nor throw away university knowledge to study elementary mathematics and then produce new results. Instead, they should make use of the thought at the university level to figure out the confusions and difficulties in secondary school teaching, and then translate it into "vernacular" that school students can understand. This book is a compilation of cases of this kind of "vernacular translation" and the aim is to show secondary school teachers a bridge between secondary school and university and help them to combine the thought at the university level and the language at school level to teach secondary school mathematics well. As students in normal colleges and universities are about to teach primary and secondary schools, teachers in normal colleges and universities need to train these students into excellent school teachers and so they need this bridge and cultivate this kind of translation skills. On the other hand, college mathematics described in the vernacular of primary and secondary schools is more approachable which can help college freshmen and others of the public to cross the high threshold of college mathematics and enter the palace of college mathematics smoothly.

In fact, this book is about elementary mathematics from an advanced standpoint. However, "an advanced standpoint" in many people's minds is to use university terminologies to make secondary school mathematics even more unattainable and daunting, so as to show their superiority to others. LAO Tzu said, "the top class of virtue is like water", which means that one who is superior in skills must be like water, "benefit ten thousand objects without any demands of anything for return", and only help others work while not being superior to others. According to the martial arts secrets written by JIN Yong, the highest martial arts do not use "heavy swords", but branches, flowers, or even invisible "qi", to overcome enemy and win. The mathematics from an advanced standpoint is not to apply ready-made formulas and algorithms to overcome difficult problems, but to use the thought at the university level to direct the knowledge of secondary schools or even primary schools to solve questions and overcome difficulties. This book relies on two "weapons": one is operation laws and the other is triangle area formula, both of which are knowledge at the primary school level. However, such knowledge becomes extremely sharp and invincible from the perspective and the though at the university level. One does not need to talk like a bureaucrat, but speak the vernacular. If you do not believe, please read the cases in this book.

Is the "vernacular" of primary and secondary schools qualified to be called college mathematics? It is the heirloom of Euclid's ancestor to use simple knowledge to solve difficult problems, while Galois, the originator of algebra, founded "abstract algebra" also in this way, which is the highest martial arts of mathematics. Abstract algebra is about using the operation laws to derive all algebraic structures. Why is $\frac{1}{2} + \frac{1}{3}$ not equal to $\frac{2}{5}$ but needs a reduction to a common denominator? Why cannot the denominator be 0 when doing division? Why is the product of two negative real numbers positive? Why is the 0th power of a non-zero number not equal to 0 but 1? None of these is a "rule" made by any authoritative expert based on personal likes and dislikes, but an inevitable conclusion that any common person can draw through logical reasoning from operation laws. The question of chickens and rabbits in the same cage is a difficult arithmetic problem in primary school. We can write one chicken head and two feet as an array $(1,2)$ and one rabbit head and four feet as $(1,4)$, and then multiply the number of chickens and rabbits in the array so that the problem is solved easily and primary school students can also understand it. The students do not have to know that this is the linear combination of array vectors in college linear algebra. Why is the straight line distance between two points the shortest? Why is the vertical line segment from the point to the line the shortest? To compare the lengths, one only need to subtract them to see if the difference is greater than 0 or less than 0. Which is larger between 100^{99} and 99^{100}? Which is larger between $2\,022^{2\,021}$ and $2\,021^{2\,022}$? To compare two positive numbers, no fancy ideas are needed but just to divide them to see if their quotient is greater than 1 or less than 1. To determine whether it is greater than 1 or less than 1, one only needs to know when $n > 0$, all $\left(1+\dfrac{1}{n}\right)^{n}$ is smaller than e $= 2.718\,28\cdots$. All secondary school students know e $= 2.718\,28\cdots$, but they do not know how important this strange number is so as to be qualified to use a special letter "e" to represent. Through this question, one can appreciate its power. Linear function is the simplest function, while many non-simple functions $f(x)$ can also be expanded into a polynomial function near any point c with the independent variable increment $(x - c)$; that is, $f(x) = f(c) + f'(c)(x - c) + \cdots$, which is just the Taylor's expansion and its linear coefficient is exactly the derivative. This book is full of such simple examples, which show that there is no cliff between knowledge at the secondary school level and that at the college level but a layer of window paper.

This book will pierce the paper on some windows to show the scenery behind, while one needs to open the rest so as to enjoy the scenery by oneself.

目　录

总序　　　　　　　　　　　　　　　　　　　　　　　　　i

前言　　　　　　　　　　　　　　　　　　　　　　　　　v

第一章　数学核心素养　　　　　　　　　　　　　　　　1

　1.1　核心素养入门　　　　　　　　　　　　　　　　1

　1.2　规律不是规定　　　　　　　　　　　　　　　　5

　1.3　逻辑才能验证无穷　　　　　　　　　　　　　　10

　1.4　逻辑顺序——"儿子不能生老爸"　　　　　　　17

　1.5　数学建模——旧知识解决新问题　　　　　　　35

第二章　核心素养怎样考　　　　　　　　　　　　　　38

　2.1　数学题测数学素养　　　　　　　　　　　　　38

　2.2　自己发明行列式　　　　　　　　　　　　　　42

　2.3　伸缩与旋转　　　　　　　　　　　　　　　　54

　2.4　旧知识解决新问题　　　　　　　　　　　　　77

　2.5　因式分解　　　　　　　　　　　　　　　　　98

　2.6　代数几何共寻优　　　　　　　　　　　　　　114

　2.7　降维制胜　　　　　　　　　　　　　　　　　145

第三章　运算律主宰运算　　　　　　　　　　　　　　152

　3.1　自然数是怎样炼成的　　　　　　　　　　　　152

　3.2　数列造新数　　　　　　　　　　　　　　　　165

　3.3　数组分解与组合　　　　　　　　　　　　　　192

3.4　运算律指挥字母运算　　　　　　　　　　221

3.5　同余类　　　　　　　　　　261

3.6　导数与泰勒展开　　　　　　　　　　289

3.7　不等式　　　　　　　　　　317

3.8　分数逼近无理数　　　　　　　　　　340

3.9　运算律算几何　　　　　　　　　　372

Contents

Foreword   i

Preface   v

Chapter One   Mathematical Core Literacy   1

    Section 1.1   Introduction to core literacy   1

    Section 1.2   Rules are not regulations   5

    Section 1.3   Only logic can verify infinity   10

    Section 1.4   Logical order: A son cannot give birth to

                  a father   17

    Section 1.5   Mathematical modelling: Use old knowledge

                  to solve new problems   35

Chapter Two   How to Measure Core Literacy   38

    Section 2.1   Use mathematical problems to measure

                  mathematical literacy   38

    Section 2.2   Derive determinants by yourself   42

    Section 2.3   Scalings and rotations   54

    Section 2.4   Use old knowledge to solve new problems   77

    Section 2.5   Factorization   98

    Section 2.6   Co-optimization by both algebra and

                  geometry   114

    Section 2.7   One winning strategy by reducing

                  dimension   145

Chapter Three   Operation Laws Dominate Operations   152

    Section 3. 1   Where do natural numbers come from   152

    Section 3. 2   Use number sequences to create new numbers   165

    Section 3. 3   Array splitting and combination   192

    Section 3. 4   Operation laws direct the operation of

                  letters   221

    Section 3. 5   Congruence classes   261

    Section 3. 6   Derivatives and Taylor expansion   289

    Section 3. 7   Inequalities   317

    Section 3. 8   Use fractions to approximate irrational

                  numbers   340

    Section 3. 9   Operation laws calculate geometry   372

总　序

　　为了落实十八大提出的"立德树人"的根本任务,教育部 2014 年制定了《关于全面深化课程改革落实立德树人根本任务的意见》文件,其中提到:"教育部将组织研究提出各学段学生发展核心素养体系,明确学生应具备的适应终身发展和社会发展需要的必备品格和关键能力……依据学生发展核心素养体系,进一步明确各学段、各学科具体的育人目标和任务。"并且对正在进行中的普通高中课程标准的修订工作提出明确要求:要研制学科核心素养,把学科核心素养贯穿课程标准的始终。《普通高中数学课程标准(2017 年版)》(本文中,简称《标准(2017 年版)》)于 2017 年正式颁布。

　　作为教育目标的核心素养,是 1997 年由经济合作与发展组织(OECD)最先提出来的,后来联合国教科文组织、欧盟以及美国等国家都开始研究核心素养。通过查阅相关资料,我认为,提出核心素养的目的是要把以人为本的教育理念落到实处,要把教育目标落实到人,要对培养的人进行描述。具体来说,核心素养大概可以这样描述:后天形成的、与特定情境有关的、通过人的行为表现出来的知识、能力与态度,涉及人与社会、人与自己、人与工具三个方面。因此可以认为,核心素养是后天养成的,是在特定情境中表现出来的,是可以观察和考核的,主要包括知识、能力和态度。而人与社会、人与自己、人与工具这三个方面与北京师范大学研究小组的结论基本一致。

　　基于上面的原则,我们需要描述,通过高中阶段的数学教育,培养出来的人是什么样的。数学是基础教育阶段最为重要的学科之一,不管接受教育的人将来从事的工作是否与数学有关,基础教育阶段数学教育的终极培养目标都可以描述为:会用数学的眼光观察世界;会用数学的思维思考世界;会用数学的语言表达世界。本质上,这"三会"就是数学核心素养;也就是说,这"三会"是超越具体数学内容的数学教学课程目标。① 可以看到,数学核心素养是每个公民在工作和生活中可以表现出来的数学特质,是每个公民都应当具备的素养。在《标准(2017 年版)》的课程性质中进一步描述为:"数学在形成人的理性思维、科学精神和促进个人智力发展的过程中发挥着不可替代的作用。数学素养是现代社会每一个人应该具备的基本素养。数学教育承载着落实立德树人根本任务、发展素质教育的功能。数学教育帮助学生掌握现代生活和进一步学习所必需的数学知识、技能、思想和方法;提升学生的数学素养,引导学生会用数学眼光观察世界,会用数学思维思考世界,会用数学语言表达世界……"②

上面提到的"三会"过于宽泛,为了教师能够在数学教育的过程中有机地融入数学核心素养,需要把"三会"具体化,赋予内涵。于是《标准(2017 年版)》对数学核心素养作了具体描述:"数学学科核心素养是数学课程目标的集中体现,是具有数学基本特征的思维品质、关键能力以及情感、态度与价值观的综合体现,是在数学学习和应用的过程中逐步形成和发展的。数学学科核心素养包括:数学抽象、逻辑推理、数学建模、直观想象、数学运算和数据分析。这些数学学科核心素养既相对独立、又相互交融,是一个有机的整体。"③

数学的研究源于对现实世界的抽象,通过抽象得到数学的研究对象,基于抽象结构,借助符号运算、形式推理、模型构建等数学方法,理解和表达现实世界中事物的本质、关系和规律。正是因为有了数学抽象,才形成了数学的第一个基本特征,就是数学的一般性。当然,与数学抽象关系很密切的是直观想象,直观想象是实现数学抽象的思维基础,因此在高中数学阶段,也把直观想象作为核心素养的一个要素提出来。

数学的发展主要依赖的是逻辑推理,通过逻辑推理得到数学的结论,也就

---

① 史宁中,林玉慈,陶剑,等. 关于高中数学教育中的数学核心素养——史宁中教授访谈之七[J]. 课程·教材·教法,2017(4):9.
② 中华人民共和国教育部. 普通高中数学课程标准(2017 年版)[S]. 北京:人民教育出版社,2018:2.
③ 同②4.

是数学命题。所谓推理就是从一个或几个已有的命题得出新命题的思维过程,其中的命题是指可供判断正确或者错误的陈述句;所谓逻辑推理,就是从一些前提或者事实出发,依据一定的规则得到或者验证命题的思维过程。正是因为有了逻辑推理,才形成了数学的第二个基本特征,就是数学的严谨性。虽然数学运算属于逻辑推理,但高中阶段数学运算很重要,因此也把数学运算作为核心素养的一个要素提出来。

数学模型使得数学回归外部世界,构建了数学与现实世界的桥梁。在现代社会,几乎所有的学科在科学化的过程中都要使用数学的语言,除却数学符号的表达之外,主要是通过建立数学模型刻画研究对象的性质、关系和规律。正是因为有了数学建模,才形成了数学的第三个基本特征,就是数学应用的广泛性。因为在大数据时代,数据分析变得越来越重要,逐渐形成了一种新的数学语言,所以也把数据分析作为核心素养的一个要素提出来。

上面所说的数学的三个基本特征,是全世界几代数学家的共识。这样,高中阶段的数学核心素养就包括六个要素,可以简称为"六核",其中最为重要的有三个,这就是:数学抽象、逻辑推理和数学建模。或许可以设想:这三个要素不仅适用于高中,而且应当贯穿基础教育阶段数学教育的全过程,甚至可以延伸到大学、延伸到研究生阶段的数学教育;这三个要素是构成数学三个基本特征的思维基础;这三个要素的哲学思考就是前面所说的"三会",是对数学教育最终要培养什么样人的描述。义务教育阶段的课程标准正在进行新一轮的修订,数学核心素养也必将会有所体现。

发展学生的核心素养必然要在学科的教育教学研究与实践中实现,为了帮助教师们更好地解读课程改革的育人目标,更好地解读数学课程标准,在实际教学过程中更好地落实核心素养的理念,华东师范大学出版社及时地组织了一批在这个领域进行深入研究的专家,编写了这套《数学核心素养研究丛书》。

华东师范大学出版社以"大教育"为出版理念,出版了许多高品质的教育理论著作、教材及教育普及读物,在读者心目中有良好的口碑。

这套《数学核心素养研究丛书》包括中学数学课程、小学数学课程以及从大学的视角看待中小学数学课程,涉及课程教材建设、课堂教学实践、教学创新、教学评价研究等,通过不同视角探讨核心素养在数学学科中的体现与落实,以期帮助教师更好地在实践中对高中数学课程标准的理念加以贯彻落实,并引导义务教育阶段的数学教育向数学核心素养的方向发展。

　　本丛书在立意上追求并构建与时代发展相适应的数学教育,在内容载体的选择上覆盖整个中小学数学课程,在操作上强调数学教学实践。希望本丛书对我国中小学数学课程改革发挥一定的引领作用,能帮助广大数学教师把握数学教育发展的基本理念和方向,增强立德树人的意识和数学育人的自觉性,提升专业素养和教学能力,掌握用于培养学生的"四基""四能""三会"的方式方法,从而切实提高数学教学质量,为把学生培养成符合新时代要求的全面发展的人才作出应有贡献。

史宁中

2019 年 3 月

前　言

　　顾名思义,这本书讲的是中学数学,目的是帮助中学老师教好中学数学。怎样才能教好? 不是就事论事把中学内容及其各种试题背得滚瓜烂熟,也不是我研究初等数学有什么新的发明创造。初等数学研究不出什么新的发明创造,只需要研究怎么把大学数学知识拿到中学来解决中学数学问题,还要让中学生甚至小学生能懂。中学生不懂大学术语和定理,就必须要求中学老师把大学知识翻译成中学生能懂的语言,换成中学生学过的定理,解决中学的问题。好比中学生看不懂古文的三国演义,那就把它翻译成白话文,让他们能够看懂。本书中的大量例子,就是大学知识的"白话版",帮助中学生和中学老师解惑,以理解中学学习和教学中的各个基本环节,解除对各个基本内容和环节的困惑,同时攻克中学数学难题。

　　比如:$\frac{1}{2}+\frac{1}{3}$ 为什么不把分子分母分别相加成为 $\frac{2}{5}$,而要通分成同分母的 $\frac{3}{6}+\frac{2}{6}$ 再相加? 同分母相加为什么只加分子不加分母? 用小学观点就是分饼,很复杂。更野蛮的解释就是"规定",乖乖照办就行。用大学观点怎么解释呢? 用分配律解释:把 $\frac{1}{6}$ 作为公因子提取后变成 $(3+2)\times\frac{1}{6}=5\times\frac{1}{6}=\frac{5}{6}$。提公因子是初中算法,分配律是小学知识。大学视角是什么呢? 能想到用分配律来解这道题,这就是大学视角。大学视角,就是用最简单的原理来解复杂题。这就好比金庸笔下的武功秘籍:武功越高,用的武器越简单。本书推荐的最简单的武器就是运算律。小学教了运算律,小学却不怎么用,大学视角就教你拼命用,用已有的简单的原理来解决复杂的新问题。本书就是由运算律解决各种各样问题的例子组成的。

　　比如,很多人至今"纠缠不休":负负为什么得正? 请运算律来解答。首先,运算律规定了什么叫-1:满足$(-1)+1=0$,就叫-1。等式两边同乘(-1),得$(-1)^2-1=0$,所以$(-1)^2=1$。用了分配律,还用了$(-1)\times 0=0$,即任何数乘0得0。

又如,非零数a的0次方为什么不等于0而等于1? 一个a乘0个a,增加0个a,还是1个a吗?$a^1\times a^0=a^1$,就是$a\times a^0=a$,$a(a^0-1)=0$,当$a\neq 0$时只能$a^0-1=0$,即$a^0=1$。这样的例子在书上比比皆是,可以慢慢去看。

也许你很奇怪:运算律是小学知识,为什么说是大学视角? 是哪门大学课程教的? 是抽象代数教的。抽象代数就是用运算律推出全部代数。运算律上管天,下管地,中间管空气。无论你是整数还是分数,有理数还是无理数,实数还是虚数,哪怕你不是数,是向量、置换、变换、矩阵,只要你做加减乘除,都归运算律管。什么叫加法和乘法? 满足加法运算律的就叫加法,满足乘法运算律的就乘法。哪怕你是集合的交和并,满足了分配律,也是加法和乘法,也归运算律管。运算律有哪些? 结合律,交换律,分配律,任何数加0不变,乘1不变,两数相乘为1是倒数。这些都是小学教的。还有一条是初中教的:两数相加为0就是相反数。本书的大量例子就是展示怎么使用运算律。由于时间仓促,还有些精彩应用来不及展示,比如三等分角为什么不能尺规作图,这是曾经有人拼命想推翻的,因此以后修订此书时将考虑补上该内容。

本书第一章从核心素养开始,原本书名也打算叫"核心素养"。后来想,不一定要把核心素养这四个字写在封面上,讲在课堂上,只要把它融化在脑海里,指挥自己的一切行动,发挥实效,就够了。这就是"随风潜入夜,润物细无声"。这又好比优秀的足球运动员有很多好的经验,比赛时他不需要拿这些经验去与裁判或对方的队员辩论,而是发挥这些经验的威力来进球。但是如果他没有经验来指挥自己,就不能赢球。

高中数学核心素养讲了六条。后三条直观想象、数学运算、数据分析是基本武器,具体的工具,就像是关羽的大刀,张飞的长矛。前三条才是指挥大刀、长矛上战场打仗的刘备、诸葛亮。

第一条叫做"数学抽象",强调的是回到现实。"抽象"的"象"就是现实中的具体案例,数学抽象先要去摸象,然后才能抽象。"抽象"就是从"象"中"抽"

出共同规律。人类所有的知识都是从"象"中"抽"出来的共同规律。先摸象是联系具体实际,后抽象是脱离具体实际。如果不脱离你摸的那头象,你抽出的就不是很多象的共同规律。共同规律用来干什么?用来解决更多的象中的各种问题,而不是只管你当初摸的那头象。摸少数象抽出规律,这叫抽象;用规律去管没有摸过的象,这叫数学建模。

但是,要从现象中找规律是不容易的。守株待兔的农夫看见一只兔子撞死在树上,就找出"规律"说下一只兔子也要撞死。在古代,夜观天象的算命先生看见天上一颗流星坠落了,正好有个皇帝驾崩了,就找出"规律"说天上流星可以预测世间兴衰。这样的推理,现在叫做"探究",或曰"不完全归纳法"。让学生找了几个三角形,测量其内角,发现和等于 $180°$,就宣称"我们发现"了三角形内角和定理。让学生举一个不等式 $5 > 3$,在其两边加 2 或减 2,得到的不等式 $5+2 > 3+2$ 与 $5-2 > 3-2$ 也成立,就"探究"出了不等式的基本性质:两边同加或同减同一个数,不等式仍成立。这都是从古到今一脉相承流传下来的守株待兔式的探究方式。探究出来的规律,有的正确,有的错误。人类经历过很多失败和成功的案例的检验,浪里淘沙,总结出一些比较可靠的基本规律,这才产生了科学。前人只能这么探究,走了很多弯路。一弯就是几百年几千年,不得不做出牺牲。后人还可能做出新的牺牲,但不应该让后人再走已经牺牲过前人的弯路,应该吸取前人的教训,减少弯路。比如,前人研究永动机失败,换来了对于能量守恒定律的认识。后人就不必再去研究永动机。

但是,研究永动机的后人还不少。比如有一个宣称自己发明了"水变油"技术,说可以用催化剂从水中分解出氢气,燃烧氢气来推动汽车。我不懂那么多物理和化学。但我知道无论什么催化剂的作用都只能加快化学反应的速度,但不能推翻能量守恒定律,不能凭空产生能量。氢气燃烧,与氧气化合成水,过程中产生能量。水要分解出氢气,就必须吸收能量。比如电解水可以产生氢气,但要消耗电能。能量守恒,就是这么简单的道理。数学领域里也有类似于水变油的项目:尺规作图三等分角。不管是百家争鸣,还是"允许探究",虽然科学无禁区,探究当然也无禁区,但是不靠前人探索出来的规律的支持,也不受前人探索出来的规律的约束的探究终究不是科学的做法。我到网上查

"爱因斯坦发明了原子弹吗?"查到的结果居然是一窝蜂地认为:爱因斯坦只是发明了质能公式,核裂变是 33 年后另一个人发现的。原子弹的发明不关爱因斯坦什么事。唯一与爱因斯坦有关的是爱因斯坦牵头了一封信建议美国总统启动原子弹研究。这让我很惊讶:假如没有爱因斯坦的质能公式,核裂变产生的能量从哪里来? 核裂变当然不是原子消失了,变成了能量,而是一种原子变成了另一种原子。但是,一种原子变成了另一种原子,质量变小了,变小这部分质量转化成了能量。假如没有爱因斯坦的质能公式,核裂变造原子弹也违反了能量守恒定律,与水变油项目一样是"永动机"。由此看来,能量守恒定律是规律,并不是"技术过关"就可以突破的。

这里有个关键问题:当我们靠摸象和抽象来探索规律的时候,要不要继承人类几千年探索出的经验和教训? 如果不继承已有的科学规律,只靠自己探索,基本上就只能凭直观。天天看到太阳东升西落,怎么能想到昼夜循环是地球自转,四季更替是地球围绕太阳公转造成的。哥白尼也不可能跑到什么地方去观察地球自转或绕太阳公转,而是根据观察天上其他行星的运转规律推测出来的。恒星都是在天上做匀速圆周运动,相互位置不变。金木水火土五大行星却在天上乱动,很没有规律。有人觉得上帝造的星星不应该乱动,应该有规律。但为什么观察出是乱动呢? 有一种可能就是我们的地球自己也在动,大家都在做有规律的圆周运动,速度不同周期不同,相互看起来就乱动了。这可不是靠什么"不完全归纳法"就能归纳出来的,而是靠逻辑推理演绎出来的。我也查了发现海王星的经过:海王星是 1846 年被发现的,一位天文学家根据天王星的运转对于牛顿定律的偏离算出了造成这种偏离的海王星的轨道。另一位天文学家按照他的计算观测到了海王星。是不是牛顿发现的? 牛顿是 1727 年去世的,当然不可能参与一百多年后的这项工作。因此,海王星的发现也没有牛顿什么事。但假如没有牛顿定律,后人凭什么去计算? 难道也靠自己去探究?

还有一个例子:五十多年前我就去参观过故宫的钟表馆。那时的钟表馆很小,只有不多的钟表陈列在故宫北门附近一个不大的房间里,都是外国人送给中国皇帝的。前几年我又去参观钟表馆,现在是一组宫殿,很高很大,钟表很多,很精巧,大部分是中国工匠造的。精巧之处是大多数钟在整点报时上玩花样。比如有一个钟整点报时就是一个铜人用笔在一块移动的板上写"万方来朝"几个字。这些都是外国技术传进中国之后,中国工匠仿制的。我就在想,为什么不早点发明钟表,早点写"万方来朝",非得等人家来朝之后才仿制呢? 网上一查,最早的钟表居然是东汉张衡发明的,由漏壶滴水推动,还用齿轮系统把浑象与计时漏壶连接起来。这已经够伟大了。不过,要达到现代钟表走时的准确性,关键却是伽利略在 1582 年发现的单摆周期的准确性。75 年后,惠更斯把这个原理用于钟表,用单摆制造擒纵装置来控制钟表走时的准确。伽利略研究单摆,可不是为了发明钟表,而是纯粹出于对于探索自然奥秘的兴趣。当时,可能不缺张衡这样制造有用工具进行研究而获得成功的发明家,但却缺乏伽利略这样热衷于无用研究的探索者,所以我们的钟表水平只能止步于张衡。我们不能苛求古人。但现在呢? 爱因斯坦对于原子弹的发明有没有贡献,本来不关我们什么事。但假如我们与网上的那些评论者们一样对于伽利略和爱因斯坦这样发明抽象原理的人不屑一顾,只重视发明核裂变这样的有用技术的人,我们仍将只有张衡而没有伽利略和爱因斯坦,仍只能像引入外国钟表技术和原子弹技术那样继续引入其他技术。问题是,假如人家要卡你的脖子怎么办?

　　要想靠自己摸象再抽象发现新规律,谈何容易。更合理的不是摸象之后发现新规律,而是用旧规律解决新问题。这就是核心素养的第三条:数学建模。还有第二条叫逻辑推理,不是摸象,而是直接由旧规律推出新规律,简单规律推出复杂规律,大规律推出小规律。最大的规律都是最简单的。简单到不能再简单,就是大到不能再大,就叫做公理。被公理推出来的那些小一点的规律就叫定理。比如,不等式 $a > b$ 两边同加 c 得到的 $a + c > b + c$ 为什么成立? 靠举例 $5 > 3$ 变成 $5 + 2 > 3 + 2$ 只能获得一点直观印象,如果加 2 都不成立,就可以推翻它。反过来,加 2 成立,并不能断定加任意 c 都成立。怎么断定 $a + c > b + c$? 什么叫 $a > b$? 就是 $a - b > 0$,差是正数。$(a + c) - (b + c) = a - b > 0$,差仍是正数,因此 $a + c > b + c$。这就是逻辑推理的威力。由一个旧结论派生出一大批新结论,这比举几个例子就宣称"我们发现"要靠谱得多。又如为什么无穷小数 0.999⋯ 等于 1 而不是小于 1？也用减法 $1-$ $0.999⋯$，差的小数部分每一位都是 $0-9$，从前一位借 1 变成 $10-9=1$，剩下这个 1 又被下一位借走，变成 0，每一位都是 0，差就是 0。差为 0 就相等，差为正就大于，简单而又确凿。本书并非要求读者把每一个推理都记住，而只是希望培养出一个习惯：一遇到新问题就尽量把它转化为旧问题，用旧知识解决。

本书起名为"大学视角下的中学数学"，也可理解为以大学数学的高观点审视初等数学的教学。什么叫"高观点"，有人理解为故意讲一些难懂的术语，包括哲学术语与数学术语，才是高观点。按照金庸笔下的武功秘籍，高观点就是用最简单的武器发挥最大的威力，就是大道至简。至简就是起点低，容易掌握。大道就是威力大，能攻克困难问题。现在的中学老师都上过大学，还有不少读过硕士、博士。读了大学教中学甚至小学。你学的大学知识有什么用？就是让你"更上一层楼"之后能够"穷千里目"，用大学的方式想出解决办法，翻译成中小学的"白话"来教会学生。不但中学老师需要修炼这种功夫，师范院校也应该培养你们的学生修炼这种功夫。本书可以帮助大学毕业生下台阶胜任中学教学，也可以反过来帮助大学新生上台阶胜任大学学习，充当"中学视角下的大学数学"。对于刚从中学进入大学的学生，从中学到大学需要上一个比较陡的台阶，也可尝试阅读本书以得到帮助。

李尚志

2021 年 12 月

第一章　数学核心素养

1.1　核心素养入门

《普通高中数学课程标准(2017 年版 2020 年修订)》对核心素养的阐述：

数学核心素养是具有数学基本特征的、适应个人终身发展和社会发展需要的人的思维品质和关键能力。

数学核心素养是数学课程目标的集中体现。

其中所说的关键能力、思维品质都是潜力，学生在学习和工作中取得的成绩(包括考试成绩和工作业绩)都是潜力的实现。

人的大脑指挥四肢，诸葛亮指挥关羽、张飞，核心素养好比大脑和诸葛亮，它的作用是指挥解决学习和工作中的问题。

如果核心素养是在教师原来的教学和学生的学习之外另外追加的新内容，甚至是取代"应试教育"的"素质教育"，就好比让诸葛亮代替关羽、张飞，自己挥舞大刀或长矛上战场，必败无疑。

我把以上意见发表到微信群中与中学教师讨论，有人反驳说我这个"用核心素养指挥课堂而不是代替课堂"的说法是偷梁换柱，篡改了核心素养的本意。我特意查了《普通高中数学课程标准》中关于核心素养的论述，发现它只是指了目标和方向，并没有具体规定每一节课的内容该怎么上。好比别人给你派任务修建房子，却并没有给你建好房子，当然也就没有梁没有柱，我也就无梁可偷，无柱可换。课标中的叙述至多算是画了一个图纸。甚至连图纸都没有画，只是提出一些要求，要具有什么功能，达到什么质量标准。"房子"谁来建？不能等制定课程标准的专家来建，需要你按照他的要求自己建。建得好不好，除了按照他的要求来检验，更权威的检验是你使用的效果——住起来是否方便，是否舒服。如果房子垮了压死了人，该追究谁的责任？如果大家建的房子都达到他的要求却垮了,制定标准的专家有责任。如果别人的都没垮,你的垮了,就是你的责任了。也就是说:核心素养对不对,执行得好不好,不由专家说了算,而是由教书育人的效果来检验。

高中数学核心素养有六条。我们看它到底要求了什么:

1. **数学抽象**:舍去事物的一切物理属性,得到数学研究对象的思维过程。

从事物的具体背景中抽象出一般规律和结构,并且用数学符号或者数学术语予以表征。

2. **逻辑推理**:从一些事实和命题出发,依据逻辑规则推出一个命题的思维过程。

这两条核心素养讲的是:数学从何而来,数学真理的标准怎样检验。

什么是抽象?抽象就是很多不同具体事物的共同点,很多不同现象的共同规律。数学抽象是核心素养第一条,讲的是:数学是现实世界总结出来的共同规律。这是数学的根本起源。

核心素养第二条是逻辑推理,就是由已经总结出来的规律推出新的规律。这是数学生长和发展的主要途径:从少数公理推出大量的定理。

打个比方:中国神话说人的起源是女娲造人,女娲造得太累了就不造了,让人自己繁殖,人生人。数学抽象是从现实世界产生数学,相当于女娲造人。逻辑推理相当于人生人。

有一点差别是女娲死了就再也不造人了。而造数学的女娲——现实世界却永远不死,永远造下去。不过,现实中新造出来的数学不但要接受现实的检验,还要接受逻辑推理的检验,也就是用公理来检验,用已知的规律来检验未知的规律。

反过来,由公理经过逻辑推理得出的定理也必须拿到现实世界中去应用并接受检验。不仅检验定理是否正确,还检验公理是否正确,逻辑推理的方式是否正确。

3. **数学建模**:对现实问题进行数学抽象,用数学语言表达问题、用数学知识与方法构建模型解决问题的过程。

主要包括:在实际情境中从数学的视角发现问题、提出问题,分析问题、建立模型,确定参数、计算求解,验证结果、改进模型,最终解决实际问题。

数学模型构建了数学与外部世界的桥梁,是数学应用的重要形式。数学建模是应用数学解决实际问题的基本手段,也是推动数学发展的动力。

这一条说的是数学的去向:解决实际问题。

要用数学来解决实际问题,就需要将实际问题转化为数学问题,然后才能用数学中的现成工具和算法来解决。数学建模的任务就是让数学的威力可以到达现实世界,是沟通数学与现实世界的桥梁。

数学建模不仅用于解决实际问题,也解决数学自身提出的理论问题,也需要用现成的数学工具来解决这些不现成的理论问题。得到的结论如果可以广泛应用,那么就成为新的理论。用现成工具解决不现成问题,这就是数学建模。

既然数学建模是桥梁,就要看它沟通哪两岸。彼岸是需要解决的问题,此岸是解决问题需要的工具。

另外三项核心素养就是提供工具:

4. 直观想象:借助几何直观和空间想象感知事物的形态与变化,利用图形理解和解决数学问题。

5. 数学运算:依据运算法则解决数学问题。

6. 数据分析:针对研究对象获得相关数据,运用统计方法对数据中的有用信息进行分析和推断,形成知识。提升数据处理的能力,增强基于数据表达现实问题的意识,养成通过数据思考问题的习惯。

直观想象、数学运算、数据分析都是基本功,是解决问题的基本工具和基本武器。就好比关羽的大刀,张飞的长矛。

现在,批评"应试教育"成为一种时髦。不过批评都只是口头上的,行动上却都做得很不起劲。其实,"应试教育"有一个重要功劳不能抹杀,那就是重视基本功的训练,也就是重视这三条核心素养的培养。一方面是因为应试离不了这三条核心素养,另一方面是因为教师容易操作,哪怕教师自己没有记熟背熟,只要督促学生死记硬背勤学苦练,也能出效果。有点像巴甫洛夫所做的实验,只要多次重复就形成条件反射。也像中国古话说的"熟读唐诗三百首,不会作诗也会吟"。严格说起来,这样培养出来的学生对基本功的熟练只达到这三条核心素养的一半,或者只有一小半,只记住了数学运算和数据分析的现成法则,以及现成的几何图形的形状,而这三条核心素养都还要求利用这些现成法则来解决问题,那就不是巴甫洛夫的条件反射或熟读唐诗三百首所能达到的了。不过,要用现成法则解决不现成的问题,其实是数学建模这条核心素养的要求。现成法则是有限多,可以通过强化训练让学生全部记住,这就算是学会了。但要用现成法则解决不现成的问题,却无论怎么训练也不可能把学生教会,其实老师自己也没有学会。这是因为,不现成的问题有无穷多,不管是考试的问题,还是现实生活和工作中需要解决的问题,都有无穷多,没有固定的方法,不可能把它们全部找出来,已经找出来的也不可能靠死记硬背来掌握。

这正如围棋的棋经所说的"始以正合,终以奇胜"。学围棋先学规则,规则很简单,围棋开局还有一些定式可以背熟并在开局时依样画葫芦加以应用,这就是"始以正合",类似于老师训练学生掌握基本运算法则。但是只记住了定式并不能赢棋,后面的走法就没有葫芦可以照着画,只能自己自由发挥,这就是"终以奇胜"。为了提高下棋水平,你可以学习别人的经验,可以看棋谱。但在下棋的时候绝不可能把棋谱当成葫芦来照着画,按照棋谱来走棋。因为每一局棋都是新的,不可能照着走。棋谱只是起示范和参考作用,至于你能够参考到多少,那就没有一定之规,看各人的悟性了。"世事如棋局局新",数学建模也是这样,用现成的知识解决不现成的问题,不现成的问题也是"局局新",只能"终以奇胜",谁也教不会你。书上的案例,老师的讲解,也只是棋谱,只能起示范和参考作用,你能从中学到多少,只能"师傅领进门,修行靠个人"。

所以,我认为核心素养不是颠覆和取代"应试教育",正如诸葛亮不能取代关羽、张飞,而是指挥关羽、张飞;关羽、张飞离不了大刀、长矛,正如"素质教育"离不了基本功的训练。

而且,"应试教育"训练出来的基本功也是核心素养的组成部分。反过来,只有大刀、长矛,没有人去使用,大刀、长矛就只是两块铁,不能自己飞起来打仗。让阿斗或诸葛亮去使用,即使能打仗,也达不到关羽、张飞的水平。同样地,只是训练了基本功,不会数学建模,不会用基本功来解决问题,考试就不能得高分,工作就不能做出好的成绩。严格说起来,数学建模不能说会还是不会,没有人完全会,大多数学生也不是完全不会,只有水平高低的差别。因此,不是要学会数学建模,而是要提高数学建模的能力和水平。

前两条核心素养是从无到有产生数学,从少到多发展数学,产生和发展的过程其实也是数学建模。得到的产品就是数学知识,组成强大的工具库供人类拿去解决新的问题。因此,核心素养就是两件事:一是,学习和掌握现成的知识作为工具;二是,利用这些工具去解决新的问题。

1.2 规律不是规定

数学抽象与逻辑推理这两条核心素养,说清楚了数学是从现实世界来,并且自己成长壮大。同时也说清楚了数学不是神仙皇帝或者某个权威凭自己意愿随心所欲规定出来的。

这符合国际歌的歌词"从来就没有什么救世主,也不靠神仙皇帝"。也符合老子说的"道法自然"。道,就是规律,不是权威或者皇帝说了算,也不是神仙说了算。老子说"人法地"。"人"包括所有人,权威、皇帝都在内,都只能"人法地",也就是只有乖乖当学生向自然界学习的资格,没有金科玉律可以颁布命令让天地万物遵照执行。老子还说"天法道"。如果天上有神仙有玉皇大帝,那就由玉皇大帝和神仙说了算,那就不是"天法道"了。"天法道"就是说天上的神仙也只能当学生,学习和遵循客观规律。到哪里去学道? 道法自然,就是到客观世界中去学习,从各种现象中去找规律。

"数学抽象"也是说到客观世界中去找规律,也是在唱:"从来就没有什么救世主,也不靠神仙皇帝。要主宰宇宙万物,全靠客观规律。"

有个小编发了一个帖子,指责一个数学家在某年出了一道高考题要求考生证明勾股定理,让很多考生都做不出来。如果指责考官出了难题让考生不会做,这样的批评意见还有点道理。他还说教育部不应该让数学家出高考题。其实,证明勾股定理并不是难题,而是基本功,所有的教材写了的,老师都讲了的。为什么很多学生不会做？为什么小编认为不应该考？因为他们认为学生不必懂道理，不必问为什么，只要像优盘一样死记硬背现成的结论应付考试就行了。考试也只应该考背诵现成结论。如果真是这样，那又何必办学校培养学生呢？只要办工厂造优盘就行了。以后科学发达了，可以不造优盘，直接把人类的大脑当优盘，发个指令就把需要背诵的"知识点"拷贝进去。不过，人类社会需要的不是这样的"优盘"人，而是能够利用现成的知识解决不现成问题的有创造性的人。要求学生证明勾股定理，目的不是让他们把旧定理再创造一次，而是借助旧定理的证明培养创新意识和能力，让他们可以举一反三，解决前人没有解决过的问题，发现前人没有发现过的新知识。这任务绝非那些连勾股定理也不肯证明的生物"优盘"们所能胜任的。

小编的帖子虽然反映了不少学生和教师的想法，但小编管不了教育，管不了学校的老师和学生，危害不大。但是如果我们的教材、课堂、教师、学生习惯于一个用语"我们规定"，危害就大了。中国古代皇帝的圣旨是"奉天承运皇帝诏曰"，不需要臣民们理解，只要求执行。现在没有了皇帝，"奉天承运皇帝诏曰"这样的古文不用了，换成了白话文"我们规定"，换汤不换药。"我们规定"就是不讲理由只发"圣旨"，这是最省事的教学方式。不问理由，只背"圣旨"，也是最省事的学习方式。但这种方式既不是教育也不是学习，而是在危害教育和学习。勾股定理的理由，教材和课堂都是讲过的，不懂这个理由怪学生。但另外还有很多结论就不讲理由了，比如：为什么不等式两边可以同加一个数，不等式仍然成立？初中阶段教学生负数不能开平方，高中阶段为什么可以规定一个符号 i 等于 -1 的平方根，却不能规定另一个符号等于 $1 \div 0$？都不讲理由，让学生乖乖服从"规定"，不准质疑。

其实这些理由都不难讲。比如不等式 $a > b$ 两边同加 c 得到的 $a + c > b + c$ 为什么成立，可以用不等式 $a > b$ 的定义来解释。$a > b$ 的定义就是 $a - b$ 是正数，也就是 $a - b > 0$。也就是用差来判定不等式。两边同加 c，差 $(a + c) - (b + c) = a - b > 0$ 不变，仍然是正数，这就证明了 $a + c > b + c$，有什么难讲的呢？这是用第二条核心素养"逻辑推理"来解释。即使学生记不住，忘掉了，也不要紧，至少他有印象这里讲过道理的，不是强行规定。就好比学生也没有学会种田,但他知道碗里装的让他不挨饿的米饭不是碗里自己长出来的,也不是超市里长出来的,而是农民伯伯辛辛苦苦在田里种的水稻加工出来的。

另一个例子:为什么初中阶段负数不能开平方,高中就能开了? 当然也可以用逻辑推理来解释,更容易懂的却是用数学抽象来解释,也就是用现实例子来帮助理解。为什么负数不能开平方? 因为正数的平方等于正数,负数的平方也是正数,0 的平方等于 0,就没有哪个数的平方是负数,所以负数不能开平方。为什么负数的平方不等于负数而是正数? 可以举旋转的现实例子来说明:乘 -1 是向后转,转 $180°$。乘 $(-1)^2$ 就是后转两次,转两个 $180°$,就是转 $360°$ 回到原来方向,相当于乘 1。因此 $(-1)^2 = 1$。每个负数 $-a = (-1)a$ 都是正数 a 与 -1 的乘积,因此平方 $(-a)^2 = (-1)^2 a^2 = 1 \times a^2$ 是正数。正数、负数的平方都等于正数,0 的平方等于 0,就没有哪个实数的平方等于负数,所以负数在实数范围内就没有平方根。

但为什么到高中阶段又可以引进 -1 的平方根呢? 还是考虑旋转。既然乘 -1 表示旋转 $180°$,乘 $(-1)^2$ 就是旋转两个 $180°$,也就是旋转 $360°$ 回到原方向,相当于乘 1,因此 $(-1)^2 = 1$。乘 -1 的平方根就是旋转半个 $180°$,也就是旋转 $90°$,将这个旋转动作记为 i,则 $i^2 = -1$ 的几何意义就是:将旋转 $90°$ 进行两次,就是旋转 $180°$。不妨用两句诗表示:平方得负岂荒唐,左转两番朝后方。左转,就是逆时针方向旋转 $90°$,记为 i。两番,就是把这个旋转动作重复两次。朝后方,就是旋转 $180°$,就是乘 -1。 i 就是旋转 $90°$,旋转两次就是 $i^2 = -1$。 这不是强制规定,而是现实的旋转模型。

能不能也找个什么模型让无意义的 $1 \div 0$ 变成有意义呢? $1 \div 0 = x$ 的意思是求 x 乘 0 等于 1。但任何数 x 乘 0 都等于 0,这是运算律决定的,不能违反。既然 x 乘 0 等于 0,就不能等于 1,因此 $1 \div 0 = x$ 注定无解,这不是人为规定的,任何人也推不翻。所以不可能规定一个数等于 $1 \div 0$。

我读中小学的时候,书上都规定自然数就是正整数,从 1 开始,不包括 0。我们都很理解:古人先认识正整数 1, 2, 3, …,很晚才认识 0。"自然数"的"自然"反映人类认识数的自然顺序。但后来某天又说自然数从 0 开始。什么理由? 说是国际权威机构规定的。我同意从 0 开始,但绝不接受"权威机构规定"这样的理由。如果我们仍然认为"自然数"就是人类历史上最早认识的数，就应该继续沿用这个名称，以免引起混乱，再添上 0 就叫"非负整数"就行了嘛。我所认识的很多别的数学家的观点与我一样，对这种不讲道理抬出"权威机构的规定"的方式特别反感。数学只认道理，不认权威，哪怕牛顿、高斯这样的权威也不认。我们接受牛顿、高斯的理论，并非因为他们的权威，而是因为读懂了他们的道理和论证，承认他们的推理正确。

后来我终于在某个地方看见了关于自然数的一个解释：原来的自然数是皮亚诺用几条公理定义的，从 1 开始依次定义后继 2，3，4，…，得到全体自然数。后来另一个数学家指出从 1 开始不妥，应该从 0 开始，皮亚诺接受了这个建议，改为从 0 开始。因此，这不是什么"权威机构"的意见，而是皮亚诺这个数学家的个人意见，他的道理比"权威机构"更权威。由此我了解到：自然数是由皮亚诺公理定义的，其中的"自然"不是人类认识数的历史顺序，而是数本身的科学规律。按照数的规律，当然应该包括 0。按照皮亚诺公理的叙述，自然数是由 1 做加法得到的。按照抽象代数的观点，就是 1 生成的循环半群。包含 0 就是包含单位元，比不包含 0 更合理。

抽象代数恐怕很多人不懂，讲一个更通俗易懂的理由：自然数是从掰手指数数开始的。掰手指怎么开始？也许你认为是从伸手指数 1 开始的。仔细一想，应该是先伸拳头，再伸一根手指数 1，再依次伸更多的手指数 2，3，4，…。伸拳头就是 0，先做好数数的准备，然后再数 1。田径运动员赛跑，不是一到赛场就冲出第一步开始，而是先蹲在起跑线上等待起跑命令。等待就是 0，做好准备等待出发。开会也不是从会议组织者讲第一句话"我宣布会议开始"时开始的，而是从参会人员进入会场在座位上等候会议时开始，等候开始也是 0。虽然 1 是任何一件事情实施的开始，但是实施之前必须先做好准备工作，包括制定行动规划、行动准备，这是必不可少的，这就是 0。老子说："道生一，一生二，二生三。"一、二、三的顺序大家都熟悉，一、二、三之前的"道"是什么？虽然人类对数的认识是先认识正整数，很晚才认识 0。但被老子摆在"一、二、三"之前的"道"当然就是 0，就是一个过程开始前的状态：运动员还没有出发，婴儿还没有出生，"屈指可数"还没有开始数，当然就是 0。但又不仅是"一无所有"的

0,而是"万事俱备只欠东风""箭在弦上蓄势待发"的0,是含义更丰富的0。

也并非所有的事情都不能规定。比如,顺时针旋转与逆时针旋转,这两个旋转方向中每个都可以规定为正方向,另一个为负方向。为了使用方便,就规定了逆时针方向为正方向,大家共同遵守。但如果在解决某个特殊问题时需要另外规定,只要说清楚,也是可以的,但只限于你这个问题范围之内。又如,我们规定了用十进位制,只不过是因为人类有十个手指。但由于计算机与信息技术的需要,后来又采用了二进位制。之所以可以规定,是因为有不同选择都是符合逻辑的,就可以选择其中一个。$1 \div 0$无意义这样的结论不是人为规定的,而是由于运算律决定了0乘任何数等于0,这就不可能另外规定。

又如,不等式$a > b$两边同加一数c,得到的不等式$a + c > b + c$成立,这不是规定的,而是由$a > b$的定义"$a - b$是正数"推出的。由这个定义还可推出不等式的传递性:如果$a > b$且$b > c$,则$a > c$。这是因为:由$a - b$、$b - c$都是正数得出它们的和$a - c = (a - b) + (b - c) > 0$也是正数。但现实世界中的不等式不见得都有传递性,$a > b$,$b > c$不一定都导致$a > c$。例如:用手势划输赢,石头 > 剪刀,剪刀 > 布,却没有导致石头 > 布,反而是:布 > 石头,就不具有传递性,但它也有合理性。在战争或比赛中如果将"a胜b"记为"$a > b$",就经常出现$a > b$,$b > c$却$c > a$的情形,不是赢者通吃,反而是"一物降一物"。这是不是说明我们将"$a > b$"定义为"$a - b$为正数"是错误的?不错。但不能包打天下,而只能管辖一部分天地。不是基本事实,只是基本假设,只能在这个假设成立的范围内有效。而在另外的范围内,则要服从另外的假设。

数学抽象要求我们通过现实例子来解释抽象的道理,而不应该用"规定"来强制灌输道理。另一种解释抽象道理的方式是逻辑推理,逻辑推理是由显然的公理推出不显然的定理。这些显然的公理也是人类长期的历史总结出来的,是人类长期的数学抽象的成果。数学抽象与逻辑推理的共同点都是不用"规定"来强行灌输,用道理来以理服人。数学抽象是用现实案例来解释道理,来探索规律。它的优点是更接地气,更容易懂。更适合用来启蒙,来帮助理解,尤其是越低年级的学生越应该借助实例来启蒙。现实例子也是探索和发现的引路人,引导人们通过具体实例猜测普遍规律。但应该注意,具体实例只是探索的开始而不是结束,只是"探",不能"究",只能说"我们猜想",不能宣布"我们发现"。有限多个例子不能验证无限适用的普遍规律。要验证普遍规律,必须借助于逻辑推理。

数学抽象的核心素养提倡用具体实例解释抽象的数学道理。核心素养本身也是抽象的道理,所以我们不是用空洞的说教来讲解核心素养,而是利用数学教学的具体案例来帮助理解核心素养。核心素养不但用来解释数学,也用来解释核心素养。本书还将举出更多的生动易懂的例子来帮助理解核心素养。

1.3 逻辑才能验证无穷

我们拒绝人为的"规定",所有的结论都只服从"数学抽象""逻辑推理"的检验和论证。"数学抽象"是用现实的例子来检验。但规律都是适用于无穷多现实例子的结论,我们不可能对无穷多个例子一一检验,怎样对无限适用的普遍规律进行检验?

例如,很多教材和课堂把下面的问题作为"探究"规律的例子:

例 1 求前 n 个正奇数的和 $1+3+5+7+\cdots$。

解 第一个正奇数 1 的和等于 1。前两个正奇数之和 $1+3=4=2^2$。前 3 个之和 $1+3+5=9=3^2$。前 4 个之和 $1+3+5+7=16=4^2$。前 5 个之和 $1+3+5+7+9=25=5^2$。

能否由此宣布:我们发现前 n 个正奇数之和为 n^2?

前 n 个是多少个? 包括 1 个,2 个,3 个,$\cdots$, 100 个,1000 个,10000 个,$\cdots$ 任意多个。只试验有限个奇数之和,不能断言无穷多个 n 都是如此。

有人把以上的"探究"方法称为"不完全归纳法",奉为"探究"的至宝。试验一些例子,是学习和探索的必要过程,可以获得感性认识,可以猜测规律。

但这只是"探",不是"究"。只是猜想,不能由此得出最终的结论。既然是"不完全"归纳法,结论就不完全。试了 $n=1,2,3,4,5$ 的情形,只能断定不超过5个的前 n 个奇数之和等于 n^2。即使你试了几千几万个,也只能断定 n 不超过几千几万时结论正确,不能断定任意 n 个都对。

经常在电视里看见酒驾司机被警察抓住后说:"我上一次酒驾都没有被抓,这次为什么要抓?"如果我是警察,就会这样说:"你批评得对,我们上次没抓你是工作的失误,我们马上改正,请你马上补交上次的罚款,补扣上次的分。"根据上次没抓推出这次也不该抓,这就是鼓吹"不完全归纳法"的教材和课堂培养出来的学生。中国有个成语"守株待兔",说的是一个农夫看见一只兔撞死在一棵树上,就得出结论"以后的兔子都会撞死在这棵树上"。这是"不完全归纳法"的老祖宗。现在信奉"不完全归纳法"的,都是它的徒子徒孙。

有限多次试验不能得出适用于无穷多个 n 的结论。人的生命有限,不可能做无穷多次试验。事实上,我们不需要做无穷多次试验,用第二条核心素养"逻辑推理"做一次推理,就能管住无穷多个不同的 n。字母运算就是代数推理,算一次顶无穷多次。

如果前 n 个奇数 $a_1,a_2,\cdots,a_n$ 的和 $S_n=a_1+a_2+\cdots+a_{n-1}+a_n=n^2$,则前 $n-1$ 个奇数之和 $S_{n-1}=a_1+a_2+\cdots+a_{n-1}=(n-1)^2$ 比 S_n 少一个奇数 a_n,两者之差

$$S_n-S_{n-1}=n^2-(n-1)^2=n^2-(n^2-2n+1)=2n-1$$

确实是奇数。它是不是第 n 个正奇数 a_n?在 $2n-1$ 中依次取 $n=1,2,3$ 得到1,3,5,确实是前三个正奇数。但这还不足以验证每个 $a_n=2n-1$ 都是第 n 个奇数。计算每个 $a_n=2n-1$ 与前一个 $a_{n-1}=2(n-1)-1=2n-3$ 之差,得

$$a_n-a_{n-1}=(2n-1)-(2n-3)=2n-1-2n+3=2。$$

这就证明了数列 $a_1,a_2,\cdots,a_n$ 各数是从 $a_1=1$ 开始依次加2得到,从小到大得到全部正奇数,其中第 n 个数就是第 n 个正奇数。

反过来,每个正奇数 $2n-1=n^2-(n-1)^2$ 等于相邻两个平方数之差,因而

$$1+3+5+\cdots+(2n-1)=(1^2-0^2)+(2^2-1^2)+$$
$$(3^2-2^2)+\cdots+[n^2-(n-1)^2]=n^2-0^2=n^2 \text{。}$$

这就对任意正整数 n 证明了前 n 个正奇数之和等于 n^2。

对字母 n 算一次,就得到了适用于无穷多个不同 n 都成立的结论。

字母运算是逻辑推理的方式之一,它不仅能验证你猜出的结论是否正确,还能得出你猜不出来的结论并验证其是否正确。

例 2 求前 n 个正整数的平方和 $S_n=1^2+2^2+3^2+\cdots+n^2$。

分析 试验:$S_1=1^2=1$,$S_2=1^2+2^2=5$,$S_3=1^2+2^2+3^2=14$,$S_4=1^2+2^2+3^2+4^2=30$。你猜得出规律吗?恐怕很难。

按照例 1 的启发,将 $S_n=F(n)$ 看成 n 的函数,它就应该满足

$$F(n)-F(n-1)=[1^2+2^2+3^2+\cdots+(n-1)^2+n^2]$$
$$-[1^2+2^2+3^2+\cdots+(n-1)^2]=n^2 \text{。}$$

反过来,如果某个函数 $F(n)$ 满足 $F(n)-F(n-1)=n^2$,则

$$S_n=1^2+2^2+3^2+\cdots+n^2$$
$$=[F(1)-F(0)]+[F(2)-F(1)]+[F(3)-F(2)]$$
$$+\cdots+[F(n)-F(n-1)]$$
$$=F(n)-F(0) \text{。}$$

如果还满足 $F(0)=0$,则 $S_n=F(n)$。

先看多项式 $F(n)$ 能否满足 $F(n)-F(n-1)=n^2$ 且 $F(0)=0$。

任意 k 次多项式 $F(n)=an^k+bn^{k-1}+\cdots+h$ 满足:

(1) $F(0)=h$ 等于常数项 h,只要取常数项 $h=0$,就有 $F(0)=0$。

(2) $F(n)-F(n-1)=a[n^k-(n-1)^k]+b[n^{k-1}-(n-1)^{k-1}]+\cdots$
$$=akn^{k-1}+\cdots+b(k-1)n^{k-2}+\cdots,$$

$(k-1)$ 次项 akn^{k-1} 不为 0,其余各项都低于 $(k-1)$ 次,因此 $F(n)-F(n-1)$

是 $(k-1)$ 次多项式，比 $F(n)$ 低一次。要使 $F(n)-F(n-1)=n^2$ 是 2 次，$F(n)$ 必须是 3 次。

哪一个常数项为 0 的三次多项式 $F(n)=an^3+bn^2+cn$ 满足 $F(n)-F(n-1)=n^2$？如果按小学思维，只能用已知数算未知数，就只能猜 a、b、c 的一组具体数据，试算 $F(n)-F(n-1)$ 看它是否等于 n^2。如果不等于，换一组再算。按照初中思维，直接将字母 a、b、c 当作已知数计算 $F(n)-F(n-1)$，要求它等于 n^2，得出 a、b、c 满足的方程。解方程求出 a、b、c，就得到 $F(n)$。

解　求三次多项式 $F(n)=an^3+bn^2+cn$ 满足

$$
\begin{aligned}
F(n)-F(n-1) &= (an^3+bn^2+cn)-\left[a(n-1)^3+b(n-1)^2+c(n-1)\right] \\
&= a\left[n^3-(n-1)^3\right]+b\left[n^2-(n-1)^2\right]+c\left[n-(n-1)\right] \\
&= a(3n^2-3n+1)+b(2n-1)+c \\
&= 3an^2+(-3a+2b)n+(a-b+c)=n^2 。
\end{aligned}
$$

系数 a、b、c 满足方程组

$$
\begin{cases}
3a=1, & (1)\\
-3a+2b=0, & (2)\\
a-b+c=0。 & (3)
\end{cases}
$$

由(1)得 $a=\dfrac{1}{3}$。代入(2)得 $-1+2b=0$, $b=\dfrac{1}{2}$。

由(3)得 $c=b-a=\dfrac{1}{2}-\dfrac{1}{3}=\dfrac{1}{6}$。

因此 $S_n=\dfrac{1}{3}n^3+\dfrac{1}{2}n^2+\dfrac{1}{6}n=\dfrac{1}{6}n(2n^2+3n+1)=\dfrac{1}{6}n(n+1)(2n+1)$。

以上例 1、例 2 教了什么？具体内容是根据数列通项公式 $a_n=2n-1$ 或 $a_n=n^2$ 计算前 n 项和 S_n。这个方法不仅适用于这两个通项公式，也适用于 a_n 是 n 的任意多项式的数列。不妨自己尝试求立方和：$1^3+2^3+3^3+\cdots+n^3$ 或 4 次方和：$1^4+2^4+3^4+\cdots+n^4$。

不过,本书这一章的目的却不是讲数列求和的具体方法,而是讲核心素养。核心素养是抽象理念。抽象理念应该怎么讲?应该通过具体实例来讲,让学生和读者通过具体实例领会和学习抽象的理论和方法。我们通过例 1 和例 2,首先是讲什么是数学抽象。数学抽象就是从具体事例中总结抽象规律。抽象规律就是共同规律。我们通过这两个例子说明字母运算的强大威力,也就是逻辑推理的强大威力。仅靠有限个具体案例不能验证、不能发现的规律,用字母运算就能验证、就能发现。另一方面,我们也没有把这个道理用"奉天承运皇帝诏曰"的霸道方式强加于人,而是通过解答具体数学题的实例来展示"不完全归纳法"不靠谱,逻辑推理却具有克敌制胜的强大威力。

逻辑推理是由简单而显然的基本假设(公理)推出不简单不显然的结论(定理)。用运算律做运算,是一种类型的逻辑推理,运算律就是公理。

还有别的公理和别的推理。例如,三角形内角和为什么等于 180°? 能不能让学生量了几个三角形的内角加起来发现都是 180°,就让他们宣布"我发现:所有的三角形的内角和都是 180°"?

例 3   证明任意三角形 ABC 的内角和 $\angle A + \angle B + \angle C = 180°$。

分析   用剪刀将 $\angle A$、$\angle B$ 各剪一块分别拼到 $\angle 1$、$\angle 2$ 的位置,如果观察到 CE、CF 在同一条直线上,则 $\angle A + \angle C + \angle B = \angle 1 + \angle ACB + \angle 2 = \angle ECF = \angle 180°$。

"剪刀"换成"将 $\angle A$、$\angle B$ 搬到 $\angle 1$、$\angle 2$","观察"换成"证明 $CE \ /\!/ \ AB \ /\!/ \ CF$",就可以证明结论了。

证明   如图 1-3-1,作 $\angle 1 = \angle ACE = \angle A$,$\angle 2 = \angle BCF = \angle B$。只需证明 $CE \ /\!/ \ AB \ /\!/ \ CF$。

根据平行线公理:过直线 AB 外一点 C 只有一条直线与 AB 平行。

只要 CE、CF 都是过 C 且平行于 AB 的直线,则 CE、CF 是同一条直线。

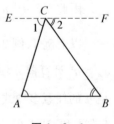

图 1-3-1

所以 $\angle A + \angle C + \angle B = \angle 1 + \angle ACB + \angle 2 = \angle ECF = \angle 180°$。

因此,只需根据 $\angle 1 = \angle A$ 证明 $CE \parallel AB$,根据 $\angle 2 = \angle B$ 证明 $CF \parallel AB$。

也就是证明:**内错角相等的两条直线平行。**

> **例 4**　两条不同直线 DE、FB 与 AC 相交,内错角 $\angle 1 = \angle 2$。求证 $DE \parallel FB$。

证法一　如图 $1 - 3 - 2$,如果 DE、FB 不平行,则它们在 AC 左侧有交点 S 或右侧有交点 S',但不可能在两侧各有一个交点。假如在两侧各有一个交点 S、S'。则 DE、FB 都是过不同两点 S、S' 的直线。

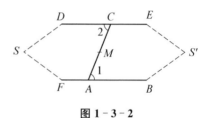

图 $1 - 3 - 2$

过不同两点 S、S'只有一条直线,不可能有两条不同直线 DE、FB。

将直线 DE、BF 及线段 AC 绕 AC 中点 M 旋转 $180°$。

由 $MA = MC$ 知 MA 与 MC 旋转后互换位置。

由 $\angle BAM = \angle 1 = \angle 2 = \angle DCM$ 知,AB、CD 互换位置,AF、CE 互换位置。

假如 AF 与 CD 在 AC 左侧有交点 S,旋转后 AF、CD 分别变成 CE、AB,于是 AF、CD 的交点 S 变成 CE、AB 的交点 S',位于 AC 右侧。S 与 S' 就是两条不同直线 DE、FB 的两个公共点,矛盾。

假如 CE、AB 在 AC 右侧有交点 S',旋转后就变成 AF、CD 在 AC 左侧的交点,同样导致两条不同直线 DE、FB 有两个不同公共点 S'、S,仍然矛盾。

这证明了直线 DE、FB 在 AC 左侧与右侧都不可能相交,只能 $DE \parallel FB$。

例 3 和例 4 不是代数运算,而是几何推理。不用运算律,用到两条公理:

过不同两点只有唯一一条直线。

在平面上过已知直线外一点只有唯一一条直线与已知直线平行。

这两条可以说是显然的。推出的以下定理都不是显然的,不能说是"基本事实",也不能通过举几个例子、量几个三角形就宣布"我们发现":

内错角相等的两条直线平行。

平行线的内错角相等。

三角形内角和为 180°。

证法二 角由旋转产生,看成方向的改变,用加减法来计算。

图 1-3-2 中的线段 AC 与 CA 方向相反,相差 $180°$,记为:AC 方向 $-$ CA 方向 $=180°$。

AC 绕 A 沿顺时针方向旋转 $\angle 1$ 变成:AB 方向 $=AC$ 方向 $-\angle 1$。

CA 绕 C 沿顺时针方向旋转 $\angle 2$ 变成:CD 方向 $=CA$ 方向 $-\angle 2$。

由 $\angle 1=\angle 2$,得

$$CD \text{ 方向} -AB \text{ 方向} =(CA \text{ 方向} -\angle 2)-(AC \text{ 方向} -\angle 1)$$
$$=CA \text{ 方向} -AC \text{ 方向} =180°。$$

因此 CD 方向 $=AB$ 方向 $+180°$,知 CD 方向与 AB 方向相反,与 AB 的反方向 AF 相同。

CD、AF 方向相同,它们的反方向 DC、FA 的方向也相同。

如果 CD 与 AF 交于 S,那么 DC 与 FA 的夹角 $0°<\angle CSA<180°$,DC、FA 方向不同。

如果 DC 与 FA 交于 S',那么 CD 与 AF 的夹角 $0°<\angle CS'A<180°$,CD、AF 方向不同。

都导致矛盾。

只要 CD、AF 不在同一条直线上并且方向相同或相反,一定 $CD \parallel AF$。

内错角 $\angle 1=\angle 2$ 相等导致 CD、AB 方向相反,且 CD 与 AB 不共线,则必平行。

同一条直线上的方向相同或相反。

相交直线的方向不相同也不相反。

这些也可以作为显然的公理。

1.4 逻辑顺序——"儿子不能生老爸"

例 1 为什么负负得正：$(-1)^2 = +1$?

分析 我们不把-1作为"候选人"，论证它的平方等于1。

而是不设"候选人"，进行"海选"，看哪些数的平方等于1，看-1是否被关在门外。

证明 求满足$x^2 = 1$的所有的数x。也就是解方程$x^2 = 1$。

移项得$x^2 - 1 = 0$。左边分解因式得$(x+1)(x-1) = 0$。

方程的解x使两个因式$x+1$、$x-1$的乘积为0。

只要这两个因式中有一个等于0，乘积就为0。当两个因式都不为0，乘积不为0。

当$x+1=0$时，$x=-1$；当$x-1=0$时，$x=1$。满足$x^2=1$的x只能是-1或1。

点评 因为$x=-1$使$x+1=0$，而$x+1$是x^2-1的因式，因此当$x=-1$，$x+1=0$，$x^2-1=(x+1)(x-1)=0\times(-1-1)=0$，也就是$x^2=1$。

将x换成-1代进去，就是$(-1)^2-1=(-1+1)(-1-1)=0$，因此$(-1)^2=1$。

第1.3节例1、例2对无穷多个不同的n求和$1+3+5+\cdots+(2n-1)$及$1^2+2^2+3^2+\cdots+n^2$，需要用字母n表示需要求和的数的个数。

本节例1只研究一个已知数-1的性质，既不是无穷多个数，也不是未知数，本来可以不用字母表示。之所以用字母x，是为了利用乘法公式$x^2-1=(x+1)(x-1)$，大家都熟悉这个公式，不会提出质疑。这个公式适用于所有的数x，包括$x=-1$：

$$(-1)^2 - 1 = (-1+1)(-1-1) = 0 \times (-1-1) = 0,$$

就说明了 $(-1)^2 = 1$。

但是,如果要问 $x^2 - 1 = (x+1)(x-1)$ 为什么成立? 很多人会说:这是规定。

$x^2 - 1 = (x+1)(x-1)$ 不是人为规定的,是由运算律推出来的:

$(x+1)(x-1)$

$= x(x-1) + 1(x-1)$ (乘法对于加法的分配律)

$= (x^2 - x) + (x-1)$

$= x^2 + (-x+x) - 1$ (加法结合律)

$= x^2 + 0 - 1$ (相反数的定义: $-x + x = 0$)

$= x^2 - 1$。   (任何数加 0 等于自身,因此 $x^2 + 0 = x^2$)

将 x 换成 -1,这些运算律同样成立,经过同样漫长的过程得到

$$(-1+1)(-1-1) = (-1)(-1-1) + 1(-1-1) = \cdots = (-1)^2 - 1。$$

由 $(-1+1)(-1-1) = 0 \times (-1-1) = 0$ 得到 $(-1)^2 - 1 = 0$, 即 $(-1)^2 = 1$。

不过,这个过程太漫长。不需要用运算律推 $(x+1)(x-1) = x^2 - 1$,只需要直接用分配律推 $x^2 + x = (x+1)x$,将 x 换成 -1 就得

$$(-1)(-1) + (-1) = (-1+1)(-1) = 0 \times (-1) = 0。$$

两边同加 1 得 $(-1)(-1) + (-1) + 1 = 1$。等式左边去掉 $(-1) + 1 = 0$,就得 $(-1)(-1) = 1$。

整个证明离不了运算律,尤其是分配律。我这样讲课的时候就有位老师提出:你用分配律证明负负得正,但分配律与负负得正到底谁在前面谁在后面还不一定呢。

这个问题提得好。逻辑推理确实应该讲究谁推谁的问题。

逻辑推理,就是用另一个道理来论证这一个道理。假如用道理 B 论证 A,道理 B 又需要找道理 C 来论证。这个论证过程不能无限追溯下去,追溯到某个大家公认为显然成立的道理 G 的时候就停止:

$$A\Leftarrow B\Leftarrow C\Leftarrow\cdots\Leftarrow G$$

这个不需论证的道理 G 称为**公理**。如果公理 G 确实正确,每一步的推理也都正确,那么一步步推出的每个结论也就都正确,都是定理,最后就证明了定理 A 正确。

要掌握这种推理方式,首先应该知道最前面的公理。公理应当是显然的,经过人类长期历史认识并承认了它们的正确性。公理只有很少几条,由少数公理一步步推出许许多多的定理。还要知道推理的顺序,谁在谁的前面,前面的推后面的。

现在可以回答"负负得正"与"分配律"谁在前面谁在后面这个问题了。凡是关于加减乘除运算性质的命题,运算律就是公理,永远在最前面。其余所有运算法则、运算性质都在后面,是由运算律推出来的定理。负负得正也是运算律推出的定理。

不妨把定理 B 推出定理 A 比喻为老爸生儿子。定理 B 是老爸,定理 A 是儿子。如果定理 B 又由定理 C 推出来,那么 C 就是 B 的老爸,是 A 的爷爷。要搞清楚推理顺序,就好比搞清楚辈分。在算术和代数的范围内,运算律是最老最老的老祖宗,是开天辟地的盘古和造人的女娲。负负得正这样的具体运算法则都是子子孙孙,根本没有资格与运算律比辈分的高低。

运算律有哪些? 并不多。都是众所周知,非常熟悉的。

加法与乘法最基本的运算律如下:

加法运算律:

1. 结合律:任意三个数 a、b、c 满足 $(a+b)+c=a+(b+c)$;

2. 交换律:任意两个数 a、b 满足 $a+b=b+a$;

3. 0 的性质:与任何数 a 相加等于 a 本身,即 $0+a=a$;

4. 数 a 的相反数 $-a$:与 a 相加等于 0,即 $(-a)+a=0$。

乘法运算律:

1. 结合律:任意三个数 a、b、c 满足 $(ab)c=a(bc)$;

2. 交换律:任意两个数 a、b 满足 $ab=ba$;

3. 1 的性质：与任何数 a 相乘等于 a 本身，即 $1a=a$；

4. 非零数 a 的倒数$\dfrac{1}{a}$：与 a 相乘等于 1，即 $\dfrac{1}{a}\cdot a=1$。

乘法对于加法的分配律：任意三个数 a、b、c 满足 $a(b+c)=ab+ac$。

用字母代表数，每个字母可以代表无穷多个不同数值，这些不同数值怎么能够统一运算，只算一次就能得出适用于无穷多不同数值的共同结论？虽然数值不同，但它们满足的运算律相同，按照运算律进行运算就能得出统一的结果。

为什么数的运算满足这些运算律？ 因为从自然数的加法开始就是按运算律定义的：从一个起点 0 开始，不断重复同一个动作 +1，就产生了全部自然数：

$$0+1=1,\ 1+1=2,\ 2+1=3,\ \cdots;$$

两个自然数相加是按结合律定义的。比如，$3+2=3+(1+1)=(3+1)+1=4+1=5$。

自然数的乘法则是由分配律定义的。乘法定义为"几个相同加数连加的简便算法"，例如 $3\times2=3+3$ 实际上是 $3\times2=3\times(1+1)=3\times1+3\times1=3+3$，就是按分配律定义的。

自然数从个位数扩充到多位数，正整数添加正分数，再添加负有理数，再添加无理数，再添加虚数，每一次扩充都是按照运算律的要求定义新数的运算，因此都满足运算律。

不但数的运算满足运算律。很多别的对象也可以定义加减乘运算，满足运算律。例如向量定义了加法、数乘和内积。向量加法满足加法运算律。向量数乘及内积既然叫做"乘"和"积"，就要满足相关的乘法运算律。首先是满足乘法对于加法的分配律；其次向量 a、b 及实数 λ、μ 满足的 $(\lambda\mu)a=\lambda(\mu a)=\mu(\lambda a)$，$(\lambda a)\cdot(\mu b)=\lambda\mu(a\cdot b)$，类似于结合律与交换律；$a\cdot b=b\cdot a$ 称为内积的对称性，相当于交换律。

必须指出的是：运算律作为算术和代数的公理，不是天然成立的"基本事实"，而是必须达到的"基本要求"。比如，数集的每次扩充都要求扩充之后的新集合的运算满足旧的运算律。怎样做到的？集合扩充了，新元素进来了，还没有规定加法和乘法,怎样规定? 不是先规定了运算再检验运算律,而是按照运算律规定运算,规定出来的加法与乘法自然就满足运算律。如果不满足,就不能称作加法或乘法。不过,数集的每次扩充都是由旧数排成数列作为新元素,新元素的运算有固定格式(比如:按分量相加,按多项式相乘),天然满足运算律。

向量则有所不同,不是由数排成的,而是另起炉灶,由有向线段代表的。不是由数的运算定义向量运算,而是另起炉灶,由几何图形的性质重新定义向量运算。基本要求不变:必须满足运算律,这样才能以我们习惯的加法和乘法的方式进行运算。既然是另起炉灶由几何方式定义的向量及其运算,就必须根据几何定义,借助几何定理来验证运算律。不能免检,不能默认运算律必然成立。

例2 求证:(1) 向量加法满足结合律与交换律。
　　　　　(2) 向量内积满足交换律和分配律。

证明　(1) **结合律**:如图 1-4-1,向量 $\overrightarrow{OA}=\boldsymbol{a}$,$\overrightarrow{AB}=\boldsymbol{b}$,$\overrightarrow{BC}=\boldsymbol{c}$。

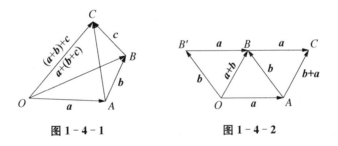

图 1-4-1　　　　　　　图 1-4-2

则 $\boldsymbol{a}+\boldsymbol{b}=\overrightarrow{OA}+\overrightarrow{AB}=\overrightarrow{OB}$,$(\boldsymbol{a}+\boldsymbol{b})+\boldsymbol{c}=\overrightarrow{OB}+\overrightarrow{BC}=\overrightarrow{OC}$。

而 $\boldsymbol{b}+\boldsymbol{c}=\overrightarrow{AB}+\overrightarrow{BC}=\overrightarrow{AC}$,$\boldsymbol{a}+(\boldsymbol{b}+\boldsymbol{c})=\overrightarrow{OA}+\overrightarrow{AC}=\overrightarrow{OC}=(\boldsymbol{a}+\boldsymbol{b})+\boldsymbol{c}$,
所以结合律成立。

加法交换律证法一:如图 1-4-2,向量 $\overrightarrow{OA}=\boldsymbol{a}=\overrightarrow{BC}$,$\overrightarrow{AB}=\boldsymbol{b}$,则

$$\boldsymbol{a}+\boldsymbol{b}=\overrightarrow{OA}+\overrightarrow{AB}=\overrightarrow{OB},\ \boldsymbol{b}+\boldsymbol{a}=\overrightarrow{AB}+\overrightarrow{BC}=\overrightarrow{AC}。$$

$\overrightarrow{OA}$ 与 $\overrightarrow{BC}$ 方向相同,长度相等,因此 OA、BC 平行且相等,四边形

$OACB$ 是平行四边形。

　　因此另一组对边 OB、AC 平行且相等。由 $\overrightarrow{OB}=\overrightarrow{AC}$，即 $\boldsymbol{a}+\boldsymbol{b}=\boldsymbol{b}+\boldsymbol{a}$，知交换律成立。

　　加法交换律证法二：如图 $1-4-2$，作 $\overrightarrow{OB'}=\boldsymbol{b}=\overrightarrow{AB}$，连接 $B'B$。

　　$\overrightarrow{OB'}$ 与 $\overrightarrow{AB}$ 方向相同，长度相等，即 OB'、AB 平行且相等，因此四边形 $OB'BA$ 是平行四边形，则另一组对边 OA、$B'B$ 平行且相等，所以 $\overrightarrow{B'B}=\overrightarrow{OA}=\boldsymbol{a}$。

图 $1-4-3$

$$\boldsymbol{b}+\boldsymbol{a}=\overrightarrow{OB'}+\overrightarrow{B'B}=\overrightarrow{OB}=\overrightarrow{OA}+\overrightarrow{AB}=\boldsymbol{a}+\boldsymbol{b}。$$

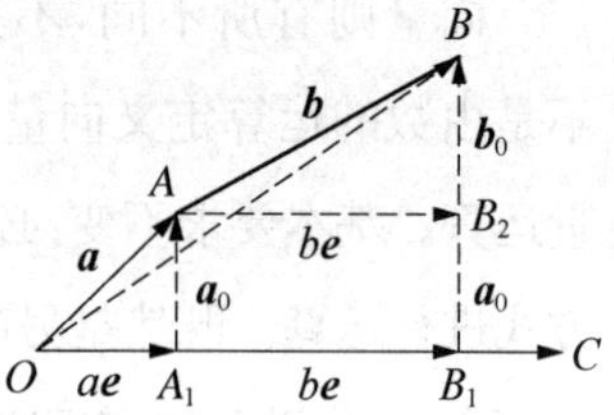

　　(2) 如图 $1-4-3$，$\boldsymbol{a}=\overrightarrow{OA}$，$\boldsymbol{b}=\overrightarrow{AB}$，$\boldsymbol{c}=\overrightarrow{OC}$。

　　内积对称性(交换律)：$\boldsymbol{a}\cdot\boldsymbol{c}=\boldsymbol{c}\cdot\boldsymbol{a}$。

$$\begin{aligned}
\boldsymbol{c}\cdot\boldsymbol{a} &=|OC||OA|\cos\angle AOC \\
&=|OC||OA|\cos(-\angle COA) \\
&=|OA||OC|\cos\angle COA=\boldsymbol{a}\cdot\boldsymbol{c}。
\end{aligned}$$

　　内积分配律：$(\boldsymbol{a}+\boldsymbol{b})\cdot\boldsymbol{c}=\boldsymbol{a}\cdot\boldsymbol{c}+\boldsymbol{b}\cdot\boldsymbol{c}$。

　　设 $\overrightarrow{OC}=c\boldsymbol{e}$，$\boldsymbol{e}$ 是与 $\overrightarrow{OC}$ 同方向的单位向量，$c=|OC|$ 是 OC 的长度。

　　过点 A 作 $AA_1\perp OC$，垂足为 A_1，则 $\boldsymbol{a}=\overrightarrow{OA}=\overrightarrow{OA_1}+\overrightarrow{A_1A}=a\boldsymbol{e}+\boldsymbol{a}_0$，$\boldsymbol{a}_0=\overrightarrow{A_1A}$ 垂直于 OC，$a=|OA_1|$ 是 OA_1 的长度。

　　如果以 O 为原点、OC 方向为 x 轴正方向建立直角坐标系，则 a 是点 A 的横坐标，于是

$$\cos\angle COA=\frac{a}{|OA|}，$$

$$\boldsymbol{a}\cdot\boldsymbol{c}=|OA||OC|\cos\angle COA=|OA|c\cdot\frac{a}{|OA|}=ac。$$

　　同理，过点 B 作 $BB_1\perp OC$，垂足为 B_1；过点 A 作 OC 的平行线 AB_2 与 BB_1 交于点 B_2；连接 OB。

由 $\boldsymbol{b} = \overrightarrow{AB} = \overrightarrow{AB_2} + \overrightarrow{B_2B} = be + \boldsymbol{b}_0$，$\boldsymbol{b}_0 = \overrightarrow{B_2B}$，可得 $\boldsymbol{b} \cdot \boldsymbol{c} = bc$。

于是

$$\boldsymbol{a} + \boldsymbol{b} = \overrightarrow{OA} + \overrightarrow{AB} = \overrightarrow{OB}$$
$$= (ae + \boldsymbol{a}_0) + (be + \boldsymbol{b}_0)$$
$$= (a + b)e + (\boldsymbol{a}_0 + \boldsymbol{b}_0) = \overrightarrow{OB_1} + \overrightarrow{B_1B}。$$

其中 $\overrightarrow{OB_1} = (a + b)e$ 与 $\overrightarrow{OC}$ 共线，$\overrightarrow{B_1B} \perp \overrightarrow{OC}$。

与前面同理有 $(\boldsymbol{a} + \boldsymbol{b}) \cdot \boldsymbol{c} = \overrightarrow{OB} \cdot \overrightarrow{OC} = (a + b)c = ac + bc = \boldsymbol{a} \cdot \boldsymbol{c} + \boldsymbol{b} \cdot \boldsymbol{c}$。

运算律是对运算的基本要求，而不是运算自动满足的基本事实。如果你定义了一种加法不满足加法运算律，就不准叫加法。你定义的乘法不满足乘法运算律，就不准叫乘法。因此，必须先进行资格审查，也就是证明你定义的运算满足运算律。

向量是几何图形，向量的加法、数乘、内积等运算都是由几何方式定义的，就需要用几何定理来证明这些运算满足运算律。以上的例 2 给出了证明，哪怕学生掌握不了证明的具体过程，也不要紧。只要让他知道必须证明也好，绝不能让他认为不需要证明。

请注意例 2 的证明用到哪些几何定理。证明交换律用到了平行四边形的判定定理和性质定理：根据对边相等且平行判定平行四边形，再根据它是平行四边形得到另一组对边相等且平行。这说明，当我们用向量的加法运算证明几何定理的时候，只要用到交换律，实际上就是用到平行四边形的判定定理和性质定理。用向量加法运算证明几何定理，其实是用平行四边形的定理证明几何定理，只不过推理的方式不同，不是用文字叙述推理，而是用字母运算推理，更容易掌握。但就有一个问题：你可以用向量加法交换律证明别的几何定理，但不能用向量加法来证明平行四边形的判定定理和性质定理。否则就是循环论证：你用平行四边形的定理来证明加法交换律，就必须先保证平行四边形的定理是正确的。谁来保证？不能让加法交换律来保证。就好比爸爸生了儿子，谁来生爸爸？不能让儿子生爸爸，只能由爷爷生爸爸。谁是爷爷？平行四边形的判定定理与性质定理是谁生出来的？是边角边（三角形两边夹角对应相等)判定三角形全等的定理推出来的,边角边判全等的定理就是爷爷。怎么证边角边判定定理呢? 可以用几何方法,将一个三角形搬到另一三角形上叠合,但不能用向量加法证明。用向量加法就要用到交换律,用交换律证明平行四边形定理是儿子生老爸,如果再用来证明三角形全等,就是孙子生爷爷了。因此用向量做题有忌讳,不能证明推出向量运算律的几何定理,儿子不能生老爸,孙子不能生爷爷。

例 2 中证明向量加法交换律用到平行四边形定理,结合律却没用到几何定理,原因是:向量其实是空间的平移变换。向量加法的结合律的证明,其实是证明了任意映射和变换的复合运算的结合律,不限于向量加法,因此不依赖几何定理。

空间每条有向线段 OA 表示的向量 $a = \overrightarrow{OA}$ 代表空间中的一个变换,将有向线段 OA 的起点 O 变到终点 A。

从空间每点 P 出发可以作 $\overrightarrow{PQ} = a = \overrightarrow{OA}$ 与 OA 方向相同,长度相等。a 将 P 变到 Q。因此 a 将空间所有的点 P 沿同样方向(OA 的方向)移动相同距离 $|PQ| = |OA|$。这样的变换 a 称为**平移**。

向量加法的三角形法则 $a + b = \overrightarrow{OA} + \overrightarrow{AB} = \overrightarrow{OB}$ 就是映射 a、b 的复合,即

$$ba : O \to a(O) = A \to b(A) = B。$$

例 2 的证明即 $c(ba)(O) = c(b(A)) = c(B) = C$,$(cb)a(O) = (cb)(A) = c(B) = C = c(ba)(O)$ 这就是空间任意变换 a、b、c 的结合律 $c(ba) = (cb)a$ 成立。不管 a、b、c 是不是平移变换都成立,对平移变换当然也成立,此时写成向量加法就是 $(a + b) + c = a + (b + c)$。

映射与变换都满足结合律,不需要几何定理来证明,但不满足交换律。

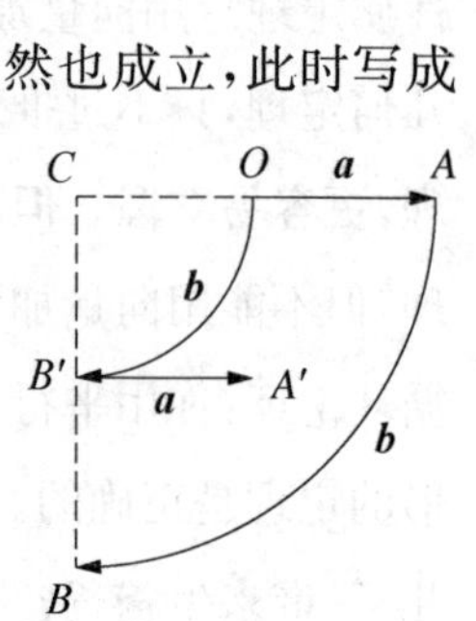

例如,图 1-4-4 的平移变换 $a = \overrightarrow{OA}$ 将每点往右移 $|OA|$。旋转变换 b 将每点绕 C 沿顺时针方向旋转 $90°$。则 ba 将 O 先平移到 $a(O) = A$,再转到 $b(A) = B =$

图 1-4-4

$ba(O)$，ab 将 O 先转到 $B'=b(O)$，再移到 $a(B')=A'=ab(O)\neq ba(O)$。这说明 $ba\neq ab$，**交换律不成立**。

但是，我们证明了：所有的平移变换之间可相互交换。这依赖于几何定理：平行四边的判定定理和性质定理，也可以换成：边角边判定三角形全等的定理。

大部分教材讲向量加法都用两段位移的合成 $O\rightarrow A\rightarrow B$ 来解释向量加法的三角形法则：$\overrightarrow{OA}+\overrightarrow{AB}=\overrightarrow{OB}$，既符合科学逻辑，又容易被学生理解和应用。

但是有人写了文章来反对这种讲法。其中提到"在向量产生之前并没有产生过将线段相加的思想，也就是说，向量的加法不是从物理的合成运动中抽象出来的概念。""物理的实验结果仅仅是对设想的验证，并不一定正确。因此，在教学中就需要给出对向量加法的严格论证。"还提到"如果直接利用物理运动的合成告诉学生向量加法法则，学生只能被动地接受，而不能真正理解向量加法的法则。这里遵循历史上向量加法产生的过程，让学生经历数学家发现知识的思维过程转化为对知识的再创造过程。"另外，还考证出：莱布尼茨都没成功，经过莫比乌斯、格拉斯曼、韦塞尔继续探索，才走通了这条路。由此告诫我们要遵循这个历史过程，把这个艰难的探索过程再重复一遍。

为什么莱布尼茨没有成功？就是因为他没想到"从物理的合成运动中抽象出向量加法"。最初的探索者披荆斩棘闯新路，难免走弯路。后继者吸取前人的经验教训不断改进，找到越来越合理的康庄大道。现在的老师和学生不应该去"遵循"前辈的弯路，而应该遵循最合理的康庄大道。通向向量加法的康庄大道，就是"从位移合成抽象出向量加法"。

两条线段怎么相加，确实很难想清楚。但只需转一念，把有向线段 $\overrightarrow{OA}$ 看成从起点 O 到终点 A 的位移 $O\rightarrow A$。线段相加就变成位移相加，就是走了第一段再走第二段。第一段从 O 走到 A，第二段怎么走？从第一段的终点 A 出发继续前进到下一个终点 B，总效果是从 O 出发到 B，用线段表示为 $\overrightarrow{OA}+\overrightarrow{AB}=\overrightarrow{OB}$。这就发明了向量加法的三角形法则。

莱布尼茨没有发明三角形法则，现在的老师和学生却能够轻松搞定。不是因为老师和学生们比莱布尼茨更聪明，而是因为从位移合成抽象出向量加法这个想法太美妙。也许有人会质疑:线段与位移是不同的概念,风马牛不相及,怎么能够互相抽象呢? 那就需要向他启蒙什么叫抽象。抽象就是让"风马牛相及","忘掉"不同的事物的不同点,只"分享"共同的性质。线段 OA 让人想到的是一根铁棍把两个端点死死固定,不能动弹。位移 $O{\to}A$ 的箭头则是从起点跃到终点的矫健步伐。死板的线段与矫健的位移似乎是风马牛不相及。如果真的把位移看成物理运动,那么还需要算它的时间和速度,区分它是匀速运动还是变速运动,运动路线是直线还是曲线。比如坐飞机从北京 O 到上海 A,运动路线肯定不是直线段。但是,位移这个概念已经把所有这些物理性质统统扔掉了,不管匀速或变速,不管路线是直还是弯,一律用起点 O 到终点 A 的直线段 $\overrightarrow{OA}$ 表示运动方向和距离。将位移和线段的物理特性全都扔掉,只剩下起点到终点的距离和方向,两者就是一回事了。扔掉不同性质,抽取共同性质,这就是抽象的最正宗的定义。将线段与位移看成相同,就可以把位移首尾相接的合成法则"分享"给线段,让它"照抄作业",按首尾相接的法则来连接,得到三角形法则。这就是抽象。

那篇文章的作者嫌弃位移合成的原因是"物理的实验结果并不一定正确。需要严格论证。"位移合成 $\{O{\to}A{\to}B\}$ 得到 $\{O{\to}B\}$,根本不需要做物理实验,这不是"物理的实验结果"。好比你坐飞机从北京 O 起飞经停上海 A 再飞到重庆 B,起点当然是北京,终点当然是重庆,不需要亲自去飞一趟就能知道结果。如果他实在不喜欢物理,可以将 $O{\to}A{\to}B$ 中的箭头不看成位移,而看成空间的平移变换,也就是空间全体点的集合到自身的映射。两个箭头的合成就成为集合映射的合成。集合的映射,以及映射的合成,是最正宗的数学概念,比"线段"这个几何概念更正宗,更抽象,因而更"高贵"。如果给大学生讲,确实可以不讲位移合成,直接讲映射合成,这样更加干净利落。不过,中学生对映射不够熟悉,还是讲位移合成更通俗易懂。本书提倡将大学数学改造成中学知识的"白话"来教中学生。位移合成就是映射合成的白话版,直观易懂,值得提倡。

不过,有一句话是正确的:"需要给出对向量加法的严格论证。"不但用"物理运动的合成抽象出向量加法"需要严格论证,用映射合成抽象出向量加法同样需要严格论证。因为映射合成不一定是加法。加法必须满足交换律,映射合成有可能不满足交换律,但向量加法是平移变换,满足交换律。

对向量加法进行"严格论证",用什么标准来衡量? 满足什么条件,达到什么标准,才有资格称为加法?

有很多不同的加法,掰手指的自然数加法,通分的分数加法,相互抵消的正负数加法 $2+(-3)=-1$,取极限的无理数加法。现在又来一个向量加法,既有方向也有大小。这些加法的运算对象不同,运算法则不同,为什么都有资格叫加法。应该有一个统一的最低标准,达到标准才有资格称为加法。大学高等代数教材中对"一般向量空间"的定义,给出了这个最低标准,具体如下:

V 是非空集合,其中的元素叫向量。F 是数域,其中的元素叫纯量。V 中定义了加法,任何两个向量 $\boldsymbol{u}$、$\boldsymbol{v}$ 相加得到一个向量 $\boldsymbol{u}+\boldsymbol{v}$。向量与纯量定义了乘法,称为向量的数乘,任何向量 $\boldsymbol{u}$ 与纯量 a 相乘得到一个向量 $a\boldsymbol{u}$。

向量加法与数乘满足 8 条运算律:

(1) 交换律:$\boldsymbol{u}+\boldsymbol{v}=\boldsymbol{v}+\boldsymbol{u}$;

(2) 结合律:$(\boldsymbol{u}+\boldsymbol{v})+\boldsymbol{w}=\boldsymbol{u}+(\boldsymbol{v}+\boldsymbol{w})$;

(3) 存在零向量 $\boldsymbol{0}$,满足 $\boldsymbol{0}+\boldsymbol{u}=\boldsymbol{u}$;

(4) 每个向量 $\boldsymbol{u}$,存在负向量 $-\boldsymbol{u}$,满足 $\boldsymbol{u}+(-\boldsymbol{u})=\boldsymbol{0}$;

(5) 对纯量加法的分配律:$(a+b)\boldsymbol{u}=a\boldsymbol{u}+b\boldsymbol{u}$;

(6) 对向量加法的分配律:$a(\boldsymbol{u}+\boldsymbol{v})=a\boldsymbol{u}+a\boldsymbol{v}$;

(7) 结合律:$(ab)\boldsymbol{u}=a(b\boldsymbol{u})$;

(8) 1 乘向量:$1\boldsymbol{u}=\boldsymbol{u}$。

这 8 条运算律的前 4 条就是向量加法的最低标准,也是所有加法的最低标准,就是加法的本质。

这个定义对于运算的对象没有任何要求,只要是非空集合中的元素就达到该标准。既不要求是有向线段,也没禁止有向线段,什么都可以。

定义中也没有规定加法与数乘运算的运算法则,既不要求是三角形法则或平行四边形法则或位移的合成,也不禁止这些法则,无论怎样算都可以。

唯一的要求,就是满足 8 条运算律,其中加法的要求是满足前 4 条运算律。满足了就够格,不满足就不够格。干净利落,明白果断。

所有加法都必须满足的 4 条运算律,是加法的本质。加法运算的其他性质,由这 4 条运算律产生。

我们验证了按三角形法则定义的有向线段加法满足 4 条运算律,就已经通过了最严格的论证,它就成为合格的加法,不需要其他论证。

合格加法不仅是一个名誉,而且有实惠:由加法运算律推出的一切结论,都适用于合格加法,不需要另外论证。

同理,满足数乘运算律的向量数乘运算也是合格的数乘运算,有资格"享有"这些性质。

有了加法与数乘,就可以为向量建立坐标,将向量运算归结为实数运算。比如,要建立平面坐标,先在平面上取两个相互垂直的单位向量 e_1、e_2 组成标准正交基,平面上每个向量 u 就可以按平行四边形法则分解为这两个基向量的实数倍之和 $u = x e_1 + y e_2$,两个系数排成一组 (x, y),称为 u 的坐标。两个向量 $u = x e_1 + y e_2$、$v = a e_1 + b e_2$ 相加,按运算律得

$$u + v = (x e_1 + y e_2) + (a e_1 + b e_2) = (x e_1 + a e_1)$$
$$+ (y e_2 + b e_2) = (x + a) e_1 + (y + b) e_2。$$

向量和 $u + v$ 的坐标 $(x + a, y + b) = (x, y) + (a, b)$ 等于坐标之和,这就把向量加法变成了实数加法。共线向量与不共线向量的区别变成用一个实数还是两个实数表示的区别,不必再纠结怎么表示方向。进一步,还可以用坐标的内积运算算出两个向量的长度和夹角。不但能算平面向量与空间向量,还能算画不出图的 n 维空间的向量的长度与夹角。这就是以运算律为本质产生的巨大威力,也是高等代数教材用运算律定义向量运算的理由。

自然数的加法为什么满足结合律和交换律? 自然数是从 0 开始不断加 1 得到的。将每个数"加 1"就是一个变换,记作 e。在平面上任取出发点,记为 0。变换 e 将 0 移到下一点 $1 = e(0)$。再移到下一点 $2 = e(1) = ee(0) = e^2(0)$,$e^2$ 表示将"加 1"的变换连续作用两次,由 0 移动到 1 再移动到 2。不断用变换 e 作用,如果得到的点永远不重复,就得到无穷多个不同的点,每点代表一个自

然数,组成自然数集合 $\mathbf{N}$。e 是集合 $\mathbf{N}$ 上的一个变换,将每个点 n 变到下一点 $n+1$。 $n=e^n(0)$ 由变换 e 将起点 0 重复作用 n 次得到。正如向量 a、b 相加就是两个平移变换的复合变换,两个自然数 n、m 相加也是 $\mathbf{N}$ 上两个变换 e^n、e^m 的复合 $e^n e^m = e^{n+m}$。既然变换的复合都满足结合律,自然数的加法当然就满足结合律。证明两个不同平移 a、b 的交换 $ab=ba$ 需要几何定理帮忙。自然数的加法交换律 $n+m=n+m$,即 $e^n e^m = e^m e^n$ 却不需要帮忙,因为 $e^n=e\cdots e$ 与 $e^m=e\cdots e$ 都由同一个变换 e 重复若干次得到,根本没有两个不同变换 a、b,e^n 与 e^m 的区别,只是所含 e 的个数有可能不同。交换律可以由结合律推出来,例如 $e^3 e^2 = (eee)(ee) = ((ee)e)(ee) = (ee)(e(ee)) = (ee)(eee) = e^2 e^3$,并不是将前面 3 个 e 与后面 2 个 e 交换顺序,只是将前面 3 个 e 的最后一个划拨到后面充当第一个 e,先后顺序都没有变,只是括号位置变了,分组情况变了,结合律保证了这种变化的正确性,看起来就是交换律。

假如你学过线性代数,就知道当 $n>1$ 时,n 阶方阵的乘法满足结合律但不满足交换律,但同一方阵的不同次幂做乘法可交换:$A^3 A^2 = (AAA)(AA) = (AA)(AAA) = A^2 A^3$,与我们这里的道理相同。

假如你学过抽象代数,就知道由一个元素生成的半群是循环半群,一定是交换的。自然数就是由一个元素 1 生成的加法半群,是循环半群,一定是交换的。

以上是从 0 出发经过变换 e 作用产生无穷多个不重复的点组成自然数集合 $\mathbf{N}$。为了便于理解,取平移变换 $e=\overrightarrow{OE}$ 将所有的点往同一方向移动同样距离 $|OE|$。由 O 开始移动得到的全部点都在射线 OE 上,就是数轴上代表自然数的全部点。

如图 1-4-5。每个点 P 代表一个自然数 n,也代表向量 $\overrightarrow{OP}=n\overrightarrow{OE}=ne$。自然数的加法代表向量加法。我们前面指出,实数运算满足运算律是由自然数运算满足运算律扩充而来的。向量运算是另起炉灶建立起来的。现在看起来,实数运算反而是向量运算的特殊情况:向量运算的结合律是所有映射

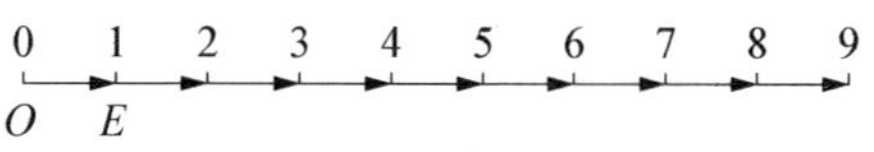

图 1-4-5

的共同性质。交换律则是平移变换的特殊性质,依赖于平行四边形的定理。自然数的加法就是任何一个非零向量 e 相加得到的全体向量的加法,是同一条直线上的向量的加法。

例 2(2)证明内积的交换律(对称性)用到了什么几何定理？ 内积的定义 $c \cdot a = |OC||OA|\cos\angle COA$ 中出现三角函数 $\cos\angle COA$,就是用到了三角形相似的定理。

如图 1-4-6,$\mathrm{Rt}\triangle OAA_1$ 与 $\mathrm{Rt}\triangle OCC_1$ 两角对应相等：$\angle COC_1 = \angle AOA_1$,$\angle OC_1 C = 90° = \angle OA_1 A$,因此 $\mathrm{Rt}\triangle OAA_1$ 与 $\mathrm{Rt}\triangle OCC_1$ 相似。

对应边成比例：

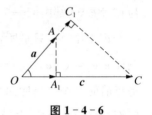

图 1-4-6

$$\cos\angle COA = \frac{|OA_1|}{|OA|} = \frac{|OC_1|}{|OC|}。$$

内积 $c \cdot a = \overrightarrow{OC} \cdot \overrightarrow{OA} = |OC||OA|\cos\angle COA = |OC||OA| \cdot \frac{|OA_1|}{|OA|} = |OC||OA| \cdot \frac{|OC_1|}{|OC|} = |OC||OA_1| = |OA||OC_1| = a \cdot c。$

$c \cdot a$ 是 $\overrightarrow{OA}$ 在 $\overrightarrow{OC}$ 上的投影 OA_1 与 $|OC|$ 的乘积,$a \cdot c$ 是 $\overrightarrow{OC}$ 在 $\overrightarrow{OA}$ 上的投影 OC_1 与 $|OA|$ 的乘积。$c \cdot a = a \cdot c$,两者相等的原因是相似三角形 $\triangle OAA_1$ 和 $\triangle OCC_1$ 的对应边 $\frac{|OA_1|}{|OA|} = \frac{|OC_1|}{|OC|}$ 成比例。 这说明：如果用向量内积来证明三角形相似的定理,也是循环论证。

重新审查例 2(2)证明向量内积分配律的等式

$$a + b = (ae + a_0) + (be + b_0) = (a+b)e + (a_0 + b_0),$$

$$(a+b) \cdot c = (a+b)e \cdot ce = (a+b)c = ac + bc = a \cdot c + b \cdot c。$$

计算两个向量 a 与 c 的内积,就是将其中一个 $a = ae + a_0$ 分解为与另一个 $c = ce$ 共线的分量 ae 及垂直的分量 a_0 之和。将与 c 垂直的分量 a_0 舍弃,内积

$$a \cdot c = (ae + a_0) \cdot c = (ae) \cdot (ce) = ac$$

就变成同一条直线上两个向量的内积,也就是同一个单位向量 e 的两个实数倍 ae、ce 的内积,等于两个倍数 a、c 的乘积。

$b = be + b_0$ 也可作同样的分解,得到相应的结果

$$b \cdot c = (be + b_0) \cdot c = (be) \cdot (ce) = bc。$$

两个分解式相加 $a + b = (ae + a_0) + (be + b_0) = (a+b)e + (a_0 + b_0)$,与 c 共线的分量相加 $ae + be = (a+b)e$ 仍与 $c = ce$ 共线,与 c 垂直的分量之和 $a_0 + b_0$ 是否还垂直于 c?

平面上没问题:与非零向量 $c = \overrightarrow{OC}$ 垂直的向量 a_0、b_0 都平行于 OC 的垂线 B_1B_2,它们的和 $a_0 + b_0 = \overrightarrow{B_1B_2} + \overrightarrow{B_2B} = \overrightarrow{B_1B}$ 也平行于垂线 B_1B_2,因而垂直于 c。

但在空间,与空间向量 $c = \overrightarrow{OC}$ 垂直的两个向量 $a_0 = \overrightarrow{OA}$,$b_0 = \overrightarrow{OB}$ 之和 $a_0 + b_0 = \overrightarrow{OS}$ 是否垂直于 c,就不那么显然,需要借用几何定理来证明。

例3　如图 $1-4-7$,已知 $OA \perp OC$,$OB \perp OC$,且 $\overrightarrow{OS} = \overrightarrow{OA} + \overrightarrow{OB}$。求证:$OS \perp OC$。

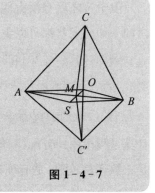

图 $1-4-7$

证明　当 OA、OB 共线,OS 也在同一条直线上,当然 $OS \perp OC$。

设 OA、OB 不共线,则四边形 $OASB$ 是平行四边形,对角线交点 M 是 AB 的中点。

延长 CO 到 C' 使 $OC' = OC$。由 OA、OB 垂直平分 CC' 知 $AC = AC'$,$BC = BC'$,且 $AB = AB$,因此 $\triangle ABC \cong \triangle ABC'$(SSS),所以 $\angle MAC = \angle BAC = \angle BAC' = \angle MAC'$。再由 $AC = AC'$,$AM = AM$ 得 $\triangle AMC \cong$

$\triangle AMC'$(SAS)，因此 $MC = MC'$，所以 $\triangle CMC'$ 是等腰三角形，底边 CC' 上的中线 OM 也是高，于是 $OM \perp CC'$。

OS 在直线 OM 上，OC 在直线 CC' 上，因此 $OS \perp OC$。

当 OA、OB 不共线，例 3 就是直线与平面垂直的判定定理。例 3 的证明就是以前的教材对这个判定定理的证明。

后来引入了向量，就嫌这个几何证明太复杂，换成了向量证明：

$$\overrightarrow{OS} \cdot \overrightarrow{OC} = (\overrightarrow{OA} + \overrightarrow{OB}) \cdot \overrightarrow{OC} = \overrightarrow{OA} \cdot \overrightarrow{OC} + \overrightarrow{OB} \cdot \overrightarrow{OC} = 0 + 0 = 0,$$

因此 $OS \perp OC$。

确实很简单，但用到了分配律。空间向量内积分配律成立的理由就是直线与平面垂直的判定定理，这就是循环论证，或者叫做"儿子生老爸"。

但他们认为运算律都是从天上掉下来的，不需要证明，我就无语了。

我们强调了逻辑推理的顺序，言必有据，定理都是从公理推出来的，不能偷懒，尽管这很辛苦。

但辛苦之后有没有回报？有。只要某个运算满足了运算律，由运算律推出的一切公式就都可以免证共享：不需要证明就可以直接用。

例如，两数 a、b 和的完全平方：

$$(a+b)^2 = (a+b)(a+b) = a(a+b) + b(a+b) = (a^2 + ab) + (ba + b^2)$$
$$= a^2 + (ab + ba) + b^2 = a^2 + (ab + ab) + b^2 = a^2 + 2ab + b^2。$$

计算过程只用到分配律、加法交换律、乘法交换律。与 a、b 是整数还是分数，是正数还是负数，是有理数还是无理数，是实数还是虚数，均无关；与 a、b 是不是数也无关。a、b 可以换成任何别的东西，只要还有加法和乘法，并且满足乘法对于加法的分配律、加法结合律、乘法交换律，这个公式就成立。例如，a、b 换成向量 $\boldsymbol{a}$、$\boldsymbol{b}$，加法按三角形法则或平行四边形法则计算，乘法按内积计算，这三条运算律都成立，公式

$$(\boldsymbol{a} + \boldsymbol{b})^2 = \boldsymbol{a}^2 + 2\boldsymbol{a} \cdot \boldsymbol{b} + \boldsymbol{b}^2 \qquad (1)$$

不需再算，自然成立。其实你再算一遍也与 a、b 是数的算法一样。因为当 a、b 是数的时候你也没有用到数的特殊性质，只用到运算律。换成向量或者别

的对象,还是只能按运算律计算,没有任何不同之处。唯一区别是,当 $\boldsymbol{a}$、$\boldsymbol{b}$ 是向量,乘法是内积,用一点来表示内积,这对于运算过程没有影响。

当 $\boldsymbol{a}=\overrightarrow{CB}$ 和 $\boldsymbol{b}=-\overrightarrow{CA}$ 是 $\triangle ABC$ 两边所表示的向量,$\boldsymbol{a}+\boldsymbol{b}=\overrightarrow{CB}-\overrightarrow{CA}=\overrightarrow{AB}$。

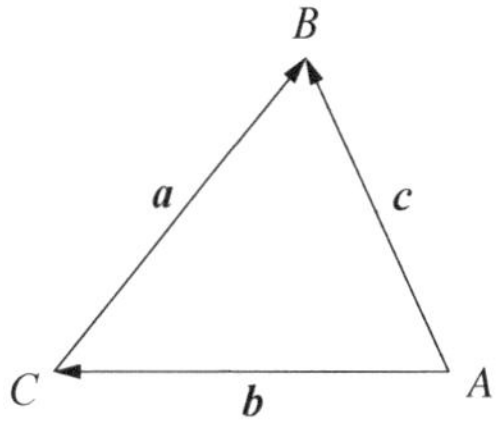

图 1-4-8

如图 1-4-8,$(\boldsymbol{a}+\boldsymbol{b})^2=|AB|^2$,$\boldsymbol{a}^2=|CB|^2$,$\boldsymbol{b}^2=|CA|^2$ 是三边长度的平方,

$$\boldsymbol{a}\cdot\boldsymbol{b}=-|CB||CA|\cos C。$$

完全平方公式(1)就是

$$|AB|^2=|CB|^2+|CA|^2-2|CB||CA|\cos C,$$

也就是**余弦定理**。当 $C=90°$,$\cos C=0$,就是**勾股定理**:

$$|AB|^2=|CB|^2+|CA|^2。$$

例 4　如图 1-4-9,已知平行六面体三条棱的长度 $|AB|=a$,$|AD|=b$,$|AA'|=c$ 及两两夹角 $\angle BAD=\alpha$,$\angle BAA'=\beta$,$\angle DAA'=\gamma$。求对角线 AC' 的长。

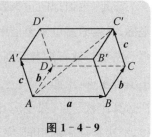

图 1-4-9

解　$\overrightarrow{AC'}=\overrightarrow{AB}+\overrightarrow{BC}+\overrightarrow{CC'}=\overrightarrow{AB}+\overrightarrow{AD}+\overrightarrow{AA'}=\boldsymbol{a}+\boldsymbol{b}+\boldsymbol{c}$。

$$\begin{aligned}|AC'|&=\sqrt{\overrightarrow{AC'}\cdot\overrightarrow{AC'}}=\sqrt{(\boldsymbol{a}+\boldsymbol{b}+\boldsymbol{c})^2}\\&=\sqrt{\boldsymbol{a}^2+\boldsymbol{b}^2+\boldsymbol{c}^2+2\boldsymbol{a}\cdot\boldsymbol{b}+2\boldsymbol{a}\cdot\boldsymbol{c}+2\boldsymbol{b}\cdot\boldsymbol{c}}\\&=\sqrt{a^2+b^2+c^2+2ab\cos\alpha+2ac\cos\beta+2bc\cos\gamma}\end{aligned}$$

探与究　这道题曾经用作强基计划的考试题。本来很容易:利用向量加法的三角形法则把对角线向量 $\overrightarrow{AC'}$ 写成三条棱的向量 $\boldsymbol{a}$、$\boldsymbol{b}$、$\boldsymbol{c}$ 之和。自己与自己作内积,就得到对角线长度 $|AC'|$ 的平方。这些都是向量最基本的运算。

三个向量和的平方 $(a+b+c)^2$ 的展开式与三个数的和的平方的展开式 $(a+b+c)^2 = a^2+b^2+c^2+2ab+2ac+2bc$ 完全类似，根本不应该有困难。

考试结果却是，很多名牌中学的学生对这道题完全束手无策，根本不知道如何下手。他们心目中的向量题，唯一的办法就是立即建立坐标系，求出相关点的坐标，利用坐标公式计算。面试的时候问他们怎么算长度，他们只知道三个坐标的平方和再开方。对于向量自己作内积等于其长度的平方也是一脸的茫然，好像闻所未闻。但是这道题完全无法求 C' 的坐标。这不怪学生，甚至不怪中学教师，责任恐怕在教材。

我把这道题出成选拔考试题，本来以为是送分题，普通考生也能愉快解答，没想到把大量"优秀"考生打得落花流水。过后我才想清楚我在无意中打到了他们的两个软肋：

一是，算向量只会坐标公式，把向量运算看成走过场可有可无，离了坐标就一筹莫展。

二是，生怕把向量与数混为一谈，因为教材再三强调不能混为一谈。离了坐标，又不愿意也不敢借用数的运算公式，就真的走投无路了。

向量与数有没有区别。向量是几何线段，与数当然不同。不过，这个区别不值得重视，正如 $3+2=5$ 是数手指还是数苹果的区别不需要重视。只要重视运算律就行了，只要运算律相同，向量与数的运算律就相同。分配律，交换律，加法结合律都相同，完全平方公式也就一定相同。

但是，数的运算有两条运算律不适合于向量。这个区别值得重视：

(1) 向量内积不满足结合律：也就是 $(a \cdot b)c \neq a(b \cdot c)$。这是因为，向量内积 $a \cdot b$ 不是向量而是实数，再做乘法 $(a \cdot b)c$ 就不是内积而是向量 c 的实数倍，与向量 c 共线。等号右边则是 a 的实数倍，与 a 共线。当 a、c 不共线时绝不可能相等。即使共线也难得恰好相等。

(2) 非零向量内积 $a \cdot b = 0$ 有可能成立，这只要 a、b 垂直就为 0。而非零数的乘积一定不为 0。如果数 $a \neq 0$，且 $ab = ac$，可以从等式两边消去 a 得到 $b = c$，这是因为 $ab - ac = a(b-c) = 0$ 且 $a \neq 0$ 导致 $b - c = 0$。这叫做**消去律**。向量不满足消去律，即使 $a \neq 0$，也不能从等式 $a \cdot b = a \cdot c$ 两边消去 a 得

到 $b=c$，因为由 $a \cdot b - a \cdot c = a \cdot (b-c) = 0$ 及 $a \neq 0$ 不能断定 $b-c=0$。有可能 a，$b-c$ 都不为 0，但它们垂直，内积仍为 0。

如果数的运算公式用到了这两条之中的一条，就不能照搬到向量。因为完全平方 $(a+b+c)^2$ 不是三个向量相乘，而是两个向量做内积，没有用到乘法结合律，而且只有相乘没有消去。运算过程中，如果向量用到的运算律与数的运算律全部相同，就可以放心大胆照搬。

1.5　数学建模——旧知识解决新问题

现实是看得见的现象，不妨用 1 表示；理论是看不见的规律，不妨用 0 表示。数学抽象是从现象总结理论，就是 1 到 0；逻辑推理是从理论到理论，大理论产生小理论，就是 0 到 0；数学建模用理论解决现实问题，则是 0 到 1。

有的教材讲了"零向量平行于任何向量"，但没讲"零向量垂直于任何向量"。有人就总结"零向量平行于任何向量，但不垂直于任何向量"。这个逻辑很荒唐。就好比历史教材编者不认识你，也没写你有功劳，难道就是说你有罪过？

某地的考题涉及零向量是否垂直于任何向量。有人就告状：书上没讲的，怎么能考？要求为做错了这道题被扣了分的考生"平反"，把扣的分还回来。这也很荒唐：假如书上讲了 $3+2=5$ 没讲 $4+3$，难道就不能考 $4+3$？只要教了你数手指算 $3+2$，你就应该用同样的方法数手指得出 $4+3$。教 $3+2$ 只考 $3+2$ 不考 $4+3$，这是只考死记硬背；教 $3+2$ 考 $4+3$，考你是否能举一反三，考你能否用已学过的知识解决没做过的问题，这是考数学建模，考核心素养。如果做不出来，应该再多扣几分。

例 1　根据"零向量平行于任何向量"推理得出"零向量垂直于任何向量"。

解　如图 1-5-1，$\overrightarrow{OA}$ 是任意向量。求证：$\mathbf{0} \perp \overrightarrow{OA}$。
作 $\overrightarrow{OB} \perp \overrightarrow{OA}$。由零向量 $\mathbf{0} \mathbin{/\!/} \overrightarrow{OB}$，得 $\mathbf{0} \perp \overrightarrow{OA}$。

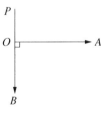

图 1-5-1

例 2   如图 1-5-2 所示，A 为 x 轴上一点，$|OP|=r$，$\angle AOP=\alpha$，求点 P 在平面直角坐标系中的坐标 (x,y)。

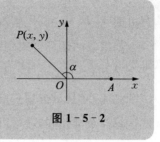

图 1-5-2

解   由 $\cos\alpha=\dfrac{x}{r}$，$\sin\alpha=\dfrac{y}{r}$，得 $x=r\cos\alpha$，$y=r\sin\alpha$。

$$(x,y)=(r\cos\alpha,r\sin\alpha)。$$

有人会说例 2 是极坐标，超纲了，不能考。题目和答案都没有出现"极坐标"这三个字，考的知识也不是极坐标，而是三角函数的定义，正弦、余弦的定义，怎么就超纲了？正弦、余弦的定义是基础知识；再同乘 r 去分母是基本运算。基础知识与基本运算合作，由 $|OP|=r$ 及 $\angle AOP=\alpha$，求出点 P 的坐标 $(r\cos\alpha,r\sin\alpha)$，这是数学建模。这是不是极坐标化直角坐标？当然是。超不超纲？如果死记硬背极坐标化直角坐标的公式，也许是超纲。但如果不是死记公式而是自己发明公式，就不超纲。将正弦余弦的定义去分母求出直角坐标，发明出极坐标化直角坐标的公式，这是数学建模最容易的例子之一，不但不超纲，反而是基本要求。正弦、余弦的定义是基本要求，去分母也是基本要求。利用这两条基本要求发明极坐标与直角坐标互化的公式，是数学建模的基本要求。为什么要将极坐标化成直角坐标？既是工作需要，也是学习大学课程的需要。大学课程不但需要极坐标，还需要柱坐标、球坐标。如果中学不教，那就自己用数学建模的能力来弥补。数学建模就是用旧知识解决新问题，用旧知识发明新知识，用不超纲的知识发明超纲的知识。数学建模不仅解决实际问题，也解决理论问题。凡是用现成知识解决不现成问题，都是数学建模。如果解决了理论问题，就发明了新知识。不具备这个能力，就没有资格进大学，即使混进了大学也要被淘汰。

例3 2022^{2021} 与 2021^{2022} 哪个更大?

分析 不要轻信从比较 3^4 与 4^3,4^5 与 5^4,…,可以"探究"出什么规律推广到 2021^{2022} 与 2022^{2021},还是老老实实从基本功开始。

比较两个数大小的基本功,主要有两个。一个是相减:如果两个数的差 $a-b$ 是正数,就判定 $a>b$;另一个是相除:如果两个正数的商 $\dfrac{a}{b}>1$,就判定 $a>b$。

解 $\dfrac{2022^{2021}}{2021^{2022}}=\dfrac{2022^{2021}}{2021^{2021}}\div 2021$

$$=\left(\dfrac{2022}{2021}\right)^{2021}\div 2021$$

$$=\left(1+\dfrac{1}{2021}\right)^{2021}\div 2021。$$

用计算器算出 $\left(1+\dfrac{1}{2021}\right)^{2021}=2.7176\cdots$ 比 2021 小得多,故 $\dfrac{2022^{2021}}{2021^{2022}}<1$,因此 $2022^{2021}<2021^{2022}$。

其实不需要用计算器,知道一个公式 $\left(1+\dfrac{1}{n}\right)^{n}<\mathrm{e}=2.71828\cdots<\left(1+\dfrac{1}{n}\right)^{n+1}(n>0)$ 就够了。

高等数学或微积分教材里都有这个现成不等式,如果你能用它来解决这个问题,就是数学建模。

能不能用中学知识得出这个不等式? 能。中学证明过两个正数的算术平均值大于等于几何平均值,可以推广到任意 n 个正数,就能用来证明 e 的不等式。至于具体如何操作,以后慢慢聊。

第二章 核心素养怎样考

2.1 数学题测数学素养

大家都承认郎平是优秀的女排教练,凭什么理由承认? 看郎平写的关于怎样当教练的论文吗? 当然不是。即使看了也看不懂,也不用看,只凭一条就够了:郎平带领中国女排夺过冠军。排球教练在制定计划的时候也许会提出很多理论,做出很多论证和分析,用来说服别人支持他的训练方案,但最终的说服和检验只有一条:带领队员打赢比赛,夺得冠军。

数学也是这样。要论证某种教学方式的正确性和有效性,也许应该根据核心素养的要求进行。但最终检验学生的核心素养的高低,不是让学生写核心素养的论文,而是让学生做数学题。会做数学题不一定说明核心素养高,但核心素养必须通过解决数学问题来体现。这就要看做什么样的数学题,是怎样做出来的。

要说明这个道理,也不能空口说白话。以下是我在中国科学技术大学和北京航空航天大学的自主招生和选拔优秀学生的考试命题中实际用过的一些真题,在对中学教师进行培训的时候也使用过。一共两套测试题,包括填空和解答两类题型。下面我就具体解释,为什么要出这些题,考察学生什么样的核心素养,通过考试希望学生得到哪些收获。可能有人对此不屑一顾,心想:何必要什么核心素养,只要训练学生刷题,多刷几个题型就能对付任何考试。那就看你刷什么题型能对付我们的考试。

测试题 1

一、填空题

1. 设 (x_1, y_1)、(x_2, y_2)、(x_3, y_3) 是平面曲线 $x^2 + y^2 = 2x - 4y$ 上任意三

点,则 $A = x_1 y_2 - x_2 y_1 + x_2 y_3 - x_3 y_2$ 的最大值为_____。

2. 椭圆 $\dfrac{x^2}{a^2} + \dfrac{y^2}{b^2} = 1$ 的内接八边形的最大面积为_____。

3. 平面直角坐标系中,到定点 $(\sqrt{3}, \sqrt{2012})$ 与定直线 $x + \sqrt{5} = 0$ 的距离之和等于 $\sqrt{15}$ 的点的轨迹形状是_____。

4. 多项式 $(x\sin 75° + \sin 15°)^{2012}$ 被 $x^2 + 1$ 除,余式为_____。

5. 当 x、y 取任意实数时,函数 $f(x, y) = \sqrt{(x-1)^2 + (y-4)^2} + \dfrac{1}{5}|3x + 4y - 5|$ 的最小值为_____。

6. 在正方体 $ABCD\text{-}A'B'C'D'$ 中,P 是侧面 $BB'C'C$ 内一动点,若点 P 到直线 BC 与直线 $C'D'$ 的距离相等,则动点 P 的轨迹所在的曲线是_____。

7. 空间直角坐系的坐标轴绕某条直线旋转,Ox 轴旋转到 Oy 轴,Oy 轴旋转到 Oz 轴,则旋转角度是_____。(求最小正角)

8. 某商场抽奖,中奖率为 10%。以下第_____件事情发生的概率更大。

   (1) 只抽一张就中奖; (2) 连续抽 20 张,全部都不中。

9. 椭圆 $\dfrac{x^2}{a^2} + \dfrac{y^2}{b^2} = 1$ 的面积为_____。

   (提示:将平面上每个点 (x, y) 变成 (x, ky),则每个图形的面积变为原来的 k 倍。)

10. 方程 $x^3 = -\mathrm{i}$ 的全部解为_____。

    (提示:利用棣莫弗公式 $(\cos\alpha + \mathrm{i}\sin\alpha)^n = \cos n\alpha + \mathrm{i}\sin n\alpha$。)

二、解答题

11. 已知平面直角坐标系中,点 A、B 的坐标分别为 (a_1, a_2)、(b_1, b_2),O 是原点,求:

    (1)$\triangle OAB$ 的面积;(2)$\angle AOB$ 的角平分线上的全部点的坐标。

12. 在一次智力测验中,老师给出了某个数列的前两项 $a_1 = 1$,$a_2 = 2$,让学生填写第 3 项 a_3。有的学生填写 $a_3 = 3$,有的学生填写 $a_3 = 4$,老师均判为正确。另有一个学生填写 $a_3=0$，你认为正确吗？能否给出多项式 $f(x)$ 作为通项公式 $a_n=f(n)$，使数列的前 3 项 $f(1)$，$f(2)$，$f(3)$ 分别等于 1，2，0？

如果数列的前 99 项依次为 1，2，$\cdots$，99，能否给出多项式 $f(x)$ 作为通项公式 $a_n=f(n)$ 使第 100 项等于 2013？

13. （英文加密）将 26 个英文字母 a，b，c，$\cdots$，y，z 依次用整数 0，1，2，$\cdots$，24，25 代表。设某个字母用整数 X 代表，则 $3X+7$ 被 26 除得到的余数所代表的字母就是被加密后的字母。将英文原文的每个字母用这个方式加密，就得到密文。

(1) 将原文 day 加密成密文；

(2) 根据密文 vfu 求原文。

测试题 2

一、填空题

1. 直角三角形三边长都是正整数，其中一条直角边长为 7，另两条边长 y、z 满足 $z^2-y^2=7^2$，则 $(y，z)=(\underline{\quad}，\underline{\quad})$。

2. 函数 $f(x，y)=\sqrt[4]{x}\sin y+\sqrt[4]{1-x}\cos y$ 的最大值为 $\underline{\quad\quad}$。

3. 若干个正整数之和等于 20，这些正整数的乘积的最大值为 $\underline{\quad\quad}$。

4. 常数 a、b 使恒等式 $a(2x^2+x+5)+b(x^2+x+1)=x^2-3x+13$ 成立，则 $(a，b)=(\underline{\quad}，\underline{\quad})$。

5. 设 P 是抛物线 $y^2=2x$ 上的点，Q 是圆 $(x-5)^2+y^2=1$ 上的点，则 $|PQ|$ 的最小值是 $\underline{\quad\quad}$。

6. 使 $y=\sqrt{(x-1)^2+(x-4)^2}+\sqrt{(x+3)^2+(x-2)^2}$ 取最小值的实数 $x=\underline{\quad\quad}$。

7. x 是实数，函数 $y=\sqrt{1+x^2}-\dfrac{1}{2}x$ 的最小值为 $\underline{\quad\quad}$。

（提示：将 y 看成已知数，函数式看成以 x 为未知数的方程，求方程有实数解的条件。)

8. 在有理数范围内分解因式：$x^{15}-1=$ _____。

9. 点 P 是锐角 $\angle MON = \alpha$ 内的固定点，$|OP|=r$，分别在 $\angle MON$ 的两边 OM、ON 上选取点 A、B 使三角形 PAB 的周长 p 最短，则 $p=$ _____。

二、解答题

10. 记复数 $\omega = \cos\dfrac{2\pi}{15} + i\sin\dfrac{2\pi}{15}$，则 $1, \omega, \omega^2, \cdots, \omega^{14}$ 是方程 $x^{15}-1=0$ 的全部 15 个不同的根，得 $x^{15}-1$ 在复数范围内可因式分解为

$$x^{15}-1 = (x-1)(x-\omega)(x-\omega^2)\cdots(x-\omega^{14})。$$

求证：$x^{15}-1$ 的如下因式

$f_1(x) = (x-\omega^5)(x-\omega^{10})$，

$f_2(x) = (x-\omega^3)(x-\omega^6)(x-\omega^9)(x-\omega^{12})$，

$f_3(x) = (x-\omega)(x-\omega^2)(x-\omega^4)(x-\omega^7)(x-\omega^8)(x-\omega^{11})(x-\omega^{13})(x-\omega^{14})$，

都是整系数多项式。

11. 蜜蜂蜂巢的每个蜂房的形状可以看作由正六棱柱按如下方式得到：设 O、O' 分别是棱柱两个底面正六边形 $ABCDEF$ 与 $A'B'C'D'E'F'$ 的中心。在 $O'O$ 的延长线上取点 Q，过 Q 与 A、C、E 中每两个点作平面（如图 $2-1-1$），得到 3 个平面 QAC、QCE、

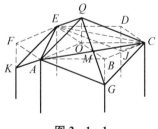

图 $2-1-1$

QEA，分别交侧棱 BB'、DD'、FF' 于点 G、K、J，得到 3 个全等的菱形 $QAGC$、$QAKE$、$QCJE$。在 OO' 的延长线上截取 $O'Q'=OQ$，过 Q' 与 A'、C'、E' 中的每两点作平面可得到与前述三个菱形全等的三个菱形 $Q'A'G'C'$、$Q'A'K'E'$、$Q'C'J'E'$。这六个全等的菱形与正六棱柱的各侧面围成一个蜂房，体积与原来的正六棱柱相同。选择点 Q 的位置使蜂房表

面积最小,菱形的角 $\alpha = \angle AQC$ 应是多大?

12. 某产品由 5 个部件装配而成,每个部件有 4 种不同型号,共需生产 $4 \times 5 = 20$ 种不同型号的部件,可装配出 $4^5 = 1024$ 种不同类型的产品。需生产的不同型号越多,成本就越高。可装配出的产品类型越多,用户就越欢迎。请适当调整部件个数和每个部件的型号个数,保持不同型号的部件总数仍是 20 种,使装配出的产品类型最多。给出方案并说明理由。

13. 圆柱底面半径为 r,用一个平面斜截圆柱的侧面,截得的侧面的最大高度为 a,最小高度为 b,$a > b > 0$。

(1) 试画出截得侧面的展开图(只需画出简图即可),猜测截痕展开得到的曲线的形状;

(2) 在适当的坐标系下,求截痕展开所得曲线的方程。这是什么曲线?

14. 求方程 $\sqrt{2x^2 + x + 5} + \sqrt{x^2 + x + 1} = \sqrt{x^2 - 3x + 13}$ 的实数解。

15. 空间中从同一点出发两两成钝角的射线最多有几条? 请证明你的结论。

2.2　自己发明行列式

先看测试题 1 第 1 题,看用什么题型可以对付它。

1. 设 (x_1, y_1)、(x_2, y_2)、(x_3, y_3) 是平面曲线 $x^2 + y^2 = 2x - 4y$ 上任意三点,则 $A = x_1 y_2 - x_2 y_1 + x_2 y_3 - x_3 y_2$ 的最大值为_____。

按照现成的题型,可能应该根据曲线方程由各点的横坐标 x_1、x_2、x_3 解出纵坐标 y_1、y_2、y_3。不过这些纵坐标都含有根式,很难求最大值。

有没有其他的题型? 有。不过肯定没有训练过,因为那些喜欢训练题型的人都不懂这个题型,当然也无法训练。因此我才要考,我希望所有的考生都没有被训练过,大家都在同一条起跑线上起跑,一律平等。看哪些考生能够自己把这个题型发明出来。

放弃与选择。这道题考的第一条素养是:遇到不会做的题怎么办?

最简单易行的办法是:遇到不会做的题就不做,跳过去先做会做的题。会做的题做完了,该拿到的分数拿到了,再回头来想不会做的题,多想出一道就多一份意外收获。

但是,有很多自以为聪明的考生不这么办。他们认为天下没有自己不会做的题,遇到不会做的题也不肯放弃,还有的老师认为:"要想让未成年人在短时间内判断自己不会,并且大胆放弃,这本身就是一件很困难的事情。"这种逻辑很荒唐,如果一个未成年人不会做某题,强迫他一定要做出来,这才是很困难的事情。反过来,暂时放弃不会做的题,先做会做的题。只要手上的笔在写会做的题的解答,就不是放弃。只要把题做对了,就是得到。在难题面前耗费过多时间,没有时间做会做的题目,该得的分丢了,这才是更大的放弃与损失。

我把难题放在前面,就是要考察哪些学生头脑更清醒,更懂放弃,更会选择。这样的素养不仅对考试有用,对一辈子的生活和工作都有用。一辈子都需要冷静判断自己能做什么不能做什么,先做什么后做什么。如果通过考试让一部分糊涂又狂妄自大的人吃了亏而有所醒悟,那么也是一桩功德。

不过,把难题放在前面不是逼大家都放弃,而是要给敢于绕过障碍向胜利前进的考生额外的奖励,让他们有机会乘胜返回,扫除障碍,得到该得的收获。虽然第 1 题不会做,第 2 题也不会做,甚至前 10 题都不会做,但是只要坚持下去不气馁,总会遇到会做的。比如,测试题 1 第 11 题就有办法做。

11. 已知平面直角坐标系中,点 A、B 的坐标分别为 (a_1, a_2)、(b_1, b_2),O 是原点,求:(1)$\triangle OAB$ 的面积。

解法一　　最容易想到的方法是用现成公式"三角形面积 $= \dfrac{1}{2} \times$ 底 $\times$ 高"算面积。

$\triangle AOB$ 的底边 OA 的长度就是两个端点 O、A 间的距离,有现成公式 $|OA| = \sqrt{a_1^2 + a_2^2}$。

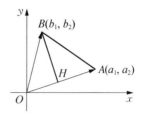

图 2-2-1

底边 OA 上的高 $|BH|$ 就是点 B 到直线 OA 的距离,也有现成公式,由点 B 的坐标与直线 OA 的方程即可算出。

直线 OA 的方程有基于斜率的现成公式 $y = \dfrac{a_2}{a_1} x$,不过这个公式没有包括

$a_1 = 0$ 即斜率不存在的情况。我们用法向量另外算一次：直线 OA 平行于 $\overrightarrow{OA} = (a_1, a_2)$，因而垂直于 $(a_2, -a_1)$；直线上两点 $O(0, 0)$，$P(x, y)$ 之间的向量 $\overrightarrow{OP} = (x - 0, y - 0) = (x, y)$ 垂直于 $(a_2, -a_1)$，满足条件 $(a_2, -a_1) \cdot (x, y) = a_2 x - a_1 y = 0$；直线 OA 的方程为 $a_2 x - a_1 y = 0$。

于是点 $B(b_1, b_2)$ 到直线 OA 的距离

$$|BH| = \frac{|a_2 b_1 - a_1 b_2|}{\sqrt{a_2^2 + (-a_1)^2}} = \frac{|a_2 b_1 - a_1 b_2|}{\sqrt{a_1^2 + a_2^2}}。$$

所求 $\triangle AOB$ 的面积

$$S_{\triangle AOB} = \frac{1}{2} |OA| \cdot |BH|$$

$$= \frac{1}{2} \sqrt{a_1^2 + a_2^2} \cdot \frac{|a_2 b_1 - a_1 b_2|}{\sqrt{a_1^2 + a_2^2}} = \frac{1}{2} |a_2 b_1 - a_1 b_2|。$$

大部分考生都能做这道题，答案当然相同，都是 $\frac{1}{2} |a_2 b_1 - a_1 b_2|$ 或 $\frac{1}{2} |a_1 b_2 - a_2 b_1|$。

有一位考生在做出答案之后按耐不住激动的心情，在考卷上写了一句：**真是及时雨呀！**

我知道他为什么激动，知道他说的及时雨是什么。他的激动正是我希望达到的预期效果：由第 11 题答案中的 $a_1 b_2 - a_2 b_1$ 联想到第 1 题

$$A = x_1 y_2 - x_2 y_1 + x_2 y_3 - x_3 y_2$$

中的 $x_1 y_2 - x_2 y_1$ 与 $x_2 y_3 - x_3 y_2$，按如下思路做出第 1 题。

第 1 题的分析与解答　第 11 题得到的 $S_{\triangle AOB} = \frac{1}{2} |a_1 b_2 - a_2 b_1|$ 是根据顶点坐标 $O(0, 0)$，$A(a_1, a_2)$，$B(b_1, b_2)$ 计算三角形面积的公式。由这个公式还得到 $|a_1 b_2 - a_2 b_1| = 2S_{\triangle AOB}$，即 $|a_1 b_2 - a_2 b_1|$ 是 $\triangle AOB$ 面积的 2 倍，等于以 OA、OB 为邻边的平行四边形面积。

根据这个公式,第 1 题中的

$$|x_1y_2 - x_2y_1| = 2S_{\triangle P_1OP_2}, \quad |x_2y_3 - x_3y_2| = 2S_{\triangle P_2OP_3}$$

分别是 $\triangle P_1OP_2$、$\triangle P_2OP_3$ 面积的 2 倍,各顶点坐标为 $O(0, 0)$,$P_1(x_1, y_1)$,$P_2(x_2, y_2)$,$P_3(x_3, y_3)$。由

$$A = x_1y_2 - x_2y_1 + x_2y_3 - x_3y_2 \leqslant |x_1y_2 - x_2y_1|$$
$$+ |x_2y_3 - x_3y_2| = 2S_{\triangle P_1OP_2} + 2S_{\triangle P_2OP_3},$$

得 A 不超过这两个三角形面积之和的 2 倍,即 A 的最大值不超过这两个三角形面积之和的最大值的 2 倍。如果等号能够成立,那么 A 的最大值就是这两个三角形面积之和的最大值的 2 倍。

按照第 1 题的已知条件,P_1、P_2、P_3 都是曲线 $x^2 + y^2 = 2x - 4y$ 上的点,$O(0, 0)$ 也是这条曲线上的点。曲线方程可以写成 $x^2 - 2x + y^2 + 4y = 0$ 即 $(x-1)^2 + (y+2)^2 = 5$,曲线就是圆心为 $C(1, -2)$,半径为 $\sqrt{5}$ 的圆,O、P_1、P_2、P_3 是圆上任意四点,$\triangle P_1OP_2$、$\triangle P_2OP_3$ 是圆的两个内接三角形,并且有公共边 OP_2。如果 P_1、P_3 在公共边的两侧,那么 $OP_1P_2P_3$ 是圆的内接四边形,它的面积 $S_{四边形OP_1P_2P_3} = S_{\triangle P_1OP_2} + S_{\triangle P_2OP_3}$,即等于两个内接三角形 $\triangle P_1OP_2$、$\triangle P_2OP_3$ 的面积之和。由

$$A = x_1y_2 - x_2y_1 + x_2y_3 - x_3y_2 \leqslant 2(S_{\triangle P_1OP_2} + S_{\triangle P_2OP_3}) = 2S_{四边形OP_1P_2P_3}$$

知 A 的最大值不超过圆内接四边形面积 $S_{四边形OP_1P_2P_3}$ 的最大值。

由于半径为 $\sqrt{5}$ 的圆的内接四边形面积最大时,该内接四边形为正方形,其面积 $S = 4 \times \dfrac{1}{2}(\sqrt{5})^2 = 10$,因此 $A \leqslant 2S = 20$。算出圆内接正方形 $OP_1P_2P_3$ 除原点 O 之外的另外三个顶点 $P_1(x_1, y_1)$、$P_2(x_2, y_2)$、$P_3(x_3, y_3)$ 的坐标,只要 $x_1y_2 - x_2y_1 > 0$,$x_2y_3 - x_3y_2 > 0$,则 $A = 2S_{四边形OP_1P_2P_3P_4} = 20$ 就是最大值。

计算正方形的顶点。按照很多人习惯的解析几何方法,求顶点应该过圆心 $C(1, -2)$ 作两条相互垂直的直线 CO、CP_1 与圆相交,其中 CO 的斜率

$k_\infty = \dfrac{-2}{1} = -2$，$CP_1$ 的斜率是 k_∞ 的负倒数等于 $\dfrac{1}{2}$。用点斜式写出直线 CO、CP_1 的方程，再求与圆的交点。这就是用现成公式死算，最不动脑筋，也最乏味。你可以自己算出答案。

我们展示另一种向量算法：如图 2-2-2，先计算圆心 $C(1，-2)$ 到正方形各顶点 O、P_1、P_2、P_3 的向量 $\overrightarrow{CO}$、$\overrightarrow{CP_1}$、$\overrightarrow{CP_2}$、$\overrightarrow{CP_3}$ 的坐标，再将 $\overrightarrow{OC} = (1，-2)$ 加 $\overrightarrow{CP_1}$、$\overrightarrow{CP_2}$、$\overrightarrow{CP_3}$ 得到各顶点坐标。

已知 $\overrightarrow{CO} = -\overrightarrow{OC} = -(1，-2) = (-1，2)$，将它绕圆心 C 分别逆时针旋转 $90°$、$180°$、$270°$得 $\overrightarrow{CP_1}$、$\overrightarrow{CP_2}$、$\overrightarrow{CP_3}$。

怎样旋转这些角度？旋转 $180°$ 只要乘 -1 即可，则 $\overrightarrow{CP_2} = (-1) \cdot \overrightarrow{CO} = (-1) \cdot (-1，2) = (1，-2)$，得点 P_2 的坐标 $\overrightarrow{OP_2} = \overrightarrow{OC} + \overrightarrow{CP_2} = (1，-2) + (1，-2) = (2，-4)$。

旋转 $90°$ 是旋转半个 $180°$。假定乘 λ 是旋转 $90°$，乘 λ^2 就是旋转 $180°$，相当于乘 -1，即 $\lambda^2 = -1$。取 $\lambda = i$ 为 -1 的平方根。如果用 i 乘实数坐标$(-1，2)$，乘积不是实数，无意义。坐标 $\overrightarrow{CO} = (-1，2)$ 写成复数 $-1 + 2i$，乘 i 得 $i(-1 + 2i) = -2 - i$，再换成坐标得 $(-2，-1) = \overrightarrow{CP_1}$。将 $\overrightarrow{CP_1}$ 旋转 $180°$，就是乘 -1 得 $(-1) \cdot (-2，-1) = (2，1) = \overrightarrow{CP_3}$。

于是点 P_1 的坐标 $\overrightarrow{OP_1} = \overrightarrow{OC} + \overrightarrow{CP_1} = (1，-2) + (-2，-1) = (-1，-3)$；

点 P_3 的坐标 $\overrightarrow{OP_3} = \overrightarrow{OC} + \overrightarrow{CP_3} = (1，-2) + (2，1) = (3，-1)$。

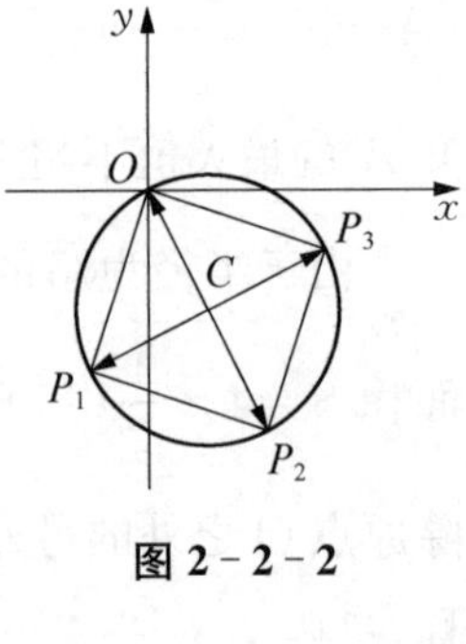

不难验证以上点 P_1、P_2、P_3 的坐标都满足圆方程。

图 2-2-2

于是 $A = (-1) \times (-4) - 2 \times (-3) + 2 \times (-1) - 3 \times (-4) = 4 + 6 - 2 + 12 = 20$ 即为 A 的最大值。

测试题 1 第 1 题答案：<u>20</u>。

借题发挥 用复数乘法做旋转，最简单易学又易算。如果你不愿意学，那也不要紧,只要由 $\overrightarrow{CO}=(-1,2)$ 乘 -1 得到 $\overrightarrow{CP_2}=(1,-2)$,再凑两个与 $\overrightarrow{CO}=$ $(-1,2)$ 垂直而又长度相等的向量就是 $\overrightarrow{CP_1}$、$\overrightarrow{CP_3}$。与 $(-1,2)$ 垂直就是内积为 0。一般地,要与任意 (a,b) 内积为 0,只要将 $ab-ba=0$ 写成内积 $ab+$ $b(-a)=(a,b)\cdot(b,-a)=0$ 的形式,就得到 $(b,-a)\perp(a,b)$,且长度 $\sqrt{b^2+(-a)^2}=\sqrt{a^2+b^2}$ 相等,于是 $\pm(b,-a)$ 就由 (a,b) 旋转 $90°$ 得到,一个是顺时针转,一个是逆时针转。如果乘复数实现旋转,乘 i 就是逆时针旋转 $90°$,乘 $-$i 是顺时针旋转 $90°$。旋转角为任意 α,则乘 $\cos\alpha+i\sin\alpha$。$(\cos\alpha+i\sin\alpha)^n$ 是将旋转 α 重复 n 次,当然就是旋转 $n\alpha$。三言两语就得到 n 倍角公式

$$(\cos\alpha+i\sin\alpha)^n=\cos n\alpha+i\sin n\alpha,$$

称之为**棣莫弗公式**。不需要用数学归纳法,不需要用和角公式,用复数转一下就得出来了。

　　按照以上所说的通用算法,由 $(1,-2)$ 凑,$1\times2-2\times1=(1,-2)\cdot(2,1)=0$,就得到由 $(1,-2)$ 旋转 $90°$ 变成的两个向量 $(2,1)$ 与 $(-2,-1)$,分别充当 $\overrightarrow{CP_3}$ 与 $\overrightarrow{CP_1}$。是逆时针还是顺时针方向旋转 $90°$? 由旋转前后所在象限判定:$(-1,2)$ 在第二象限,旋转到 $(2,1)$ 是第一象限,是顺时针旋转 $90°$;$(-1,2)$ 到 $(-2,-1)$ 是第二象限到第三象限,是逆时针旋转 $90°$。

　　第 11 题解法一得出了由顶点 $A(a_1,a_2)$,$B(b_1,b_2)$ 的坐标计算 $\triangle AOB$ 面积的公式 $S_{\triangle AOB}=\dfrac{1}{2}|a_1b_2-a_2b_1|$,使我们可以由 $a_1b_2-a_2b_1$ 的绝对值得到 $\triangle AOB$ 面积的 2 倍,识破了第 1 题的 $A=x_1y_2-x_2y_1+x_2y_3-x_3y_2$ 中 $x_1y_2-x_2y_1$,$x_2y_3-x_3y_2$ 的绝对值是两个三角形面积的 2 倍。通过圆内接四边形面积的最大值求出了 A 的最大值。美中不足的是第 11 题的解法一没有说明 $a_1b_2-a_2b_1$ 的正负号是什么意思,就不知道能不能让第 1 题的 x_1y_2- x_2y_1,$x_2y_3-x_2y_3$ 同时取正号,逼着我们去计算圆内接正方形的顶点坐标来证明它们可以同时取正号。其实也不知道:万一它们取负号,能不能都调整成正号? 如果一定能把它们都调整成正号,那么不需要计算圆内接正方形顶点也能断定 A 的最大值等于内接正方形的面积即 20。

判定 $a_1b_2-a_2b_1$ 的正负号。 为了判定 $a_1b_2-a_2b_1$ 的正负号,先研究它的几何意义。

先把它写成两个向量的内积:$a_1b_2-a_2b_1=(a_1,a_2)\cdot(b_2,-b_1)=\overrightarrow{OA}\cdot\overrightarrow{OB'}$,其中 $\overrightarrow{OB'}=(b_2,-b_1)$ 的坐标由 $\overrightarrow{OB}$ 的坐标变化得到,两者的内积

$$\overrightarrow{OB}\cdot\overrightarrow{OB'}=(b_1,b_2)\cdot(b_2,-b_1)=b_1b_2-b_2b_1=0,$$

因此 $OB'\perp OB$,且长度 $|OB'|=\sqrt{b_2^2+(-b_1)^2}=\sqrt{b_1^2+b_2^2}=|OB|$。因此 $\overrightarrow{OB'}=(b_2,-b_1)$ 由 $\overrightarrow{OB}=(b_1,b_2)$ 旋转 $90°$ 得到。

由 $(-\mathrm{i})(b_1+b_2\mathrm{i})=b_2-b_1\mathrm{i}$ 知 $\overrightarrow{OB}$ 沿顺时针方向旋转 $90°$ 得 $\overrightarrow{OB'}$,即 $\angle BOB'=-90°$。

$$\begin{aligned}
a_1b_2-a_2b_1&=\overrightarrow{OA}\cdot\overrightarrow{OB'}=|OA||OB'|\cos\angle AOB'\\
&=|OA||OB'|\cos(\angle AOB+\angle BOB')\\
&=|OA||OB'|\cos(\angle AOB-90°)\\
&=|OA||OB|\sin\angle AOB。
\end{aligned}$$

再一次得到 $\triangle AOB$ 的面积

$$S_{\triangle AOB}=\frac{1}{2}|OA||OB||\sin\angle AOB|=\frac{1}{2}\left|a_1b_2-a_2b_1\right|。$$

并且知道 $a_1b_2-a_2b_1$ 的正负号就是 $\sin\angle AOB$ 的正负号,$0°<\angle AOB<180°$ 时为正,$0°>\angle AOB>-180°$ 时为负。

圆内接四边形 $OP_1P_2P_3$ 的四个顶点总可以按逆时针方向排列顺序为 O、P_1、P_2、P_3,此时 $\angle P_1OP_2$、$\angle P_2OP_3$ 都大于 $0°$ 小于 $180°$,因而

$$x_1y_2-x_2y_1>0,\ x_2y_3-x_3y_2>0。$$

$$A=x_1y_2-x_2y_1+x_3y_2-x_2y_3=2S_{\text{四边形}OP_1P_2P_3}。$$

当 $OP_1P_2P_3$ 为正方形时,A 取得最大值 20。

第 11 题解法二　当 $0°<\angle AOB<180°$,

$$S_{\triangle AOB}=\frac{1}{2}|OA||OB|\sin\angle AOB。$$

如果不是正弦 $\sin\angle AOB$ 而是余弦 $\cos\angle AOB$，那么 $|OA||OB|\cos\angle AOB = \overrightarrow{OA}\cdot\overrightarrow{OB}$ 可以由 $\overrightarrow{OA}$、$\overrightarrow{OB}$ 的坐标算出。不过我们可以想办法将正弦变成余弦。

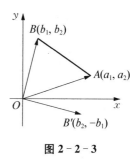

图 2 - 2 - 3

将 OB 绕原点 O 按顺时针方向旋转 $90°$ 变到 OB'，如图 2 - 2 - 3，则 $\angle AOB = \angle AOB' + 90°$，长度 $|OB'| = |OB|$ 不变。正弦 $\sin\angle AOB = \sin(\angle AOB' + 90°) = \cos\angle AOB'$ 变成了余弦。

$$S_{\triangle AOB} = \frac{1}{2}|OA||OB|\sin\angle AOB = \frac{1}{2}|OA||OB'|\sin(\angle AOB' + 90°)$$

$$= \frac{1}{2}|OA||OB'|\cos\angle AOB' = \frac{1}{2}\overrightarrow{OA}\cdot\overrightarrow{OB'}。$$

将 $\overrightarrow{OB} = (b_1, b_2)$ 的坐标写成复数形式 $b_1 + b_2\mathrm{i}$ 再乘 $-\mathrm{i}$ 得 $b_2 - b_1\mathrm{i}$，得 $\overrightarrow{OB'} = (b_2, -b_1)$。

$$S_{\triangle AOB} = \frac{1}{2}\overrightarrow{OA}\cdot\overrightarrow{OB'} = \frac{1}{2}(a_1, a_2)\cdot(b_2, -b_1) = \frac{1}{2}(a_1 b_2 - a_2 b_1)。$$

不论 $\angle AOB$ 在什么范围，$\frac{1}{2}|OA||OB|\sin\angle AOB = \frac{1}{2}(a_1 b_2 - a_2 b_1)$ 都成立，$S_{\triangle AOB} = \frac{1}{2}|a_1 b_2 - a_2 b_1|$，正负号与 $\sin\angle AOB$ 相同。

当 $0° < \angle AOB < 180°$，$\sin\angle AOB > 0$，就有 $S_{\triangle AOB} = \frac{1}{2}(a_1 b_2 - a_2 b_1)$。

根据这个结论，立即得到第 1 题的答案：

$$A = x_1 y_2 - x_2 y_1 + x_3 y_2 - x_3 y_2 \leqslant |x_1 y_2 - x_2 y_1| + |x_2 y_3 - x_3 y_2|$$

$$= 2S_{\triangle P_1 O P_2} + 2S_{\triangle P_2 O P_3} \leqslant 2S_{四边形 O P_1 P_2 P_3}。$$

当四边形 $OP_1 P_2 P_3$ 是圆内接正方形且 O、P_1、P_2、P_3 按逆时针方向排列，A 取最大值 20。

第 11 题解法三 如图 2-2-4，$\angle AOB = \beta - \alpha$ 是 $\beta = \angle xOB$ 与 $\alpha = \angle xOA$ 之差。

因此可以用差角正弦公式计算 $S_{\triangle AOB} = \frac{1}{2}|OA||OB|\sin\angle AOB$。

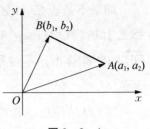

图 2-2-4

$$S_{\triangle AOB} = \frac{1}{2}|OA||OB|\sin(\beta - \alpha)$$

$$= \frac{1}{2}|OA||OB|(\sin\beta\cos\alpha - \cos\beta\sin\alpha)$$

$$= \frac{1}{2}|OA||OB|\left(\frac{b_2}{|OB|}\cdot\frac{a_1}{|OA|} - \frac{b_1}{|OB|}\cdot\frac{a_2}{|OA|}\right)$$

$$= \frac{1}{2}(b_2a_1 - b_1a_2)。$$

这个方法只用到现成的公式进行按部就班的计算，不需要多少创造性。预先想到可能很繁琐，没想到可以约分得非常简单。

二阶行列式。测试题第 1 题不会做，做了第 11 题知道 $|a_1b_2 - a_2b_1| = 2S_{\triangle AOB}$，就知道第 1 题 A 中的 $x_1y_2 - x_2y_1$，$x_2y_3 - x_3y_2$ 也都是面积，A 的最大值就是圆的内接四边形的最大面积，第 1 题就迎刃而解了。死记硬背现成知识现成算法做不了这个题，用现成知识发明出新知识新算法才能攻克这个题，考的是数学建模的能力。

这个"新知识"是不是书上本来就有的旧知识？中学教材恐怕没有。大学《线性代数》教材中有。把四个数 a_1、a_2、b_1、b_2 排成两行两列，用两条竖线框起来。规定它等于两行两列的数的交叉乘积之差：

$$\begin{vmatrix} a_1 & b_1 \\ a_2 & b_2 \end{vmatrix} = a_1b_2 - a_2b_1，$$

大学教材中叫做**二阶行列式**。这就是第 11 题得出的以 $\overrightarrow{OA} = (a_1, a_2)$ 及 $\overrightarrow{OB} = (b_1, b_2)$ 为两边的 $\triangle AOB$ 面积的 2 倍，也就是以 OA、OB 为邻边的平行四边形面积。大学《空间解析几何》教材讲了三阶行列式是平行六面体的体积，按道理中学平面解析几何就应该讲二阶行列式是平行四边形面积。中学平面解析几何没有讲。

如果中学不讲大学讲了，就会有些人训练学生死记硬背。如果我考这样的题，死记硬背的学生背出来做出来考进大学了，但他们的能力并不强，进了大学学不好，今后工作做不好，这反而害了他们。

大学中学都不讲，没人训练，没有东西可以死记硬背，即使死记硬背了行列式的定义也不知道它是平行四边形面积。所以我就要考，希望学生预先不懂行列式，利用已有知识发明出行列式 $a_1b_2 - a_2b_1$，然后用发明出来的公式攻克第 1 题。不考知识考能力，考的是数学建模能力。

这个知识不难理解，如果 $\overrightarrow{OA} = (a_1, a_2)$，$\overrightarrow{OB} = (b_1, b_2)$ 在同一条直线上，坐标成比例：$a_1 : a_2 = b_1 : b_2$，内项乘积就等于外项乘积 $a_2b_1 = a_1b_2$，就是 $a_1b_2 - a_2b_1 = 0$。如果 $a_1b_2 - a_2b_1 \neq 0$，就说明 OA、OB 不在同一条直线上，以它们为邻边的平行四边形的面积不等于 0，且 $|a_1b_2 - a_2b_1|$ 就是这个平行四边形的面积。因此，根据行列式 $a_1b_2 - a_2b_1$ 是否为 0，可以判断向量 $\overrightarrow{OA}$、$\overrightarrow{OB}$ 是否共线。按照线性代数的说法，就是判断 $\overrightarrow{OA}$、$\overrightarrow{OB}$ 是否线性相关。

学了这个知识，还可以识破如下的把戏。

例 1　图 2-2-5 中的正方形 *MNEA* 边长为 8，面积为 $8 \times 8 = 64$。分割成甲、乙、丙、丁四块，其中甲、乙是全等的直角三角形即 $\mathrm{Rt}\triangle MNB \cong \mathrm{Rt}\triangle BFN$，较长的直角边长度 $MN = FB = 8$，较短的直角边长度 $MB = FN = 3$；丙、丁是全等的直角梯形，上底 $BC = ED = 3$，下底 $AD = FC = 5$，高 $AB = FE = 5$。

将甲、丙拼接成图 2-2-6 中的 $\mathrm{Rt}\triangle AND$，乙、丁拼接成 $\mathrm{Rt}\triangle FB'C'$。再将这两个直角三角形拼接成图 2-2-7 中的长方形 $AC'FD$，长 $AC' = 13$，宽 $AD = 5$，面积 $S_{长方形AC'FD} = 13 \times 5 = 65$，它比图 2-2-5 中的正方形 *MNEA* 的面积 $S_{正方形MNEA} = 64$ 多 1。多出的面积从何而来？

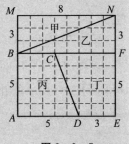

图 2-2-5

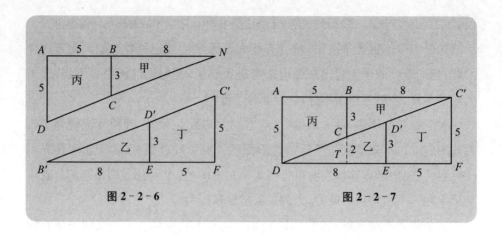

图 2-2-6　　　　　　　　　　　图 2-2-7

按照科学的逻辑,既然面积多了 1,就说明中间有一块裂缝面积为 1。

我们来检查裂缝在何处。图 2-2-7 中的矩形 $AC'FD$ 内部的 CC'、DD'、DC、$D'C'$ 各是甲、乙、丙、丁四块图形的一边,肉眼看起来都在矩形的对角线 DC' 上。但肉眼的辨认力不够精确,需要计算它们的斜率才能精确判定它们是否真正"天衣无缝"。

以 D 为原点,DF 为 x 轴正方向,DA 为 y 轴正方向建立平面直角坐标系,则 D' 的坐标 $(a_1, a_2) = (8, 3)$,C 的坐标 $(b_1, b_2) = (5, 2)$。

线段 DC 的斜率 $k_{DC} = \dfrac{2}{5} = 0.4$,$DD'$ 的斜率 $k_{DD'} = \dfrac{3}{8} = 0.375 < 0.4 = k_{DC}$。

由于 DC 的斜率大于 DD',于是射线 DC 在 DD' 的上方,两者之间便是裂缝。

又由 $\overrightarrow{CC'} = (13, 5) - (5, 2) = (8, 3) = \overrightarrow{DD'}$,可见 CC' 与 DD' 平行且相等,$DD'C'C$ 是平行四边形,根据两条邻边 $\overrightarrow{DD'} = (a_1, a_2) = (8, 3)$,$\overrightarrow{DC} = (b_1, b_2) = (5, 2)$ 算出的行列式,得

$$S_{平行四边形DD'C'C} = a_1 b_2 - a_2 b_1 = 8 \times 2 - 5 \times 3 = 16 - 15 = 1$$

就是这个平行四边形 $DD'C'C$ 裂缝的面积。图 2-2-5 中的正方形 $AENM$ 面积为 64,分割成甲、乙、丙、丁四块再拼接成图 2-2-7 中的长方形 $DFC'A$,

面积变成 65,面积多了 1,就是中间这个平行四边形裂缝 $DD'C'C$ 的面积。裂缝面积 1 加上周围的甲乙丙丁四块的总面积 64 等于长方形面积 65。科学解释清清楚楚,没有任何稀奇古怪之处。

这个方法也可以用来计算测试题 1 中第 11 题的三角形面积。用一个大矩形将三角形框进去,把这个三角形当作“裂缝”来算面积:矩形面积减去三角形周围各块面积,剩下的就是三角形“裂缝”的面积。

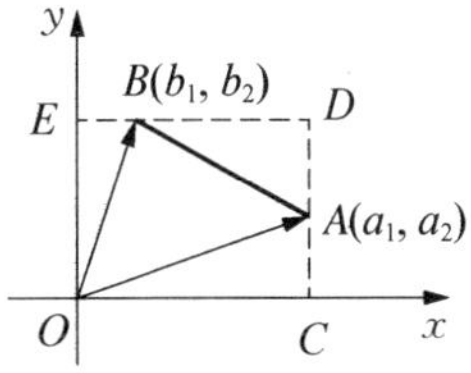

图 2-2-8

第 11 题解法四　情况 1　假设 $a_1>b_1$, $b_2>a_2$,如图 2-2-8。过点 B 作直线 ED 平行于 x 轴,过点 A 作直线 CD 平行于 y 轴,形成矩形 $EDCO$ 外接于 $\triangle AOB$,则

$$
\begin{aligned}
S_{\triangle AOB} &= S_{\text{矩形}EDCO}-S_{\triangle ADB}-S_{\triangle OBE}-S_{\triangle OAC}\\
&= a_1b_2-\frac{1}{2}(a_1-b_1)(b_2-a_2)-\frac{1}{2}b_1b_2-\frac{1}{2}a_1a_2\\
&= a_1b_2-\frac{1}{2}a_1b_2+\frac{1}{2}a_1a_2+\frac{1}{2}b_1b_2-\frac{1}{2}b_1a_2-\frac{1}{2}b_1b_2-\frac{1}{2}a_1a_2\\
&= \frac{1}{2}(a_1b_2-a_2b_1)。
\end{aligned}
$$

注　这个算法用的知识最少,只用到三角形面积公式,即 $\frac{1}{2}\times$底$\times$高,既不用向量也不用复数,唯一用到的初中知识是字母运算和直角坐标。缺点是根据图形算面积,一个图形只代表一种情况。别的情况就必须画另外的图形计算。三个图代表了三种不同的情况。

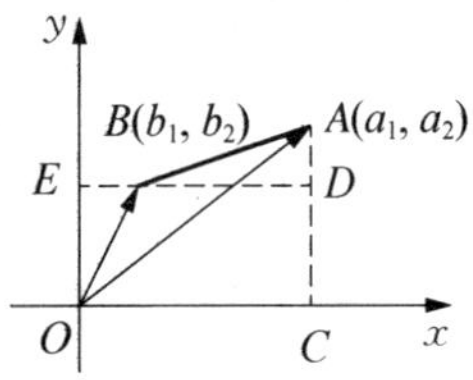

图 2-2-9

情况 2　$a_1>b_1$, $a_2>b_2$,如图 2-2-9。过点 B 作直线 ED 平行于 x 轴,过点 A 作直线 CA 平行于 y 轴,形成矩形 $EDCO$,则

$$
\begin{aligned}
S_{\triangle AOB} &= S_{\text{矩形}EDCO}+S_{\triangle ADB}-S_{\triangle OBE}-S_{\triangle OAC}\\
&= a_1b_2+\frac{1}{2}(a_1-b_1)(a_2-b_2)-\frac{1}{2}b_1b_2-\frac{1}{2}a_1a_2\\
&= \frac{1}{2}(a_1b_2-a_2b_1)。
\end{aligned}
$$

注 情况 2 与情况 1 的唯一区别是"$-S_{\triangle ADB} = -\frac{1}{2}(a_1-b_1)(b_2-a_2)$"换成了"$+S_{\triangle ADB} = +\frac{1}{2}(a_1-b_1)(a_2-b_2)$",但其中"$b_2-a_2$"换成了相反数"$a_2-b_2$",因此"$-\frac{1}{2}(a_1-b_1)(b_2-a_2) = +\frac{1}{2}(a_1-b_1)(a_2-b_2)$",算出的结果相同。

情况 3 $b_1 > a_1$,$b_2 > a_2$,如图 2-2-10。请读者自己完成计算。

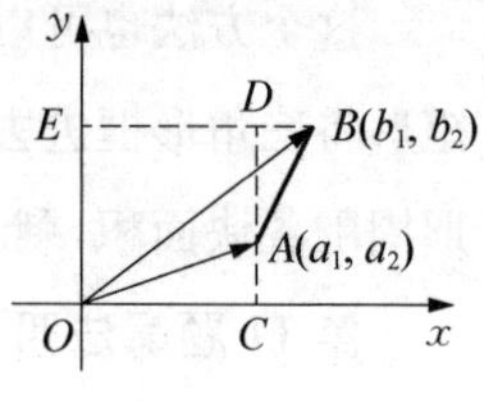

图 2-2-10

2.3 伸缩与旋转

再看测试题 1 第 2 题。

2. 椭圆 $\frac{x^2}{a^2} + \frac{y^2}{b^2} = 1$ 的内接八边形的最大面积为_____。

有一年高中数学联赛考过椭圆的内接菱形的最大面积。但没考过内接三角形、四边形,更没考过内接八边形。怎么做？设 8 个顶点的坐标 (x_i, y_i) $(1 \leqslant i \leqslant 8)$,然后表示出面积,再求 16 元函数的最大值？复杂得根本无法计算。

不会做,只能先放弃。等到以后会做了再做。一直等到第 9 题。

9. 椭圆 $\frac{x^2}{a^2} + \frac{y^2}{b^2} = 1$ 的面积为_____。(提示:将平面上每个点 (x, y) 变成 (x, ky),则每个图形的面积变为原来的 k 倍。)

知其然,享受所以然。 很多考生上过奥数班,知道椭圆 $\frac{x^2}{a^2} + \frac{y^2}{b^2} = 1$ 的面积是 πab。这道题是填空题,填入正确答案就得满分,只需要知其然,不需要知其所以然,所以他们也不看提示。有的考生考试之后还告诉我,他们在寝室里讨论,明明他们知道这道题目的答案,为什么老师还要提示？他们对此百思不得其解。

　　我反问他们:你们训练过椭圆面积,还训练过椭圆内接八边形的最大面积吗? 他们说没训练过。我又问:你们做出第 2 题了吗? 很多人说没做出来。奥数也没训练过,反正都做不出来。我说太可惜了,我知道奥数不训练,所以我在考卷上训练你们。用第 9 题训练第 2 题,可惜你们拒绝了这个送上门来的训练。你们以为填空题只要知其然就行了,不需要知道所以然。你知道第 9 题的答案,得了 9 分。我想再给你 9 分,就用这个提示教你所以然,帮你到第 2 题再挣 9 分。你偏不要。岂不可惜? 假如我再狠一点,多出几道要用第 9 题的原理去解的题,你还会多丢几个 9 分。也许有的考生没上过奥数班,不会做第 9 题,就老老实实接受提示学习所以然,结果把第 9 题与第 2 题都做出来了,得两个 9 分。由此看来,不见得刷题越多分越高,有可能刷题少的分更高。

　　椭圆拉成圆。也许有的奥数班教椭圆面积时讲过理由,理由就是定积分。我不可能在考卷上写段讲义教你定积分,只教一句话:

　　将平面上每个点 (x, y) 变成 (x, ky),则得到的图形的面积变为原来的 k 倍。

　　平面上每个图形都可以用平行于 y 轴的直线分割成沿 y 轴方向的窄长条,每个窄长条近似看成长方形,面积约等于底乘高。总面积等于每个窄长条面积之和。这就是定积分,大部分学生都懂。

　　将每个点 (x, y) 变成 (x, ky),横坐标不变,纵坐标乘 k,每个窄长条的底边不变,高乘 k,面积变成原来的 k 倍,总面积也变成原来的 k 倍。这个原理也不难懂。如果你学过定积分,这个原理就是:被积函数乘常数 k,定积分也变成 k 倍,即 $\int_a^b kf(x)\mathrm{d}x = k\int_a^b f(x)\mathrm{d}x$。

　　根据这个简单原理就可以得出第 9 题与第 2 题的答案了。

　　椭圆 $\dfrac{x^2}{a^2} + \dfrac{y^2}{b^2} = 1$ 横向的长轴是 $2a$,纵向的短轴是 $2b$,比横向的 $2a$ 短,是扁的不是圆的。将每点 (x, y) 变成 $\left(x, \dfrac{a}{b}y\right)$,即横坐标不变,纵坐标乘 $\dfrac{a}{b}$,如

图 $2-3-1$。纵向的短轴 $BD=2b$ 拉长成 $B'D'=$ $\frac{a}{b}\cdot(2b)=2a$，与横向长轴 $AC=2a$ 相同。椭圆 $ABCD$ 就变成圆 $AB'CD'$。

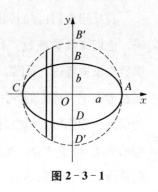

图 $2-3-1$

将椭圆拉成圆之后，每个窄长条的底不变，高乘 $\frac{a}{b}$，面积都扩大了 $\frac{a}{b}$ 倍。因此所有图形的面积都扩大 $\frac{a}{b}$ 倍。椭圆面积 $S_{椭}$ 乘 $\frac{a}{b}$ 变成半径为 a 的圆的面积，即 $S_{圆}=\pi a^2=\frac{a}{b}S_{椭}$。再乘 $\frac{b}{a}$ 压缩回去就得到原来的椭圆面积，

$$S_{椭}=\pi a^2\cdot\frac{b}{a}=\pi ab。$$

测试题 1 第 9 题答案：$\underline{\pi ab}$。

同样的原理可以照搬到第 2 题，将那里的椭圆 $\frac{x^2}{a^2}+\frac{y^2}{b^2}=1$ 所在直角坐标系中每个点 (x,y) 变成 $\left(x,\frac{a}{b}y\right)$，椭圆拉伸成半径为 a 的圆 $x^2+y^2=a^2$，椭圆的内接八边形都拉成圆 $x^2+y^2=a^2$ 的内接八边形，所有的面积都变成原来 $\frac{a}{b}$ 倍，原来最大的仍然最大，椭圆内面积最大的内接八边形变成圆内面积最大的内接八边形。圆的内接正八边形面积最大，记为 S'，故有

$$S'=8\times\frac{1}{2}a^2\sin\frac{2\pi}{8}=4a^2\sin\frac{\pi}{4}=2\sqrt{2}a^2，$$

再乘 $\frac{b}{a}$ 压缩回椭圆内接八边形的最大面积，得 $S=2\sqrt{2}a^2\cdot\frac{b}{a}=2\sqrt{2}ab$。

测试题 1 第 2 题答案：$\underline{2\sqrt{2}ab}$。

以上分析足以得出填空题的正确答案。如果是解答题，需要对其中的环节作更严格的叙述。比如，将椭圆拉成圆之后，椭圆内接八边形的顶点当然变

成圆上 8 个点。椭圆内接八边形的各边是相邻顶点连成的直线段,变成圆内接八边形相邻顶点的连线。要说明椭圆内接八边形各边变成圆内接八边形的各边,需要证明原来椭圆上两点之间的直线段变成圆上两点之间的连线仍是直线段,也就是要证明直线变成直线。

这不难证明,每条直线上的全体点 $P(x,y)$ 的坐标满足同一个二元一次方程 $Ax+By+C=0$。点 P 的坐标 (x,y) 变成 P' 的坐标 $(x',y')=(x,ky)$,由新老坐标之间的关系 $x'=x$,$y'=ky$ 得 $x=x'$,$y=\dfrac{y'}{k}$。原方程 $Ax+By+C=0$ 变成 $Ax'+B\cdot\dfrac{y'}{k}+C=0$,即 $Ax'+\dfrac{B}{k}\cdot y'+C=0$,仍是二元一次方程,$P'$ 所组成的图象仍是直线。

很多人写文章批判死记硬背,但死记硬背总比不记不背好,总有些基本知识需要记需要背。如果不理解就很难记住,更难应用,在理解的基础上记忆,效率会提高。死记硬背的人不相信这个道理,因为他们从来没有尝到过不死记的甜头。死记硬背的目的是应付考试,只有让他们考试失败才有教育效果。我出这套题就是希望用做数学题来教育考生。你不喜欢讲道理,只要考试分数,我就让你丢分数,让讲道理的学生得到分数。这才能起到教育作用。我用一道题目提示另一道题,有些学生醒悟了,接受了提示,举一反三了,尝到了甜头,以后他就会喜欢"所以然"。喜欢只是一个开端,不可能把什么道理都搞清楚,搞不清楚的就留在那里,只知其然不知其所以然,也比不知其然好。以后哪一天再得到一次启发,再去知其所以然。这种习惯可以让他受益终身。另外一些人不醒悟,就让他失败。如果失败换来醒悟,也是教育效果。

我教的招数其实都是微积分和线性代数教材中的现成知识。

定积分　微积分学里用定积分计算面积。要算椭圆 $\dfrac{x^2}{a^2}+\dfrac{y^2}{b^2}=1$ 的面积,先将 x 看成已知数,从椭圆方程解出 $y=\pm\dfrac{b}{a}\sqrt{a^2-x^2}$,椭圆面积就写成两个

函数 $y = f_1(x) = \dfrac{b}{a}\sqrt{a^2 - x^2}$ 与 $y = f_2(x) = -\dfrac{b}{a}\sqrt{a^2 - x^2}$ 之差在区间 $[-a, a]$ 上的定积分：

$$S = \int_{-a}^{a} [f_1(x) - f_2(x)]\mathrm{d}x = \int_{-a}^{a} \frac{2b}{a}\sqrt{a^2 - x^2}\,\mathrm{d}x = \frac{b}{a}\int_{-a}^{a} 2\sqrt{a^2 - x^2}\,\mathrm{d}x,$$

常数因子 $\dfrac{b}{a}$ 可以提到积分号外，是最简单的性质，作用却巨大。剩下的被积函数 $y = \sqrt{a^2 - x^2}$ 的图象是半圆弧，积分 $\int_{-a}^{a} 2\sqrt{a^2 - x^2}\,\mathrm{d}x$ 就是圆面积，不需再算就知道等于 πa^2。求椭圆面积的全过程是

$$S = \int_{-a}^{a} \frac{2b}{a}\sqrt{a^2 - x^2}\,\mathrm{d}x = \frac{b}{a}\int_{-a}^{a} 2\sqrt{a^2 - x^2}\,\mathrm{d}x = \frac{b}{a} \cdot \pi a^2 = \pi ab,$$

最关键步骤是常数因子 $\dfrac{b}{a}$ 提到了积分号外，剩下的积分是圆面积。提常数因子是积分的基本性质，相当于将图象每点纵坐标乘常数。

不仅椭圆面积可以通过被积函数提常数因子化成圆面积来算，椭圆内接多边形的面积也可以写成两个函数之差的定积分，同样可以通过提常数因子化成圆内接多边形面积来计算。

线性代数教材中用到的现成知识是线性变换的行列式。

线性变换　将平面上每个点 (x, y) 的纵坐标乘常数 $\dfrac{a}{b}$，坐标变成 $(x', y') = \left(x, \dfrac{a}{b}y\right)$，是平面上的线性变换。

$$\sigma : X = \begin{pmatrix} x \\ y \end{pmatrix} \mapsto Y = \begin{pmatrix} x' \\ y' \end{pmatrix} = \begin{pmatrix} x \\ \dfrac{a}{b}y \end{pmatrix} = \begin{pmatrix} 1 & 0 \\ 0 & \dfrac{a}{b} \end{pmatrix}\begin{pmatrix} x \\ y \end{pmatrix} = AX,$$

变换矩阵 $A = \begin{pmatrix} 1 & 0 \\ 0 & \dfrac{a}{b} \end{pmatrix}$ 的行列式 $\det A = \dfrac{a}{b}$，等于每个平面图形变换之后与之

前的面积比。就是说每个图形面积变成原来的 $\frac{a}{b}$ 倍。

变换矩阵 A 是对角阵，所表示的变换将与 x 轴平行的向量都保持不变，与 y 轴平行的向量伸长到 $\frac{a}{b}$ 倍。所有的面积也扩大到 $\frac{a}{b}$ 倍。任意对角阵表示的线性变换都将与坐标轴平行的向量各乘一个常数，方向与原来平行，长度各伸长或缩短同一倍数，这样的变换叫伸缩变换。

可见，我们用到的知识都是现成的，使用的方式却不是照搬，而是稍加变通就产生了令人惊喜的效果。

不过，这些知识都不是中学教材的现成知识，大多数中学生没见过，都是新问题。没见过，怎么能做？我在考卷中稍加提示，看哪些学生心有灵犀一点通，能够应用见过的知识解决没见过的问题，就好比在导航仪的指引下走通从未走过的路。这就是数学建模的作用。

大部分考卷都把最容易的题目安排在最前面，给考生们一点信心。我的考题却不是这样，前两道题存心让所有的考生都不会做，看谁的意志坚强，坚持到底，迎来胜利的曙光。如果你不会做数学题，哪怕再有信心也没法变得会做。前面的题目不会做，只要你愿意，不丧失信心，坚强起来，就可以到后面去找会做的题。

3. 平面直角坐标系中，到定点 $(\sqrt{3}, \sqrt{2012})$ 与定直线 $x + \sqrt{5} = 0$ 的距离之和等于 $\sqrt{15}$ 的点的轨迹形状是＿＿＿＿＿。

前两道题你摸不着门，第 3 道题还有点门。书上现成的轨迹是到两个定点距离之和为定值，或者到一个定点与一条定直线距离相等，这里变成到定点与定直线的距离之和为定值，故意张冠李戴，牛头对马嘴。但仍然可以死算到定点与定直线的距离再相加，列方程再化简。总算还有现成算法，你可以按这个现成算法试一下，看看得出什么结果。也请小心，不要掉进了什么陷阱。下一节再详细讨论这个题目。这里先讨论下一个题。

4. 多项式 $(x\sin 75° + \sin 15°)^{2012}$ 被 $x^2 + 1$ 除，余式为＿＿＿＿。

分析 多项式相除求余式,是我读初中时的教材中必学内容。现在的初中把它删去了。但它很有用,又很容易懂,所以我必然要考。很多大学老师出题目也都要考。如果你聪明一点,可以自己用数学建模把它发明出来。如果你不够聪明,就勤奋一点,自己找本书把它看懂。如果你既不聪明也不勤奋,大学就不欢迎你了。

自己怎么能发明? 小学算术学过非负整数的带余除法:两个正整数 a、b 相除,得到商 q 和余数 r,都是非负整数,满足 $a=qb+r$。即:被除数＝除数×商＋余数,并且余数 r 小于除数 b。

与此类似,两个非零多项式 $f(x)$、$g(x)$ 也可以相除得到商 $q(x)$ 与余式 $r(x)$,都是多项式,满足 $f(x)=q(x)g(x)+r(x)$,即:被除式＝商×除式＋余式,余式 $r(x)=0$ 或者次数低于除式 $g(x)$。

本题中的除式 $g(x)=x^2+1$ 是 2 次多项式,因此余式 $r(x)=a+bx$ 低于 2 次,其中 a、b 是常数。满足等式

$$f(x)=(x\sin75°+\sin15°)^{2012}=q(x)(x^2+1)+a+bx。 \qquad (1)$$

虽然懂了题意,但被除式 $f(x)$ 高达 2012 次,商 $q(x)$ 也有 2010 次,根本不可能除出来。不过,没有要求你求出商式 $q(x)$,只要求求余式,求出两个系数 a、b 就行了。

有什么办法能够只求余式不求商式? 有办法:在等式(1)两边将 x 取值使 $x^2+1=0$。则 $q(x)(x^2+1)=0$,商 $q(x)$ 就被消掉了。怎样才能让 $x^2+1=0$? 取 $x=i$ 就可以。等式(1)变成

$$(i\sin75°+\sin15°)^{2012}=a+bi, \qquad (2)$$

算出等式(2)左边的实部和虚部就得到右边的 a、b,就得到等式(1)右边的余式 $a+bx$。

利用棣莫弗公式 $(\cos\theta+i\sin\theta)^n=\cos n\theta+i\sin n\theta$ 可以算出

$$(\mathrm{i}\sin 75° + \sin 15°)^{2012} = (\cos 75° + \mathrm{i}\sin 75°)^{2012}$$

$$= \cos\left(2\,012 \times \frac{5\pi}{12}\right) + \mathrm{i}\sin\left(2\,012 \times \frac{5\pi}{12}\right)$$

$$= \cos\left(419 \times 2\pi + \frac{\pi}{3}\right) + \mathrm{i}\sin\left(419 \times 2\pi + \frac{\pi}{3}\right)$$

$$= \cos\frac{\pi}{3} + \mathrm{i}\sin\frac{\pi}{3}$$

$$= \frac{1}{2} + \frac{\sqrt{3}}{2}\mathrm{i}。$$

测试题 1 第 4 题答案: $\underline{\dfrac{1}{2} + \dfrac{\sqrt{3}}{2}x}$ 。

如果你不知道棣莫弗公式,就做不出本题。那也不要紧,暂时搁置,先跳过去做后面的题。做了填空第 10 题就知道了。

10. 方程 $x^3 = -\mathrm{i}$ 的全部解为 _____。

(提示:利用棣莫弗公式 $(\cos\alpha + \mathrm{i}\sin\alpha)^n = \cos n\alpha + \mathrm{i}\sin n\alpha$ 。)

棣莫弗公式可以用来计算形如 $\cos\alpha + \mathrm{i}\sin\alpha$ 的复数的乘方,它的 n 次方就是将角 α 乘 n。看到这个提示,你并不容易想到本题的 $-\mathrm{i} = \cos\alpha + \mathrm{i}\sin\alpha$,更容易想到第 4 题的

$$\mathrm{i}\sin 75° + \sin 15° = \cos\alpha + \mathrm{i}\sin\alpha。$$

只要把 $\sin 15°$ 改写成 $\cos 75°$,就有了

$$\mathrm{i}\sin 75° + \sin 15° = \mathrm{i}\sin 75° + \cos 75° = \cos 75° + \mathrm{i}\sin 75°。$$

就可以套用棣莫弗公式 $(\cos\alpha + \mathrm{i}\sin\alpha)^n = \cos n\alpha + \mathrm{i}\sin n\alpha$ 计算

$$(\cos 75° + \mathrm{i}\sin 75°)^{2012} = \cos(2\,012 \times 75°) + \mathrm{i}\sin(2\,012 \times 75°)。$$

分析 要想利用提示,用棣莫弗公式解本题需要将 $-\mathrm{i}$ 写成 $\cos\alpha + \mathrm{i}\sin\alpha$ 的形式。也就是求 α 满足 $\cos\alpha = 0$,$\sin\alpha = -1$。容易想到取 $\alpha = 270°$,则 $-\mathrm{i} =$

$\cos 270°+i\sin 270°$。

现在需要求 $x=\cos\alpha+i\sin\alpha$ 使

$$x^3=(\cos\alpha+i\sin\alpha)^3=\cos 3\alpha+i\sin 3\alpha=\cos 270°+i\sin 270°。$$

$3\alpha=270°$ 当然对。$3\alpha=270°+360°k$（k 为整数）也对。

解　$x^3=-i=\cos(270°+360°k)+i\sin(270°+360°k)$（$k$ 为整数）。

令 $x=\cos\alpha+i\sin\alpha$，则 $x^3=(\cos\alpha+i\sin\alpha)^3=\cos 3\alpha+i\sin 3\alpha$。

$$3\alpha=270°+360°k，\alpha=\frac{270°+360°k}{3}=90°+120°k。$$

取 $k=0$ 得 $x=\cos 90°+i\sin 90°=i$。

$$k=1 \text{ 得 } x=\cos 210°+i\sin 210°=-\frac{\sqrt{3}}{2}-\frac{1}{2}i。$$

$$k=2 \text{ 得 } x=\cos 330°+i\sin 330°=\frac{\sqrt{3}}{2}-\frac{1}{2}i。$$

测试题 1 第 10 题答案：$i，-\frac{\sqrt{3}}{2}-\frac{1}{2}i，\frac{\sqrt{3}}{2}-\frac{1}{2}i$。

如果不了解棣莫弗公式的几何意义，很难理解它，记住它，应用它。

复数乘法表示旋转。

几何意义：平面上每点 $P(x，y)$ 的坐标 $(x，y)$ 写成复数 $x+yi$。

则用 $\cos\alpha+i\sin\alpha$ 乘复数坐标 $x+yi$ 得到的复数

$$(\cos\alpha+i\sin\alpha)(x+yi)=x'+y'i，$$

代表的点 $P'(x'，y')$ 由 $P(x，y)$ 旋转角 α 得到。

按照这个几何意义，用 $(\cos\alpha+i\sin\alpha)^n$ 乘 $x+yi$，就是从 $P(x，y)$ 开始旋转 n 个 α，共旋转 $n\alpha$，与乘 $\cos n\alpha+i\sin n\alpha$ 的效果相同。也就是

$$(\cos\alpha+i\sin\alpha)^n(x+yi)=(\cos n\alpha+i\sin n\alpha)(x+yi)。$$

因此 $(\cos\alpha+i\sin\alpha)^n=\cos n\alpha+i\sin n\alpha$。

将棣莫弗公式左边按牛顿二项式定理展开，比较实部就得到 $\cos n\alpha$，比较

虚部得到 $\sin n\alpha$。

例1　由任意角 α 的正弦与余弦算出三倍角 3α 的正弦与余弦。

解
$$\cos 3\alpha + i\sin 3\alpha = (\cos\alpha + i\sin\alpha)^3$$
$$= \cos^3\alpha - 3\cos\alpha\sin^2\alpha + i(3\cos^2\alpha\sin\alpha - \sin^3\alpha),$$
$$\cos 3\alpha = \cos^3\alpha - 3\cos\alpha\sin^2\alpha = \cos^3\alpha - 3\cos\alpha(1-\cos^2\alpha)$$
$$= 4\cos^3\alpha - 3\cos\alpha,$$
$$\sin 3\alpha = 3\cos^2\alpha\sin\alpha - \sin^3\alpha = 3(1-\sin^2\alpha)\sin\alpha - \sin^3\alpha$$
$$= 3\sin\alpha - 4\sin^3\alpha。$$

发明算法　为什么复数乘法 $(\cos\alpha + i\sin\alpha)(x+yi) = x' + y'i$ 的效果是将 (x,y) 旋转角 α 到 $P'(x',y')$？我们由旋转前的坐标 (x,y) 计算旋转后的坐标 (x',y')。看得到的结果是否与以上算法相同。

例2　将已知点 $P(x,y)$ 绕原点 O 旋转角 α 变到点 $P'(x',y')$。根据已知点 P 的坐标 (x,y) 求点 P' 的坐标 (x',y')。

解　点 P 的坐标 (x,y) 也是向量 $\overrightarrow{OP}=(x,y)$ 的坐标。

记 ρ_α 是将每点 P 绕 O 旋转角 α 的变换。求证 $(x',y')=\rho_\alpha(x,y)$。

分配律　$\overrightarrow{OP}=(x,y)=(x,0)+(0,y)$ 分解为两条坐标轴上的 $(x,0)=\overrightarrow{OA}$ 与 $(0,y)=\overrightarrow{OB}$ 之和。我们证明 $\rho_\alpha(x,y)=\rho_\alpha(x,0)+\rho_\alpha(0,y)$。

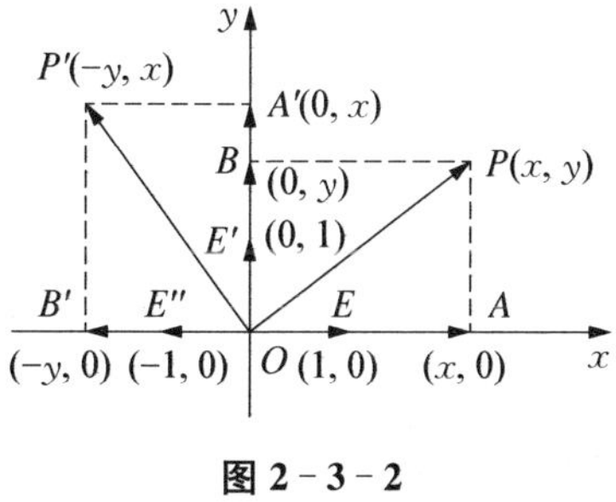

如图 2-3-2。$\overrightarrow{OP}=\overrightarrow{OA}+\overrightarrow{OB}$，$OP$ 是平行四边形 $OAPB$ 的对角线。

ρ_α 将平行四边形 $OAPB$ 旋转到 $OA'P'B'$，仍是平行四边形。仍有 $\overrightarrow{OP'}=\overrightarrow{OA'}+\overrightarrow{OB'}$。就是

图 2-3-2

$$\rho_a(x, y) = \rho_a(x, 0) + \rho_a(0, y)。 \tag{1}$$

交换律 $\overrightarrow{OA} = (x, 0) = x(1, 0)$，$\overrightarrow{OB} = (0, y) = y(0, 1)$ 写成与它们共线的坐标轴正方向单位向量 $\overrightarrow{OE} = (1, 0)$，$\overrightarrow{OE'} = (0, 1)$ 的实数倍。

只要证明 $\rho_a(x, 0) = x\rho_a(1, 0)$，$\rho_a(0, y) = y\rho_a(0, 1)$，再算出两个向量 $(1, 0)$、$(0, 1)$ 旋转到的坐标 $\rho_a(1, 0)$、$\rho_a(0, 1)$，就能由(1)得 $\rho_a(x, y)$。

为此，证明 $\rho_a(x\boldsymbol{u}) = x\rho_a(\boldsymbol{u})$ 对任意向量 $\boldsymbol{u}$ 与实数 x 成立。

旋转变换 ρ_a 保持向量长度不变，方向旋转角 α。向量乘实数 x 也是一个变换 $\tau_x : \boldsymbol{u} \mapsto x\boldsymbol{u}$，将向量长度乘 $|x|$。当 $x > 0$ 时，τ_x 保持方向不变；当 $x < 0$ 时方向旋转 $180°$。

不管旋转 ρ_a 与数乘变换 τ_x 谁先谁后，最后效果都是将向量长度乘 $|x|$，方向旋转 α 角（当 $x > 0$）或 $\alpha + 180°$（当 $x < 0$），$\rho_a(x\boldsymbol{u})$ 与 $x\rho_a(\boldsymbol{u})$ 效果相同，交换律成立。

于是 $\rho_a(x, 0) = x\rho_a(1, 0)$，$\rho_a(0, y) = y\rho_a(0, 1)$，代入等式(1)得

$$\rho_a(x, y) = x\rho_a(1, 0) + y\rho_a(0, 1)。 \tag{2}$$

等式(2)右边的 $(0, 1)$ 还可由 $(1, 0)$ 旋转 $+90°$（逆时针方向 $90°$）得到。将逆时针方向旋转 $90°$ 的变换 $\rho_{90°}$ 记为 i，则 $\text{i}^2 = \rho_{180°} = -1$ 是旋转 $180°$，相当于乘 -1，因此 $\text{i}^2 = -1$。i 是 -1 的平方根，就是虚数单位。$(0, 1) = \text{i}(1, 0)$ 写成 $(1, 0)$ 的 i 倍。于是

$$(x, y) = x(1, 0) + y(0, 1) = x(1, 0) + y\text{i}(1, 0)$$
$$= (x + y\text{i})(1, 0), \tag{3}$$

写成 $(1, 0)$ 的 $x + y\text{i}$ 倍，$x + y\text{i}$ 看成 (x, y) 的一维复数坐标。

将 $(0, 1) = \text{i}(1, 0)$ 代入等式(2)右边得

$$\rho_a(x, y) = x\rho_a(1, 0) + y\rho_a(\text{i}(1, 0)), \tag{2'}$$

其中 $\rho_a(\text{i}(1, 0))$ 是将 $(1, 0)$ 先转 $90°$ 再转 α。可以交换顺序 $\rho_a\text{i} = \rho_{\alpha+90°} = \text{i}\rho_a$ 变成先转 α 再转 $90°$，效果相同，都是转 $\alpha + 90°$。于是 $\rho_a(\text{i}(1, 0)) = \text{i}\rho_a(1, 0)$。代入(2')得

$$\rho_a(x, y) = x\rho_a(1, 0) + yi\rho_a(1, 0) = (x + yi)\rho_a(1, 0)。 \tag{4}$$

将(3)的表达式 $(x, y) = (x + yi)(1, 0)$ 代入(4)得

$$\rho_a((x + yi)(1, 0)) = (x + yi)\rho_a(1, 0)。 \tag{5}$$

等式(3)将平面上所有的向量 $\overrightarrow{OP} = (x, y) = (x + yi)(1, 0)$ 写成同一个基向量 $(1, 0)$ 的复数倍,将倍数 $x + yi$ 作为 (x, y) 的复数坐标。

等式(5)表明:旋转变换 ρ_a 与所有的复数倍 $x + yi$ 可以交换。

按照等式(5)的结论,只需算出 $\overrightarrow{OE} = (1, 0)$ 转到的向量 $\overrightarrow{OF} = \rho_a(1, 0)$ 的坐标,乘 $x + yi$ 就得到 (x, y) 转到的向量坐标 $\rho_a(x, y)$。

旋转基向量　设 $\overrightarrow{OE} = (1, 0)$ 转到 $\overrightarrow{OF} = \rho_a(\overrightarrow{OE}) = (a, b)$。

如图 2 - 3 - 3。由 $\angle xOF = \angle EOF = \alpha$ 及 $|OF| = |OE| = 1$ 得

$$\cos\alpha = \frac{a}{|OF|} = \frac{a}{1} = a, \ \sin\alpha = \frac{b}{|OF|} = \frac{b}{1} = b。$$

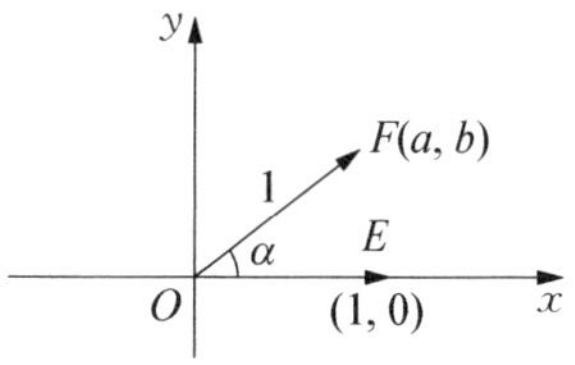

因而

图 2 - 3 - 3

$$(a, b) = (\cos\alpha, \sin\alpha) = (\cos\alpha + i\sin\alpha)(1, 0)。$$

$$\begin{aligned}
\rho_a(x, y) &= \rho_a(x + yi)(1, 0) = (x + yi)\rho_a(1, 0) \\
&= (x + yi)(\cos\alpha + i\sin\alpha)(1, 0) \\
&= [(x\cos\alpha - y\sin\alpha) + i(x\sin\alpha + y\cos\alpha)](1, 0) \\
&= (x\cos\alpha - y\sin\alpha, x\sin\alpha + y\cos\alpha)。
\end{aligned}$$

$\overrightarrow{OP'} = \rho_a(x, y)$ 的复数坐标 $x' + y'i = (\cos\alpha + i\sin\alpha)(x + yi)$ 由 $\overrightarrow{OP} = (x, y)$ 的复数坐标 $x + yi$ 乘复数 $\rho_a = \cos\alpha + i\sin\alpha$ 得到。

特别地,当旋转角度为 90° 时, $\rho_a = \rho_{90°} = \cos 90° + i\sin 90° = i$, $\overrightarrow{OP} = (x, y)$ 旋转后的复数坐标就是

$$i(x + yi) = ix + yi^2 = ix + y(-1) = -y + xi,$$

实数坐标为 $(-y, x)$。

我们"发明"出来的算法与一开始宣布的算法相同，都是将实数坐标(x, y)换成复数坐标$x + yi$，乘复数$\cos\alpha + i\sin\alpha$得出旋转后的复数$x' + y'i$和实数坐标(x', y')。差别是：一开始是宣布算法，使用算法，这是知其然，现在是自己根据基本原理"发明"算法，探寻所以然。

书上有没有这个算法？高中教材讲了实数坐标(x, y)用复数$x + yi$来表示。还用复数加法$(x_1 + y_1 i) + (x_2 + y_2 i) = (x_1 + x_2) + (y_1 + y_2)i$表示平面向量的加法，以此来说明复数加法的几何意义。书中这样来解释i：实数x只能表示同一条直线上的向量$(x, 0)$，因此需要用i来表示直线外的向量$(0, 1)$。但没解释i怎么与自己相乘得到-1。书上不解释，喜欢动脑筋的学生就自己想。我碰到好几个学生问这个问题。他们所知道的向量乘法就是内积，认为平方就是向量与自己做内积。但$(0, 1)$与自己的内积等于1而不是-1。非零向量与自己做内积都等于其长度的平方，只能为正数，不能为-1，所以他们迷惑不解。

如果只是为了表示平面向量，不需要复数$x + yi$，只需要两个实数组成2维坐标(x, y)就很完美了。平面向量的加法也不需要复数，两个2维实数坐标相加$(x_1, y_1) + (x_2, y_2) = (x_1 + x_2, y_1 + y_2)$就很完美了。实数能完美解决的问题，就不必再搞个复数$x + yi$，画蛇添足。实数束手无策了，再请复数排忧解难。

用复数$x + yi$代表向量(x, y)，主要的用处不是用复数加法代表向量加法，而是用复数乘法代表向量变换。比如，记变换$\tau: x + yi \mapsto i(x + yi) = -y + xi$，将所有的复数$x + yi$乘$i$变成$i(x + yi) = -y + xi$，从而将坐标$(x, y)$变到$(-y, x)$，如下：

$$\tau: x + yi = (x, y) \mapsto -y + xi = (-y, x),$$

看得出这是什么变化吗？如果看不出，举两个简单例子，如图2-3-4。

$$\tau: 1 = (1, 0) \mapsto i = (0, 1),$$
$$i = (0, 1) \mapsto -1 = (-1, 0)。$$

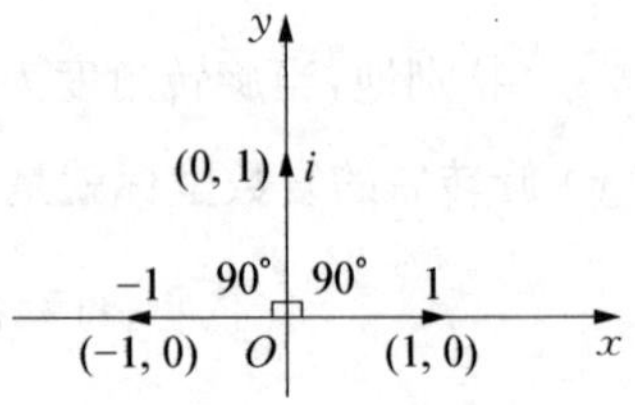

$\tau_i: 1 \mapsto i$，将所代表的向量由$(1, 0) \to (0, 1)$，

图2-3-4

旋转＋90°。

τ_i: $i \mapsto i^2 = -1$，将所代表的向量由$(0, 1) \rightarrow (-1, 0)$，旋转＋90°。

规定了逆时针方向为正角方向，旋转＋90°就是逆时针方向90°。

尽管高中教材没有说i表示旋转90°，只要它规定$x + yi$代表点(x, y)，用i作乘法的效果就是旋转＋90°。乘i^2自然就是旋转两个90°，就是乘-1。建立了复数坐标却不用来做乘法算旋转，也不用来解释$i^2 = -1$。岂不是买椟还珠，暴殄天物吗？

例2中引入i一开始就是为了把$(1, 0)$转到$(0, 1)$，把$(0, 1) = i(1, 0)$写成$(1, 0)$的常数倍，从而将每个向量$(x, y) = x(1, 0) + y(0, 1) = x(1, 0) + yi(0, 1) = (x + yi)(1, 0)$写成$(1, 0)$。并没有规定$i^2 = -1$，而是规定i表示旋转90°的变换，$i^2$就是旋转180°，当然就有$i^2 = -1$。

如果只是算复数的加减乘除，可以不管i是什么，将它当作满足$i^2 = -1$的抽象符号，复数也就是抽象的复数，按照运算律及$i^2 = -1$运算。但要用来乘向量，就需要它是向量空间上的线性变换。不过，平面本来就是实数域上的2维空间，本来就有线性变换，旋转90°的变换i就是线性变换而且满足条件$i^2 = -1$。它与所有实数的数乘变换相乘相加得到的全体$x + yi$就是全体复数。平面天然是这个复数域上的1维空间，每个向量$(x, y) = (x + yi)(1, 0)$就有1维复数坐标$x + yi$。复数域上的线性变换可以用1阶复方阵乘1维复数坐标，也就是两个复数相乘来实现。平面上旋转角α的旋转ρ_α与i交换，因此是复数域上的线性变换，可以用乘复数$\cos\alpha + i\sin\alpha$实现。

复数的矩阵版本。

既然作用在平面上的复数$x + yi$都是2维空间上的线性变换，就可以翻译成2阶实方阵：

向量乘实数x的变换方阵是纯量阵$xI = \begin{pmatrix} x & 0 \\ 0 & x \end{pmatrix}$。

乘i是旋转＋90°，方阵$J = \begin{pmatrix} 0 & -1 \\ 1 & 0 \end{pmatrix}$。

乘复数 $x+yi$ 的变换方阵为 $xI+yJ=\begin{pmatrix} x & -y \\ y & x \end{pmatrix}$。

旋转任意角 α 是乘复数 $\cos\alpha+i\sin\alpha$，方阵为

$$(\cos\alpha)I+(\sin\alpha)J=\begin{pmatrix} \cos\alpha & 0 \\ 0 & \cos\alpha \end{pmatrix}+\begin{pmatrix} 0 & -\sin\alpha \\ \sin\alpha & 0 \end{pmatrix}$$

$$=\begin{pmatrix} \cos\alpha & -\sin\alpha \\ \sin\alpha & \cos\alpha \end{pmatrix}。$$

棣莫弗公式 $(\cos\alpha+i\sin\alpha)^n=\cos n\alpha+i\sin n\alpha$ 翻译成矩阵等式

$$\begin{pmatrix} \cos\alpha & -\sin\alpha \\ \sin\alpha & \cos\alpha \end{pmatrix}^n=\begin{pmatrix} \cos n\alpha & -\sin n\alpha \\ \sin n\alpha & \cos n\alpha \end{pmatrix}。$$

旋转 $90°$ 的变换 i 是满足 $i^2=-1$ 的几何模型。这个旋转变换的矩阵 $J=\begin{pmatrix} 0 & -1 \\ 1 & 0 \end{pmatrix}$ 必然满足 $J^2=-I$，是 $i^2=-1$ 的矩阵模型。

也可以不考虑几何意义，直接根据矩阵运算性质也可以构造出满足条件 $P^2=-I$ 的 2 阶方阵 P。只要让它的特征多项式等于 $x^2+1=0$，也就是让它的对角元之和为 0，行列式为 1 就行了：

$$P=\begin{pmatrix} a & -\dfrac{a^2+1}{b} \\ b & -a \end{pmatrix},$$

其中 a 及 $b\neq0$ 可以任意选取。不过，这其实还是旋转 $90°$ 的矩阵，只不过换了一组基让 $(1,0)$ 旋转 $90°$ 到达的向量坐标为 (a,b)。

n 次项系数为 1 的任意 n 次多项式 $f(x)$，都可以构造方阵 A 的特征多项式为 $f(x)$，因而 $f(A)=0$，A 是这个多项式的根。

任意复数相乘。

复数 $x+yi$ 乘 $\cos\alpha+i\sin\alpha$ 变成 $x'+y'i=(\cos\alpha+i\sin\alpha)(x+yi)$，引起的变换 $(x,y)\rightarrow(x',y')$ 是绕原点 O 旋转角 α。

如果 $x+yi$ 乘任意复数 $a+bi$，引起的变换是什么？

例 3　任意复数 $x+yi$ 乘 $a+bi$ 变成 $x'+y'i=(a+bi)(x+yi)$，引起的变换 $(x,y)\to(x',y')$ 有什么几何意义？

分析　先考察最简单情形：1 乘 $a+bi$ 变成 $(a+bi)1=a+bi$。

1 代表的 $(1,0)=\overrightarrow{OE}$ 怎么变成 $a+bi$ 代表的 $(a,b)=\overrightarrow{OC}$？

如图 2-3-5，$\overrightarrow{OC}$ 的长度 $|OC|=r=\sqrt{a^2+b^2}$ 是 $|OE|=1$ 的 r 倍，方向夹角 $\angle EOC=\alpha$。

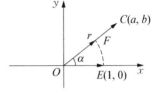

图 2-3-5

$\overrightarrow{OE}$ 先旋转角 α 变到与 $\overrightarrow{OC}$ 同方向，再乘 r 将长度伸缩到 $|OC|$。

$\overrightarrow{OE}=(1,0)$ 旋转角 α，就是将 $(1,0)$ 的复数坐标 1 乘 $\cos\alpha+i\sin\alpha$。再乘 r 变成 $\overrightarrow{OC}=(a,b)$ 的复数坐标 $a+bi=r(\cos\alpha+i\sin\alpha)$。

$a+bi=r(\cos\alpha+i\sin\alpha)$ 乘任意 $x+yi$ 也都是将 (x,y) 先旋转角 α，再将长度伸缩到 r 倍。

解　如图 2-3-5。$r=\sqrt{a^2+b^2}$，$\dfrac{a}{r}=\cos\alpha$，$\dfrac{b}{r}=\sin\alpha$。

因此 $a=r\cos\alpha$，$b=r\sin\alpha$。$a+bi=r\cos\alpha+ir\sin\alpha=r(\cos\alpha+i\sin\alpha)$。

$x+yi$ 乘 $a+bi$ 变成 $(a+bi)(x+yi)=r(\cos\alpha+i\sin\alpha)(x+yi)=x'+y'i$ 引起的变换 $(x,y)\to(x',y')$ 的几何意义是：将向量旋转角 α，长度乘 r。

每个复数 $a+bi$ 代表平面上一点 $C(a,b)$ 及向量 $\overrightarrow{OC}$。如图 2-3-5。

OC 的长度 $|OC|=r=\sqrt{a^2+b^2}$ 称为复数 $a+bi$ 的模，也称为 $a+bi$ 的绝对值，记作 $|a+bi|$。

Ox 转到 OC 的角 $\alpha=\angle xOC$ 称为 $a+bi$ 的辐角，由 $\cos\alpha=\dfrac{a}{r}$，$\sin\alpha=\dfrac{b}{r}$ 决定。因而 $a=r\cos\alpha$，$b=r\sin\alpha$。

$$a+bi=r(\cos\alpha+i\sin\alpha)，$$

这称为复数的**三角表示**。$a+bi$ 称为复数的**代数表示**。

代数表示适合于做加减法：$(a+bi)\pm(c+di)=(a\pm c)+(b\pm d)i$。

三角表示把复数乘法的几何意义表达得最清楚：

复数 $a+bi=r(\cos\alpha+i\sin\alpha)$ 乘 $x+yi$ 得 $x'+y'i$，就是将 (x,y) 旋转角 α，长度乘 r，变成 (x',y')。$a+bi$ 的辐角 α 是旋转角，模 r 乘向量长度。模为 1 的 $\cos\alpha+i\sin\alpha$ 做乘法，长度不变，方向旋转角 α。

模为 1 的两个复数相乘，

$$(\cos\alpha+i\sin\alpha)(\cos\beta+i\sin\beta)=\cos(\alpha+\beta)+i\sin(\alpha+\beta), \qquad (1)$$

就是转了角 β 再转角 α，总效果是转了 $\alpha+\beta$。

和角公式　将等式(1)左边的乘积展开，

$$
\begin{aligned}
\cos(\alpha+\beta)+i\sin(\alpha+\beta) &=(\cos\alpha+i\sin\alpha)(\cos\beta+i\sin\beta)\\
&=\cos\alpha\cos\beta-\sin\alpha\sin\beta+i(\sin\alpha\cos\beta+\cos\alpha\sin\beta),
\end{aligned}
$$

分别比较实部、虚部得

$$
\begin{aligned}
\cos(\alpha+\beta)&=\cos\alpha\cos\beta-\sin\alpha\sin\beta,\\
\sin(\alpha+\beta)&=\sin\alpha\cos\beta+\cos\alpha\sin\beta。
\end{aligned}
$$

这是正弦与余弦的和角公式最自然的证明。

两个复数相乘 $(a+bi)(x+yi)$，既可以将后一个复数 $x+yi$ 看成向量 (x,y) 被前一个复数 $a+bi=r(\cos\alpha+i\sin\alpha)$ 变换，也可以将两个复数都看成变换，都写成三角式

$$a+bi=r(\cos\alpha+i\sin\alpha),\quad x+yi=s(\cos\beta+i\sin\beta),$$

它们的乘积就是依次进行两个变换，两个旋转合并成一个旋转，角度相加，长度乘的两个倍数 r、s 相乘为一个倍数：

$$
\begin{aligned}
(a+bi)(x+yi)&=r(\cos\alpha+i\sin\alpha)\cdot s(\cos\theta+i\sin\theta)\\
&=rs[\cos(\alpha+\theta)+i\sin(\alpha+\theta)]。
\end{aligned}
$$

两个复数相乘，绝对值相乘，辐角相加。

$$\frac{a+b\mathrm{i}}{x+y\mathrm{i}}=\frac{r(\cos\alpha+\mathrm{i}\sin\alpha)}{s(\cos\theta+\mathrm{i}\sin\theta)}=\frac{r}{s}\big[\cos(\alpha-\theta)+\mathrm{i}\sin(\alpha-\theta)\big]。$$

两个复数相除,绝对值相除,辐角相减。

例 4 复数 z_1、z_2 满足 $|z_1|=2$,$|z_2|=3$,$|z_1+z_2|=4$。则 $\dfrac{z_1}{z_2}=$ _____。

解 设 z_1、z_2 分别代表平面向量 $\boldsymbol{a}=\overrightarrow{OA}$,$\boldsymbol{b}=\overrightarrow{OB}$,如图 $2-3-6$。

辐角分别为 $\alpha=\angle xOA$,$\beta=\angle xOB$,则

$$z_1=2(\cos\alpha+\mathrm{i}\sin\alpha),\ z_2=3(\cos\beta+\mathrm{i}\sin\beta),$$

$$\frac{z_1}{z_2}=\frac{2}{3}\big[\cos(\alpha-\beta)+\mathrm{i}\sin(\alpha-\beta)\big],$$

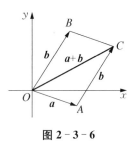

图 $2-3-6$

其中 $\alpha-\beta=\angle BOA$。

我们有 $(\boldsymbol{a}+\boldsymbol{b})^2=\boldsymbol{a}^2+\boldsymbol{b}^2+2\boldsymbol{a}\cdot\boldsymbol{b}$,即

$$|\boldsymbol{a}+\boldsymbol{b}|^2=|\boldsymbol{a}|^2+|\boldsymbol{b}|^2+2|\boldsymbol{a}||\boldsymbol{b}|\cos\angle AOB。$$

其中 $|\boldsymbol{a}|=|z_1|=2$,$|\boldsymbol{b}|=|z_2|=3$,$|\boldsymbol{a}+\boldsymbol{b}|=|z_1+z_2|=4$,从而

$$\cos(\alpha-\beta)=\cos(\beta-\alpha)=\cos\angle AOB$$

$$=\frac{|\boldsymbol{a}+\boldsymbol{b}|^2-|\boldsymbol{a}|^2-|\boldsymbol{b}|^2}{2|\boldsymbol{a}||\boldsymbol{b}|}=\frac{4^2-2^2-3^2}{2\times2\times3}=\frac{1}{4},$$

$$\sin(\alpha-\beta)=\pm\sqrt{1-\left(\frac{1}{4}\right)^2}=\pm\frac{\sqrt{15}}{4},$$

$$\frac{z_1}{z_2}=\frac{2}{3}\left(\frac{1}{4}\pm\frac{\sqrt{15}}{4}\mathrm{i}\right)=\frac{1}{6}\pm\frac{\sqrt{15}}{6}\mathrm{i}。$$

例 5 求方程 $x^3=-1+\mathrm{i}$ 的全部解。

解 将已知数 $-1+\mathrm{i}$ 与未知数 x 都写成三角式：

$$-1+\mathrm{i}=\sqrt{2}(\cos 135°+\mathrm{i}\sin 135°), \quad x=r(\cos\theta+\mathrm{i}\sin\theta)。$$

方程变成 $x^3=r^3(\cos 3\theta+\mathrm{i}\sin 3\theta)$

$$=\sqrt{2}\left[\cos(135°+360°k)+\mathrm{i}\sin(135°+360°k)\right], \quad (k\in\mathbf{Z})。$$

等式两边比较模与辐角得：$r^3=\sqrt{2}$，$r=\sqrt[6]{2}$。

$$3\theta=135°+360°k, \quad \theta=45°+120°k, \quad (k=0,1,2)。$$

$k=0$，得 $x=\cos 45°+\mathrm{i}\sin 45°=\dfrac{\sqrt{2}}{2}+\dfrac{\sqrt{2}}{2}\mathrm{i}$。

$k=1$，得 $x=(\cos 45°+\mathrm{i}\sin 45°)(\cos 120°+\mathrm{i}\sin 120°)$

$$=\frac{\sqrt{2}+\sqrt{2}\mathrm{i}}{2}\cdot\frac{-1+\sqrt{3}\mathrm{i}}{2}=\frac{-\sqrt{6}-\sqrt{2}+(\sqrt{6}-\sqrt{2})\mathrm{i}}{4}。$$

$k=2$，得 $x=\dfrac{\sqrt{6}-\sqrt{2}+(-\sqrt{6}-\sqrt{2})\mathrm{i}}{4}$。

复数的 n 次方，绝对值 n 次方，辐角乘 n。

$$\left[r(\cos\alpha+\mathrm{i}\sin\alpha)\right]^n=r^n(\cos n\alpha+\mathrm{i}\sin n\alpha)。$$

复数开 n 次方，绝对值开 n 次方求算术根，辐角除以 n。

$r(\cos\alpha+\mathrm{i}\sin\alpha)$ 的辐角 α 加 $2k\pi$（k 为整数）仍是辐角，除以 n 得到 $[0,2\pi)$ 范围内 n 个不同辐角 $\dfrac{\alpha+2k\pi}{n}$，共有 n 个不同的 n 次方根

$$\sqrt[n]{r}\left(\cos\frac{\alpha+2k\pi}{n}+\mathrm{i}\sin\frac{\alpha+2k\pi}{n}\right)。$$

必要知识补充。 有三项知识是中学应该教而不教，大学需要用，学生却没准备好，然而又是一学就会的。我本来主张学生去找书来看，其实也不用找，我这一节内容把这三项都讲了。下面再集中讲一遍。

1. 多项式带余除法。

首先要掌握的就是：什么是商？什么是余式？

如果能整除,"被除式＝除式×商"就是商的定义。满足这个条件的就叫做**商**。这也就是除法的定义。

如果不能使"被除式"与"除式×商"相等,就放宽要求,允许"被除式－除式×商"不为 0,但要求这个差别尽量小。多项式的"尽量小"就是次数最低。如果这个差能低于除式的次数,就是最低了。此时的差:

$$被除式－除式×商＝余式,$$

就称为**余式**。这就是对余式与商的定义。这个定义也可以写成:

$$被除式＝除式×商＋余式,$$

但仍然要求余式等于 0 或者次数低于除式。

这个定义没有讲怎么求商与余式。不管你是算出来还是凑出来,只要满足条件就行。甚至可以既不算也不凑,直接假定存在商和余式满足这个等式。例如测试题 1 第 4 题。

4. 多项式 $(x\sin 75°＋\sin 15°)^{2012}$ 被 $x^2＋1$ 除,余式为_____。

直接假定商为 $q(x)$,余式次数低于 $x^2＋1$,设为 $a＋bx$。 假定它们满足

$$(x\sin 75°＋\sin 15°)^{2012}＝(x^2＋1)q(x)＋a＋bx。$$

题目只要求算余式,不要求算商 $q(x)$。所以取 $x＝i$ 让除式取值 $i^2＋1＝0$。 商的取值 $q(i)$ 不管多少,乘 0 都是 0。只剩下被除式的取值

$$(i\sin 75°＋\sin 15°)^{2012}＝a＋bi$$

等于余式取值,可以用棣莫弗公式算出来,问题就解决了。整个过程都不需要做多项式除法求余式,只用到余式满足的等式就够了。

也许你疑惑:除式不能等于 0,你怎么能让它等于 0。

做除法时除式确实不能为 0。但等式"被除式＝除式×商＋余式"中没有除法,只有加法和乘法。不论除式取什么值都成立,取 0 也成立。我们特别喜欢让除式等于 0,把商消去,就可以算出余式。

为了测试你是否掌握了带余除法，再举一例。

例 6 求方程 $x^3+x-2=0$ 的全部根。

解 很容易猜出一个根 1。剩下的事情是求出其余的根。为此，只要对左边因式分解，提出因式 $x-1$。

$x-1$ 是 x^3+x-2 的因式吗？不必担心，不管它是不是因式，都可以除 x^3+x-2 得到商 $q(x)$ 和余式 r。余式 r 的次数低于除式 $x-1$，必然是常数。

重复测试题 1 第 4 题的方法，写出 $x^3+x-2=(x-1)q(x)+r$，取 $x=1$ 让 $x-1=0$ 把 $q(1)$ 也乘成 0，就得到 $1^3+1-2=0+r$，即 $r=0$。$x^3+x-2=(x-1)q(x)$ 就成立了，不过就躲不掉求商 $q(x)$ 了。模仿整数除法竖式求商：

$$
\begin{array}{r}
3\,9 \\
23\overline{)9\,0\,0} \\
-)6\,9 \\
\hline
2\,1\,0 \\
-)2\,0\,7 \\
\hline
3
\end{array}
\qquad\qquad
\begin{array}{r}
x^2+x+2 \\
x-1\overline{)x^3+x-2} \\
-)x^3-x^2 \\
\hline
x^2+x \\
-)x^2-x \\
\hline
2x-2 \\
-)2x-2 \\
\hline
0
\end{array}
$$

左边的整数除法与右边的多项式除法竖式类似。不过也有一点区别：整数除法不同位之间可以进位或借位。被除数最高位 9 除以除数的最高位 2 本来可以商 4，但 $4\times23=92>90$，不够减，因此只能商 3。多项式被除式与除式最高次项相除直接得到商的最高次项，不存在不够减的问题，不够减就减成负系数。所以，多项式除法比整数除法更容易。

多项式除法得到商 $q(x)=x^2+x+2$，方程化为 $(x-1)(x^2+x+2)=0$。等号成立的条件是 $x-1=0$ 或 $x^2+x+2=0$，由 $x-1=0$ 得到根 1。$x^2+x+2=0$ 没有实根，由二次方程求根公式得出虚根 $\dfrac{-1\pm\sqrt{7}\,\mathrm{i}}{2}$。

方程的全部根为 1，$\dfrac{-1\pm\sqrt{7}\,\text{i}}{2}$。

2. 复数乘法的几何意义

本节已经把复数乘法讲得很详细了,再重复一下需要掌握的要点。

首先必须知道 i 乘复数 $x+y\text{i}$ 的效果是将平面上的点 (x,y) 旋转 $90°$,$\text{i}^2=-1$ 就是旋转两个 $90°$,即旋转 $180°$,因此相当于乘 -1。

进一步要知道 $\cos\alpha+\text{i}\sin\alpha$ 乘复数 $x+y\text{i}$ 是将 (x,y) 旋转角 α。n 次方就是旋转 n 个 α,就是旋转 $n\alpha$。因此成立

$$(\cos\alpha+\text{i}\sin\alpha)^n=\cos n\alpha+\text{i}\sin n\alpha。$$

这叫做棣莫弗公式。按几何思维这是普通常识,通俗易懂。不必用和角公式和数学归纳法把证明搞得很复杂。

再进一步就是复数的乘法、除法、乘方、开方都应该用三角式来做,才是最简单最精彩的,这才是复数的精华。不懂这些几何意义,相当于对复数几乎一无所知。

3. 极坐标

> **例7** (1) 将平面上点 C 的极坐标 (r,α) 化成直角坐标。
>
> (2) 已知平面直角坐标系中的点 C 到原点 O 的距离 $|OC|=r$,$\angle xOC=\alpha$,如图 2-3-7。求 C 的坐标 (a,b)。

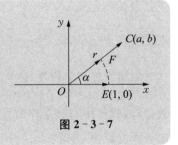

图 2-3-7

解　假如你不认识"极""坐""标"这三个字,或者没听说过"极坐标"这个词,那就不做第(1)题,直接做第(2)题。

(2) 由三角函数定义知 $\cos\alpha=\dfrac{a}{r}$,$\sin\alpha=\dfrac{b}{r}$。去分母得 $a=r\cos\alpha$,$b=r\sin\alpha$。

C 点的坐标 $(a,b)=(r\cos\alpha,r\sin\alpha)$。

什么是极坐标。 平面上每个点 C 的位置怎么刻画？选定原点 O 作为位置的基准点。用 O 到每点 C 的方向和距离来刻画 C 的位置，也就是用向量 $\overrightarrow{OC}$ 的方向和长度来描述。

距离 $|OC|=r$ 用非负实数表示。$\overrightarrow{OC}$ 的方向怎么表示？地球上用北偏东、北偏西、南偏东、南偏西的角度来表示。也就是取一个标准方向北或南，由标准方向转到所表示方向的角度来表示。平面上也可以选 x 轴正方向 Ox 为标准方向，由 Ox 转到 OC 的角 $\alpha=\angle xOC$ 来表示 $\overrightarrow{OC}$ 的方向。距离 $|OC|=r$ 与角度 $\angle xOC=\alpha$ 这两个实数就唯一确定了点 C 的位置。这两个数排列成数组 (r,α) 作为 C 的坐标，称为**极坐标**。原点 O 称为**极点**，射线 Ox 称为**极轴**，$r=|OC|$ 称为 C 的**极径**，$\alpha=\angle xOC$ 称为**极角**。

对极坐标应该掌握什么？首先就是知道它是用距离 $|OC|$ 和角度 α 表示点 C 的位置。

然后就是会把极坐标 (r,α) 化成直角坐标 (a,b)，也会把直角坐标化成极坐标 (r,α) 就够了。

极坐标化成直角坐标，就是根据距离 r 和角 α 求 (a,b)。所用的知识就是正弦余弦的定义 $\cos\alpha=\dfrac{a}{r}$，$\sin\alpha=\dfrac{b}{r}$，去分母就得到 $a=r\cos\alpha$，$b=r\sin\alpha$，就求出直角坐标了，$(a,b)=(r\cos\alpha,r\sin\alpha)$。

直角坐标化成极坐标，仍然用正弦余弦定义 $\cos\alpha=\dfrac{a}{r}$，$\sin\alpha=\dfrac{b}{r}$，也不用去分母，只要用勾股定理由直角坐标 (a,b) 算出 $r=\sqrt{a^2+b^2}$，就可以用三角函数定义算出 $\cos\alpha$、$\sin\alpha$，用计算器算出角 α。当你需要根据直角坐标的正负号判定角 α 在哪个象限时，这些知识都是不学极坐标也必须懂的旧知识。因此，就不必认为极坐标是什么新知识了，最多算个新名词，都可以靠旧知识来理解和应用。

2.4 旧知识解决新问题

一般的考试中,前几道题目都比较容易,最后才会有几道难题。我的考试前两道题就是杀威棒,先让你束手无策。考查你是否能够临危不乱,处变不惊,有耐心和平常心处理好下一道题。再看测试题1中的第3题。

3. 平面直角坐标系中,到定点 $(\sqrt{3}, \sqrt{2012})$ 与定直线 $x + \sqrt{5} = 0$ 的距离之和等于 $\sqrt{15}$ 的点的轨迹形状是_____。

看起来,这道题确实回归正常了。虽然你只学过到两点距离之和为定值的点的轨迹是椭圆,到定点和定直线距离相等的点的轨迹是抛物线。像这样"牛头对马嘴",到定点与定直线距离之和为定值的点的轨迹没见过,但可以按部就班列方程算出来。

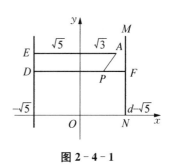

图 2 - 4 - 1

解 动点 $P(x, y)$ 到定点 $A(\sqrt{3}, \sqrt{2012})$ 的距离:

$$|PA| = \sqrt{(x - \sqrt{3})^2 + (y - \sqrt{2012})^2},$$

到定直线 $x + \sqrt{5} = 0$ 距离 $|PD| = x + \sqrt{5}$。

由题意列方程

$$|PA| + |PD| = \sqrt{(x - \sqrt{3})^2 + (y - \sqrt{2012})^2} + x + \sqrt{5} = \sqrt{15}, \quad (1)$$

$$\sqrt{(x - \sqrt{3})^2 + (y - \sqrt{2012})^2} = \sqrt{15} - x - \sqrt{5}, \quad (2)$$

两边平方得

$$(x - \sqrt{3})^2 + (y - \sqrt{2012})^2 = x^2 - 2x(\sqrt{15} - \sqrt{5}) + 20 - 10\sqrt{3}, \quad (3)$$

$$(y - \sqrt{2012})^2 = 2x(\sqrt{3} + \sqrt{5} - \sqrt{15}) + 17 - 10\sqrt{3},$$

这个方程的图象是抛物线的一段。

方程(2)两边平方变成方程(3),存在增根的可能性。你考虑了吗?

也可能你觉得不需要考虑。这是填空题,不是解答题,不必写过程,只要答案正确就不扣分。那就再做下一道题吧。第 4 题已经讨论过了。再看下一道题。

5. 当 x、y 取任意实数时,函数 $f(x,y)=\sqrt{(x-1)^2+(y-4)^2}+\dfrac{1}{5}|3x+4y-5|$ 的最小值为_____。

分析 如果用代数方法求最小值,中学生想不出什么方法。

但如果看出 $\sqrt{(x-1)^2+(y-4)^2}$ 是动点 $P(x,y)$ 到定点 $A(1,4)$ 的距离 $|AP|$,$\dfrac{1}{5}|3x+4y-5|$ 是动点 $P(x,y)$ 到定直线 $3x+4y-5=0$ 的距离 $|PD|=\dfrac{|3x+4y-5|}{\sqrt{3^2+4^2}}$。如

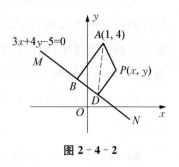

图 2-4-2

图 2-4-2,本题就变成求动点到定点 $A(1,4)$ 与定直线 $3x+4y-5=0$ 的距离之和 $s=|PA|+|PD|$ 的最小值,问题就迎刃而解了。

点 A 到点 A 的距离为 0,到直线 MN 的距离 $|AB|=\dfrac{1}{5}|3\times1+4\times4-5|=\dfrac{14}{5}$,距离之和为 $0+|AB|=\dfrac{14}{5}$。任意点 P 到直线 $3x+4y-5=0$ 的垂线 PD 的垂足 D 与 A 连成直线段 DA。则

$$s=|PA|+|PD|\geqslant|AD|\geqslant|AB|=\dfrac{14}{5}。$$

当 P 在位置 A(或在线段 AB 上),距离之和 s 达到最小值 $\dfrac{14}{5}$。

第 5 题的答案是 $\dfrac{14}{5}$。

第 5 题看起来是代数题,求二元函数的最小值。但用代数方法求最小值,大概只能让两个偏导数等于 0,中学生没学过。

但是,中学生熟悉解析几何中的两点距离以及点到直线的距离公式,不难看出 $\sqrt{(x-1)^2+(y-4)^2}$ 是动点到定点的距离,$\dfrac{1}{5}|3x+4y-5|$ 是动点到定直线的距离,用几何方法就迎刃而解了。

大部分学生都熟悉距离公式,但为什么很多人想不到? 不是缺知识而是缺观念,甚至不是缺观念,而是观念太多不是太少。他们的观念是:题目只有数值没有图形,因此就只能用代数方法不能用几何方法。几何方法是解析几何考的,必须是"已知一个定点,一条定直线",才能用解析几何公式。按照他们的观念,真理不是客观存在的,而是人为规定的,因为他们的教材里大量充斥"我们规定"这样的横行霸道的"圣旨",误以为凡是讲不清楚道理甚至不知道怎么讲道理了就来一个"我们规定"。

没有图形,只有数据,能不能用解析几何? 解析几何确实是先有图形再用数据来代表图形,用数据的代数运算帮助解决图形的几何问题。但是,帮忙从来都是相互的。代数帮了几何,几何也可以帮代数。虽然只有数据没有图形,但用代数方法不容易做,就可以请几何帮忙。只要有了数据,即使没有图形也可以用数据变出图形。以数据为坐标可以画出点,数据满足的方程可以画出线,可以将数据关系式翻译成几何图形的关系,用几何知识帮助解决代数问题。比如,以上第 5 题用了距离公式把代数式的最小值化成了距离之和的最小值。求最小值的关键不等式 $s=|PA|+|PD|\geqslant|AD|\geqslant|AB|$,第一步是三角形两边之和大于第三边,第二步是斜线大于垂线,都是简单常识。

第 5 题用的都是基本知识和简单常识,并不高深。但要做出题来,只知道知识还不够,还必须靠观念指挥知识。不仅要增加观念,也要减少观念,既要做加法,也要做减法。增加的观念就是要坚守常理,减少的观念就是各种歪门邪道的"常规",让常规服从常理。就好比人要健康,增加营养是加法,戒烟戒酒戒毒戒除坏习惯是做减法。

做了第 5 题,对第 3 题是不是有反思? 第 5 题求到定点与定直线的距离之和,第 3 题要求这两个距离之和等于常数 $\sqrt{15}$ 。距离之和也有最小值,你就应该想一下:假如这个常数 $\sqrt{15}$ 比最小值还小,这样的动点就不存在。

题目叫你求轨迹,没有担保轨迹存在,是否存在,请你自己判别。比如解方程,就是叫你找出它的全部根。如果你证明它没有根,也找出了它的全部根。没有根,解集就是空集,空集也是解集。

第 3 题距离之和的最小值等于定点 $(\sqrt{3}, \sqrt{2012})$ 到定直线 $x + \sqrt{5} = 0$ 的距离 $\sqrt{3} + \sqrt{5}$ 。它与 $\sqrt{15}$ 谁大谁小,直接看不出来。可平方之后再比较:

$$(\sqrt{5} + \sqrt{3})^2 - (\sqrt{15})^2 = (8 + 2\sqrt{15}) - 15 = 2\sqrt{15} - 7 = \sqrt{60} - \sqrt{49} > 0,$$

由 $(\sqrt{5} + \sqrt{3})^2 > (\sqrt{15})^2$ 得 $\sqrt{5} + \sqrt{3} > \sqrt{15}$ 。所要求的距离之和 $\sqrt{15}$ 比距离之和的最小值 $\sqrt{3} + \sqrt{5}$ 更小,这个要求达不到,满足要求的动点不存在,即组成的轨迹是空集。

定点到定直线的距离是 $\sqrt{5} + \sqrt{3}$ 。这就是动点到定点与定直线距离之和的最小值。现在要求动点到定点与定直线距离之和比这个最小值还小,这样的动点不存在。

第 3 题的答案:空集。

为什么要考这道题?很多学生认为只要题目要求算答案,答案就一定存在。如果不存在,就是题目出错了。这是他们所认为的常规。我出这个题目,就是"投其所好",给他们一个机会被这个常规坑害一次,丢一次分。丢分不是害他,而是救他,让他吃一堑长一智,知道这个常规是错的。让他们知道世界上没有错的题目,只有错的答案。只要你发现了真相,就是正确答案。你发现这题没有答案,就是正确的答案。没有答案也是一种答案,没有轨迹也是一种轨迹。轨迹就是满足条件的全体点组成的集合。空无一点也是集合,叫做空集。因此空集也是轨迹。书上讲了空集,你认为没用,我就让你用它一次,你不会用就丢一次分。

本来是空集,为什么你算出抛物线了?这是不是自相矛盾?不矛盾,因为两边平方,有可能发生增根。本来应该是空集,你做出了抛物线。唯一合理的解释就是抛物线上的点全部是增根,这没有矛盾。

7. 将空间直角坐标系的坐标轴绕某条直线旋转,使 Ox 轴旋转到 Oy 轴,Oy 轴旋转到 Oz 轴,则旋转角度是_____。(求最小正角)

分析 Ox 轴转到 Oy 轴,按常规思维你就认为是转 $90°$。如果 Oz 是转轴,确实是转 $90°$。但 Oy 轴就会转到 Ox 的负半轴而不是转到 Oz 轴。如果 Oz 是转轴,Oz 就不动,Oy 轴就不能转到 Oz 轴。否则,Oy 轴也转到 Oz 轴,Oz 自己也转到 Oz 轴,两个不同轴转到重合,这不可能。

解法一 设旋转角为 α。

总共三条坐标轴 Ox、Oy、Oz,转一次就轮换一步:

$$Ox \mapsto Oy \mapsto Oz \mapsto Ox。$$

轮换了三步就各自回到原处。三次共转 3α,回到原处就是转了一圈 $360°$。由此得到方程 $3\alpha = 360°$,解出 $\alpha = 120°$,如图 $2 - 4 - 3$。

答案:$120°$。

解法二 在 Ox、Oy、Oz 轴上分别截取单位线段 $OA = OB = OC = 1$。则 $|AB| = |BC| = |CA|$,$\triangle ABC$ 是等边三角形。当三条坐标轴转动 $Ox \mapsto Oy \mapsto Oz \mapsto Ox$ 的时候,这个等边三角形三个顶点 $A \rightarrow B \rightarrow C \rightarrow A$ 轮换,绕三角形中心 S 旋转 $120°$,中心 S 不动,坐标系统直线 OS 旋转 $120°$。

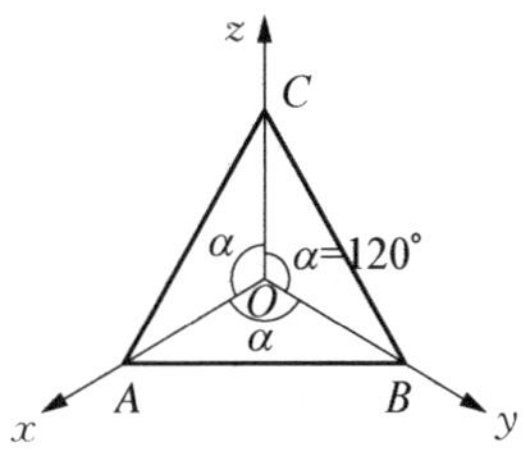

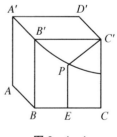

图 $2 - 4 - 3$

6. 在正方体 $ABCD - A'B'C'D'$ 中,P 是侧面 $BB'C'C$ 内一动点,若 P 到直线 BC 与直线 $C'D'$ 的距离相等,则动点 P 的轨迹所在的曲线是_____。

解 如图 $2 - 4 - 4$,$C'D'$ 垂直于平面 $BB'C'C$,垂足为 C'。平面 $BB'C'C$ 内任一点 P 到 $C'D'$ 的距离就是 $|PC'|$。P 到两条直线 BC、$C'D'$ 距离相等,就是到点 C' 与直线 BC 距离相等,轨迹是以 C' 为焦点、BC 为准

图 $2 - 4 - 4$

线的抛物线在正方形 $BB'C'C$ 范围内的部分。

答案：抛物线段。

数学建模：旧知识解决新问题。

书上明文定义了在同一平面内到一个定点和一条定直线的距离相等的点的轨迹是抛物线，这是现成的旧知识。本题是到两条定直线 BC 与 $C'D'$ 的距离相等的动点 P 的轨迹，没有现成的定义。但却可以利用立体几何的知识，平面 $BCC'B'$ 内每点 P 到点 C' 的线段 $PC' \perp C'D'$，因此 PC' 就是 P 到直线 $C'D'$ 的距离。这就把 "P 到两条直线距离相等" 转变成 "P 到定直线 BD 与定点 C' 距离相等"，变成现成的问题，有现成的答案，轨迹是抛物线了。

不少人以为只有用理论解决实际问题才是数学建模。本题解决的仍是数学问题，不是实际问题，他们就认为这不是数学建模，这是对数学建模的误解。

不论是理论问题还是实际问题，只要没有现成的解法，都需要想办法将它转化为现成的旧知识可以解决的问题，这种转化工作就是数学建模，就是在现成的旧知识与不现成的新问题之间搭建桥梁。

现成的旧知识怎么发明出来的？都是以前为了解决问题而发明的，是以前的数学建模的产物。在讲解这些知识时，通常都要介绍怎么利用这些知识解决以前这些经典案例。知识就是以前发现的规律，这些规律一旦发现出来，它的作用就不仅是解决以前那些问题，而且可以解决许许多多以前没遇到甚至想不到的新问题。但需要将这些问题经过适当转化变成适合于用旧知识解决的形式，这些转化都是数学建模。

数学建模搭建知识与问题的桥梁，利用现成的知识解决不现成的问题。不论是现实问题还是理论问题，搭建桥梁都是数学建模。解决现实问题可以产生社会效益和经济效益。解决理论问题可以发明新的知识，推动科学的发展。新知识是从旧知识中生长出来的，数学建模就是实现这种生长的有效途径。

8. 某商场抽奖，中奖率为 10%。以下第＿＿＿＿件事发生的概率更大。

（1）只抽一张就中奖。

（2）连续抽 20 张，全部都不中。

解　（1）只抽一张就中奖的概率为 10%。

（2）抽一张不中奖的概率为 $1-10\%=0.9$。连续抽 20 张都不中的概率为 $(1-10\%)^{20}=0.9^{20}\approx0.12>0.1=10\%$。

答案：（2）。

相信规律还是相信直觉。

本题有现成计算公式，学生都知道这个公式。我把这道题出成选择题而不是计算题，是考查学生相信数学还是相信"直觉"。

按照许多人的直觉，中奖率为 10% 就是抽 10 张就该中奖，即使运气差一点，抽 10 张不中，再多抽两三张也该中奖了，不可能 20 张都不中。其实这种"直觉"是对概率的误解。"中奖率为 10%"并不保证 10 次一定中奖，也不保证 20 次一定中奖，无论多少次都不保证。只是有个公式教你根据次数计算中奖率，还可以比较中奖率。但是很多人不相信数学计算，认为数学计算只是应付考试的，不是真实的。

我这道题就是受到一个真实案例启发想出来的。邯郸农业银行两个工作人员挪用监管的钱买体育彩票，他们的如意算盘是：如果中了奖，就把挪用的钱还回去，奖金就自己得了，却不想一下如果没中奖怎么办。他们还真中了一次奖，没有赚也没有赔，持平了。他们又继续买下去，连续买了很多张，结果是再也没有中奖，后来被抓起来判了刑。判刑之后电视台采访其中一人，问他对连续买很多张彩票全都不中奖有何感想。他的回答是："太令人意外了。"到底连续很多张不中是令人意外的偶然现象，还是概率并不小的正常现象？这就启发我想出了这个题。因为我知道大多数的学生的想法与那两个人的想法一样，觉得连续不中奖是"意外"。学生学过的知识足够解释这件事了，但他们未必相信数学，而是相信自己的一厢情愿。

很多人喜欢批判应试教育，说你们虽然能够应试得高分，但应试教育是错误的，你应该提高素质才是正确的。这种批判其实都是假的，一边批判，同时又帮助他们应试成功,这是假批判真鼓励。最好的批判是让应试教育不能得高分而是让他丢分,让老老实实做学问的人得高分。

这道题本来可以作为计算题,强迫学生计算,杜绝他们猜题。大多数考生都知道怎么计算,就能得出正确的答案。但我出成填空题,不逼迫学生计算,故意引诱他不计算。给他机会凭猜题经验和自己的一厢情愿去猜,基本上都会猜错。这是不是坑害他们? 这是不是太残忍了? 首先,把走"歪门邪道"的人刷掉就是在奖赏那些不受诱惑老实计算的学生,他们才是适合于进大学被培养成国家的栋梁之才的苗子。

本题有一个数学难点,考场上不允许用计算器。怎么快速计算高次方 0.9^{20}? 如果真的把 20 个 0.9 依次相乘,做 19 次乘法,太费时间。如下算法比较快:

$$0.9^2 = 0.81, \ 0.9^4 = 0.81^2 = 0.656\,1, \ 0.9^8 = 0.656\,1^2 > 0.43,$$
$$0.9^{16} > 0.43^2 = 0.184\,9, \ 0.9^{20} = 0.9^{16} \times 0.9^4 > 0.184 \times 0.656 > 0.12.$$

我们经常讲国际象棋发明者向国王要奖赏的故事来说明 $2^{64} - 1$ 这个数有多么大,指数增长有多么快,强调的是指数增长制造的麻烦。以上算法恰好相反,是利用指数增长来为我们服务,尽快完成运算。这个方法其实是在计算机界普遍采用的,中学生应该了解,讲一次就懂了。

实际生活中中奖率远没有 10%,而是低得多,体育彩票中奖率都在几千或几万分之一以下。第 8 题可推广如下:

> **例1** (1) 假如中奖率是 $\dfrac{1}{1\,000}$,买 2 000 张都不中奖的概率是多少?
>
> (2) 假如中奖率是 $\dfrac{1}{10\,000}$,买 20 000 张都不中奖的概率是多少?

解 (1) 概率是 $\left(1 - \dfrac{1}{1\,000}\right)^{2\,000} \approx 0.135\,20 \approx 13.5\%$。

(2) 概率是 $\left(1 - \dfrac{1}{10\,000}\right)^{20\,000} \approx 0.135\,32 \approx 13.5\%$。

(1)、(2)题的中奖率差别很大,算出的结果却几乎相等。其中有什么奥妙?在大学数学学了极限

$$\lim_{n\to\infty}\left(1+\frac{1}{n-1}\right)^n=\lim_{n\to\infty}\left(1+\frac{1}{n}\right)^n=\mathrm{e}=2.71828\cdots,$$

就知道当 $n\to\infty$ 时,

$$\left(1-\frac{1}{n}\right)^{2n}=\left(\frac{n-1}{n}\right)^{2n}=\left(\frac{n}{n-1}\right)^{-2n}=\left[\left(1+\frac{1}{n-1}\right)^n\right]^{-2}$$

的极限是 $\mathrm{e}^{-2}\approx2.71828^{-2}\approx0.1353$。当 $n=1000,10000$ 时,上式自然就接近 e^{-2}。

11. 已知平面直角坐标系中两点 A、B 的坐标分别为 (a_1,a_2)、(b_1,b_2),O 是原点。

(1) 求 $\triangle OAB$ 的面积;

(2) 求 $\angle AOB$ 的角平分线上全部点的坐标。

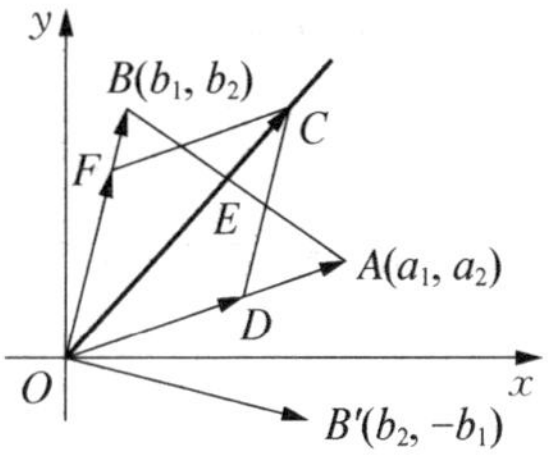

解　(1) 本书第 2.2 节用几种不同方法解答过本题。最好的解法为:

$\overrightarrow{OB}=(b_1,b_2)$ 沿顺时针方向旋转直角得 $\overrightarrow{OB'}=(b_2,-b_1)$,如图 2-4-5,则

图 2-4-5

$$\begin{aligned}
S_{\triangle OAB}&=\frac{1}{2}|OA||OB||\sin\angle AOB|\\
&=\frac{1}{2}|OA||OB'|\left|\sin\left(\angle AOB'+\frac{\pi}{2}\right)\right|\\
&=\frac{1}{2}|OA||OB'||\cos\angle AOB'|=\frac{1}{2}|\overrightarrow{OA}\cdot\overrightarrow{OB'}|\\
&=\frac{1}{2}|(a_1,a_2)\cdot(b_2,-b_1)|=\frac{1}{2}|a_1b_2-a_2b_1|。
\end{aligned}$$

(2) 取与 $\overrightarrow{OA}=(a_1,a_2)$,$\overrightarrow{OB}=(b_1,b_2)$ 同方向的单位向量

$$\overrightarrow{OD} = \frac{1}{|OA|}\overrightarrow{OA} = \frac{1}{\sqrt{a_1^2 + a_2^2}}(a_1, a_2),$$

$$\overrightarrow{OF} = \frac{1}{|OB|}\overrightarrow{OB} = \frac{1}{\sqrt{b_1^2 + b_2^2}}(b_1, b_2),$$

则这两个单位向量之和

$$\overrightarrow{OC} = \overrightarrow{OD} + \overrightarrow{OF} = \left(\frac{a_1}{\sqrt{a_1^2 + a_2^2}} + \frac{b_1}{\sqrt{b_1^2 + b_2^2}}, \frac{a_2}{\sqrt{a_1^2 + a_2^2}} + \frac{b_2}{\sqrt{b_1^2 + b_2^2}}\right)$$

是 $\angle AOB$ 的平分线上的非零向量。它的非负实数倍 $\overrightarrow{OP} = t\overrightarrow{OC}$ 决定的点 P 取遍角平分线上所有的点，所以角平分线上所有点的坐标为

$$\left(\frac{ta_1}{\sqrt{a_1^2 + a_2^2}} + \frac{tb_1}{\sqrt{b_1^2 + b_2^2}}, \frac{ta_2}{\sqrt{a_1^2 + a_2^2}} + \frac{tb_2}{\sqrt{b_1^2 + b_2^2}}\right), \ \forall t \geqslant 0。$$

角平分线的建模。以上第(2)怎么求角 $\angle AOB$ 的平分线上的向量 $\overrightarrow{OC}$？

利用角平分线的不同几何性质得出不同解法。

几何性质 1   角平分线 OC 与对边 AB 的交点 E 分对边为两段 AE、EB，

则其长度之比等于两边之比，即 $\dfrac{|AE|}{|EB|} = \dfrac{|OA|}{|OB|} = \dfrac{\sqrt{a_1^2 + a_2^2}}{\sqrt{b_1^2 + b_2^2}}$。

解法一   定比分点 E 的坐标 $\dfrac{|OB|(a_1, a_2) + |OA|(b_1, b_2)}{|OA| + |OB|} =$

$$\left(\frac{a_1\sqrt{b_1^2 + b_2^2} + b_1\sqrt{a_1^2 + a_2^2}}{\sqrt{b_1^2 + b_2^2} + \sqrt{a_1^2 + a_2^2}}, \frac{a_2\sqrt{b_1^2 + b_2^2} + b_2\sqrt{a_1^2 + a_2^2}}{\sqrt{b_1^2 + b_2^2} + \sqrt{a_1^2 + a_2^2}}\right)。$$

乘全体非负实数 t，得到**角平分线上全体点的坐标**

$$\left(\frac{ta_1\sqrt{b_1^2 + b_2^2} + tb_1\sqrt{a_1^2 + a_2^2}}{\sqrt{b_1^2 + b_2^2} + \sqrt{a_1^2 + a_2^2}}, \frac{ta_2\sqrt{b_1^2 + b_2^2} + tb_2\sqrt{a_1^2 + a_2^2}}{\sqrt{b_1^2 + b_2^2} + \sqrt{a_1^2 + a_2^2}}\right), \ \forall t \geqslant 0。$$

几何性质 2   菱形的对角线平分两个内角。

$\overrightarrow{OA} + \overrightarrow{OB} = \overrightarrow{OH}$ 是平行四边形 $OAHB$ 的对角线。

假如 $|OA| = |OB|$，$OAHB$ 是菱形，对角线 OH 就是角平分线。

$|OA|$、$|OB|$不见得相等，$OAHB$不见得是菱形。将 OA、OB 伸缩适当倍数变成长度相等，再相加得到对角线就是角平分线。

解法二　化成单位向量相加，将 $\overrightarrow{OA}$、$\overrightarrow{OB}$ 分别除以各自的长度变成单位向量 $\dfrac{\overrightarrow{OA}}{|OA|}$、$\dfrac{\overrightarrow{OB}}{|OB|}$，相加后再乘任意非负实数 t，即

$$\overrightarrow{OP} = t\overrightarrow{OC} = t\left(\dfrac{\overrightarrow{OA}}{|OA|} + \dfrac{\overrightarrow{OB}}{|OB|}\right)$$

$$= \left(\dfrac{ta_1}{\sqrt{a_1^2+a_2^2}} + \dfrac{tb_1}{\sqrt{b_1^2+b_2^2}},\ \dfrac{ta_2}{\sqrt{a_1^2+a_2^2}} + \dfrac{tb_2}{\sqrt{b_1^2+b_2^2}}\right),\ \forall\, t \geqslant 0。$$

解法三　化成等长向量相加。$\overrightarrow{OA}$、$\overrightarrow{OB}$ 分别乘对方的长度 $|OB|$、$|OA|$ 变成 $|OB|\overrightarrow{OA}$、$|OA|\overrightarrow{OB}$，长度都变成 $|OA||OB|$，相加后再乘任意非负实数 t，即

$$\overrightarrow{OP} = t(|OB|\overrightarrow{OA} + |OA|\overrightarrow{OB})$$

$$= (ta_1\sqrt{b_1^2+b_2^2} + tb_1\sqrt{a_1^2+a_2^2},\ ta_2\sqrt{b_1^2+b_2^2} + tb_2\sqrt{a_1^2+a_2^2}),\ (\forall\, t \geqslant 0)。$$

三个解法的答案看起来不同，实际上相同。解法一答案中的 t 换成 $t(\sqrt{a_1^2+a_2^2} + \sqrt{b_1^2+b_2^2})$，仍取遍非负实数，把分母约掉就变成解法三的答案。解法二答案中的 t 换成 $t\sqrt{a_1^2+a_2^2} \cdot \sqrt{b_1^2+b_2^2}$，把分母约掉也得到解法三的答案。

解法一用的知识最难，答案也最繁。优点是适用于任意三角形。解法二、三用的知识最简单：菱形的对角线平分两个内角。这条知识只能用来算等腰三角形。不能每次都好运遇上等腰三角形。碰上好运就享受好运。碰不上好运就创造好运，把坏运改造成好运再享受，把不等腰的三角形改造成等腰来计算。

坏运改造成好运的过程就是数学建模。

某年有一道高考题，如下。

例 2   已知定点 O 和 $\triangle ABC$。当 t 取遍全体非负实数，

$$\overrightarrow{OP} = \overrightarrow{OA} + t\left(\frac{\overrightarrow{AB}}{|AB|} + \frac{\overrightarrow{AC}}{|AC|}\right)$$

所决定的全体点 P 组成的图形经过 $\triangle ABC$ 的如下哪个点？

A. 外心   B. 内心   C. 重心   D. 垂心

分析   你应该一见便知 $\overrightarrow{AB_1} = \dfrac{\overrightarrow{AB}}{|AB|}$，$\overrightarrow{AC_1} =$

$\dfrac{\overrightarrow{AC}}{|AC|}$ 分别是 $\triangle ABC$ 两边 AB、AC 上的单位向量，

如图 2-4-6。它们的和 $\overrightarrow{AP_1}$ 在内角 $\angle BAC$ 的平分

线上，它的全体非负实数倍 $\overrightarrow{AP} = t\overrightarrow{OP_1}$ 的终点 P 的轨

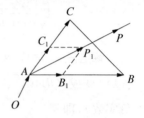

图 2-4-6

迹就是 $\angle BAC$ 的平分线，经过的当然是内心。答案应该选 B。只要一步步读

懂向量运算的每一步的几何意义，翻译出来就是正确答案。

很多教材和课堂训练出来的学生的"常规"是：向量离了坐标就活不成。

他们习惯于一见向量就迫不及待变成坐标运算，只管数字不管几何意义。本

题只有向量运算没有坐标，专门考几何意义，是对这样的教材和课堂打的杀

威棒。

不但刚才第 11 题的第(2)小题算角平分线需要创造好运，第(1)小题算面

积也是坏运改造成好运的例子。三角形面积公式

$$S_{\triangle AOB} = \frac{1}{2}|OA||OB|\sin\angle AOB$$

中如果不是正弦 $\sin\angle AOB$ 而是余弦 $\cos\angle AOB$，乘积 $|OA||OB|\cos\angle AOB$

就是向量内积 $\overrightarrow{OA} \cdot \overrightarrow{OB} = (a_1, a_2) \cdot (b_1, b_2)$，就可用 A、B 两点的坐标来运

算。但我们可以把正弦改造成余弦，把它改造成好运。将 $\overrightarrow{OB}$ 旋转 $90°$ 换成

$\overrightarrow{OB'} = (b_2, -b_1)$，角 $\angle AOB$ 换成 $\angle AOB' + 90°$，正弦 $\sin\angle AOB$ 就改造成余

弦 $\cos\angle AOB'$,面积就改造成内积了。这就叫"心想事成"。"心想事成"第一步要想事,要有改造的欲望和目标。第二步要做事,实施改造。实施改造就是建模,改造完了就"事成"了。

12. 在一次智力测验中,老师给出了某个数列的前两项 $a_1=1$, $a_2=2$,让学生填写第 3 项 a_3。有的学生填写 $a_3=3$,有的学生填写 $a_3=4$,老师均判为正确。另有一个学生填写 $a_3=0$,你认为正确吗? 能否给出多项式 $f(x)$ 作为数列的通项公式 $a_n=f(n)$,使数列的前 3 项 $f(1)$, $f(2)$, $f(3)$ 分别等于 1,2,0?

如果数列的前 99 项依次为 1,2,$\cdots$,99,能否给出多项式 $f(x)$ 作为通项公式 $a_n=f(n)$ 使第 100 项等于 2013?

提示:将数列 $(1,2,3,\cdots,99,2013)$ 分解为两个数列之和 $(1,2,3,\cdots,99,100)+(0,\cdots,0,1913)$。 分别求通项公式再相加。

分析　前两个数是 1、2,下一个数难道必须是 3? 高中学了等差数列、等比数列,就知道 3、4 都可以。其他的数可不可以? 0 可不可以? 更进一步,前面 99 个数依次是前 99 个正整数 1,2,3,$\cdots$,99,有些人可能觉得下一个铁板钉钉只能是 100。难道还可能是 2013? 热衷于研究"找规律"的"专家们"觉得无论如何不能接受。

高中教材提出了一个概念:把数列看成函数,借助函数研究数列。有些老师可能没把这当回事,认为无非是给数列贴标签,无病呻吟。这可不是无病呻吟,而是医治"猜数列"的顽症的一剂良方。其实,数列天生就是函数。函数的三种表示法:解析法(用公式算出来),列表法(将函数值排成数列),图象法(图象上每点的坐标表示一组对应值)。列表法就是写成数列,数列就是列表法表示的函数。列表法与数列的区别在于列表法列出的是 2 维表:以自变量与因变量的每组对应值(两个数)组成的 2 元数组为元素组成表。数列却是列表法的特殊情形:自变量就是全体正整数,不写出来,将因变量摆放在相应的位置表示,$f(n)$ 摆在第 n 位,数列就是 $(f(1),f(2),\cdots,f(n),\cdots)$。

看成数列与看成函数,有什么区别。比如,1,2,3,$\cdots$,99,2013 如果看成数列,他们就认为这不可能。因为他们所认为的数列的规律是他们随心所欲"规定"的,他们默认的规律一定是前99个连续正整数1,2,3,⋯,99把第100个钉死了,只能100不能其他。如果你问"为什么",他们认为理所当然,不需要解释,反问你:"为什么还要问'为什么'?"

将数列看成函数,立刻就将他们强词夺理的"规定权"剥夺了。函数,在他们眼中也是用公式算出来的。虽然也有任意指定的函数,但哪怕你指定了前99个值,也不能把第100值钉死,除非你用一个公式去钉死。因此,数列与函数在一些教师心里的一个区别是:数列可以人为说了算,函数必须由公式说了算。数列看成函数的公式就叫做通项公式。公式的范围本来漫无边际。但本题给了一个边际:必须是多项式。现在的问题就明确了:能不能找到一个多项式 $f(x)$,算出的前99项是1,2,3,⋯,99,第100项 $f(100) = 2013$?

这当然还是难以想象,什么多项式前99项都循规蹈矩依次增加,第100项突然就发疯跳到那么高?

数学建模可以将难以想象改造成容易想象。两个数列可以相加得到新的数列,两个公式也可以相加得到新的公式。更重要的是通项公式相加,它们产生的数列也相加。反过来就是:把数列分解为两个数列之和,可以分别求通项公式,再相加得到的就是数列和的通项公式。

担心你自己想不到这个道理,我们给了一个提示。

将数列分解为两个数列之和(1,2,3,⋯,99,2013)=(1,2,3,⋯,99,100)+(0,0,0,⋯,0,1913),通项公式相应地分解为两个通项公式之和。一个难以想象的复杂问题就分解为两个容易想象的简单问题,分别求出通项公式再加回去即可。

作为一个老师,我最关心的不是学生懂得多少知识,而是获取知识、增长知识、应用知识的能力。如果你知识多,当然是好事。哪怕你是死记硬背来的,也比不记不背好。我不能因为你是死记硬背就扣你的分,也不能因此批评你。但反过来,知识少的未必比知识多的差。我给他们在考场上临时获取知识的机会,考查他能不能获取,能不能马上用这个知识来解决问题。也许有的考生预先就知道这个知识了,有的人预先一无所知。我给预先一无所知的考生一个机会获取这个知识,让他们可以进入同一条起跑线同时出发,并有机会反超。我考查的不是谁先知道谁后知道,而是谁学得快、用得好。

　　分解为两个数列之和,第一个数列$(1,2,3,\cdots,99,100)$就是常规的"猜数列",通项公式当然是$f_1(n)=n$。关键是第二个数列$(0,0,0,\cdots,0,1913)$的通项公式是什么? 有哪一个多项式$f_2(x)$能够把$1,2,3,\cdots,99$代进去都是0,将$n=100$代入却是1913? 这个问题就没那么难懂了。

　　你应该学过,将$x=1$代入多项式$f_2(x)$得$f_2(1)=0$,这说明$x=1$是$f_2(x)$的根,$x-1$是$f_2(x)$的因式,即$f_2(x)=(x-1)q(x)$。还有$f_2(2)=0$,那就2也是根,$x-2$也是因式。99个数$1,2,3,\cdots,99$代进去都是0,那就有99个因式,$f_2(x)=(x-1)(x-2)\cdots(x-99)a(x)$,其中$a(x)$待定。

　　这不高深,而是关于多项式的根的常识。你不必学会解99次或更高次的方程,甚至3次方程都不需要学会解。但应该知道,不管多少次的多项式,只要有因式$x-c$就有根c,只要有根c就有因式$x-c$。知道了但不会用,我还给了个提示来救一下,能救多少救多少。实在救不了,也鉴别了谁有救谁没救。

　　$f_2(x)=(x-1)(x-2)\cdots(x-99)a(x)$中待定的$a(x)$用来干什么? 用来满足$f_2(100)=(100-1)(100-2)\cdots(100-99)a(100)=(99!)a(100)=1913$。只要$a(100)=\dfrac{1913}{99!}$就行了,故取$a(x)$等于常数$\dfrac{1913}{99!}$就够了。

　　解　只要能求出多项式的通项公式$a_n=f(n)$满足$f(1)=1$,$f(2)=2$,$f(3)=0$,就说明填$a_3=0$也是对的。

　　方法一　用待定系数法求二次多项式$f(x)=ax^2+bx+c$使

$$\begin{cases} f(1)=a+b+c=1, & (1) \\ f(2)=4a+2b+c=2, & (2) \\ f(3)=9a+3b+c=0。 & (3) \end{cases}$$

(2)式-(1)式得:　　　　　　　　　$3a+b=1$,　　　　　　　　　　(4)

(3)式−(2)式得： $5a+b=-2,$ （5）

(5)式−(4)式得： $2a=-3 \Rightarrow a=-\dfrac{3}{2},$

代入(4)式得： $b=1-3a=1-3\times\left(-\dfrac{3}{2}\right)=\dfrac{11}{2},$

代入(1)式得： $c=1-a-b=1-\left(-\dfrac{3}{2}\right)-\dfrac{11}{2}=-3。$

通项公式 $a_n=f(n)=-\dfrac{3}{2}n^2+\dfrac{11}{2}n-3$ 符合要求。

方法二 将数列 $U=(1,2,0)=(1,2,3)+(0,0,-3)$ 分成两个数列 $U_1=(1,2,3)$，$U_2=(0,0,-3)$ 之和。分别求通项公式 $f_1(n)$ 和 $f_2(n)$，再相加得到 U 的通项公式 $a_n=f(n)=f_1(n)+f_2(n)$。

$U_1=(1,2,3)$ 有通项公式 $f_1(n)=n$。

$U_2=(0,0,-3)$ 的通项公式 $f_2(n)$ 应满足 $f_2(1)=f_2(2)=0$。

取 $f_2(n)=\lambda(n-1)(n-2)$ 可满足 $f_2(1)=f_2(2)=0$。

求待定系数 λ 满足 $f_2(3)=\lambda(3-1)(3-2)=-3$，解之得

$$\lambda=\frac{-3}{(3-1)(3-2)}=-\frac{3}{2},\ f_2(n)=-\frac{3}{2}(n-1)(n-2)。$$

通项公式为 $a_n=f(n)=f_1(n)+f_2(n)=n-\dfrac{3}{2}(n-1)(n-2)$。

求 $U=(1,2,\cdots,99,2\,013)$ 的通项公式 $f(n)$ 满足

$$(f(1),f(2),\cdots,f(99),f(100))=(1,2,\cdots,99,2\,013)。$$

将数列 $U=(1,2,\cdots,99,2\,013)$ 分解为 $U_1=(1,2,\cdots,99,100)$ 与 $U_2=(0,\cdots,0,1\,913)$ 之和，分别求 U_1、U_2 的通项公式 $f_1(n)$、$f_2(n)$ 相加即得 U 的通项公式 $a_n=f(n)$。

$U_1=(1,2,\cdots,99,100)$ 的通项公式可以取 $f_1(n)=n$。

为了产生 $U_2=(0,\cdots,0,1\,913)$ 前99个0，取

$$f_2(n) = \lambda(n-1)(n-2)\cdots(n-99)。$$

解方程 $f_2(100) = \lambda(99!) = 1913$ 求得待定系数 $\lambda = \dfrac{1913}{99!}$。

通项公式 $a_n = f(n) = n + \dfrac{1913(n-1)(n-2)\cdots(n-99)}{99!}$ 使数列前 99

项是 $1, 2, 3, \cdots, 99$,第 100 项是 2013。

大学视角:以上算法就是大学教材中的**拉格朗日插值公式**。

任意 3 项数列 (a, b, c) 先分解为 $a(1, 0, 0) + b(0, 1, 0) + c(0, 0, 1)$。

$(1, 0, 0)$ 的通项公式为 $f_1(n) = \dfrac{(n-2)(n-3)}{(1-2)(1-3)}$;

$(0, 1, 0)$ 的通项公式为 $f_2(n) = \dfrac{(n-1)(n-3)}{(2-1)(2-3)}$;

$(0, 0, 1)$ 的通项公式为 $f_3(n) = \dfrac{(n-1)(n-2)}{(3-1)(3-2)}$。

(a, b, c) 的通项公式为

$$f(n) = \frac{a(n-2)(n-3)}{(1-2)(1-3)} + \frac{b(n-1)(n-3)}{(2-1)(2-3)} + \frac{c(n-1)(n-2)}{(3-1)(3-2)}。$$

如果套公式算数列 $(1, 2, 3, \cdots, 99, 2013)$ 的通项公式,就要分解为 100 个数列求通项公式,那就太繁琐了。我们没有照搬公式分解为 100 个数列,只用公式的想法,分解为两个简单数列,分别求出通项公式,再相加就得出了结果。

掌握拉格朗日插值公式之后,应该知道无论 $1, 2, 3, \cdots, 99$ 的下一项等于多少,都可以用拉格朗日插值公式求出通项公式,就不会再去玩"猜规律"。

本题还有一个相关问题:数列 $(1, 2, 3, \cdots, 99, 2013)$ 的通项公式 $a_n = f(n)$ 是否唯一?

> **例 3**　求数列 $1, 2, 3, \cdots, 99, 2013$ 的全体通项公式 $a_n = f(n)$,使 $f(n)$ 是 n 的多项式。

解 设 $f(n)$ 是数列 $(1, 2, 3, \cdots, 99, 2\,013)$

$$= (1, 2, 3, \cdots, 99, 100) + (0, \cdots, 0, 1\,913)$$

的通项公式。

易验证 $f_1(n) = n$ 是 $(1, 2, 3, \cdots, 100)$ 的通项公式。

$$f_2(n) = \frac{1\,913(n-1)(n-2)\cdots(n-99)}{99!}$$ 是 $(0, \cdots, 0, 1\,913)$ 的通项

公式。

于是 $f_0(n) = f(n) - f_1(n) - f_2(n)$ 是全部由 0 组成的数列的通项公式，即

$$(1, 2, 3, \cdots, 99, 2\,013) - (1, 2, 3, \cdots, 99, 100)$$
$$- (0, \cdots, 0, 1\,913) = (0, \cdots, 0)。$$

$1, 2, 3, \cdots, 100$ 都是 $f_0(n) = 0$ 的根。

$f_0(n) = q(n)(n-1)(n-2)\cdots(n-100)$，$q(n)$ 是任意多项式。

$$f(n) = f_1(n) + f_2(n) + f_0(n)$$
$$= n + (n-1)(n-2)\cdots(n-99)\left[\frac{1\,913}{99!} + q(n)(n-100)\right],$$

其中 $q(n)$ 是任意多项式。

注 在第 12 题的分析中得 $f(n) = n + (n-1)(n-2)\cdots(n-99)a(n)$，其中 $a(n)$ 满足 $a(100) = \frac{1\,913}{99!}$。当时取了 $a(n) = \frac{1\,913}{99!}$ 为常数。其实，$a(n)$ 满足这个等式的充分必要条件是 $a(n)$ 除以 $n-100$ 的余数等于 $\frac{1\,913}{99!}$。满足条件的全部 $a(n) = \frac{1\,913}{99!} + q(n)(n-100)$，正是例 3 的答案。

13. (英文加密)将 26 个英文字母 a，b，c，$\cdots$，y，z 依次用整数 0，1，2，$\cdots$，24，25 代表。设某个字母用整数 X 代表，则 $3X + 7$ 被 26 除得到的余数代表的字母就是被加密后的字母。将英文原文的每个字母用这个方式加

密,就得到密文。

(1) 将原文 day 加密成密文。

(2) 根据密文 vfu 求原文。

分析 按照题目要求,将 26 个英文字母从 0 到 25 编号,与前 26 个自然数的集合 $Z_{26} = \{0, 1, 2, \cdots, 25\}$ 建立一一对应。如图 2-4-7。英文字母在外成一圈,数字在内排一圈。同一条半径上的整数与字母对应,整数看成字母的坐标。

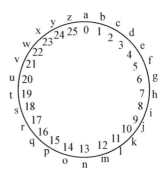

图 2-4-7

将字母与整数都排成一圈是因为它们的对应关系是循环的。虽然我们规定 0 到 25 的每个自然数对应于一个字母。但加密运算 $3X + 7$ 将 0 到 25 的很多 X 变到这个范围以外,所以必须允许范围之外的整数充当坐标。为了鉴别每个整数代表哪个字母,将它们除以 26 求余数,相同余数的整数代表相同字母。相同余数的全体整数组成的集合称为同余类,每个同余类代表同一个字母。字母从 a 到 z 排成一圈,每个字母的坐标加 1 得到下一个字母。z 的下一个字母是 a,z 的坐标 25,加 1 得到 26,除以 26 的余数是 0,确实代表 a。

解 (1) day 三个字母编号分别为 $X = 3, 0, 24$。算出 $3X + 7$ 除以 26 的余数

$$3 \times 3 + 7 = 16, \ 3 \times 0 + 7 = 7, \ 3 \times 24 + 7 = 79 \equiv 1 (\bmod 26),$$

可知分别为 16、7、1。对应的字母分别是 q、h、b。

故 day 加密为 qhb。

(2) 由密文求原文就是解密。需由密文字母的编号 $Y \equiv 3X + 7 (\bmod 26)$ 解方程求出原文字母的编号 X。

由同余式 $Y \equiv 3X + 7$ 得 $3X \equiv Y - 7$。以下需要将两边同乘 $\frac{1}{3}$ 得 $X =$

$\dfrac{1}{3}(Y-7)$。这不能保证每个 $Y-7$ 乘 $\dfrac{1}{3}$ 都是整数，所以行不通。

什么是 $\dfrac{1}{3}$？就是乘 3 等于 1 的数，也就是方程 $3q=1$ 的解。现在严格要求 q 必须是整数，但将 $3q=1$ 放宽为 $3q\equiv1(\mathrm{mod}\,26)$，只要求 $3q$ 除以 26 的余数等于 1，不要求 $3q$ 等于 1。只要找一个整数 k 使 $1+26k=3q$，$q=\dfrac{1+26k}{3}$ 是整数。依次试验 $k=0$，1，2，发现 $q=\dfrac{1+26\times1}{3}=9$ 是整数。

$$9\times3=27\equiv1(\mathrm{mod}\,26),$$

同余式 $3X\equiv Y-7$ 两边同乘 9 得 $27X\equiv9(Y-7)$ 就是

$$X\equiv9(Y-7)(\mathrm{mod}\,26),$$

这就是**解密公式**。用这个解密公式很容易破译 vfu。

由 v、f、u 三个字母的编号 $Y=21$，5，20 算出 $9(Y-7)=126$，-18，117 除以 26 的余数分别是 22、8、13，对应于字母 w、i、n。

故密文 vfu 的原文为 win。

借题发挥　仿射密码与同余类算术。

此题是北京航空航天大学英语专业的自主招生数学试题。即使拿来选拔报考数学专业的学生，难度也不算低。

考试的内容是古代曾经用过的仿射密码的加密和解密。

按照某些迷信套路的中学老师，要对付这个考题，就必须预先训练学生的加密和解密。你预先不知道我要出什么题，还不能只训练仿射密码，应该把整个密码学全部训练一遍，这根本不可能做到。

有的数学教材只讲了零向量平行于任何向量，没讲零向量垂直于任何向量，某地高考考了零向量是否垂直于别的向量，有人就告状，说超纲了。我考这个加密解密，中学教材肯定没有，学生也肯定没学过。而且是考英语专业的考生，不是数学专业的考生，我的目的根本不是考查学生对密码知识的掌握和熟练程度，也根本不要求学生预先懂得密码。要求什么呢？书上学什么就考什么,这是考知识。书上没学过的,就考你的核心素养,看你能不能用书上学过的知识来理解我的考题,学会一点知识,解决新的问题。

　　我用这道题目考英语专业的学生,首先是考语文水平,就好比是语文考试找一篇文章让考生阅读。我是写一段文章让考生阅读,看他们能不能读懂,依样画葫芦照样操作。能够读懂,是考阅读和理解能力,这是语文的要求。你还要懂一点小学和初中数学,能够从 0 数到 25,认识 26 个英文字母,并能够编号。然后是会将编号乘 3 加 7 再除以 26 求余数。这些都是小学的基本算术运算,小学老师都教过了,只不过老师没教你用来做密码,考卷教你,看是否能够把你教会。要求你读懂,会操作,与其说是考数学和英语,不如说是考语文。达到这个标准,就能够做出第(1)小题,完成加密。

　　第(2)小题是解密,难度大一些。最难点就是要将 $3X \equiv Y - 7 (\bmod 26)$ 两边同乘 9 消去 3 得到解密公式。即使得不到解密公式破译所有的 Y,题目只有三个密文字母 v、f、u 让你破译,一个一个凑也能凑出嘛。比如要破译 v,就是要凑一个 X 加密成 $3X + 7 \equiv 21$,要满足 $3X \equiv 14$,一个一个穷举 $X = \dfrac{14}{3}$ 或 $\dfrac{14 + 26}{3}$ 或 $\dfrac{14 + 52}{3} = 22$,最多试 3 个,也试出一个整数来了。

　　有的学生参加过数学竞赛的训练。不大可能训练密码,但很有可能训练同余类,或者方程的整数解。问题在于学生是否能够想到把那个训练用来做密码题。如果他以为同余类与密码风马牛不相及,那就是输在了核心素养。如果他能够把死记硬背或者强化训练学来的现成知识用来解决不现成的密码问题,这就是核心素养派上用场了。

　　我在这里给出这个解法,不引导考生和老师学会凑答案,而是讲解同余类环 Z_{26} 中的可逆元的概念和求法。考试不是目的,只是手段,目的是将你引进下一个门。教育就是为了向学生展示知识大厦中的一扇一扇门,希望他们自己有兴趣进门探索奥妙。

2.5   因式分解

以下讨论**测试题 2**。

1. 直角三角形三边长都是正整数,其中一条直角边长为 7,另两条边长 y、z 满足 $z^2 - y^2 = 7^2$,则 $(y, z) = ($_____$, $_____$)$。

分析   直角三角形三边长 x、y、z 满足勾股定理 $x^2 + y^2 = z^2$。 如果三边长都是正整数,就称为勾股数,有专门的公式。参加过数学竞赛培训的学生应该都知道。但是我希望没接受过竞赛培训的学生也能够自己想出来,与参加过培训的学生平起平坐。

学生大概都知道勾股定理,不需要写出来。本题如果写 $7^2 + y^2 = z^2$,等于没写。不写,学生都知道勾股定理;写了,他也只能逐个试验 $y = 1, 2, 3, \cdots$ 看 $7^2 + y^2$ 开平方是不是整数,试了很多个都开不尽,就失去信心了。

我写成 $z^2 - y^2 = 7^2$ 就不一样了,有可能启发一些学生一看见平方差就想起因式分解,将它分解为两数和乘两数差,问题就迎刃而解了。如果看见平方差仍然启而不发,想不到因式分解,我就爱莫能助了。

有人反对我提示,说勾股数公式是起码的知识,应该要掌握。我说知道公式固然是好事,不知道公式也没关系。假如预先一无所知,经过提示能够自己想出答案,比那些经过培训被灌输公式的学生强得多。我给提示,就是要帮助那些学习能力强但没有机会接受培训的学生在考场上接受我的培训,发挥自己的优势,与预先接受过培训的学生平起平坐,回到同一条起跑线上来比真功夫。

解 $7^2 = 49 = z^2 - y^2 = (z + y)(z - y)$ 分解为大小不同的两个正整数 $z + y$、$z - y$ 的乘积,且 $z + y > z - y$,唯一的可能性是

$$\begin{cases} z + y = 49, & (1) \\ z - y = 1。 & (2) \end{cases}$$

$(1) + (2)$,得 $2z = 50$,$z = 25$。

(1)-(2),得 $2y = 48$, $y = 24$。

检验:$7^2 + 24^2 = 625 = 25^2$,勾股定理成立。

所以,7、24、25 确实分别是直角三角形的三边长,符合要求。

勾股数。

例 1 找出尽量多正整数 x、y、z 满足 $x^2 + y^2 = z^2$。

分析 如果先找 x、y,很难让平方和 $x^2 + y^2$ 是整数的平方数 z^2。如果先找 z,很难将平方数 z^2 分解为平方和 $x^2 + y^2$。

平方差 $z^2 - y^2 = (z+y)(z-y)$ 就不同了,它能够分解为两数和乘两数差。只要和与差都是平方数,即 $z+y = m^2$, $z-y = n^2$,乘积 $(z+y)(z-y) = m^2 n^2 = (mn)^2$ 就是平方数。进一步,z、y 可以通过解二元一次方程组

$$\begin{cases} z + y = m^2, \\ z - y = n^2 \end{cases}$$

求出来。哪怕求出来不是整数,也不会是无理数,而是分数,可以再同乘整数去分母化成整数。

解 任取正整数 $n < m$,求 c、b 满足 $c + b = m^2$, $c - b = n^2$,则 $c = \dfrac{m^2 + n^2}{2}$, $b = \dfrac{m^2 - n^2}{2}$。

由 $c^2 - b^2 = (c+b)(c-b) = m^2 n^2 = (mn)^2$,则

$$\left(\frac{m^2 + n^2}{2}\right)^2 - \left(\frac{m^2 - n^2}{2}\right)^2 = (mn)^2,$$

两边同乘 4,得

$$(m^2 + n^2)^2 - (m^2 - n^2)^2 = (2mn)^2。$$

于是,$x = 2mn$, $y = m^2 - n^2$, $z = m^2 + n^2$ 满足 $x^2 + y^2 = z^2$。

将 x、y、z 同乘正整数 k,得到的 $2kmn$、$k(m^2 - n^2)$、$k(m^2 + n^2)$ 仍然

满足

$$(2kmn)^2 + [k(m^2 - n^2)]^2 = [k(m^2 + n^2)]^2 \text{。}$$

这个等式虽然可以直接验证,但怎么想出来? 还是用平方差公式分解因式比较自然。

> **例 2**　找出满足勾股定理 $x^2 + y^2 = z^2$ 的全部正整数组 (x, y, z)。

　　解　先将 x、y、z 的最大公约数 k 提出来,写成 $x = ka$,$y = kb$,$z = kc$,则 a、b、c 的最大公约数为 1。

　　由 $(ka)^2 + (kb)^2 = k^2(a^2 + b^2) = k^2 c^2$,得 $a^2 + b^2 = c^2$, 于是 a、b、c 是勾股数。

　　我们证明 a、b、c 两两互素,每两个数的最大公约数都是 1。

　　设 $a = sd$, $b = td$ 的最大公约数是 d,则 $c^2 = (sd)^2 + (td)^2 = (s^2 + t^2)d^2$。

　　因为 $\left(\dfrac{c}{d}\right)^2 = s^2 + t^2$ 是整数,所以 $\dfrac{c}{d}$ 是整数。

　　可见 d 是 a、b、c 的公约数,整除它们的最大公约数 1,只能 $d = 1$。

　　同理可知,a、b、c 中任意两个数的最大公约数都是 1。

　　因此,a、b 不能都是偶数,其中至少一个是奇数。

　　不妨设 a 为奇数,则 $a^2 = c^2 - b^2 = (c + b)(c - b)$ 是两个奇数 $c + b$、$c - b$ 的乘积。

　　由于 $c + b$、$c - b$ 的每个素因子 p 都是 a^2 的素因子,因此也是 a 的素因子,在 a^2 分解式中的指数都是偶数。假如 p 是 $c + b$、$c - b$ 的公因子,它也必然是 $(c + b) + (c - b) = 2c$ 与 $(c + b) - (c - b) = 2b$ 的公因子。由于 p 是奇素数,它必然是 c、b 的公因子。矛盾。

　　因此 $c + b$、$c - b$ 没有公共的奇素数因子 p,$c + b$ 的奇素数因子 p 在 $b - c$ 中都不出现,p 在 $b + c$ 中的指数与 $a^2 = (c + b)(c - b)$ 中的指数相同,一定是偶数,因此 $c + b$ 是某个奇数 u 的平方,即 $c + b = u^2$。同理,$c - b = v^2$,v 是

某个奇数。

于是 $c+b=u^2$，$c-b=v^2$，$a^2=u^2v^2$，得

$$a=uv，b=\frac{u^2-v^2}{2}，c=\frac{u^2+v^2}{2}，$$

其中 u、v 是任意正奇数,且 $u>v$。所以，$x=ka$，$y=kb$，$z=kc$ 就是全部勾股数。

还可以将其中的正奇数 u、v 换成正整数 m、n 来表示：

$$b=\frac{u^2-v^2}{2}=\frac{(u+v)(u-v)}{2}=2\cdot\frac{u+v}{2}\cdot\frac{u-v}{2}=2mn，$$

其中 $m=\dfrac{u+v}{2}$，$n=\dfrac{u-v}{2}$ 是正整数,且 $m>n$。从而 $u=m+n$，$v=m-n$，得

$$a=uv=(m+n)(m-n)=m^2-n^2，$$

$$c=\frac{u^2+v^2}{2}=\frac{(m+n)^2+(m-n)^2}{2}=m^2+n^2。$$

再乘任意正整数 k,得全体勾股数 $2kmn$，$k(m^2-n^2)$，$k(m^2+n^2)$。

这证明了例 1 找到的勾股数就已经是全部勾股数。

平方和平方差都很难让一个数是平方数。因式分解将平方差变成乘积,就很容易知道平方数的乘积还是平方数。

因式分解没有高深的理论。分解得对不对,做乘法来检验。理论简单,威力却很大。正可谓大道至简,庙小神通大。

再看测试题 2 的第 4 题:

4. 常数 a、b 使恒等式 $a(2x^2+x+5)+b(x^2+x+1)=x^2-3x+13$ 成立,则 $(a，b)=(\underline{\quad}，\underline{\quad})$。

解　左边 $=(2a+b)x^2+(a+b)x+(5a+b)=$ 右边 $=x^2-3x+13$,比较对应项系数得方程组

$$\begin{cases} 2a+b=1, & (1) \\ a+b=-3, & (2) \\ 5a+b=13。 & (3) \end{cases}$$

由(1)-(2),得 $a=4$。

代入(2),得 $4+b=-3$,解得 $b=-7$。

将 $a=4$, $b=-7$ 代入(3)检验:左边 $=5\times4+(-7)=13=$右边,等式成立。

因此 $a=4$, $b=-7$ 是原方程组的解。

答案:$(a,b)=\underline{(4,-7)}$。

借题发挥   此题很常规。唯一"不正常"的是:每个方程都是二元一次方程,却由三个方程组成方程组。这是不是二元一次方程组?

是。只要由二元一次方程组成,无论有多少个方程,都是二元一次方程组。

怎样求解? 很简单:先求出前两个方程的公共解 $a=4$, $b=-7$,代入第3个方程去检验,若等号仍然成立,则该公共解就是三个方程的公共解。

如果前两个方程的公共解不是第3个方程的解,那么方程组无解。

为什么不检验前两个方程,只检验方程(3)? 因为 $a=4$, $b=-7$ 是由前两个方程解出来的,只要计算正确,就一定满足。当然你也可以代入去检验,一定发现它满足方程。即使你计算正确,由前两个方程求出的解也可能不满足方程(3),此时即为方程组无解。

这道题看起来意思不大,却是为后面一道题埋下了伏笔。

14. 求方程 $\sqrt{2x^2+x+5}+\sqrt{x^2+x+1}=\sqrt{x^2-3x+13}$ 的实数解。

常规解法   方程两边平方,消去右边的根号,得

$$3x^2+2x+6+2\sqrt{2x^4+3x^3+8x^2+6x+5}=x^2-3x+13,$$

移项,得

$$2\sqrt{2x^4+3x^3+8x^2+6x+5}=-2x^2-5x+7,$$

再平方,得

$$8x^4+12x^3+32x^2+24x+20=4x^4+20x^3-3x^2-70x+49,$$

移项、合并,得

$$4x^4-8x^3+35x^2+94x-29=0。 \tag{1}$$

中学生解四次方程没有别的办法,唯一的办法就是因式分解。

假如在整系数范围内,$4x^4-8x^3+35x^2+94x-29=(ax-b)q(x)$,即该四次多项式有一次因式 $ax-b$,则 $\dfrac{b}{a}$ 是方程(1)的有理根,其中 a 整除 4,b 整除 29。因此 $a=\pm1,\pm2,\pm4$,$b=\pm1,\pm29$。

方程(1)的有理根只可能是 ±1,±29,$\pm\dfrac{1}{2}$,$\pm\dfrac{1}{4}$,$\pm\dfrac{29}{2}$,$\pm\dfrac{29}{4}$。验证发现它们都不是方程(1)的根。

如果方程(1)左边分解为两个二次多项式的乘积,那么用求根公式可以求根。

但你能凑出两个二次多项式的乘积等于方程(1)左边吗? 很难。

假如你想起本套测试题第 4 题:求 a、b 满足

$$a(2x^2+x+5)+b(x^2+x+1)=x^2-3x+13,$$

解得 $a=4$,$b=-7$,就可以得到如下解法:

解　设 $u=\sqrt{2x^2+x+5}$,$v=\sqrt{x^2+x+1}$,$w=\sqrt{x^2-3x+13}$,原方程化为 $u+v=w$,易验证

$$4(2x^2+x+5)-7(x^2+x+1)=x^2-3x+13, \tag{2}$$

因此　　　　$4u^2-7v^2=w^2=(u+v)^2=u^2+2uv+v^2,$

移项、整理,得　　　　　$3u^2-2uv-8v^2=0,$

分解因式,得　　　　　$(u-2v)(3u+4v)=0,$

所以　　　　　　$u-2v=0$ 或 $3u+4v=0。$

二次方程 $u^2 = 0$，$v^2 = 0$ 的判别式都小于 0，即它们都没有实根。

当 x 为实数时，$u > 0$，$v > 0$，$3u + 4v > 0$，只能 $u - 2v = 0$，即

$$\sqrt{2x^2 + x + 5} = 2\sqrt{x^2 + x + 1}。$$

由 $2x^2 + x + 5 = 4(x^2 + x + 1) \Leftrightarrow 2x^2 + 3x - 1 = 0$，解得

$$x = \frac{-3 \pm \sqrt{3^2 + 8}}{4} = \frac{-3 \pm \sqrt{17}}{4}。$$

例 3　在有理数范围内分解因式：$4x^4 - 8x^3 + 35x^2 + 94x - 29$。

解　这个四次多项式的根就是方程

$$\sqrt{2x^2 + x + 5} + \sqrt{x^2 + x + 1} = \sqrt{x^2 - 3x + 13}$$

的根。以上已经求出该方程的两个实根为 $\dfrac{-3 \pm \sqrt{17}}{4}$，因此有因式

$$\left(x - \frac{-3 + \sqrt{17}}{4}\right)\left(x - \frac{-3 - \sqrt{17}}{4}\right) = \left(x + \frac{3}{4}\right)^2 - \frac{17}{16}$$

$$= x^2 + \frac{3}{2}x - \frac{1}{2} = \frac{1}{2}(2x^2 + 3x - 1)，$$

原多项式除以 $2x^2 + 3x - 1$ 得到另一个因式，过程如下：

$$
\begin{array}{r}
2x^2 - 7x + 29 \\
2x^2 + 3x - 1 \overline{)\, 4x^4 - 8x^3 + 35x^2 + 94x - 29} \\
\underline{4x^4 + 6x^3 - 2x^2} \\
-14x^3 + 37x^2 + 94x \\
\underline{-14x^3 - 21x^2 + 7x} \\
58x^2 + 87x - 29 \\
\underline{58x^2 + 87x - 29} \\
0
\end{array}
$$

所以，$4x^4 - 8x^3 + 35x^2 + 94x - 29 = (2x^2 + 3x - 1)(2x^2 - 7x + 29)$。

这个题目不能靠因式分解来帮助求根，只能反过来靠求根帮助因式分解。

本题是某省的初中数学竞赛题，给初中学生做的。初中生能想出来吗？

按初中数学常规思路，就是平方去根号，化成多项式方程。最后化成了四次方程，没有有理根。高中生都难解，唯一能求解的情况就是你猜出因式分解。这个因式分解，如果猜出了，很容易通过乘法验证，但基本上是不可能猜出来的。

我们给出的解法，每一步用到的知识确实是初中知识，关键是要想到关系式

$$4(2x^2 + x + 5) - 7(x^2 + x + 1) = x^2 - 3x + 13。 \qquad (2)$$

事实上，不要求猜出 4、-7 这两个数，只要想到存在两个数 a、b 满足

$$a(2x^2 + x + 5) + b(x^2 + x + 1) = x^2 - 3x + 13, \qquad (2')$$

这道题就成功了。只要想到了，就可以用待定系数法解方程组求出 $a = 4$，$b = -7$，后面的步骤就不难进行下去，直到求出根。这好比只要进了高速公路的路口，就只能"沿当前道路直行"，在下一个路口之前都不会走错路。

不过，中学生没有这个习惯想到这样的问题，因为他们不知道关系 $(2')$ 的几何意义。

等式 $(2')$ 的几何意义是什么？与 a、b 乘的是不是多项式没关系，将其中三个多项式 $2x^2 + x + 5$、$x^2 + x + 1$、$x^2 - 3x + 13$ 写成数组 $\alpha = (2, 1, 5)$，$\beta = (1, 1, 1)$，$\gamma = (1, -3, 13)$，代表三个空间向量，等式 $(2')$ 就变成

$$a\alpha + b\beta = a(2, 1, 5) + b(1, 1, 1) = (1, -3, 13) = \gamma。 \qquad (2'')$$

向量 $\gamma = \overrightarrow{OC}$ 等于两个向量 $\alpha = \overrightarrow{OA}$，$\beta = \overrightarrow{OB}$ 的常数倍之和，就是要求 $\overrightarrow{OC}$ 位于 $\overrightarrow{OA}$、$\overrightarrow{OB}$ 所在的平面 OAB 之中，也就是三个向量 $\overrightarrow{OA}$、$\overrightarrow{OB}$、$\overrightarrow{OC}$ 共面。

平面内两个向量共线，空间内三个向量共面，其中一个向量是其余向量的常数倍之和，这样的关系叫做**线性相关**。

从原点 O 出发随机作三条线段 OA、OB、OC，它们在同一平面的概率是很小的。但这个题目不是随机出的，而是精心设计的。如果没有线性相关的关系式($2'$)，中学生是没法做的。但是，中学生不习惯于考虑这种关系，也就很难想到这个解法。如果有了这个观念，就可以指挥初中现有知识完成本题解答。解答过程不需要写观念，但如果没有观念，就找不到解答路线，走不进解答过程。

8. 在有理数范围内分解因式：$x^{15} - 1 = $ _____。

分析 这题要求你知道公式

$$x^n - 1 = (x-1)(x^{n-1} + x^{n-2} + \cdots + x + 1)。$$

中学生熟悉的公式 $x^2 - 1 = (x-1)(x+1)$，$x^3 - 1 = (x-1)(x^2 + x + 1)$ 都是它的特例。

这个公式为什么正确？可以做乘法验证：

$$(x-1)(x^{n-1} + x^{n-2} + \cdots + x + 1) = x^n + x^{n-1} + \cdots + x^2 + x$$
$$- x^{n-1} - x^{n-2} - \cdots - x - 1$$
$$= x^n \qquad\qquad\qquad - 1。$$

本题如果从 $x^{15} - 1 = (x-1)(x^{14} + x^{13} + \cdots + x + 1)$ 开始，下一步不容易继续分解。

写成 $(x^5)^3 - 1 = (x^5 - 1)(x^{10} + x^5 + 1)$，其中 $x^5 - 1$ 可以继续分解。

解 $x^{15} - 1 = (x^5)^3 - 1 = (x^5 - 1)(x^{10} + x^5 + 1)$
$$= (x-1)(x^4 + x^3 + x^2 + x + 1)(x^{10} + x^5 + 1)。 \qquad (1)$$
$x^{15} - 1 = (x^3)^5 - 1 = (x^3 - 1)(x^{12} + x^9 + x^6 + x^3 + 1)$
$$= (x-1)(x^2 + x + 1)(x^{12} + x^9 + x^6 + x^3 + 1)。 \qquad (2)$$

两个不同的分解顺序，如果都分解到底了，得到的因式应该相同，只有顺序不同。比较分解式(1)与(2)，只有一个因式 $x - 1$ 相同，其余两个因式都不同，分解式(2)的第二个因式 $x^2 + x + 1$ 没有实根，显然不能再分解，但它在分解式(1)中没有出现,为什么?

唯一合理的解释就是分解式(1)没有分解到底,x^2+x+1 应该是其中第二个或第三个因式的因式。到底是不是,可以强行做除法来鉴别。

第二个因式 $x^4+x^3+x^2+x+1=x^2(x^2+x+1)+(x+1)$ 除以 x^2+x+1 的余式是 $x+1\neq 0$,所以 x^2+x+1 不是它的因式。

用除法竖式将第三个因式除以 x^2+x+1, 得

$$
\begin{array}{r}
x^8-x^7\ \ \ \ \ \ \ +x^5-x^4+x^3\ \ \ \ \ \ \ -x+1 \\
x^2+x+1)\overline{\ x^{10}\ \ \ \ \ \ \ \ \ \ \ \ \ \ \ \ \ \ +x^5\ \ \ \ \ \ \ \ \ \ \ \ \ \ +1\ } \\
\underline{x^{10}+x^9+x^8\ \ \ \ \ \ \ \ \ \ \ \ \ \ \ } \\
-x^9-x^8 \\
\underline{-x^9-x^8-x^7\ \ \ \ \ \ \ \ \ \ } \\
x^7\ \ \ \ \ \ +x^5 \\
\underline{x^7+x^6+x^5\ \ \ \ } \\
-x^6 \\
\underline{-x^6-x^5-x^4\ } \\
x^5+x^4 \\
\underline{x^5+x^4+x^3\ } \\
-x^3 \\
\underline{-x^3-x^2-x\ } \\
x^2+x+1 \\
\underline{x^2+x+1\ } \\
0
\end{array}
$$

所以,$x^{10}+x^5+1=(x^2+x+1)(x^8-x^7+x^5-x^4+x^3-x+1)$。

于是 $x^{15}-1=(x-1)(x^2+x+1)(x^4+x^3+x^2+x+1)$

$\cdot (x^8-x^7+x^5-x^4+x^3-x+1)$。

分组分解法　我们已经断定 $x^{10}+x^5+1$ 能被 x^2+x+1 整除,需要求商,但可以不用竖式除法,而用分组分解法,分组提取公因式 x^2+x+1。

x^2+x+1 的倍式不容易判定,它的倍式 x^3-1 的倍式却容易判定。

$x^3=(x^3-1)+1$ 除以 x^3-1 的余式为 1,将多项式中的 x^3 替换成 1,余式不变。比如,$x^5=x^3\cdot x^2$ 除以 x^3-1 的余式为 $1\times x^2=x^2$,因此 x^5-x^2

是 x^3-1 的倍式。

又如，$x^{10}=(x^3)^3 \cdot x$ 除以 x^3-1 的余式为 $1 \cdot x=x$，$x^{10}-x=(x^9-1)x=(x^3-1)(x^6+x^3+1)x$ 是 x^3-1 的倍式。

于是
$$
\begin{aligned}
x^{10}+x^5+1 &=(x^{10}-x)+x+(x^5-x^2)+x^2+1\\
&=(x^9-1)x+(x^3-1)x^2+x+x^2+1\\
&=(x^3-1)(x^6+x^3+1)x+(x^3-1)x^2+(x^2+x+1)\\
&=(x^3-1)(x^7+x^4+x+x^2)+(x^2+x+1)\\
&=(x^2+x+1)[(x-1)(x^7+x^4+x+x^2)+1]\\
&=(x^2+x+1)(x^8-x^7+x^5-x^4+x^3-x+1)。
\end{aligned}
$$

类似地，分解式(1)的因式 $x^4+x^3+x^2+x+1$ 没有在分解式(2)中出现，也不整除分解式(2)的前两个因式，因此应该整除第三个因式。可以将第三个因式分组提取公因式 $x^4+x^3+x^2+x+1$。首先提取它的倍式 x^5-1，具体如下：

$$
\begin{aligned}
& x^{12}+x^9+x^6+x^3+1\\
=&(x^{12}-x^2)+x^2+(x^9-x^4)+x^4+(x^6-x)+x+x^3+1\\
=&(x^{10}-1)x^2+(x^5-1)x^4+(x^5-1)x+(x^4+x^3+x^2+x+1)\\
=&(x^5-1)[(x^5+1)x^2+x^4+x]+(x^4+x^3+x^2+x+1)\\
=&(x^4+x^3+x^2+x+1)[(x-1)(x^7+x^2+x^4+x)+1]\\
=&(x^4+x^3+x^2+x+1)(x^8-x^7+x^5-x^4+x^3-x+1)。
\end{aligned}
$$

分组分解法的难点是怎么分组让各组有公因式可提。以上介绍的方法适用于把多项式 x^d-1 的因式作为公因式提出来。

以上这道题的解法，考生自己恐怕难以想出来。想不出来只有暂时跳过去，也许后面某道题会启发你想出来。

10. 记复数 $\omega=\cos\dfrac{2\pi}{15}+\mathrm{i}\sin\dfrac{2\pi}{15}$，则 1，ω，ω^2，$\cdots$，ω^{14} 是方程 $x^{15}-1=0$ 的全部 15 个不同的根，得 $x^{15}-1$ 在复数范围内可因式分解为

$$x^{15}-1=(x-1)(x-\omega)(x-\omega^2)\cdots(x-\omega^{14})。$$

求证：$x^{15}-1$ 的如下因式

$$f_1(x)=(x-\omega^5)(x-\omega^{10}),$$

$$f_2(x)=(x-\omega^3)(x-\omega^6)(x-\omega^9)(x-\omega^{12}),$$

$$f_3(x)=(x-\omega)(x-\omega^2)(x-\omega^4)(x-\omega^7)(x-\omega^8)(x-\omega^{11})(x-\omega^{13})(x-\omega^{14}),$$

都是整系数多项式。

分析　看了这个题目有何感想？对第 8 题 $x^{15}-1$ 的因式分解有启发吗？

第 8 题要求将 $x^{15}-1$ 分解为有理系数因式的乘积。第 10 题一开始就在复数范围内将 $x^{15}-1$ 彻底分解为

$$x^{15}-1=(x-1)(x-\omega)(x-\omega^2)\cdots(x-\omega^{14})。 \tag{1}$$

注意，不是按中学生习惯的顺序：先在有理数范围内分解，然后在实数范围内进一步分解，再在复数范围内分解。而是直接解方程 $x^{15}-1=0$，即 $x^{15}=1=\cos 2k\pi+i\sin 2k\pi$，由棣莫弗公式求出全部复数根 $\omega^k=\cos\dfrac{2k\pi}{15}+i\sin\dfrac{2k\pi}{15}$ $(k=0,1,2,\cdots,14)$，直接得到 $x^{15}-1$ 在复数范围内的分解。

然后让你证明其中某些因式的乘积 $f_1(x)$，$f_2(x)$，$f_3(x)$ 是整系数多项式。启发你将分解式（1）右边某些因式相乘，分别得到 $f_1(x)$，$f_2(x)$，$f_3(x)$，变成

$$x^{15}-1=f_1(x)f_2(x)f_3(x)\cdots \tag{2}$$

就是 $x^{15}-1$ 在有理数范围内的因式分解，即第 8 题所要求的答案。

怎么知道这些乘积 $f_1(x)=(x-\omega^5)(x-\omega^{10})$，… 是整系数多项式？不是真正做乘法把它们乘出来，而是反过来，找尽量低次的整系数多项式以它们为因式，再除掉多余的整系数因式，做除法把它们除出来。

比如 $f_1(x)=(x-\omega^5)(x-\omega^{10})$ 包含了整系数多项式 $x^{15}-1$ 的 15 个一次因式中的两个因式。你不知道其余 13 个因式的乘积是什么，不能把它们除

掉。记住 $\omega^{15}=1$。$f_1(x)$ 的两个根 ω^5、ω^{10} 中 ω 的指数 5、10 都是 5 的倍数，再乘 3 就是 15 的倍数，因此 $(\omega^5)^3=1=(\omega^{10})^3$，即 ω^5、ω^{10} 的 3 次方都等于 1，它们都是 $x^3=1$ 的根，也就是 $x^3-1=0$ 的根。这个 3 次方程共有 3 个根 1、ω^5、ω^{10}，因此 $x^3-1=(x-1)(x-\omega^5)(x-\omega^{10})$ 是整系数多项式，除去多余的 $x-1$ 得到的

$$f_1(x)=\frac{(x-1)(x-\omega^5)(x-\omega^{10})}{x-1}=\frac{x^3-1}{x-1}=x^2+x+1$$

是整系数多项式。

同理，$f_2(x)=(x-\omega^3)(x-\omega^6)(x-\omega^9)(x-\omega^{12})$ 的 4 个根 ω^3、ω^6、ω^9、ω^{12} 中 ω 的指数都是 3 的倍数，这些根的 5 次方都等于 1，它们都是 $x^5=1$ 即 x^5-1 的根。$x^5-1=(x-1)(x-\omega^3)(x-\omega^6)(x-\omega^9)(x-\omega^{12})$ 是整系数多项式，除以 $x-1$ 得到的商 $f_2(x)=(x-\omega^3)(x-\omega^6)(x-\omega^9)(x-\omega^{12})$ 仍然是整系数多项式。

$f_3(x)$ 的根 ω^k 的指数既不是 5 的倍数，也不是 3 的倍数，是 $x-1$、$f_1(x)$、$f_2(x)$ 的根之外的其余 8 个根，因此 $f_3(x)=\dfrac{x^{15}-1}{(x-1)f_1(x)f_2(x)}$ 仍是整系数多项式。

解 ω 的 15 次方 $\omega^{15}=1$，它的前 15 个非负整数次幂 ω^0，ω^1，ω^2，$\cdots$，ω^{14} 各不相同，就是 $x^{15}-1=0$ 的全部根。

当 ω^{5k} 的指数是 5 的倍数时，$(\omega^{5k})^3=\omega^{15k}=1$，$\omega^{5k}$ 是方程 $x^3-1=0$ 的根。取 $k=0$、1、2 得到 $\omega^0=1$ 及 ω^5、ω^{10} 是 x^3-1 的全部根，因此

$$x^3-1=(x-1)(x-\omega^5)(x-\omega^{10}),$$
$$f_1(x)=(x-\omega^5)(x-\omega^{10})$$
$$=\frac{(x-1)(x-\omega^5)(x-\omega^{10})}{x-1}$$
$$=\frac{x^3-1}{x-1}=x^2+x+1$$

是整系数多项式。

当 ω^{3m} 的指数是 3 的倍数时，$(\omega^{3m})^5 = (\omega^{15})^m = 1$，$\omega^{5m}$ 是方程 $x^5 - 1 = 0$ 的根。取 $m = 0$、1、2、3、4 得到全部 5 个不同的根 1、ω^3、ω^6、ω^9、ω^{12}，因此

$$x^5 - 1 = (x-1)(x-\omega^3)(x-\omega^6)(x-\omega^9)(x-\omega^{12}),$$

$$f_2(x) = (x-\omega^3)(x-\omega^6)(x-\omega^9)(x-\omega^{12})$$

$$= \frac{x^5 - 1}{x - 1} = x^4 + x^3 + x^2 + x + 1$$

是整系数多项式。

$f_3(x)$ 的全部根 ω^k 的指数 k 是 15 个指数 0，1，2，3，$\cdots$，14 中除了 5 的倍数或 3 的倍数之外的其余 8 个整数 1，2，4，7，8，11，13，14。

从 $x^{15} - 1 = (x-1)(x-\omega)\cdots(x-\omega^{14})$ 除去 $x-1$、$f_1(x)$、$f_2(x)$ 中的全部一次因式，$f_3(x)$ 就是剩下的一次因式的乘积，即

$$f_3(x) = \frac{x^{15} - 1}{(x-1)f_2(x)f_3(x)}$$

$$= \frac{x^{15} - 1}{(x-1)(x^4 + x^3 + x^2 + x + 1)(x^2 + x + 1)}$$

$$= \frac{x^{15} - 1}{(x^5 - 1)(x^2 + x + 1)} = \frac{x^{10} + x^5 + 1}{x^2 + x + 1}$$

$$= x^8 - x^7 + x^5 - x^4 + x^3 - x + 1。$$

分圆多项式。

第 10 题用另一种方式在有理数范围内对 $x^{15} - 1$ 进行了因式分解：

先求出 $x^{15} - 1 = 0$ 的全部复数根 1，ω，ω^2，$\cdots$，ω^{14}，将 $x^{15} - 1$ 在复数范围内彻底分解为一次因式的乘积，即

$$x^{15} - 1 = (x-1)(x-\omega)(x-\omega^2)\cdots(x-\omega^{14}),$$

再把这些因式分成 4 组，使每组的乘积是一个整系数因式，得到 4 个整系数因式 $x-1$、$f_1(x)$、$f_2(x)$、$f_3(x)$，就得到了有理数范围内的分解式

$$x^{15} - 1 = (x-1)f_1(x)f_2(x)f_3(x)$$

$$= (x-1)(x^2 + x + 1)(x^4 + x^3 + x^2 + x + 1)$$

$$(x^8 - x^7 + x^5 - x^4 + x^3 - x + 1)。$$

按什么原则分组？每组的一次因式怎么乘起来？

根 ω 的 0 到 14 次幂 1，ω，ω^2，$\cdots$，ω^{14} 是 15 个不同的数，15 次幂 $\omega^{15}=1=\omega^0$ 回到 0 次幂，以后就重复了，循环重复这 15 个不同的值。

每个根 ω^k 的 15 次方 $(\omega^k)^{15}=1$，都等于 1，它们的幂最多只有 15 个不同的值，就要循环，但循环周期有可能比 15 更短。比如 ω^5 的 3 次方 $(\omega^5)^3=1$，循环周期只有 3；ω^3 的 5 次方 $(\omega^3)^5=1$，循环周期为 5；$\omega^0=1$ 的 1 次方就是 1，循环周期等于 1。

每个根 ω^k 的循环周期 d 称为它的乘法阶，是满足 $(\omega^k)^d=1$ 的最小正整数 d，也是 ω^k 的不同整数次幂的个数。d 只能等于 15 的 4 个因子 1、3、5、15 之一。

15 个根 ω^k 按不同乘法阶分成 4 组，一次因式 $x-\omega^k$ 相应地分成 4 组。

乘法阶为 1 的只有 1，以它为根的一次因式 $x-1$ 记为 $\varPhi_1(x)=x-1$。

乘法阶为 3 的都是方程 $x^3-1=0$ 的根，也称为多项式 x^3-1 的根。乘法阶为 1 的 1 也是 x^3-1 的根，x^3-1 除以 $\varPhi_1(1)=x-1$ 去掉这个根，剩下的 $\varPhi_3(x)=\dfrac{x^3-1}{\varPhi_1(x)}=\dfrac{x^3-1}{x-1}=x^2+x+1$ 的根就是乘法阶为 3 的全部根。

乘法阶为 5 的都是 x^5-1 的根，x^5-1 除以 $\varPhi_1(x)$ 去掉乘法阶为 1 的根，剩下的 $\varPhi_5(x)=\dfrac{x^5-1}{\varPhi_1(x)}=\dfrac{x^5-1}{x-1}=x^4+x^3+x^2+x+1$ 的根就是乘法阶为 5 的全部根。

乘法阶为 15 的都是 $x^{15}-1$ 的根，$x^{15}-1$ 除以 $\varPhi_1(x)\varPhi_3(x)\varPhi_5(x)$ 去掉乘法阶为 1、3、5 的根，得到的

$$\varPhi_{15}(x)=\dfrac{x^{15}-1}{\varPhi_1(x)\varPhi_3(x)\varPhi_5(x)}=x^8-x^7+x^5-x^4+x^3-x+1$$

根就是乘法阶为 15 的全部根。

于是得分解式 $x^{15}-1=\varPhi_1(x)\varPhi_3(x)\varPhi_5(x)\varPhi_{15}(x)$，其中每个整系数因式 $\varPhi_m(x)$ 是以乘法阶为 m 的根 ω^k 为根的全体一次因式 $x-\omega^k$ 的乘积，称为 m 次**分圆多项式**。但并不是将这些一次因式真正做乘法得到 $\varPhi_m(x)$，而是将

$x^m - 1$ 除以更低次的分圆多项式 $\Phi_d(x)(d \mid m, d < m)$ 的乘积得到。

特别地，当 p 为素数时，p 的真因子只有 1，p^2 的真因子只有 1、p。

$$\Phi_p(x) = \frac{x^p - 1}{x - 1} = x^{p-1} + x^{p-2} + \cdots + x + 1,$$

$$\Phi_{p^2}(x) = \frac{x^{p^2} - 1}{\Phi_1(x)\Phi_p(x)} = \frac{x^{p^2} - 1}{x^p - 1}$$

$$= x^{p(p-1)} + x^{p(p-2)} + \cdots + x^{2p} + x^p + 1。$$

例 4　在有理数范围内分解因式：$x^{12} - 1$。

解　$x^{12} - 1 = \Phi_1(x)\Phi_2(x)\Phi_3(x)\Phi_4(x)\Phi_6(x)\Phi_{12}(x)$。

$$\Phi_1(x) = x - 1;\ \Phi_2(x) = \frac{x^2 - 1}{x - 1} = x + 1;\ \Phi_3(x) = x^2 + x + 1;$$

$$\Phi_4(x) = \frac{x^4 - 1}{\Phi_1(x)\Phi_2(x)} = \frac{x^4 - 1}{x^2 - 1} = x^2 + 1;$$

$$\Phi_6(x) = \frac{x^6 - 1}{(x^3 - 1)\Phi_2(x)} = \frac{x^3 + 1}{x + 1} = x^2 - x + 1;$$

$$\Phi_{12}(x) = \frac{x^{12} - 1}{(x^6 - 1)\Phi_4(x)} = \frac{x^6 + 1}{x^2 + 1} = x^4 - x^2 + 1。$$

$x^{12} - 1 = (x - 1)(x + 1)(x^2 + x + 1)(x^2 + 1)(x^2 - x + 1)(x^4 - x^2 + 1)$。

借题发挥　计算 $\Phi_{12}(x) = \dfrac{x^{12} - 1}{\Phi_1(x)\Phi_2(x)\Phi_3(x)\Phi_4(x)\Phi_6(x)}$ 需要将 $x^{12} - 1$ 除以 12 的所有真因子 d（小于 12 的因子称为真因子）对应的 $\Phi_d(x)$ 的乘积。但 6 的所有因子 d 对应的 $\Phi_d(x)$ 的乘积 $\Phi_1(x)\Phi_2(x)\Phi_3(x)\Phi_6(x) = x^6 - 1$，因此用 6 的因子 d 对应的 4 个分圆多项式的乘积 $x^6 - 1$ 代替这 4 个分圆多项式放在分母，简化运算，只需再补充不是 6 的因子的 4 对应的 $\Phi_4(x)$ 就够了。同理，计算 $\Phi_6(x) = \dfrac{x^6 - 1}{(x^3 - 1)\Phi_2(x)}$ 也用 $x^3 - 1$ 代替了 $\Phi_1(x)$

$\Phi_3(x)$，只补充 $\Phi_2(x)$。计算 $\Phi_4(x) = \dfrac{x^4 - 1}{x^2 - 1}$ 时也可以用 $x^2 - 1$ 代替 $\Phi_1(x)$ $\Phi_2(x)$，不必算出 $\Phi_2(x)$ 代入。

中学生因式分解只要分解正确，不要求证明为什么已经分解到底了。但我们还是告诉一个定理：所有的分圆多项式 $\Phi_n(x)$ 在有理数范围内都已经分解到底，不能再分解。

2.6　代数几何共寻优

现在讨论**测试题 2 第 2 题**。

2. 函数 $f(x, y) = \sqrt[4]{x}\sin y + \sqrt[4]{1-x}\cos y$ 的最大值为 _____。

解　**第一步。**任意给定 $0 < x < 1$，选 y 使 $f(x, y)$ 达到最大值 $m(x)$。

$f(x, y) = \sqrt[4]{1-x}\cos y + \sqrt[4]{x}\sin y = $
$(\sqrt[4]{1-x}, \sqrt[4]{x}) \cdot (\cos y, \sin y)$ 看成两个向量
$\overrightarrow{OC} = (\sqrt[4]{1-x}, \sqrt[4]{x})$，$\overrightarrow{OF} = (\cos y, \sin y)$ 的
内积 $\overrightarrow{OC} \cdot \overrightarrow{OF} = |OC||OF|\cos\angle FOC$，如图 2-6-1。

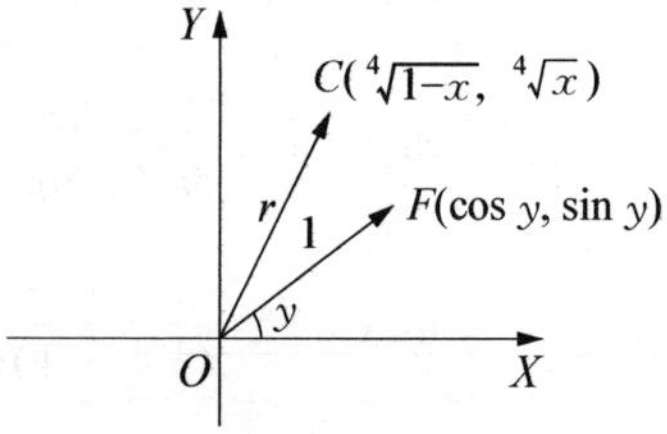

图 2-6-1

其中，$|OC| = \sqrt{(\sqrt[4]{1-x})^2 + (\sqrt[4]{x})^2} = \sqrt{\sqrt{1-x} + \sqrt{x}}$，

$\quad\quad |OF| = \sqrt{\cos^2 y + \sin^2 y} = 1$。

由于 $\cos\angle FOC \leqslant 1$，内积 $f(x, y) \leqslant |OC||OF| = \sqrt{\sqrt{1-x} + \sqrt{x}}$。

对给定的 $0 < x < 1$，取 $y = \angle XOC$ 可使 $\angle FOC = 0°$，则 $f(x, y)$ 取得最大值

$$m(x) = \sqrt{\sqrt{1-x} + \sqrt{x}}。$$

第二步。选择 x 使 $m(x) = \sqrt{\sqrt{1-x} + \sqrt{x}}$ 取最大值。

只需使 $m^2(x) = \sqrt{1-x} + \sqrt{x} = (\sqrt{1-x}, \sqrt{x}) \cdot (1, 1)$ 取最大值。

$m^2(x)$看成两个向量$\overrightarrow{OA}=(\sqrt{1-x}\,,\,\sqrt{x})$，$\overrightarrow{OB}=(1,\,1)$的内积

$$\overrightarrow{OA}\cdot\overrightarrow{OB}=|OA||OB|\cos\angle AOB\leqslant|OA||OB|=\sqrt{2}\,,$$

其中$|OA|=\sqrt{(\sqrt{1-x})^2+(\sqrt{x})^2}=1$，$|OB|=\sqrt{1^2+1^2}=\sqrt{2}$。

当$\angle AOB=0°$，即$\overrightarrow{OA}=(\sqrt{1-x}\,,\,\sqrt{x})$与$\overrightarrow{OB}=(1,\,1)$方向相同时，$m^2(x)$达到最大值$\sqrt{2}$，$m(x)$达到最大值$\sqrt[4]{2}$。

此时$1-x=x$，$x=\dfrac{1}{2}$，$\tan y=\dfrac{\sin y}{\cos y}=\dfrac{\sqrt[4]{x}}{\sqrt[4]{1-x}}=\dfrac{\sqrt[4]{\dfrac{1}{2}}}{\sqrt[4]{\dfrac{1}{2}}}=1$，$y=\dfrac{\pi}{4}$。

所以，$f\left(\dfrac{1}{2}\,,\,\dfrac{\pi}{4}\right)=\sqrt[4]{\dfrac{1}{2}}\sin\dfrac{\pi}{4}+\sqrt[4]{\dfrac{1}{2}}\cos\dfrac{\pi}{4}=2\sqrt[4]{\dfrac{1}{2}}\times\dfrac{\sqrt{2}}{2}=\dfrac{\sqrt{2}}{\sqrt[4]{2}}=\dfrac{\sqrt[4]{2^2}}{\sqrt[4]{2}}=\sqrt[4]{2}$ 达到$f(x\,,\,y)$的最大值。

答案：$\sqrt[4]{2}$。

柯西不等式。

本题完全是代数题，只有实数与字母运算，没有图形。但是以上的解答两次把代数式变成向量内积，画出了图形，利用同一条几何知识$\cos\alpha\leqslant1$得出结论：

$$f(x\,,\,y)=\sqrt[4]{x}\sin y+\sqrt[4]{1-x}\cos y=(\sqrt[4]{1-x}\,,\,\sqrt[4]{x})\cdot(\cos y\,,\,\sin y)$$

$$\leqslant|(\sqrt[4]{1-x}\,,\,\sqrt[4]{x})||(\cos y\,,\,\sin y)|=\sqrt{\sqrt{1-x}+\sqrt{x}}\times1,$$

将$f(x\,,\,y)$写成了两个向量的内积，最大值是两个向量长度的乘积。

$$\sqrt{1-x}+\sqrt{x}=(\sqrt{1-x}\,,\,\sqrt{x})\cdot(1,\,1)\leqslant|(\sqrt{1-x}\,,\,\sqrt{x})||(1,\,1)|=1\times\sqrt{2}\,,$$

将$\sqrt{1-x}+\sqrt{x}$写成了两个向量的内积，最大值是两个向量长度的乘积。

任何两对实数a_1、a_2与b_1、b_2的乘积之和$a_1b_1+a_2b_2$都可以看成两个向量$\overrightarrow{OA}=(a_1\,,\,a_2)$，$\overrightarrow{OB}=(b_1\,,\,b_2)$的内积

$$a_1b_1+a_2b_2=\overrightarrow{OA}\cdot\overrightarrow{OB}=|OA||OB|\cos\angle AOB\leqslant|OA||OB|,$$

如图 2-6-2。由于 $\cos^2\angle AOB\leqslant 1$，$(\overrightarrow{OA}\cdot\overrightarrow{OB})^2\leqslant|OA|^2|OB|^2$，就是

$$(a_1b_1+a_2b_2)^2\leqslant(a_1^2+a_2^2)(b_1^2+b_2^2)。(柯西不等式)$$

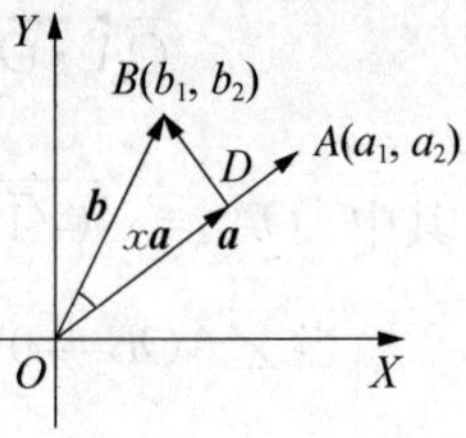

图 2-6-2

为了证明任意 $(a_1b_1+\cdots+a_nb_n)^2\leqslant(a_1^2+\cdots+a_n^2)(b_1^2+\cdots+b_n^2)$，将图 2-6-2 的几何理由 $\cos^2\angle AOB\leqslant 1$ 翻译成代数运算：图中 $BD\perp OA$，垂足为 D，因此

$$1-\cos^2\angle AOB=1-\left(\frac{|OD|}{|OB|}\right)^2=\frac{|OB|^2-|OD|^2}{|OB|^2}=\frac{|DB|^2}{|OB|^2}\geqslant 0。$$

记 $\boldsymbol{a}=\overrightarrow{OA}$，$\boldsymbol{b}=\overrightarrow{OB}$，则 $\overrightarrow{OD}=x\overrightarrow{OA}=x\boldsymbol{a}$。$x$ 由 $BD\perp OA$ 即勾股定理

$$\begin{aligned}\boldsymbol{b}^2&=|OB|^2=|OD|^2+|DB|^2=(x\boldsymbol{a})^2+(\boldsymbol{b}-x\boldsymbol{a})^2\\&=x^2\boldsymbol{a}^2+\boldsymbol{b}^2-2x(\boldsymbol{a}\cdot\boldsymbol{b})+x^2\boldsymbol{a}^2\end{aligned}$$

决定，整理得 $2x(\boldsymbol{a}\cdot\boldsymbol{b})=2x^2\boldsymbol{a}^2$，当 $x\neq 0$ 且 $\boldsymbol{a}\neq 0$ 时，$\boldsymbol{a}\cdot\boldsymbol{b}=x\boldsymbol{a}^2$，$x=\dfrac{\boldsymbol{a}\cdot\boldsymbol{b}}{\boldsymbol{a}^2}$。

将 x 代入 $\boldsymbol{b}^2=(x\boldsymbol{a})^2+(\boldsymbol{b}-x\boldsymbol{a})^2\geqslant x^2\boldsymbol{a}^2$，得

$$\boldsymbol{b}^2\geqslant\left(\frac{\boldsymbol{a}\cdot\boldsymbol{b}}{\boldsymbol{a}^2}\right)^2\boldsymbol{a}^2=\frac{(\boldsymbol{a}\cdot\boldsymbol{b})^2}{(\boldsymbol{a}^2)^2}\boldsymbol{a}^2=\frac{(\boldsymbol{a}\cdot\boldsymbol{b})^2}{\boldsymbol{a}^2}。$$

于是 $\boldsymbol{a}^2\boldsymbol{b}^2\geqslant(\boldsymbol{a}\cdot\boldsymbol{b})^2$，当 $\boldsymbol{a}=(a_1, a_2)$，$\boldsymbol{b}=(b_1, b_2)$ 时，就是

$$(a_1^2+a_2^2)(b_1^2+b_2^2)\geqslant(a_1b_1+a_2b_2)^2,(柯西不等式)$$

等号成立的条件是 $\boldsymbol{b}^2=(x\boldsymbol{a})^2+(\boldsymbol{b}-x\boldsymbol{a})^2\geqslant x^2\boldsymbol{a}^2$ 的等号成立，即 $(\boldsymbol{b}-x\boldsymbol{a})^2=0$，$\boldsymbol{b}-x\boldsymbol{a}=\vec{0}$，$\boldsymbol{b}=(b_1, b_2)=x\boldsymbol{a}=x(a_1, a_2)$，两个数组 (b_1, b_2)，(a_1, a_2) 成比例。

柯西不等式的推理过程中要求 $\boldsymbol{a}\neq 0$。当 $\boldsymbol{a}=(a_1, a_2)=(0, 0)=0\boldsymbol{b}$，此时 $\boldsymbol{a}$、$\boldsymbol{b}$ 也成比例，柯西不等式左右两边都为 0，等号成立。

推广 对 n 个实数组成的实数组 $\boldsymbol{a}=(a_1,\cdots,a_n)$，$\boldsymbol{b}=(b_1,\cdots,b_n)$，定义：

加减法：$\boldsymbol{a}\pm\boldsymbol{b}=(a_1\pm b_1,\cdots,a_n\pm b_n)$。

实数倍：$x\boldsymbol{a}=(xa_1,\cdots,xa_n)$。

内积：$\boldsymbol{a}\cdot\boldsymbol{b}=a_1b_1+\cdots+a_nb_n$。

可得 $\boldsymbol{a}^2=\boldsymbol{a}\cdot\boldsymbol{a}=a_1^2+\cdots+a_n^2$，$\boldsymbol{a}^2=0$ 仅当 $a_1=\cdots=a_n=0$，即 $\boldsymbol{a}=\vec{0}$。

于是 $(\boldsymbol{b}-x\boldsymbol{a})^2=(b_1-xa_1)^2+\cdots+(b_n-xa_n)^2\geqslant0$，且

$$(\boldsymbol{b}-x\boldsymbol{a})^2=(b_1^2-2xa_1b_1+x^2a_1^2)+\cdots+(b_n^2-2xa_nb_n+x^2a_n^2)$$
$$=(b_1^2+\cdots+b_n^2)-2x(a_1b_1+\cdots+a_nb_n)+x^2(a_1^2+\cdots+a_n^2)$$
$$=\boldsymbol{b}^2-2x(\boldsymbol{a}\cdot\boldsymbol{b})+x^2\boldsymbol{a}^2。$$

同样可以解方程 $\boldsymbol{b}^2=(x\boldsymbol{a})^2+(\boldsymbol{b}-x\boldsymbol{a})^2=x^2\boldsymbol{a}^2+\boldsymbol{b}^2-2x\boldsymbol{a}\cdot\boldsymbol{b}+x^2\boldsymbol{a}^2$。

当 $\boldsymbol{a}\neq\vec{0}$ 时，得到非零解 $x=\dfrac{\boldsymbol{a}\cdot\boldsymbol{b}}{\boldsymbol{a}^2}$，代入 $\boldsymbol{b}^2=x^2\boldsymbol{a}^2+(\boldsymbol{b}-x\boldsymbol{a})^2\geqslant x^2\boldsymbol{a}^2$，

得 $\boldsymbol{b}^2\geqslant\left(\dfrac{\boldsymbol{a}\cdot\boldsymbol{b}}{\boldsymbol{a}^2}\right)^2\boldsymbol{a}^2=\dfrac{(\boldsymbol{a}\cdot\boldsymbol{b})^2}{\boldsymbol{a}^2}$，即 $\boldsymbol{a}^2\boldsymbol{b}^2\geqslant(\boldsymbol{a}\cdot\boldsymbol{b})^2$，此时有

$$(a_1^2+\cdots+a_n^2)(b_1^2+\cdots+b_n^2)\geqslant(a_1b_1+\cdots+a_nb_n)^2，$$

就是 $2n$ 个实数 $a_1,\cdots,a_n,b_1,\cdots,b_n$ 满足的**柯西不等式**。

等号成立的条件是 $\boldsymbol{b}^2=x^2\boldsymbol{a}^2+(\boldsymbol{b}-x\boldsymbol{a})^2\geqslant x^2\boldsymbol{a}^2$ 中的 $(\boldsymbol{b}-x\boldsymbol{a})^2=0$，即 $\boldsymbol{b}=x\boldsymbol{a}$，两个数组 $(a_1,\cdots,a_n)$，$(b_1,\cdots,b_n)$ 成比例。

当 $\boldsymbol{a}=\vec{0}=0\boldsymbol{b}$，两组数仍然成比例，柯西不等式两边都等于 0，等号仍成立。

用平面向量对 4 个实数证明柯西不等式，其中的几何理由 $|\cos\angle AOB|\leqslant1$ 其实是斜边 OB 大于直角边 OD。斜边为什么大于直角边？不是什么"基本事实"，而是因为勾股定理：斜边^2－直角边^2＝另一条直角边$^2>0$。因此才能推广到任意 n 维，证明的核心是 $(\boldsymbol{b}-x\boldsymbol{a})^2\geqslant0$，就是实数的平方和非负。同样地，三角形两边之和大于第三边，也不是由于"线段距离最短"这样的"基本事实"，而可以由勾股定理推出的斜边＞直角边推出来。如图 2-6-3，高 CD 将底边 AB 分成的两段 AD、DB 都是 CD 的垂线，分别短于

斜线 AC、BC。

两式 $AC > AD$，$CB > DB$，相加即得 $AC +$
$CB > AD + DB = AB$。

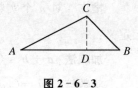

图 2-6-3

直接用柯西不等式求 $\sqrt[4]{x}\sin y + \sqrt[4]{1-x}\cos y$ 的最
大值，不需要绕道几何。

$$(\sqrt[4]{x}\sin y + \sqrt[4]{1-x}\cos y)^2 \leqslant [(\sqrt[4]{x})^2 + (\sqrt[4]{1-x})^2](\sin^2 y + \cos^2 y)$$

$$= \sqrt{x} + \sqrt{1-x} \leqslant \sqrt{(\sqrt{x})^2 + (\sqrt{1-x})^2} \cdot \sqrt{1^2 + 1^2} = \sqrt{2}。$$

第二行不等式的等号当且仅当 $\sqrt{x} = \sqrt{1-x}$ 即 $x = 1-x$ 即 $x = \dfrac{1}{2}$
成立。

当 $x = \dfrac{1}{2}$ 时，第一行不等式的等号当且仅当 $\sin y = \cos y$ 即 $\tan y = \dfrac{\sin y}{\cos y} =$
1 时成立，此时 $y = \dfrac{\pi}{4}$，$x = \dfrac{1}{2}$，$f(x, y)$ 取最大值 $f\left(\dfrac{1}{2}, \dfrac{\pi}{4}\right) = \sqrt[4]{2}$。

运算律。 由几何不等式 $|\cos\angle AOB| \leqslant 1$ 得出的柯西不等式能够推广到
任意两个 n 维数组 $\boldsymbol{a} = (a_1, \cdots, a_n)$，$\boldsymbol{b} = (b_1, \cdots, b_n)$，说明它的核心理由与
几何无关，而由代数决定。代数决定就是运算律决定。证明过程中，由 $\boldsymbol{b}^2 =$
$(x\boldsymbol{a})^2 + (\boldsymbol{b} - x\boldsymbol{a})^2$ 解方程求出 x 并得到不等式 $\boldsymbol{b}^2 \geqslant x^2\boldsymbol{a}^2$ 的过程，与 $\boldsymbol{a}$、$\boldsymbol{b}$ 是
2 个数组还是 n 个数组没有关系，只与 $\boldsymbol{a}$、$\boldsymbol{b}$ 满足的运算律有关系。我们证明
等式 $(\boldsymbol{b} - x\boldsymbol{a})^2 = \boldsymbol{b}^2 - 2x(\boldsymbol{a} \cdot \boldsymbol{b}) + x^2\boldsymbol{a}^2$ 时，将 $\boldsymbol{a}$、$\boldsymbol{b}$ 代表的数组写出来直接计
算，这是照顾中学生的习惯，其实这个等式是由运算律推出来的：

$$(\boldsymbol{b} - x\boldsymbol{a})^2 = (\boldsymbol{b} - x\boldsymbol{a}) \cdot (\boldsymbol{b} - x\boldsymbol{a}) = \boldsymbol{b} \cdot (\boldsymbol{b} - x\boldsymbol{a}) - x\boldsymbol{a} \cdot (\boldsymbol{b} - x\boldsymbol{a}) \quad \text{（分配律）}$$

$$= (\boldsymbol{b} \cdot \boldsymbol{b} - \boldsymbol{b} \cdot x\boldsymbol{a}) + (-x\boldsymbol{a} \cdot \boldsymbol{b} + x\boldsymbol{a} \cdot x\boldsymbol{a}) \quad \text{（分配律）}$$

$$= \boldsymbol{b}^2 + (-x\boldsymbol{b} \cdot \boldsymbol{a} - x\boldsymbol{a} \cdot \boldsymbol{b}) + x^2\boldsymbol{a}^2 \quad \text{（实数加法结合律）}$$

$$= \boldsymbol{b}^2 - 2x\boldsymbol{a} \cdot \boldsymbol{b} + x^2\boldsymbol{a}^2。\quad \text{（乘法交换律）}$$

只要验证 n 个数组的运算满足这些运算律就行了。

分配律： $\boldsymbol{a} \cdot (\boldsymbol{b} + \boldsymbol{c}) = a_1(b_1 + c_1) + \cdots + a_n(b_n + c_n)$

$$= (a_1 b_1 + a_1 c_1) + \cdots + (a_n b_n + a_n c_n)$$

$$= (a_1 b_1 + \cdots + a_n b_n) + (a_1 c_1 + \cdots + a_n c_n)$$

$$= \boldsymbol{a} \cdot \boldsymbol{b} + \boldsymbol{a} \cdot \boldsymbol{c}。$$

交换律：$\boldsymbol{a} \cdot \boldsymbol{b} = a_1 b_1 + \cdots + a_n b_n = b_1 a_1 + \cdots + b_n a_n = \boldsymbol{b} \cdot \boldsymbol{a}$。

还需要数乘与内积的交换律：$\boldsymbol{a} \cdot (x\boldsymbol{b}) = x(\boldsymbol{a} \cdot \boldsymbol{b})$。 证明如下：

$$\boldsymbol{a} \cdot (x\boldsymbol{b}) = a_1 (x b_1) + \cdots + a_n (x b_n) = x(a_1 b_1 + \cdots + a_n b_n) = x(\boldsymbol{a} \cdot \boldsymbol{b})。$$

实数加法结合律是已经知道的，不需验证。

3. 若干个正整数之和等于 20，这些正整数的乘积的最大值为 _____。

解　20 分成正整数 $x_1, x_2, \cdots, x_n$ 之和，即 $20 = x_1 + x_2 + \cdots + x_n$，每个整数至少为 1，整数的个数 n 不超过 20，每个整数也不超过 20。不同的分配方案只有有限多个，其中必有一个方案 $20 = a_1 + \cdots + a_m$ 的乘积 $p = a_1 \cdots a_m$ 最大。假定已经把各个整数从小到大排列为 $a_1 \leqslant \cdots \leqslant a_m$，如果同时有几个方案的乘积取同一个最大值，那么我们取这个方案的整数个数 m 最小。

怎样判定乘积 $p = a_1 \cdots a_m$ 最大？将其中一部分数替换成另外几个正整数，保持它们的和不变，其余的数不变，则替换前后的总和不变，仍是 20。若替换后的这些数的乘积增加，则总的乘积增加。既然替换前的乘积是最大值，总乘积不能再增加。因此，替换后的这部分数的乘积也不能增加，只能减少或不变。

最小数　如果最小数 $a_1 = 1$，将它与下一个数 a_2 合并成一个数 $1 + a_2$ 替换原来的两个数 1、a_2。替换前后的和 $1 + a_2 = b_1$ 不变，乘积由 $1 a_2 = a_2$ 变成 $1 + a_2 > a_2$，比原来增加。替换前后的总和不变，仍是 20，总乘积增加。但替换前的乘积是最大值，不能增加。这说明最小数不能是 1，至少是 2。

最大数　将最大数 a_m 拆成两个数 2 与 $a_m - 2$ 之和 $a_m = 2 + (a_m - 2)$，它们的乘积 $2(a_m - 2)$ 不能变大，只能 $2(a_m - 2) \leqslant a_m$，于是 $2(a_m - 2) - a_m = a_m - 4 \leqslant 0$，得 $a_m \leqslant 4$。 这说明最大数 a_m 不超过 4。所以，所有的 a_i 只能在

$\{2, 3, 4\}$ 范围内。

2 与 4 不兼容   如果 $a_1 = 2$，$a_m = 4$，将 2、4 换成 3、3。和 $2+4=3+3$ 不变，乘积由 $2 \times 4 = 8$ 变成 $3 \times 3 = 9$，增加。这说明 $a_1, \cdots, a_m$ 这些数不能同时包括 2、4，只能有其中之一，所以或者只有 2、3，或者只有 3、4。

2 或 4 的个数   如果有 3 个 2，由 $2+2+2=3+3$，将 2、2、2 换成 3、3，和不变，积 $2 \times 2 \times 2 = 8 < 3 \times 3 = 9$ 增加，所以 2 的个数不能超过两个。

如果有两个 4，由 $4+4=2+3+3$，将 4、4 换成 2、3、3，和不变，积 $4 \times 4 = 16 < 2 \times 3 \times 3 = 18$ 增加，可见 4 至多只能一个。

最终方案   为了使乘积最大，20 分成的正整数都只能在 $\{2, 3, 4\}$ 的范围内，而且限制 2、4 尽量少，只有 3 的个数不限，多多益善。因为 $20 = 3 \times 6 + 2$，20 除以 3 的商为 6，最多只能 6 个 3，还剩 1 个 2，其他方案的乘积都排除了，剩下这个唯一方案 $20 = 3+3+3+3+3+3+2$，这些正整数的乘积 $3^6 \times 2 = 729 \times 2 = 1458$ 就是最大值。

答案：$\underline{1458}$。

凑数还是推理。以上推理用到的已知数所满足的不等式 $2 \times 4 < 3 \times 3$，$2 \times 2 \times 2 < 3 \times 3$，$4 \times 4 < 2 \times 3 \times 3$ 都容易靠计算验证。这些不等式是碰运气偶然凑出来的，还是靠推理必然得出来的呢？

首先，关于已知数的等式或不等式都不难用计算验证，不需要讲别的理由。如果只是要证明它的正确性，那么验算正确就是最确凿的理由。不管你是凑出来还是推出来，都不需要再讲别的理由。哪怕你是偶然凑出来的，只要能够凑得出来，验证通过了，就是成功。

但是，偶然凑出来，成功率并不大，费的力气却太大，而且不能把别人教会。所以，还是应该追求在推理指导下的成功。推理才能举一反三，成功一次就能用一万次甚至无穷多次。哪怕推理不能保证一次成功，还需要凑，也可能大大减少搜索范围，比如把凑无穷多次减少成几千几万次，再减少成几十次或者几次。

以上这几个不等式，其实都是推理指导下得出的。我们不讲理由，是为了在论证的时候尽量简明扼要,什么理由都不讲,证明起来最简单。

但为了帮助学生学会"凑",现在就来讲怎么推理。

首先讲为什么 $2\times4<3\times3$。 这是一个定理:两个不同的实数 a、b 的乘积 ab,保持它们的和 $a+b$ 不变,替换成两个相等的数 $A=\dfrac{a+b}{2}$ 的和,使 $A+A=a+b$ 不变,乘积一定增加,

$$A^2=\left(\frac{a+b}{2}\right)^2>ab。 \tag{1}$$

2、4 不相等,保持它们的和 $2+4=6$,换成两个相等的数 $\dfrac{6}{2}=3$,乘积必然增大,变成 $3\times3=9>2\times4=8$。

为了证明不等式(1)对任意 $a\neq b$ 成立,可做减法验证:

$$\left(\frac{a+b}{2}\right)^2-ab=\frac{(a+b)^2-4ab}{4}=\frac{(a-b)^2}{4}>0。 \tag{2}$$

当 $a\neq b$ 时, $(a-b)^2>0$,所以不等式(2)成立,得不等式(1)成立。

当 $a=b$ 时, $(a-b)^2=0$,不等式(2)的不等号改为等号,(1)也改为等式。

对任意实数 a、b,将不等式(2)、(1)中的不等号">"改为"$\geqslant$",就都成立了,且等号仅当 $a=b$ 时成立。

当 a、b 都是正数时,不等式(1)可以改写为

$$A=\frac{a+b}{2}\geqslant\sqrt{ab}=G, \tag{1*}$$

其中 $A=\dfrac{a+b}{2}$ 称为两个正数 a、b 的**算术平均**,$G=\sqrt{ab}$ 称为两个正数 a、b 的**几何平均**。

不等式(1*)就是说:算术平均$\geqslant$几何平均。

为什么都叫"平均"? 因为它们都在 a、b 这两个正数之间。

当两数 a、b 相等时,"之间"就只能与 a、b 两数都相等。

当两数 a、b 不相等时,"之间"是一个范围,不同的平均数在这个范围内有一定活动余地,偏大或者偏小。不等式(1^*)告诉我们:算术平均偏大,几何平均偏小。

再讲为什么 $2 \times 2 \times 2 < 3 \times 3$,$4 \times 4 < 2 \times 3 \times 3$。首先,两个 2 换成一个 4,和 $2 + 2 = 4$ 不变,积 $2 \times 2 = 4$ 也不变。不赚也不赔,因此可以自由替换。如果有三个 2,将其中两个 2 换成 4,还剩一个 2,就变成有 2 也有 4,再换成两个 3,乘积就增加了。如果有两个 4,将其中一个 4 换成两个 2,也变成有 2 也有 4,仍可以再换成两个 3 让乘积增加。所以都不是最大乘积。

以上这些推理过程都不难,也很自然。但怎么证明这些结论正确,最简单的证明是直接计算。如果把推理过程讲出来,可能反而繁琐。但要提高能力和素养,以便今后攻克更多的问题,学习这个推理是有益的。

如果你的目的就是应付本次考试,那么只要做出正确答案,就可以不管其他。但是如果你还想应付以后所有的考试,包括纸上的考试和工作、生活中的"考试",总结经验教训或者不总结,差别就会很大了。

由测试题 2 第 2 题总结出了柯西不等式。本题总结出了算术平均≥几何平均。还能总结出什么?

测试题 2 第 3 题要求将 20 分成正整数之和,使乘积最大。不等考官出题,自己就该给自己出题:如果分成正实数之和,怎样使乘积最大?

例 1 若干个正实数之和等于 20,这些正实数的乘积的最大值为 _____。

分析 已经知道,把 20 分解为 7 个正整数之和 $20 = 3 + 3 + 3 + 3 + 3 + 3 + 2$,得到的这些正整数的乘积 $3^6 \times 2 = 1458$ 最大。正整数也是正实数,正实数乘积的最大值不小于正整数乘积的最大值。

乘积 $3^6 \times 2$ 能不能再增加?当然能。7 个数中有两个数 2、3 不相等,两个数都换成它们的算术平均数 $\dfrac{5}{2}$、$\dfrac{5}{2}$,和不变,乘积增加,变为 $\left(\dfrac{5}{2}\right)^2 = 6.25 >$

$2 \times 3 = 6$；其余 5 个 3 不变，7 个数的总和也不变，乘积由 $3^5 \times 3 \times 2$ 增加到 $3^5 \times \left(\dfrac{5}{2}\right)^2$。

替换之后仍有不相等的两数 3、$\dfrac{5}{2}$，需要再替换成它们的算术平均 $\dfrac{3 + \dfrac{5}{2}}{2} = \dfrac{11}{4}$，乘积再增加……这样的替换可以无穷无尽地进行下去，永远也不能将 7 个数全部变成相等。

怎么才能经过有限次替换让 7 个数全部换成相等？

替换过程中，7 个数的和保持不变，始终是 20，要换成 7 个数全部相等，就都等于这 7 个数的算术平均 $A = \dfrac{20}{7}$。每次将 7 个数的最大数 M 换成 A，最小数 m 换成 $b = M + m - A$ 来保证替换后两数之和 $A + b = A + (M + m - A) = M + m$ 不变。我们证明替换之后的乘积 Ab 一定大于替换之前的乘积 Mm。每次替换都多了一个数等于 A，经过 6 次替换之后就有 6 个数等于 A，由于 7 个数的算术平均等于 A，则第 7 个数不需要替换也等于 A 了。

一般地，对于任意 n 个正数 a_1，a_2，$\cdots$，a_n，可以证明

$$A = \frac{a_1 + a_2 + \cdots + a_n}{n} \geqslant \sqrt[n]{a_1 a_2 \cdots a_n} = G,$$

其中 A 称为这 n 个正数的**算术平均**，G 称为这 n 个正数的**几何平均**。

我们证明的就是：算术平均$\geqslant$几何平均。

等号成立的条件是 $a_1 = a_2 = \cdots = a_n$，此时 $A = a_i = G$（$i = 1, 2, \cdots, n$）。

证明　只需证明 $A^n \geqslant a_1 a_2 \cdots a_n$。

为此，只需证明：如果各正数 a_1，a_2，$\cdots$，a_n 不全相等，将它们全部替换成算术平均 A，则 n 个数的和 $nA = a_1 + \cdots + a_n$ 不变，乘积增加到 $A^n > a_1 a_2 \cdots a_n$。

设 n 个数 a_1，a_2，$\cdots$，a_n 中的最大数为 M，最小数为 m，则 n 个数的算术平均 $A = \dfrac{a_1 + a_2 + \cdots + a_n}{n}$ 与两个数的算术平均 $\mu = \dfrac{M+m}{2}$ 都在 M 与 m 之间，$M > A > m$，$M > \mu > m$。

记 $d = M - \mu = \mu - m = \dfrac{M-m}{2}$，则 $M = \mu + d$，$m = M - d$。

不等式 $\mu + d = M > A > m = \mu - d$ 中各数同减 μ，得 $d > A - \mu > -d$。

记 $\delta = A - \mu$，则 $|\delta| < d$，$A = \mu + \delta$。

将最大数 $M = \mu + d$ 替换成 $A = \mu + \delta$，最小数 $m = \mu - d$ 替换成 $b = \mu - \delta$，则替换前后两数和 $M + m = 2\mu = (\mu + \delta) + (\mu - \delta) = A + b$ 不变。

两数积之差 $Ab - Mm = (\mu + \delta)(\mu - \delta) - (\mu + d)(\mu - d)$

$$= (\mu^2 - \delta^2) - (\mu^2 - d^2) = d^2 - \delta^2 > 0。$$

这证明了替换之后的两数积 Ab 大于替换之前的两数积 Mm。

证明要点　不相等两数 M、m 可以写成它们的算术平均 μ 与它们到算术平均的距离 d 的和 $\mu + d$ 与差 $\mu - d$，乘积 $(\mu + d)(\mu - d) = \mu^2 - d^2$ 为 μ、d 的平方差。当 μ 不变，d 越小时，乘积越大。将 M、m 换成 A、b，和不变，算术平均 μ 不变，由于 A 在 M、m 之间，离算术平均的距离 $|\delta|$ 更近，所以乘积更大。

只要 n 个数 a_1，$\cdots$，a_n 不全相等，它们的最大数 M 就大于算术平均 $A = \dfrac{a_1 + \cdots + a_n}{n}$，可以将最大数 M 替换成 A，最小数 m 替换成 $M + m - A$ 来保持和不变，乘积增大。每经过一次这样的替换，就多了一个数等于 A，乘积增加一次。至多替换 $n-1$ 次就可以有 $n-1$ 个数等于 A，从而第 n 个数也等于 A，于是全部都替换成了 A。每一次替换都使乘积增加，因此最后的乘积 $A^n > a_1 a_2 \cdots a_n$。

当 $a_1 = a_2 = \cdots = a_n$ 时显然有 $A = a_1$，因此 $A^n = a_1 a_2 \cdots a_n$。

这就对任意 n 个正实数 a_1，a_2，$\cdots$，a_n，证明了 $A^n = \left(\dfrac{a_1 + a_2 + \cdots + a_n}{n}\right)^n \geqslant a_1 a_2 \cdots a_n$，从而

$$A = \frac{a_1 + \cdots + a_n}{n} \geqslant \sqrt[n]{a_1 \cdots a_n} = G。 \quad （算术平均 \geqslant 几何平均）$$

根据这个不等式，将 20 分成 7 个数之和，当 7 个数都等于 $A = \frac{20}{7}$ 时，乘积

$p_7 = \left(\frac{20}{7}\right)^7$ 最大。利用计算器得出 $p_7 \approx 1554.26$，确实比 $3^5 \times 2 = 1456$ 更大。

把 $20 = a_1 + \cdots + a_n$ 分成任意多个正数之和，当各数 $a_1 = \cdots = a_n$ 都等于

算术平均 $A = \frac{a_1 + \cdots + a_n}{n}$ 的时候，乘积 $p_n = a_1 \cdots a_n$ 取最大值 A^n。

需要选择 n 使乘积 $p_n = \left(\frac{20}{n}\right)^n$ 最大。最大乘积 p_n 既不小于后一个 p_{n+1}，

也不小于前一个 p_{n-1}，往后和往前的变化倍数

$$\lambda_n = \frac{p_{n+1}}{p_n} \leqslant 1，\quad \mu_n = \frac{p_{n-1}}{p_n} \leqslant 1$$

都不超过 1。下面我们来计算这两个倍数。

记 $A = \frac{20}{n}$，则 $20 = nA$，$p_n = A^n$。于是

$$p_{n+1} = \left(\frac{nA}{n+1}\right)^{n+1} = \left(\frac{n}{n+1}\right)^{n+1} A^{n+1} = \frac{A^{n+1}}{\left(\frac{n+1}{n}\right)^{n+1}} = \frac{A^{n+1}}{\left(1 + \frac{1}{n}\right)^{n+1}},$$

$$p_{n-1} = \left(\frac{nA}{n-1}\right)^{n-1} = \left(\frac{n}{n-1}\right)^{n-1} A^{n-1} = \left(1 + \frac{1}{n-1}\right)^{n-1} A^{n-1}。$$

p_n 到 p_{n+1}，p_{n-1} 增减的条件：

$p_n \geqslant p_{n+1}$ 仅当 $\lambda_n = \frac{p_{n+1}}{A^n} = \frac{A}{\left(1 + \frac{1}{n}\right)^{n+1}} \leqslant 1$，即 $A \leqslant \left(1 + \frac{1}{n}\right)^{n+1}$；

$p_n \geqslant p_{n-1}$ 仅当 $\mu_n = \frac{p_{n-1}}{A^n} = \frac{\left(1 + \frac{1}{n-1}\right)^{n-1}}{A} \leqslant 1$，即 $A \geqslant \left(1 + \frac{1}{n-1}\right)^{n-1}$。

于是，$\left(\frac{20}{n}\right)^n = A^n$ 为最大值的条件：$\left(1 + \frac{1}{n-1}\right)^{n-1} \leqslant A \leqslant \left(1 + \frac{1}{n}\right)^{n+1}$。

用计算器算出 $\left(1+\dfrac{1}{n-1}\right)^{n-1}$、$\left(1+\dfrac{1}{n}\right)^{n+1}$ 与 $\dfrac{20}{n}$ 比较,见表 2-6-1。

表 2-6-1

n	1	2	6	7	8	10 000	1 000 000
$\left(1+\dfrac{1}{n}\right)^{n+1}$	4	3.375	2.942	2.910	2.886 5	2.718 4	2.718 283
$A=\dfrac{20}{n}$	20	10	3.333	2.857	2.5		
$\left(1+\dfrac{1}{n-1}\right)^{n-1}$		2	2.488	2.521 6	2.546 5	2.718 146	2.718 280
$p_n=A^n$	20	100	1 372	1 554	1 526		

根据表 2-6-1,观察到的现象:

1. $\left(1+\dfrac{1}{n}\right)^{n+1}$ 与 $\left(1+\dfrac{1}{n-1}\right)^{n-1}$ 的变化趋势:

(1) $\left(1+\dfrac{1}{n}\right)^{n+1}$ 随 n 的增加而减少,无限趋于 $e=2.7182818\cdots$;

(2) $\left(1+\dfrac{1}{n-1}\right)^{n-1}$ 随 n 的增加而增加,无限趋于 e;

(3) $\left(1+\dfrac{1}{n-1}\right)^{n-1}<\left(1+\dfrac{1}{n}\right)^{n}<e<\left(1+\dfrac{1}{n}\right)^{n+1}<\left(1+\dfrac{1}{n-1}\right)^{n}$。

2. 乘积 $p_n=\left(\dfrac{20}{n}\right)^n$ 的变化趋势:

(1) 当 $\dfrac{20}{n}\geqslant e>\left(1+\dfrac{1}{n-1}\right)^{n-1}$ 时,$p_n>p_{n-1}$,即 p_1 单调递增到 p_n;

(2) 当 $\dfrac{20}{n}\leqslant e<\left(1+\dfrac{1}{n}\right)^{n+1}$ 时,$p_n>p_{n+1}$,即 p_n 往后单调递减;

(3) 由于 $7<\dfrac{20}{e}=7.3\cdots<8$,可得 $\dfrac{20}{7}>e>\dfrac{20}{8}$。

本题 $p_1<p_2<\cdots<p_7$,$p_8>p_9>\cdots$,最大值可通过比较 p_7 与 p_8 产生。

算出 $p_7\approx1554>1526\approx p_8$,所以最大值是 p_7。

当 $n=7$,虽然 $A=\dfrac{20}{7}=2.857\cdots>\mathrm{e}$,但 $\left(1+\dfrac{1}{7}\right)^{8}=2.910>A$,所以仍有 $p_7>p_8$,仍是递减的。

定理　正数 S 分成若干个正数 a_1,a_2,$\cdots$,a_n 之和 $a_1+a_2+\cdots+a_n$ 的最大值为 $\left(\dfrac{S}{m}\right)^{m}$,其中正整数 $m=\left[\dfrac{S}{\mathrm{e}}\right]$ 是 $\dfrac{S}{\mathrm{e}}$ 的不足或过剩近似值。

通俗地说:如果 S 是 e 的整数倍,分成的每个数等于 e 时乘积最大。否则,取每个数略小于 e 或略大于 e 但最接近 e,比较这两个方案得到的乘积,从中选出最大的。

数列产生 e。 e 是两个数列 $\{e_n\}$,$\{E_n\}$ 的公共极限,其中 $e_n=\left(1+\dfrac{1}{n}\right)^{n}$,

$E_n=\left(1+\dfrac{1}{n}\right)^{n+1}$。我们已经观察到它们的性质:

(1) $\{e_n\}$ 单调递增:$\left(1+\dfrac{1}{n}\right)^{n}<\left(1+\dfrac{1}{n+1}\right)^{n+1}$;

(2) $\{E_n\}$ 单调递减:$\left(1+\dfrac{1}{n-1}\right)^{n}>\left(1+\dfrac{1}{n}\right)^{n+1}$;

(3) 趋于共同极限:$\lim\limits_{n\to\infty}\left(1+\dfrac{1}{n}\right)^{n}=\lim\limits_{n\to\infty}\left(1+\dfrac{1}{n}\right)^{n+1}=\mathrm{e}$。

这些性质都可以利用平均不等式证明。

证明　(1) n 个 $1+\dfrac{1}{n}$ 与 1 个 1,共 $n+1$ 个不全相等的正数,它们的算术平均>几何平均,即

$$\frac{n\left(1+\dfrac{1}{n}\right)+1}{n+1}=\frac{n+2}{n+1}=1+\frac{1}{n+1}>\sqrt[n+1]{\left(1+\dfrac{1}{n}\right)^{n}\times 1},$$

两边同时 $n+1$ 次方,得 $\left(1+\dfrac{1}{n+1}\right)^{n+1}>\left(1+\dfrac{1}{n}\right)^{n}$。

(2) n 个 $1-\dfrac{1}{n}$ 与 1 个 1,共 $n+1$ 个不全相等的正数,它们的算术平均>

几何平均,即

$$\frac{n\left(1-\frac{1}{n+1}\right)+1}{n+1}=\frac{n}{n+1}>\sqrt[n+1]{\left(1-\frac{1}{n}\right)^{n}},$$

两边同时 $n+1$ 次方,得 $\left(\frac{n}{n+1}\right)^{n+1}>\left(1-\frac{1}{n}\right)^{n}=\left(\frac{n-1}{n}\right)^{n}$,两边同时取倒数,不等号反向,得 $\left(\frac{n+1}{n}\right)^{n+1}<\left(\frac{n}{n-1}\right)^{n}$,即 $\left(1+\frac{1}{n}\right)^{n+1}<\left(1+\frac{1}{n-1}\right)^{n}$。

(3) 因为 $2=\left(1+\frac{1}{1}\right)^{1}<\left(1+\frac{1}{2}\right)^{2}<\cdots<\left(1+\frac{1}{n}\right)^{n}$

$$<\left(1+\frac{1}{n+1}\right)^{n+1}<\left(1+\frac{1}{n+1}\right)^{n+2}<\left(1+\frac{1}{n}\right)^{n+1}$$

$$<\cdots<\left(1+\frac{1}{1}\right)^{2}=4,$$

所以数列 $\{e_n\}$ 单调递增,有上界 4,存在极限 $\lim\limits_{n\to\infty}\left(1+\frac{1}{n}\right)^{n}=\mathrm{e}$。

因为 $\left(1+\frac{1}{1}\right)^{2}>\left(1+\frac{1}{2}\right)^{3}>\cdots>\left(1+\frac{1}{n}\right)^{n+1}>2$,所以数列 $\{E_n\}$ 单调递减,有下界 2,存在极限 $\lim\limits_{n\to\infty}\left(1+\frac{1}{n}\right)^{n+1}=\lim\limits_{n\to\infty}\left(1+\frac{1}{n}\right)^{n}\cdot\lim\limits_{n\to\infty}\left(1+\frac{1}{n}\right)=\mathrm{e}\cdot 1=\mathrm{e}$。

借题发挥:幂平均。

我们见识了平均不等式"算术平均≥几何平均"的精彩亮相和大显身手,不过,平均不只这两种,平均不等式也不只这一个。

幂平均就是由算术平均派生出的一类重要的平均。任取非零实数 k,任意 n 个正实数 $a_1,\cdots,a_n$ 的 k 次幂的算术平均的 k 次正方根

$$M_k=\left(\frac{a_1^{k}+\cdots+a_n^{k}}{n}\right)^{\frac{1}{k}}$$

称为 $a_1,\cdots,a_n$ 的 **k 次幂平均**。

这 n 个正数的 k 次幂的最大数和最小数分别是它们的最大数 B 和最小数 b 的 k 次幂 B^k、b^k。k 次幂的算术平均数 P 介于最大数 B^k 与最小数 b^k 之间,P

的 k 次方根 $P^{\frac{1}{k}}$ 就是 k 次幂平均 M_k,介于 B、b 之间。特别地,如果这 n 个数 $a_1 = \cdots = a_n = A$ 全部相等,则 k 次幂平均 $M_k = A$,这符合"平均"的含义。

特别地,当 $k = 1$ 时,M_1 就是算术平均。

当 $k = -1$ 时,

$$M_{-1} = \left(\frac{a_1^{-1} + \cdots + a_n^{-1}}{n} \right)^{-1} = \frac{n}{\frac{1}{a_1} + \cdots + \frac{1}{a_n}}$$

称为**调和平均**。

例 2 求证:2 次幂平均 $M_2 = \sqrt{\dfrac{a_1^2 + \cdots + a_n^2}{n}} \geqslant M_1 = \dfrac{a_1 + \cdots + a_n}{n}$。

证明 在柯西不等式

$$(a_1^2 + \cdots + a_n^2)(b_1^2 + \cdots + b_n^2) \geqslant (a_1 b_1 + \cdots + a_n b_n)^2$$

中取 $b_1 = \cdots = b_n = 1$,得

$$(a_1^2 + \cdots + a_n^2)n \geqslant (a_1 + \cdots + a_n)^2,$$

同除以 n^2,得

$$\frac{a_1^2 + \cdots + a_n^2}{n} \geqslant \left(\frac{a_1 + \cdots + a_n}{n} \right)^2,$$

同时开平方,取算术平方根,得

$$\sqrt{\frac{a_1^2 + \cdots + a_n^2}{n}} \geqslant \frac{a_1 + \cdots + a_n}{n}。$$

例 3 求证:n 个正数 $a_1, \cdots, a_n$ 的调和平均 $\leqslant$ 几何平均,即

$$M_{-1} = \frac{n}{\frac{1}{a_1} + \cdots + \frac{1}{a_n}} \leqslant G = \sqrt[n]{a_1 \cdots a_n}。$$

证明　这 n 个正数的倒数 $\dfrac{1}{a_1}$，$\cdots$，$\dfrac{1}{a_n}$ 的算术平均 ≥ 几何平均，即

$$\frac{\dfrac{1}{a_1}+\cdots+\dfrac{1}{a_n}}{n} \geqslant \sqrt[n]{\frac{1}{a_1}\cdots\frac{1}{a_n}} = \frac{1}{\sqrt[n]{a_1\cdots a_n}},$$

两边取倒数，不等号反向，得

$$\frac{n}{\dfrac{1}{a_1}+\cdots+\dfrac{1}{a_n}} \leqslant G = \sqrt[n]{a_1\cdots a_n}。$$

定理　任意 n 个正数 a_1，$\cdots$，a_n 满足

$$M_2 = \sqrt{\frac{a_1^2+\cdots+a_n^2}{n}} \geqslant M_1 = \frac{a_1+\cdots+a_n}{n}$$

$$\geqslant G = \sqrt[n]{a_1\cdots a_n} \geqslant M_{-1} = \frac{n}{\dfrac{1}{a_1}+\cdots+\dfrac{1}{a_n}}。$$

以上不等式看起来是高次幂平均 ≥ 低次幂平均，即当 $k > h$ 时，$M_k \geqslant M_h$。由于 $M_2 \geqslant M_1 \geqslant M_{-1}$，确实如此，只差没有 M_0，但 $M_1 \geqslant G \geqslant M_{-1}$ 暗示几何平均 G 似乎应该就是 0 次幂平均 M_0。如果直接将 $k=0$ 代入 M_k，得

$$M_0 = \left(\frac{a_1^0+\cdots+a_n^0}{n}\right)^{\frac{1}{0}} = 1^{\frac{1}{0}},$$

指数 $\dfrac{1}{0}$ 无意义。即使指数 $\dfrac{1}{0}$ 等于某个数，也只能 $1^{\frac{1}{0}}=1$。

稍加变通，不是让 $k=0$，而是 $k \to 0$。如果 M_k 存在极限，那么定义

$$M_0 = \lim_{k\to 0} M_k = \lim_{k\to 0}\left(\frac{a_1^k+\cdots+a_n^k}{n}\right)^{\frac{1}{k}}, \tag{1}$$

M_0 就等于这个极限。

当 $k \to 0$ 时，等式(1)中的指数 $\dfrac{1}{k} \to \infty$。底数趋于 1，这个类型的极限称为

1^∞ 型。底数不是常数 1，而是 $1+t \to 1$，其中的变量

$$t = \frac{a_1^k + \cdots + a_n^k}{n} - 1 = \frac{(a_1^k - 1) + \cdots + (a_n^k - 1)}{n} \to 0 .$$

这个极限的类型就是 $(1+t)^{\frac{1}{k}}$，其中 k、t 都趋于 0。这个类型的标准样板是

$$\lim_{n \to \infty} \left(1 + \frac{1}{n}\right)^n = \lim_{t \to 0} (1+t)^{\frac{1}{t}} = \mathrm{e} = 2.71828 \cdots,$$

其中 $t = \frac{1}{n} \to 0$。不要求 t 是正整数 n 的倒数 $\frac{1}{n}$，也不要求 t 是正数，只要 t 趋于 0，就有 $(1+t)^{\frac{1}{t}}$ 趋于 e。

其余 $f(k) = (1+t)^{\frac{1}{k}}$ 的极限都可以归结为这个标准样板，写成

$$f(k) = (1+t)^{\frac{1}{k}} = \left[(1+t)^{\frac{1}{t}}\right]^{\frac{t}{k}} ,$$

当 $k \to 0$ 时，$t \to 0$，$(1+t)^{\frac{1}{t}} \to \mathrm{e}$。如果 $\frac{t}{k} \to c$，那么 $f(k) \to \mathrm{e}^c$。

按照这个样板，本例只需计算

$$c = \lim_{k \to 0} \frac{t}{k} = \frac{1}{n} \lim_{k \to 0} \left(\frac{a_1^k - 1}{k} + \cdots + \frac{a_n^k - 1}{k}\right) . \tag{2}$$

只需对正数 a 计算 $\lim\limits_{k \to 0} \frac{a^k - 1}{k}$，再取 $a = a_1, \cdots, a_n$ 得到所需结果。

记 $u = a^k - 1$，则 $\frac{a^k - 1}{k} = \frac{u}{k}$。

由 $a^k = 1 + u$，得 $a = (1+u)^{\frac{1}{k}} = \left[(1+u)^{\frac{1}{u}}\right]^{\frac{u}{k}}$。（注：这仍是套用 $(1+u)^{\frac{1}{k}}$ 模式，只不过不是由 $\frac{u}{k}$ 的极限求 a，而是由 a 求 $\frac{u}{k}$ 的极限。）

取对数得 $\ln a = \frac{u}{k} \ln(1+u)^{\frac{1}{u}}$，解出 $\frac{u}{k} = \dfrac{\ln a}{\ln(1+u)^{\frac{1}{u}}}$。

取极限得 $\lim\limits_{k \to 0} \dfrac{a^k-1}{k} = \lim\limits_{k \to 0} \dfrac{u}{k} = \lim\limits_{k \to 0} \dfrac{\ln a}{(1+u)^{\frac{1}{u}}} = \dfrac{\ln a}{\ln e} = \dfrac{\ln a}{1} = \ln a$。

取 $a = a_1, \cdots, a_n$ 代回等式(2),得

$$c = \frac{1}{n}(\ln a_1 + \cdots + \ln a_n) = \frac{1}{n}\ln(a_1 \cdots a_n) = \ln(a_1 \cdots a_n)^{\frac{1}{n}}。$$

再代回等式(1),得 $M_0 = e^{\ln(a_1 \cdots a_n)^{\frac{1}{n}}}$。

如果还不会算 M_0,两边取自然对数,得 $\ln M_0 = \ln(a_1 \cdots a_n)^{\frac{1}{n}}$,就知道

$$M_0 = (a_1 \cdots a_n)^{\frac{1}{n}} = \sqrt[n]{a_1 \cdots a_n} = G$$

确实是 $a_1, \cdots, a_n$ 的几何平均。

我们已经证明的平均不等式 $M_2 \geqslant M_1 \geqslant G \geqslant M_{-1}$ 就成为

$$M_2 \geqslant M_1 \geqslant M_0 \geqslant M_{-1},$$

等号仅当所有的正数 $a_1 = a_2 = \cdots = a_n$ 的时候成立。这个不等式不用记,就是按照幂平均 M_k 的次数 k 从高到低排列,高次幂平均大于或等于低次幂平均。

这个结论 $M_k \geqslant M_h$ 对所有的实数 $k > h$ 都成立。我们只对 2、1、0、-1 做出了证明,一般的证明暂时就不在此介绍了。

我们借题发挥介绍了柯西不等式、平均不等式、e 的前世今生。现在重新回去讨论测试题 2 的其余题目。

12. 某产品由 5 个部件装配而成,每个部件有 4 种不同型号,共需生产 $4 \times 5 = 20$ 种不同型号的部件,可装配出 $4^5 = 1024$ 种不同类型的产品。需生产的不同型号越多,成本越高。可装配出的产品类型越多,用户越欢迎。请适当调整部件个数和各部件型号个数,保持不同型号的部件总数仍是 20 种,使装配出的产品类型最多。给出方案并说明理由。

解 设共有 n 个部件,每个部件型号个数分别为 $x_1, x_2, \cdots, x_n$,则部件总数 $x_1 + x_2 + \cdots + x_n = 20$。要使装配出的产品类型数 $p = x_1 x_2 \cdots x_n$ 最多,就是把 20 分成若干个正整数 $x_1, x_2, \cdots, x_n$ 之和,使它们的乘积最大。测试

题第 3 题已经给出了答案：

将 20 分成 $20 = 3 + 3 + 3 + 3 + 3 + 3 + 2$，得到的乘积最大，最大值为 $3^6 \times 2 = 1458$。

本题答案：分成 7 个部件，其中 6 个部件各 3 种不同型号，一个部件 2 种不同型号，不同型号总数为 $3 \times 6 + 2 = 20$，产品类型总数为 $3^6 \times 2 = 1458$，即此时类型最多。

5. 点 P 是抛物线 $y^2 = 2x$ 上的点，点 Q 是圆 $(x-5)^2 + y^2 = 1$ 上的点，则 $|PQ|$ 的最小值为_____。

分析 求两条曲线上的点之间的最小距离，需要选择两点共 4 个坐标，距离是 4 个自变量的函数，很困难。请数学建模帮助转化，化难为易。

点到圆周的距离都可以转化为点到圆心的距离。到圆心的距离与圆半径之差的绝对值就是点到圆周的最短距离。如果抛物线与圆周相交，那么最短距离为 0。本题抛物线完全在圆的外面，到圆心的最短距离减去圆半径即可。

解 如图 $2 - 6 - 4$，圆心 $C(5，0)$ 到抛物线上的点 $P(x，y)$ 的距离

图 $2 - 6 - 4$

$$|CP| \leqslant |CQ| + |PQ| = 1 + |PQ|，$$

因此 $|PQ| \geqslant |CP| - 1$。

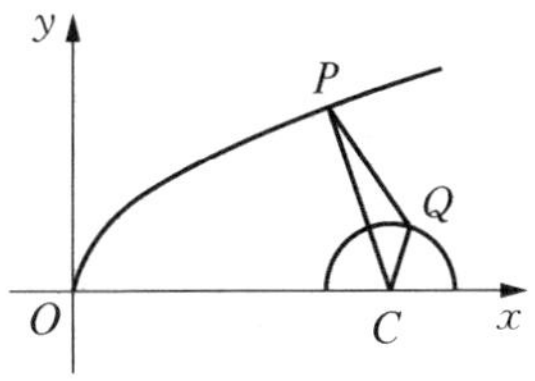

当 $|CP|$ 最小，且 Q 在线段 CP 上时，可得 $|PQ| = |CP| - 1$ 取最小。

抛物线 $y^2 = 2x$ 上的每一点的坐标 $(x，y) = \left(\dfrac{y^2}{2}，y \right)$，则

$$|CP|^2 = (x-5)^2 + y^2 = \left(\dfrac{y^2}{2} - 5 \right)^2 + y^2$$

$$= \dfrac{1}{4} y^4 - 5y^2 + 25 + y^2 = \dfrac{1}{4} y^4 - 4y^2 + 25$$

$$= \dfrac{1}{4} (y^2 - 8)^2 + 9。$$

当 $y=\sqrt{8}=2\sqrt{2}$ 时，$|CP|$ 取最小值，最小值是 $\sqrt{9}=3$。

取 Q 为线段 CP 与圆的交点，则 $|PQ|$ 的最小值为 2。

答案：2。

6. 使 $y=\sqrt{(x-1)^2+(x-4)^2}+\sqrt{(x+3)^2+(x-2)^2}$ 取最小值的

$x=$ _____。

分析   本题看起来纯粹是代数题，两个根号内都可整理成二次三项式，每个都可以配平方求最小值。怎么能够让它们开方后的和取最小值？没有现成的好办法。

改用几何就有现成办法了。每个方根可以看成两点之间的距离。距离应该有横坐标、纵坐标，只有 x 没有 y 怎么办？把其中一个 x 看作 y，认为点 (x,y) 在直线 $y=x$ 上，就变成了几何问题：求两个定点到一条直线 $y=x$ 上的点的距离之和的最小值，也就是折线长的最小值。

如果两点在直线两侧，连线与直线相交，线段长度为所求最小值。

如果两点在直线同侧，将其中一点关于直线作轴对称变换到另一侧，折线长度不变，变换之后连成的线段长度为所求最小值。

解   建立平面直角坐标系 xOz，$A(1，4)$、$B(-3，2)$ 为定点，如图 2-6-5。

则 $P(x，x)$ 为直线 $OC：z=x$ 上的动点，$y=|PA|+|PB|$。

由 $4>1，2>-3$，知 A、B 都在直线 OC 的左上方。

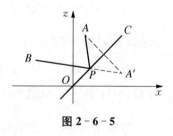

图 2-6-5

作 $A(1，4)$ 关于直线 OC 的对称点 $A'(4，1)$，则 $|PA|=|PA'|$，且点 A'、B 在直线 OC 的异侧。

当 P 在直线 BA' 上时，$y=|PA|+|PB|=|PA'|+|PB|$ 取最小值。

此时 $\overrightarrow{BP}=\lambda\overrightarrow{BA'}$，即 $(x+3，x-2)=\lambda(4+3，1-2)=(7\lambda，-\lambda)$，得

$-(x+3)=7(x-2)$，解得 $x=\dfrac{11}{8}$。

答案：$\dfrac{11}{8}$。

9. 点 P 是锐角 $\angle MON = \alpha$ 内的一个固定点，$|OP| = r$，分别在 $\angle MON$ 的两边 OM、ON 上选取点 A、B 使三角形 PAB 的周长 p 最小，则 $p =$ _____。

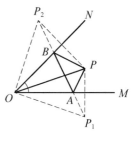

图 $2-6-6$

解 如图 $2-6-6$，作点 P 关于直线 OM 的对称点 P_1，再作点 P 关于直线 ON 的对称点 P_2，则 $|P_1A| = |PA|$，$|BP_2| = |BP|$，得 $p = |PA| + |AB| + |BP| = |P_1A| + |AB| + |BP_2|$ 的最小值等于 P_1 到 P_2 的距离

$$|P_1P_2| = |OP_1| \cdot 2\sin\left(\dfrac{1}{2}\angle P_1OP_2\right),$$

其中 $\dfrac{1}{2}\angle P_1OP_2 = \dfrac{1}{2}\angle P_1OP + \dfrac{1}{2}\angle POP_2 = \angle MOP + \angle PON = \alpha$，$|OP_1| = |OP| = r$。因此 p 的最小值等于 $|P_1P_2| = 2r\sin\alpha$。

答案：$2r\sin\alpha$。

借题发挥：光的反射与折射。

填空第 6 题的要点是看出题中那两个根号是动点 $P(x, x)$ 到两个定点 $A(1, 4)$、$B(-3, 2)$ 的距离 $|PA|$、$|PB|$，题目要求的就是 P 到 A、B 的距离之和的最小值，也就是从 A 到直线 OC 上某一点再到 B，沿怎样的路线可使路程最短？

解答方法也是经典的：作 A 关于 OC 的对称点，则路程 APB 变成 $A'PB$，最短路线是线段 $A'B$，也就是要使 $\angle OPB = \angle A'OC = \angle AOC$，这就是光从 A 出发照到镜面 OC 上再反射到 B 的路线，对称点 A' 是 A 在镜面 OC 背后所成的虚像。从 A' 到 B 的距离等于折线段 APB 的总长度，也就是折线段的最短长度。

填空第 9 题与第 6 题类似，只不过现在有两面镜子 OM、ON，同一个 P 在两面镜子背后各有一个虚像 P_1、P_2，$\triangle PAB$ 的周长最小值等于虚像 P_1 到

P_2 的最短距离 $|P_1P_2|$，$PABP$ 就是光从 P 出发经过两面镜子反射回到 P 的路线。

我刚进初中的时候就知道这个问题及答案，好像还不是从教材中知道的，而是从课外书看来的。印象中，那本书叫做《趣味几何学》。那是一套书，还有《趣味物理学》《趣味代数学》等。以光的反射为例讲了这个最短路径的问题，用轴对称的方法简明易懂。当时我就被轴对称这个精彩应用迷倒了，更赞赏神奇的光线不需要请教数学家而无师自通按这条最短路线反射。恕我孤陋寡闻，近几年才知道这个问题现在被教材和各种参考资料称为"将军饮马问题"，说是考试中常考的问题。但他们讲这个问题的时候都不提光的反射，似乎都不知道光比古希腊更早找到了这个答案并按这条路径运行。或者也可能知道，但他们觉得将军这些大人物们更值得膜拜，光不但不是大人物，连小人物都不是，根本就不是人只是物。我到网上查到"将军饮马"的主角是古希腊的一位将军，他向数学家海伦请教了这个问题，海伦很快就想出了答案。古希腊当然很早，两千年前就发现了这个规律，提问题的将军和解答问题的数学家都值得我们崇拜。但是光比古希腊早得更多，不是两千年两万年前，而是比两亿年还早，从宇宙产生以来就这么运行，比将军和数学家更值得我们顶礼膜拜。我情愿让现在的学生们像我当年一样去膜拜光，膜拜大自然，而让将军这样的贵人退居末座。

膜拜将军饮马，只能就事论事讲讲故事。膜拜光，就不仅是膜拜反射定律，还引起了我对折射定律的兴趣。反射定律是走最短路径，折射却是直路不走走弯路。如图 2-6-7，折射光线从空气中的点 A 到水中的点 B，没有走直线，反而走了一条折线段 APB。是不是聪明的光线一遇到水就变傻了？

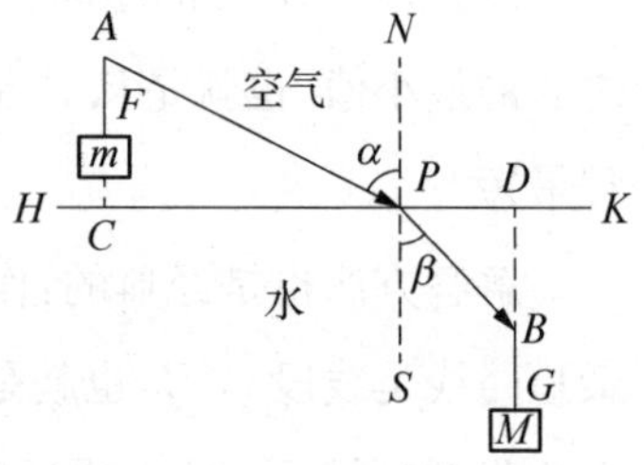

图 2-6-7

仔细一想，就明白走折线段不是犯傻，反而是绝顶聪明之举。光在空气中走得快，速度高；在水中走得慢，速度低。在速度高的区域内多走一些路 AP，在速度低的区域内少走一些路 PB，就导致入水点 P 往图 2-6-7 右边偏一些,使路线 APB 是折线。总路程虽然增加,总时间反而缩短。光的折射路线 APB 就是从 A 到 B 时间最短的路线。

> **例 4**　如图 2-6-7,设光在空气中的速度为 u,在水中的速度为 v,空气与水的分界线为 HK。一束光线从空气中固定点 A 入射,折射光线经水中固定点 B,问:入水点 P 在哪里最省时间?

解　分别从 A、B 向直线 HK 作垂线 AC、BD,垂足为 C、D。设 $AC=a$, $BD=b$, $CD=c$, $CP=x$,则 $PD=c-x$。光线沿路线 APB 运行的总时间

$$T(x)=\frac{AP}{u}+\frac{PB}{v}=\frac{\sqrt{a^2+x^2}}{u}+\frac{\sqrt{b^2+(c-x)^2}}{v}.$$

大学生可以强行对 x 求导数 $T'(x)$,再根据 $T'(x)=0$ 求出 x 的值。但这个方法超出中学知识范围。而且,即使求出来了也没感觉,不像用轴对称得出反射定律那样充满美感。

我在读中学的时候读了吴文俊先生为中学生写的数学小册子《力学在几何中的一些应用》,深受启发。他在书中用中学生懂的力学原理找出了到三个定点距离之和最小的点。我仿照他的方法设计了一个力学装置求解时间最短的路线。

仍如图 2-6-7,用一根光滑的杆 HK 代表空气与水的分界面。

杆上套一个环代表光线的入水点 P,可以在杆上无摩擦滑动。

在 A、B 各设置一个光滑挂钩。

以环 P 为一个端点系两根线 PF、PG,长度分别为 L_1、L_2,两根线另一端 F、G 各系一个重物,质量分别为 $m=\dfrac{k}{u}$, $M=\dfrac{k}{v}$,与光线在空气与水中的速度 u、v 成反比,k 为常数。

一根线 PF 从 P 出发绕过光滑挂钩 A 自由下垂到 F,另一根线 PG 从 P 出发绕过光滑挂钩 B 自由下垂到 G。

在重力的作用下,将 F、G 悬挂的重物尽量往下拉,它们通过两根线拉动环 P 在杆 HK 上左右滑动。

达到平衡位置的时候,两个重物总势能最小,两根线对环的拉力的合力为 0。

势能最小的条件:重物的势能等于它所受重力乘它的重心高度。测定高度必须先选定高度为 0 的点或参考水平面。

以 A 的高度为 0 测定悬挂在点 F 的重物高度。设重物重心比 F 低 d_1,则重心高度为 $-|AF|-d_1$。由于 $|AF|+|AP|=L_1$,即 $-|AF|=|AP|-L_1$,所以重心高度为 $|AP|-L_1-d_1=|AP|-c_1$,其中 $c_1=L_1+d_1$ 是常数,当点 P 滑动时 c_1 不改变。于是,势能 $E_1=mg(|AP|-c_1)=mg|AP|-mgc_1$。

以 B 的高度为 0 测定悬挂在点 G 的重物高度。设重物重心比 G 低 d_2,则重心高度为 $-|BG|-d_2$。由于 $|BG|+|BP|=L_2$,即 $-|BG|=|BP|-L_2$,所以重心高度为 $|BP|-L_2-d_2=|BP|-c_2$,其中 $c_2=L_2+d_2$ 是常数。于是,势能 $E_2=Mg(|BP|-c_2)=Mg|BP|-Mgc_2$。

两个重物的总势能 $E=E_1+E_2=mg|AP|+Mg|BP|-c$,其中 $c=mgc_1+Mgc_2$ 是常数。将 $m=\dfrac{k}{u}$,$M=\dfrac{k}{v}$ 代入,得

$$E=\frac{kg}{u}\cdot|AP|+\frac{kg}{v}\cdot|BP|-c=kg\left(\frac{|AP|}{u}+\frac{|BP|}{v}\right)-c。$$

因为 kg、c 都是正常数,所以势能 E 最小仅当总时间 $T(x)=\dfrac{|AP|}{u}+\dfrac{|BP|}{v}$ 最少。

合力为 0 的条件:环 P 受到两条线 AP、BP 的拉力,但它只能沿杆 HK 滑动,平衡条件就是两条线上的拉力沿杆 HK 方向上的分力的合力为 0。

AP 方向的拉力大小为 F 悬挂的重物所受的重力 $mg=\dfrac{kg}{u}$,沿杆 HK 的

分力是 $mg\cos\angle APC = \dfrac{kg\sin\alpha}{u}$，方向向左。

BP 方向的拉力大小为 G 悬挂的重物所受的重力 $Mg = \dfrac{kg}{v}$，沿杆 HK 的

分力是 $Mg\cos\angle BPD = \dfrac{kg\sin\beta}{v}$，方向向右。

合力为 0 的条件就是两力抵消，即 $\dfrac{kg\sin\alpha}{u} = \dfrac{kg\sin\beta}{v}$，也就是

$$\frac{\sin\alpha}{u} = \frac{\sin\beta}{v}，\quad（光的折射定律）$$

其中 α、β 分别是入射光线和折射光线与界面 HK 的法线 NS 的夹角，分别称为**入射角、折射角**。因此，折射定律就是：

入射角与折射角的正弦比为常数，与入射角和折射角的大小无关，该常数等于光在两种介质中的速度比。

折射定律本来是根据实测数据发现的。我们以上的推理却是通过理论推导得出的最省时间的路线所满足的条件。光是否按照这个条件折射，就要看它的路线是否最省时间。这依赖于另一条原理：

费马原理：光传播的路径是所花时间最少的路径。

光的反射与折射路径都是时间最短的路径。反射前后介质相同，光速不变，时间最短的路径就是路程最短的路径。

7. x 是实数，函数 $y = \sqrt{1+x^2} - \dfrac{1}{2}x$ 的最小值为 _____。

（提示：将 y 看成已知数，函数式看成以 x 为未知数的方程，求方程有实数解的条件。）

解 将 y 看成已知数，函数式看成以 x 为未知数的方程。使方程有解的 y 值的集合就是函数 f 的值域，从中可以找到 y 的最小值。

函数式移项，得 $y + \dfrac{1}{2}x = \sqrt{1+x^2}$。

两边平方，得 $y^2 + xy + \dfrac{1}{4}x^2 = 1 + x^2$。

移项、合并,得

$$\frac{3}{4}x^2 - yx + 1 - y^2 = 0 。$$

这是关于 x 的一元二次方程,该方程有实数解的条件为

$$(-y)^2 - 4 \times \frac{3}{4}(1 - y^2) \geqslant 0 ,$$

解得 $y^2 \geqslant \frac{3}{4}$。

由于 $y = \sqrt{1 + x^2} - \frac{1}{2}x > |x| - \frac{1}{2}x \geqslant 0$,可得 $y \geqslant \frac{\sqrt{3}}{2}$。

如果 y 能取到 $\frac{\sqrt{3}}{2}$,就是最小值。此时一元二次方程 $\frac{3}{4}x^2 - yx + 1 - y^2 = 0$ 的两根相等,为 $x = \dfrac{y}{2 \times \frac{3}{4}} = \frac{2}{3} \times \frac{\sqrt{3}}{2} = \frac{\sqrt{3}}{3}$,于是

$$y = \sqrt{1 + x^2} - \frac{1}{2}x = \sqrt{1 + \left(\frac{\sqrt{3}}{3}\right)^2} - \frac{1}{2} \times \frac{\sqrt{3}}{3} = \frac{\sqrt{3}}{2}$$

为所求函数的最小值。

借题发挥　求最大最小值也是求值域,最大值最小值就是值域的边界。求值域,一种是用 x 算 y,看能算出哪些;反过来就是用 y 算 x,看哪些 y 算得出 x 就属于值域。用 y 算 x 就是解方程,有解就属于值域,无解就不属于值域。预先不知道是不是二次方程,如果正好是二次方程,就用判别式来判有解无解。另外的方程就另想办法。如果遇到的方程我们无法判断是否有解,这个方法就无效。

例5　求函数 $f(x)=\dfrac{3x-1}{x+3}$ 的值域。

解法一　因为 $f(x)=\dfrac{3(x+3)-10}{x+3}=3-\dfrac{10}{x+3}$，其中 $\dfrac{10}{x+3}$ 取遍 0 以外的全体实数，因此 $f(x)$ 取遍 3 以外的全体实数，值域是 $(-\infty,3)\bigcup(3,+\infty)$。

解法二　设 $y=\dfrac{3x-1}{x+3}$，将 y 当已知数，x 当未知数解方程。

去分母得 $yx+3y=3x-1$，移项得 $yx-3x=-3y-1$，即 $(y-3)x=-3y-1$。

当 $y=3$ 时 $0=-10$ 无解；

当 $y\neq3$，有解 $x=\dfrac{-3y-1}{y-3}$。

因为方程有解条件为 $y\neq3$，所以值域由 3 以外的全体实数组成，是 $(-\infty,3)\bigcup(3,+\infty)$。

11. 蜜蜂蜂巢每个蜂房的形状可以看作由正六棱柱按如下方式得到：设 O、O' 分别是棱柱两个底面正六边形 $ABCDEF$ 与 $A'B'C'D'E'F'$ 的中心。在 $O'O$ 的延长线上取点 Q，过 Q 及三个顶点 A、C、E 中的每两点作平面（如图 2-6-8），得到 3 个平面 QAC、QCE、QEA，分别交侧

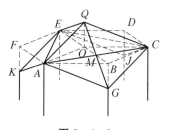

图 2-6-8

棱 BB'、DD'、FF' 于点 G、J、K，得到 3 个全等的菱形 $QAGC$、$QCJE$、$QEKA$。在 OO' 的延长线上截取 $O'Q'=OQ$，过 Q' 与三个顶点 A'、C'、E' 中的每两点作平面可得到与前述三个菱形全等的另外三个菱形 $Q'A'G'C'$、$Q'C'J'E'$、$Q'E'K'A'$。这六个全等的菱形与正六棱柱的各侧面围成一个蜂房，体积与原来的正六棱柱相同。

请选择点 Q 的位置使蜂房表面积最小，此时菱形的一个内角 $\alpha=\angle AQC$

应是多大?

解 以底面正六边形的边长 $|AB|$ 为长度单位 1,设正六棱柱侧面积为 S_0,再设 $|BG|=x$,则 6 个菱形与原来的侧面围成的蜂房表面积 S 等于 S_0 减去侧面被切掉的 12 个全等三角形面积 $12S_{\triangle ABG}$,再加上 6 个全等菱形面积 $6S_{QAGC}$。

由 $S_{\triangle ABG}=\dfrac{1}{2}|AB||BG|=\dfrac{1}{2}x$,

$$S_{QAGC}=|AC||MG|=\sqrt{3}\cdot\sqrt{|MB|^2+|BG|^2}=\sqrt{3\left(\dfrac{1}{4}+x^2\right)},$$

得 $S=S_0+6\sqrt{3\left(\dfrac{1}{4}+x^2\right)}-12\times\dfrac{1}{2}x=S_0+6\left(\sqrt{\dfrac{3}{4}+3x^2}-x\right)$。

选取 x 使 $y=\sqrt{\dfrac{3}{4}+3x^2}-x$ 最小,则 S 最小。

受测试题第 6 题的启发,将 y 看成已知数,x 看成未知数,求使方程有解的 y 值即可。

将方程 $y=\sqrt{\dfrac{3}{4}+3x^2}-x$ 化为 $\dfrac{3}{4}+3x^2=(x+y)^2$,整理得

$$2x^2-2yx-\left(y^2-\dfrac{3}{4}\right)=0。$$

该方程有实数解的条件为:判别式 $(2y)^2+4\times2\left(y^2-\dfrac{3}{4}\right)\geqslant0$,即 $12y^2-6\geqslant0$,得 $y\geqslant\dfrac{1}{\sqrt{2}}$。

y 取最小值 $\dfrac{1}{\sqrt{2}}$ 的条件为 $x=\dfrac{1}{2}y=\dfrac{1}{2\sqrt{2}}$,此时

$$y=\sqrt{\dfrac{3}{4}+3\times\left(\dfrac{1}{2\sqrt{2}}\right)^2}-\dfrac{1}{2\sqrt{2}}=\dfrac{3}{2\sqrt{2}}-\dfrac{1}{2\sqrt{2}}=\dfrac{1}{\sqrt{2}},$$

确实为所求函数的最小值。

此时 $|MQ| = |MG| = \sqrt{\left(\frac{1}{2}\right)^2 + x^2} = \sqrt{\frac{1}{4} + \left(\frac{1}{2\sqrt{2}}\right)^2} = \frac{\sqrt{3}}{2\sqrt{2}}$，于是

$\tan\frac{\alpha}{2} = \tan\angle AQM = \frac{|AM|}{|MQ|} = \frac{\sqrt{3}}{2} \div \frac{\sqrt{3}}{2\sqrt{2}} = \sqrt{2}$，得 $\frac{\alpha}{2} = 54°44'$，所以

$\alpha = 109°28'$。

借题发挥　生物学家实际测量了蜂房中这些菱形的内角,发现菱形内角中的锐角都是 $70°32'$,钝角都是 $109°28'$。生物学家怀疑:按照这样的角度造出来的蜂房可能是面积最小、最省材料的。生物学家请数学家帮助验证这个问题。

一位数学家经过计算得到答案:要使表面积最小,菱形内角中的锐角应当是 $70°34'$。与蜜蜂的差别只有 $2'$,蜜蜂的水平相当不错了。

过了两年,另一位数学家重新算了一次,发现正确的答案是 $70°32'$。蜜蜂一分不差,数学家差了 $2'$。不是数学家水平不够,而是因为他用的三角函数表精确度不够,导致了这 $2'$ 的误差。后来有了更精确的三角函数表,数学家算的答案就正确了。

光线不会计算,但它的反射和折射的路径都是最省时间的路径,分毫不差。

行星不会计算,也没有学过牛顿定律,但它们的运行都是按照牛顿定律,分毫不差。人类最初的测量发现天王星没有严格按照牛顿定律运行,有一点偏差,后来才想到天王星不会有偏差,很可能有另一个天体藏在它附近影响了它的运行,人类的计算漏掉了这个已知条件,才造成了偏差。于是把这个隐藏的天体的质量、速度、位置坐标都假设成未知数,按照牛顿定律解方程求出了它的位置,再用望远镜把它找到了,命名为海王星。

由此可见,人类可能算错,但大自然不会错。因为大自然遵循自然规律从来不算,所以不会错。如果有错,一定是人类算错。

蜜蜂也不算,不查三角函数表,所以它也不会错。如果差了 $2'$,一定是数

学家差了 $2'$，只要所有的蜜蜂都把蜂房造成同一角度，它就不会错。

　　华罗庚曾经到中学去作科普报告时讲过蜂房问题。当然他是用高等数学，求导数计算 $y = \sqrt{\dfrac{3}{4} + 3x^2} - x$ 的最小值。听报告的师生却自己用中学知识得出了同样的答案。那时的中学不学导数，他们用的是初等数学。例如，以上我们用二次方程的判别式，就是初等数学。而且他们不只想了一种初等数学解法，还想了好几种，受到了华罗庚的夸奖。其中一个初等解法的作者后来到中国科学技术大学就读，是我的同班同学。我知道他的这段光荣历史，但从来没问过他的解法，我也不知道蜂房这个问题到底要优化什么角度。底面正六边形已经优得不能更优了，我想不出还有什么角度可以优化。直到后来我开了一门课"数学大观"，每个学生的作业就是写一篇文章讲自己的收获和体会。有一位学生举的例子就是蜂房问题。我看了才明白蜂房应该优化什么角度。虽然底面正六边形的内角 $120°$ 已经不能再优化，但如果是正六棱柱，侧面矩形的 $90°$ 却不是最优的。也就是说底面不应该与侧面垂直，而应该斜交，就是像以上叙述的那样用三个斜交的平面截出三个菱形来代替原来与侧面垂直的底面。虽然我很容易用导数来求面积的最小值，但我想到了我的同班校友在中学就做出了初等解法，于是我想用初等解法求最小值。很快就想出了以上这个解法，应该说是最自然的一种想法。我打电话问那位当年的同学，他后来成为数理逻辑专家，我说我想出了一种最自然的初等解法，不知道是不是他的解法。他给我发来一篇短文，搜集了他当时的中学师生们的解法。我一看，我这个解法就是当时他们中学最有名的老师的解法。

　　现在你应该明白：我在测试题中设置第 7 题就是为了教考生怎么求第 11 题的最小值。第 11 题的题意本身就很难懂，所需数学知识不见得多，却需要很强的空间想象能力。能把需要优化的函数式列出来就不错了，竟然还要在求最小值的问题上设置难关。当然，优秀学生可能会通过求导得出最大值，但是我还是更希望他们用初等数学完成这项工作。因此设置第 7 题教一下，虽然只是一句话的提示。是不是能教会，虽不得而知，但只要有少数人能被教会就行。

2.7　降维制胜

接下来,我们继续讨论测试题 2。

13. 圆柱底面半径为 r,用一个平面斜截圆柱的侧面,截得的侧面的最大高度为 a,最小高度为 b,$a > b > 0$。

（1）试画出截得侧面的展开图（只需画出简图即可）,猜测截痕展开得到的曲线的形状。

（2）在适当坐标系下,求截痕展开所得曲线的方程。这是什么曲线?

解　（1）根据题意,可得图 $2-7-1$,进而得截得侧面的展开图如图 $2-7-2$ 所示。如果以 O 为原点,OE 为 x 轴正方向,则截痕展开曲线看起来像是正弦函数图象。仍以 OE 为 x 轴,过 A 作 OE 的垂线为 y 轴,则截痕是余弦函数图象。

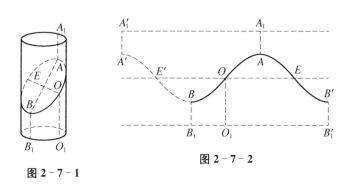

图 $2-7-1$

图 $2-7-2$

借题发挥　本题主要考查的是把空间图形转换成平面图形的能力。

第（1）小题不要求画图精确,却要求反映曲线的主要特征。本小题曾经用于面试考生。发给考生一张纸一支笔,他可以用笔在纸上画截痕。很多考生猜测截痕曲线是抛物线,因为他们观察到曲线从最高点 A 往左右两边下降。但忽略了最低点 B 撕开的左右两侧曲线连接起来应该是光滑的。

1. 光滑:截痕椭圆展开后的曲线仍应是光滑曲线。将展开图右端的 $B'B_1'$

卷到左端与 BB_1 重合,曲线段 EB' 右端点 B' 与 BO 左端点 B 拼接起来仍应该光滑连接而不能是尖点,否则判为错误。左端 B 与右端 B' 附近的曲线应是水平方向,不能把曲线猜为抛物线。

2. 对称:不妨设图 2-7-1 中 $|AA_1|=|BB_1|$,斜截面上半段圆柱绕 OE 旋转 $180°$ 之后与下半段重合。因此,图 2-7-2 的 O 点右上方曲线段 OA 绕 O 旋转 $180°$ 与 OB 重合,EA 绕 E 旋转 $180°$ 与 EB' 重合。

(2)如图 2-7-3,设 l 是圆柱两个底面圆心的连线,C 是斜截面与 l 的交点。过 C 作平面垂直于 l,称为圆柱的直截面,它与圆柱侧面的交线是以 C 为圆心、半径为 r 的圆,与斜截面的交线是这个圆的一条直径 OE。以 C 为原点,CO 为 x 轴正方向,下底面圆心到上底面圆心的方向为 z 轴正方向建立空间直角坐标系。

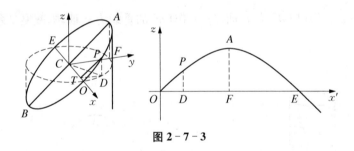

图 2-7-3

圆柱侧面在 Cxy 平面上的投影是以 C 为圆心的圆 $x^2+y^2=r^2$,圆柱侧面上所有点 (x,y,z) 的坐标都满足此方程,z 坐标不受限制。

斜截面与 Cyz 平面垂直相交于直线 CA。直线 CA 就是斜截面在 Cyz 平面上的投影,方程为 $z=ky$,其中 $k=\tan\alpha$,$\alpha=\angle FCA$ 是 Cy 轴旋转到 CA 所成的角,也就是斜截面与直截面 OFE 所成二面角的平面角。因而 $k=\tan\alpha=\dfrac{|FA|}{|CF|}=\dfrac{\dfrac{a-b}{2}}{r}=\dfrac{a-b}{2r}$。斜截面上所有点的坐标 (x,y,z) 都满足方程 $z=\dfrac{(a-b)y}{2r}$,x 坐标不受限制。

斜截面与圆柱侧面的交线上所有的点的坐标 (x,y,z) 同时满足方程

$x^2 + y^2 = r^2$ 与 $z = \dfrac{(a-b)y}{2r}$，是这两个方程的公共解。

将圆柱侧面展开成平面，直截面圆 OFE 变成直线 OFE。以 O 为原点，OF 为 x' 轴正方向，建立平面直角坐标系 $Ox'z$，Oz 轴的方向与展开前的 Cz 轴的方向相同。展开前侧面上每一点 $P(x, y, z)$ 变成展开后的平面图形上的一点 $P(x', z)$，z 坐标不变，x' 坐标表示有向线段 $\overrightarrow{OD}$ 的方向和长度，长度 $|OD|$ 在展开前是截面圆周上一段弧长 $OD = r\theta$，θ 是这段弧 OD 所对的圆心角 $\angle OCD$ 的弧度数。由 $\cos\theta = \dfrac{x}{r}$，$\sin\theta = \dfrac{y}{r}$ 得 $y = r\sin\theta$，$x = r\cos\theta$。截痕上的点 $P(x, y, z)$ 都在斜截面上，因此 $z = \dfrac{(a-b)y}{2r} = \dfrac{(a-b)r\sin\theta}{2r} = \dfrac{(a-b)\sin\theta}{2}$。$P$ 在展开后的平面直角坐标系 $Ox'z$ 中的坐标 $x' = r\theta$，$z = \dfrac{1}{2}(a-b)\sin\theta$。由此得到截痕展开曲线方程

$$z = \frac{a-b}{2}\sin\frac{x'}{r}.$$

因此截痕展开后的曲线在适当的坐标系中是正弦函数的图象。

点评 第(1)小题是观察与想象。第(2)小题就要精确计算。要搞清楚展开图截痕上每一点的纵坐标和横坐标分别是展开前的圆柱侧面上哪一条线段：横坐标是底面圆周上的弧长，纵坐标是高度。弧长转换成圆心角，高度通过斜截面倾斜角的正切与底面圆弧所对圆心角的正弦发生联系。

立体几何最重要的基本功就是把立体图形的各部分分别看成平面图形，利用平面几何知识来解决问题。

15. 空间中同一点出发两两成钝角的射线最多几条？请证明你的结论。

分析 平面上同一点出发两两成钝角的射线最多有几条？假如有 n 条，相邻两条的夹角 $>90°$，共有 n 个相邻夹角依次相加，它们的和 $>n\cdot90°$。正好是一整圈，等于周角 $360° > n\cdot90°$。$4 = \dfrac{360}{90} > n$。因此 n 的最大值是 3。

比如三条射线把 $360°$ 等分成 3 份，每份 $120°$，就符合要求。

　　空间射线的相邻夹角不在同一平面内，不能相加。不能照搬平面的方法。但可以将空间转化为平面来做。空间是三维，平面是二维。立体几何的基本做法就是降维制胜，空间图形转化为平面图形，利用平面知识来解决。前面的第 13 题是把空间的曲面（圆柱侧面）展开成平面图形，用展开前的数据算展开后的数据。本题的基本思路是过其中一条射线顶点作垂直于射线的平面，将其余射线投影到这个平面上，计算它们的两两夹角。发现它们的夹角只会增大不会减小。原来夹角大于 $90°$，投影后也大于 $90°$。投影到平面最多只能有 3 条射线两两夹角大于 $90°$。（注意：大于 $90°$ 不见得是钝角，还可能是平角。）再添上与这个平面垂直的那一条，最多有 4 条。

　　解法一（几何法）　设从 O 出发有 n 条射线两两成钝角，OA、OP、OQ 是其中任意三条，如图 $2-7-4$。过 O 作平面 $\alpha \perp OA$。

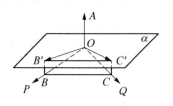

图 $2-7-4$

　　任取非零长度 $h > 0$，在射线 OP 上截取 $OB = \dfrac{h}{\sin(\angle AOP - 90°)}$，$OQ$ 上截取 $OC = \dfrac{h}{\sin(\angle AOQ - 90°)}$。分别过 B、C 点向平面 α 作垂线 BB'、CC' 交平面 α 于 B'、C'，连接 OB'、OC'，则 OB'、OC' 分别是 OB、OC 在平面 α 内的射影。我们证明 $\cos\angle B'OC' < 0$，因而 $\angle B'OC' > 90°$。

$$BB' = OB\sin\angle B'OB = OB\sin(\angle AOP - 90°) = h,$$
$$CC' = OC\sin\angle C'OC = OC\sin(\angle AOQ - 90°) = h = BB'。$$

　　又 BB'、CC' 都垂直于平面 α，因而 $BB' \parallel CC'$，且 BB'、CC' 都垂直于平面 α 的直线 $B'C'$。

　　因为 BB'、CC' 平行且相等，$\angle BB'C' = 90°$，所以 $BB'C'C$ 是矩形，$B'C' = BC$。

由勾股定理 $OB^2 = OB'^2 + BB'^2 > OB'^2$。同理 $OC^2 > OC'^2$。

已知 $\angle BOC > 90°$，$\cos\angle BOC < 0$。由余弦定理得

$$2OB' \cdot OC'\cos\angle B'OC' = OB'^2 + OC'^2 - B'C'^2$$
$$< OB^2 + OC^2 - BC^2 = 2OB \cdot OC\cos\angle BOC < 0,$$

因此 $\cos\angle B'OC' < 0$，$\angle B'OC' > 90°$。

这证明了 OA 之外任何两条不同射线在平面 α 内的射影相互夹角都大于 $90°$。平面 α 内从同一点 O 出发两两夹角大于 $90°$ 的射线最多只有三条。因此 OA 之外最多只有三条射线。再添上 OA，最多只有 4 条射线使得两两夹角为钝角。

另一方面，是不是存在 4 个两两成钝角的射线呢？取正三棱锥 S-ABC 高 $|SO| = h$，底面 $\triangle ABC$ 中心 O 到各顶点距离 $|OA| = |OB| = |OC| = 2$。如图 2-7-5。

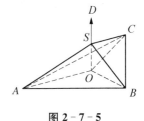

图 2-7-5

可得底面三角形各边长 $AB = BC = CA = 2\sqrt{3}$。

$$SA = \sqrt{OA^2 + OS^2} = \sqrt{2^2 + h^2} = SB = SC。$$

由余弦定理得

$$2SA \cdot SB\cos\angle ASB = SA^2 + SB^2 - AB^2$$
$$= (4 + h^2) + (4 + h^2) - 12$$
$$= 2(h^2 - 2)。$$

只要取 $0 < h < \sqrt{2}$，则 $\cos\angle ASB = \cos\angle BSC = \cos\angle CSA < 0$，$\angle ASB = \angle BSC = \angle CSA$ 都是钝角。

OS 的延长线 SD 与 SA、SB、SC 的夹角都等于锐角的补角 $\angle ASD = 180° - \angle ASO > 90°$，仍是钝角。

例如，取 $h = 1$ 即满足要求。

解法二（向量法）　设有 n 条射线从点 O 出发，两两成钝角。OA、OP、

OQ 是其中任意三条。如图 $2-7-6$,在射线 OA
上取长度为 1 的单位向量 $\overrightarrow{OE}=e$。在 OP、OQ
上任取非零向量 $\overrightarrow{OB}$、$\overrightarrow{OC}$。

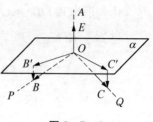

图 $2-7-6$

过 O 作平面 $\alpha \perp OE$。从 B、C 分别向平面
α 作垂线 BB'、CC' 交平面 α 于 B'、C'。则 BB'、
CC' 都平行于 OE,因而 $\overrightarrow{B'B}=be$,$\overrightarrow{C'C}=ce$ 都是
$\overrightarrow{OE}$ 的实数倍,b、c 为某实数。连接 $\overrightarrow{OB'}$、$\overrightarrow{OC'}$,则 $\overrightarrow{OB'}$、$\overrightarrow{OC'}$ 都垂直于 e。

$\overrightarrow{OE}=e$ 与 $\overrightarrow{OB}=\overrightarrow{OB'}+\overrightarrow{B'B}=\overrightarrow{OB'}+be$ 的夹角是钝角,内积

$$\overrightarrow{OE}\cdot\overrightarrow{OB}=e\cdot(\overrightarrow{OB'}+be)=e\cdot\overrightarrow{OB'}+b(e\cdot e)=0+b\cdot 1=b<0,$$

因此 $b=-|b|$,$\overrightarrow{OB}=\overrightarrow{OB'}-|b|e$。同理,$\overrightarrow{OC}=\overrightarrow{OC'}-|c|e$。

已知 $\overrightarrow{OB}$、$\overrightarrow{OC}$ 成钝角,内积为负数,所以

$$\overrightarrow{OB}\cdot\overrightarrow{OC}=(\overrightarrow{OB'}-|b|e)\cdot(\overrightarrow{OC'}-|c|e)=\overrightarrow{OB'}\cdot\overrightarrow{OC'}+|b||c|<0,$$
$$\overrightarrow{OB'}\cdot\overrightarrow{OC'}<0-|b||c|<0。$$

这证明了 OA 之外其余 $n-1$ 条射线中任意两条 OP、OQ 上的非零向量 $\overrightarrow{OB}$、
$\overrightarrow{OC}$ 在平面 α 上的射影 $\overrightarrow{OB'}$、$\overrightarrow{OC'}$ 的内积为负数,射线 OB'、OC' 夹角 $>90°$。
也就是 OA 之外的 $n-1$ 条射线在平面 α 内的 $n-1$ 条射影两两夹角大于 $90°$。
这样的射影最多只能有 3 条。因此 $n-1\leqslant 3$,$n\leqslant 4$,不超过 4 条。

与解法一同样可以举出 4 条射线两两成钝角的例子。

这就证明了从空间同一点出发两两成钝角的射线最多有 4 条。

解法三(坐标法) 设从同一点 O 出发有 n
条两两成钝角的射线,每条射线上取非零向量
$\overrightarrow{OA_1}$,$\cdots$,$\overrightarrow{OA_n}$,n 个向量 $\overrightarrow{OA_i}$ 两两成钝角,其
中任何两个不同向量的内积 $\overrightarrow{OA_i}\cdot\overrightarrow{OA_j}=$
$\cos\angle A_i OA_j<0$。

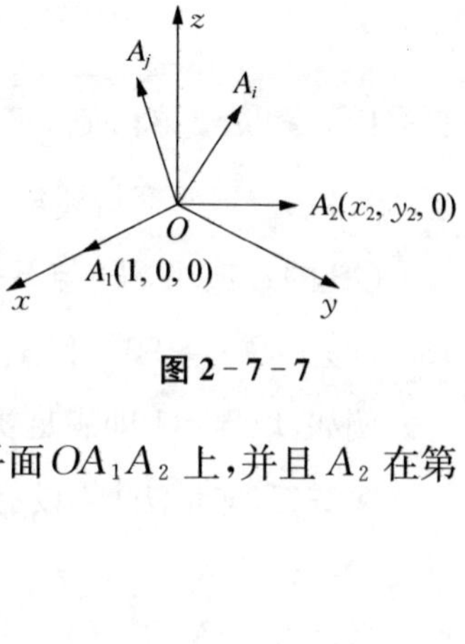

图 $2-7-7$

选取 $\overrightarrow{OA_1}$ 长度为 1。以 O 为原点、$\overrightarrow{OA_1}$
为 Ox 轴正方向建立空间直角坐标系,使 y 轴在平面 OA_1A_2 上,并且 A_2 在第

二象限。

每个向量 $\overrightarrow{OA_i}$ 用坐标 $(x_i,\,y_i,\,z_i)$ 表示，则 $\overrightarrow{OA_1}=(1,\,0,\,0)$，$\overrightarrow{OA_2}=(x_2,\,y_2,\,0)$，$y_2>0$。

$\overrightarrow{OA_1}$ 与其余 $\overrightarrow{OA_i}(i\geqslant 2)$ 的内积 $\overrightarrow{OA_1}\cdot\overrightarrow{OA_i}=(1,\,0,\,0)\cdot(x_i,\,y_i,\,z_i)=x_i<0$ 都是负数，所有这些向量的 x 坐标 $x_i=-|x_i|$ 都是负数。

$\overrightarrow{OA_2}$ 与每个 $\overrightarrow{OA_j}(j\geqslant 3)$ 的内积 $(-|x_2|,\,y_2,\,0)\cdot(-|x_j|,\,y_j,\,z_j)=|x_2||x_j|+y_2y_j<0$，因此 $y_2y_j<0-|x_2||x_j|<0$，所以 y_j 与 y_2 异号。由于 $y_2>0$，只能所有的 $y_j=-|y_j|<0$（当 $j\geqslant 3$）。

$\overrightarrow{OA_1}$、$\overrightarrow{OA_2}$ 之外任意两个 $\overrightarrow{OA_i}$、$\overrightarrow{OA_j}(3\leqslant i<j)$ 的内积

$$\overrightarrow{OA_i}\cdot\overrightarrow{OA_j}=(-|x_i|,\,-|y_i|,\,z_i)\cdot(-|x_j|,\,-|y_j|,\,z_j)$$
$$=|x_i||x_j|+|y_i||y_j|+z_iz_j<0,$$

都是负数。因此 $z_iz_j<0-|x_i||x_j|-|y_i||y_j|<0$，$z_i$ 与 z_j 异号。

因此 z_3、z_4 异号，一正一负。不妨选其中的正数为 $z_3=|z_3|>0$，则 $z_4=-|z_4|<0$。不可能再有 z_5 与它们都异号。最多只有 4 个

$$\overrightarrow{OA_1}=(1,\,0,\,0),\qquad \overrightarrow{OA_2}=(-|x_2|,\,|y_2|,\,0),$$
$$\overrightarrow{OA_3}=(-|x_3|,\,-|y_3|,\,|z_3|),\ \overrightarrow{OA_4}=(-|x_4|,\,-|y_4|,\,-|y_4|)$$

两两内积为负数。不难构造出 4 个向量两两内积为负。例如：

$$(1,\,0,\,0),\ (-1,\,1,\,0),\ (-1,\,-2,\,1),\ (-1,\,-2,\,-6)。$$

这就证明了空间中从一点出发两两成钝角的射线最多有 4 条。

第三章　运算律主宰运算

3.1　自然数是怎样炼成的

一、从零开始

有人问，"难道 $1+1=2$ 还要问为什么？"言下之意，这个总应该是"规定"了吧？

每个数写成什么符号来表示，这是人为规定的。比如，第一个数写成"1"，下一个数写成"2"，因而"$1+1=2$"。这确实是人为规定的。假如 1 下一个数记为"11"，加法变成

$$1+1=11,$$

也照样可以。只是符号不同，实质上相同。

但还有一个实质上不同的答案：第一个数 1 与自己相加，不等于另外的数，而等于自己：

$$1+1=1,$$

别认为这个算式荒唐。既然走路都可以原地踏步，就应该有一个数 a 来表示原地踏步的步伐：$a+a=a$。只不过这个 a 不是我们熟悉的 1，而是我们熟悉的 0：

$$0+0=0。$$

第一个自然数真的不应该是 $1+1=2$ 的 1，而应该是 $0+0=0$ 的 0。田径赛的开始是参赛选手蹲在起跑线上听见发令枪响像箭一样射出去，是从零步

开始。假如发令枪响时已经跑了一步,就是犯规。球赛的比分从 0:0 开始,而不是 1:1 开始。数数不是从伸出一根手指数 1 开始,而是从握紧拳头还没数数开始,握紧拳头就是 0。

我刚开始教书的时候,教的是公社小学附设初中班。有些学生画数轴的原点不是标 0 而是标 1,我就问他:你的 0.5 画在哪里?

中国与美国都把楼房的地面叫做 1 楼。那就要问:从地面到 12 楼,要爬多少层?别认为是爬 12 层,而应该是 11 层,这是因为 $12-1=11$。又问:坐电梯从地面往下一层到第几层?按道理应该是 $1-1=0$,可是没有 0 层,而是 -1 层。反过来问:从 -1 层到 1 层要上升几层?用减法算应该是 $1-(-1)=2$。事实上却只需要上升 1 层。可见,将地面这一层叫做 1 楼其实是不合理的。欧洲把地面这一层叫做 ground floor(底楼),没说是 first floor(一楼),电梯里标为 G 或 0。他们的 first floor(一楼)是从地面往上一楼,就是中国和美国称为 2 楼的楼层,欧洲叫做 1 楼,电梯里的数字标为 1。这才是合理的。1 往下一层的 G 当然就是 0。

生活中把地面楼层按习惯叫做 1 楼,马虎一点没关系。但数学上不能马虎。自然数把从 1 开始更正为从 0 开始,这是按自然规律办事,不是什么权威机构所能规定的。

人类认识自然数的历史是先认识正整数 1,2,3,…后认识 0。逻辑顺序却应该是先有 0 后有 1。这样的自然数的"自然"是自然规律的自然,而不是人类认识规律的自然顺序。

二、自然数的模型

现在重新开始,以 0 作为自然数的出发点。原地踏步就是 $0+0=0$,前进一步就是 $0+1=1$,再前进一步就只能是 $1+1=2$ 了吧?不见得。$1+1$ 不能原地踏步等于 1,但是可以走回头路 $1+1=0$ 回到 0。

现实生活中确实存在 $1+1=0$ 的例子。比如,0 代表黑夜,1 代表白天。$0+1=1$ 就是黑夜过了 12 小时变成白天。$1+1$ 就是白天再过 12 小时,变成什么？当然是变成黑夜,因此 $1+1=0$。不断加 1,就是黑夜与白天相互转换,无穷地转换下去。

也可以用 0 代表全体偶数,1 代表全体奇数,$0+0=0$ 就是偶＋偶＝偶,$0+1=1$ 就是偶＋奇＝奇,$1+1=0$ 就是奇＋奇＝偶。也都合理。但是,$1+1=0$ 的 1 不是自然数的 1。自然数的 1 不管加多少次都不会变成 0。

白天和黑夜的转换是地球自转造成的。每 24 小时转一圈 $360°$,12 小时转 $180°$ 转到相反方向,白天和黑夜就颠倒了。不过,转动也可以不用加法表示,而用乘法表示。加法用 $0+0=0$ 表示原地踏步,乘法的原地踏步就是 $1\times 1=1$。因此旋转 $0°$ 是乘 1。旋转 $180°$ 转到相反方向,黑夜变成白天,就是乘 -1。乘 -1 就是向后转,转到相反方向。地球每隔半天就向后转一次,两个半天乘了两个 -1,就是 $(-1)\times(-1)=(-1)^2$。向后转两次就转回来了。地球向后转两次也转回来:

$$黑夜 \xrightarrow{\times(-1)} 白天 \xrightarrow{\times(-1)} 黑夜,$$

黑夜乘 -1 变白天,白天再乘 -1 变回黑夜。每半天变一次,两个半天变了两次,乘了 $(-1)^2$ 就变回原状,总效果没有变,乘 $(-1)^2$ 相当于乘 1。这就是 $(-1)^2=1$。很多人纠缠不休,觉得很难理解的"负负得正",既可以用加法 $1+1=0$ 表示,也可以用乘法 $(-1)\times(-1)=1$ 表示。

刚才的 $1+1=0$ 是把半天作为时间单位 1,过半天才加 1。也可以把 1 小时作为时间单位,从半夜零点开始,每过 1 小时加 1,一直加 24 个 1 到下一天的半夜,回到零点:

$$0+\underbrace{1+\cdots+1}_{24个1}=0,$$

这也不是自然数 1 的加法性质,而是整数模 24 的同余类加法。

自然数要求从 0 开始不断加 1,永远不会再等于 0。现实生活中是否存在这样的 1? 当然有。最简单的模型就是在平面上从一个起点 O 出发,前进一步到 A,$\boldsymbol{a}=\overrightarrow{OA}$ 代表这一步的方向和距离。然后继续朝同一方向前进,每一步前进同样的距离,走出一系列步伐

$$a = \overrightarrow{OA} = \overrightarrow{AB} = \overrightarrow{BC} = \overrightarrow{CD} = \overrightarrow{DE} = \overrightarrow{EF} = \cdots,$$

如图 $3-1-1$。每个步伐由一条有向线段代表,方向和距离全都与 $\overrightarrow{OA}$ 相同,都是相等向量。各条有向线段首尾相接,所有

图 3-1-1

的起点和终点 O,A,B,C,D,E,F,$\cdots$ 都是前进步伐 a 留下的脚印。

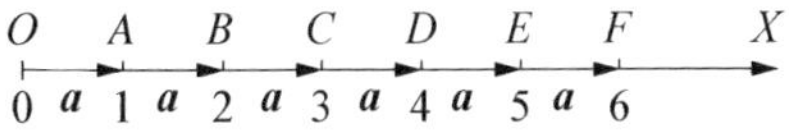

a 始终朝同一方向前进,不会回到出发点,它的所有步伐连成与 OA 方向相同的射线 OX。走出的无穷多个脚印 O,A,B,$\cdots$ 依次代表无穷多个自然数 0,1,2,$\cdots$。在射线 OA 上以 O 为原点、$\overrightarrow{OA}$ 为正方向、$|OA|$ 为单位长建立半条数轴。这半条数轴上代表整数的全部点就是 f 的全体脚印,代表了全体自然数,其中每个点 P 代表的自然数 m 也代表了从原点 O 到这点 P 的有向线段 $\overrightarrow{OP} = ma$ 所表示的向量。这些向量的加法定义了自然数的加法。

图 $3-1-1$ 用平移向量 $f = \overrightarrow{OA} = \overrightarrow{AB} = \overrightarrow{BC} = \cdots$ 建立自然数模型,有 4 个因素不可缺少:

(1) 始于足下;

(2) 迈开步伐;

(3) 披荆斩棘;

(4) 一气呵成。

"始于足下"就是要从一个起点出发。"迈开步伐"就是离开起点一步一步前进。

例如,图 $3-1-1$ 从起点 O 出发,迈开步伐 $O \xrightarrow{a} A \xrightarrow{a} B \xrightarrow{a} C \xrightarrow{a} \cdots$ 不断前进。

每个人学算术都从掰手指数数开始。先做好准备工作,握紧拳头准备开始数。握紧拳头还没有开始,就是 0。然后伸出一根手指数 1,这就是迈出了第一步。再伸一根手指数 2,就是第二步。每伸一根手指就是前进一步。手指的长短粗细各不相同,间距也不相等,这些差别都可以忽略,不分大步小步,每伸出一根手指就是一步,一视同仁都看成加 1。

由不同元素组成的任何一个序列,都可以将第一个元素看成"始于足下"

的起点。前一个元素变到后一个的变换看成"迈开步伐"的一步。能不能走下去产生自然数列，就看这条路走下去是永远走新路还是会回到老路上去循环。

下一句"披荆斩棘"就是开辟新路。重走旧路就不需要披荆斩棘了。这一句话的意思是自然数列绝不重复旧路，0 不会出现第二次，每个数都不会出现第二次，到达的每一点都是新的。

再下一句"一气呵成"就是只走一趟就把全部自然数都包括进去了。没有遗漏，不需要走第二遍。如果不从 0 开始而从另一个自然数开始，比如从 2 开始"迈开步伐"，也能"披荆斩棘"得到不重复的数列 2，3，4，…，不过就漏掉了 0，1。如果只是用来排顺序，照样能胜任。如果要作加法乘法就麻烦了，就没有 0 满足 $0+c=c$，没有 1 满足 $1 \times c = c$。

如果是全体非负实数的集合，就不可能一气呵成。因为任何一个区间内的全体实数都不可能"一气呵成"全部排进一个数列中去。

三、白话解读皮亚诺公理

自然数有很多不同的模型，它们都具有自然数的共同性质，又有各自的特殊性质。从所有的共同性质中挑选出尽量少、尽量简单的基本性质，由它们可以通过逻辑推理产生出自然数所有的共同性质。这些基本性质就叫做公理。意大利数学家皮亚诺总结出如下 5 条公理来刻画自然数。为了帮助你理解这些公理，我把它们翻译成普通人容易懂的"白话文"，解释它们的含义，并且用它们产生出我们熟悉的各种性质。

1. 定义自然数

（1）0 是自然数。

（2）每一个自然数 a 有唯一的自然数作为它的后继 a'。

（3）0 不是任何自然数的后继。

（4）不同的自然数的后继数不同。

（5）任意关于自然数的命题，如果证明了它对自然数 0 是对的，又假定它

对自然数 n 为真时,可以证明它对 n' 也真,那么命题对所有的自然数都真。

白话版 公理(1)先给出 0 是自然数,是为了有一个"始于足下"的起点,从 0 开始建立全部自然数,让 0 充当自然数集合开天辟地的盘古。

但是,公理(1)只是先让它进入自然数 N 这个"公司"当一名普通员工。好比要建立一个公司,先招盘古来当员工,没有任命它为总经理。这只是说明自然数这个公司 N 已经开张了,有了第一个员工。自然数这个集合有了一个元素 0,不是空集。员工干什么活还不知道,是拿斧头开天辟地,还是拿扫把打扫房间,都不知道。要等公司建设方案派任务。

公理(2)把任务派下来了:每个自然数 a 有唯一的自然数 a' 作为 a 的后继。

这不是给总经理派的特别任务,而是给所有员工派的共同任务。每一个老员工招收一个徒弟,而且只能招一个,不能招两个。

虽然这是所有员工的共同任务,但上级只派了 0 号员工盘古来,以后再也不会派新的员工来。新员工从哪里来?老员工去招。现在只有盘古这一个老员工,他如果不去招,永远没有新员工。产生新员工的唯一出路是盘古去招工。

0 号员工盘古履行招工职责,招来一个新员工,名叫女娲,编号为 1 号员工。公理(2)规定每个自然数 a 的后继 a' 是唯一的,就是说每个老员工只能招一个新员工,不能多招。下一个员工从何而来。盘古不能再招,只有刚招进来的 1 号员工女娲去招工。招来 2 号员工,叫做伏羲。再下一个员工又只能由伏羲去招来。就这么不断招下去,每次都只有一种可能:刚招进来的新员工去招下一个员工。这种扩充方案就是我们说的"迈开步伐",每个自然数产生唯一"后继"。

下面的问题就是:这样产生的自然数列是否会重复? 以公司招工为例,是否有某个晚辈员工招来的徒弟是自己的师祖,比如 $9'=2$? 甚至把最老的师祖盘古招来当徒弟 $11'=0$?

公理(3)说"0 不是任何自然数的后继",就是说:盘古是派来的,不是招来的。谁也不能充当盘古的师傅。这句话才授予了盘古在公司的最高地位,谁的地位也不能超过盘古。也就是说，0 在自然数列中只能排第一，以后不可能再出现第二次。

公理(4)说"不同的自然数的后继数不同"。每次都只能是刚招进来的新员工去招工。他招来的新员工既不可能是 0 号员工盘古，也不可能是以前被招进来的任何一个员工，因此与以前所有的人都不重复，一定是个新人。也就是说，这样产生出来的自然数列中永远不会重复以前的旧元素，新进来的一定是新元素。这就符合我们所说的"披荆斩棘"的要求。

自然数公理(1)定义了自然数集合 $\mathbf{N}$ 的一个元素 0；公理(2)说每个自然数 a 有唯一的后继 a'，这就定义了自然数集合 $\mathbf{N}$ 到自身的一个映射 $f:a \rightarrow a'$，也就是 $\mathbf{N}$ 上的一个变换；公理(3)(4)保证了无穷多个 0，$f(0)$，$f^2(0)$，…，$f^n(0)$，…没有重复。

最后一个问题是"一气呵成"？这样产生的数列是否毫无遗漏地囊括了所有的自然数？

皮亚诺公理(5)承诺：只要履行它要求的程序，"任意关于自然数的命题"都能担保成立。

我们的命题是：所有的自然数都在从 0 开始，由后继映射 $f:a \mapsto a'$ 产生的数列 $0 \xrightarrow{f} 1 \xrightarrow{f} 2 \xrightarrow{f} \cdots$ 之中。

公理(5)要求的程序是：首先，证明命题"对自然数 0 是对的"。我们的数列第一项就是 0，0 当然在数列中，这一条已经满足。

然后要求"假定对 n 是真的，可以证明对 n' 也真"。数列的构造方式是：假如某项是 n，下一项就是 n 的后继 $f(n) = n'$。当然 n' 在数列中。

两条要求都满足了。公理(5)就保证了所有的自然数都在数列中。

公理(5)就是数学归纳法原理。它保证了自然数可以由一个数 0 开始"一气呵成"。

总结：自然数是无穷多个不同元素按固定顺序 0，1，2，3，…排成的无穷数列。无论是哪些不同元素排成，只要让第一个代表 0，以后依次代表 1，2，…，依次排下去就得到全体自然数。

后继变换 f 的作用可以写成加法形式 $n' = f(n) = n + f$。

每个自然段 $n = f^n(0) = 0 + \underbrace{f + \cdots + f}_{n \uparrow f} = 0 + nf$，由 f 对 0 作用 n 次得到。

2. 加法公理

大家都很熟悉自然数的加法的各种性质。从这些性质中选出最少最简单的性质而又能推出其他性质，选出的最简单性质就是公理。

先想一下小孩子怎样学 $3 + 2$。

首先学习的不是加法，而是数数。小孩子初学时靠掰手指数数。如图 $3-1-2$，左边的 A 代表左手，先握紧拳头表示 0，再伸出一根手指表示 1，再伸一根表示 2，再伸一根表示 3，从 0 出发依次增加手指：$0 \to 1 \to 2 \to 3$。每个箭头

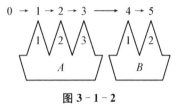

图 $3-1-2$

表示伸一根手指，相当于后继变换 f 作用一次。左手 A 的三根手指就是 $0 + f + f + f = 3$，右手 B 的两根手指就是 $0 + f + f = 2$。

做加法 $3 + 2 = (0 + f + f + f) + (0 + f + f) = (0 + f + f + f) + f + f = 3 + f + f = 4 + f = 5$，就是把两组手指合并在一起重新计数。左手的 $0 + f + f + f = 3$ 与右手的 $0 + f + f = 2$ 都是从握紧拳头开始经过伸手指得到总数。握拳头是出发点 0，伸手指是做后继变换 f。合并之前左手与右手各有一个拳头，各有几根手指。合并在一起只保留所有的手指，不保留两个拳头。用左手的拳头作为出发点直到把左右两手的手指都数完。不能把左手数完后再回到右拳头重新开始，此时右拳头就不再参加计数了。即使右拳头参加计数，也是 0 根手指，不增加总数。只有手指才增加总数，拳头不算数。因此，左手的 $3 = 0 + f + f + f$ 与右手的 $2 = 0 + f + f$ 合并在一起，就是把右手的拳头 0 去掉，右手的手指 $+ f + f$ 归并到左手手指后面一起数完：

$$3 + 2 = (0 + f + f + f) + (0 + f + f) = (0 + f + f + f)$$
$$+ f + f = 3 + f + f = 4 + f = 5。$$

一般地，两个自然数 n、m 相加的法则为：

$$n + m = (0 + nf) + (0 + mf) = 0 + nf + mf = n + mf。$$

也就是将第二个加数 $m = 0 + mf$ 中的 0 去掉，将自然数 m 看成变换 mf 作用于第一个加数 n，将 n 作 m 次后继变到 $n + mf$ 作为 $n + m$。

现在就不难理解皮亚诺的加法公理了。

加法公理：

(1) $0 + m = m$ 对任意自然数 m 成立。

(2) 任意两个自然数 n，m 满足 $n' + m = (n + m)'$。

公理(1)　$0 + m = m$ 是 0 的基本运算律，当然应该成立。它在这里的具体意义是 $0 + m = 0 + (0 + mf) = 0 + mf = m$，就是两个加数中的两个 0 相加 $0 + 0 = 0$ 变成一个 0，也就是两个拳头合并成一个拳头，后一个加数 $m = 0 + mf$ 的拳头 0 不见了，剩下手指 mf（后继 m 次）直接作用于第一个加数 0。

公理(1)　$0 + m = m = 0 + mf$ 把 0 加自然数 m 变成 0 做 m 次后继 f。

公理(2)　$n' + m = (n + m)'$ 就是 $(n + f) + m = (n + m) + f$。等号左边的顺序是先做后继 f 再做加法，公理(2)允许改变顺序，等号右边变成先做加法再做后继 f。

每个自然数 $n = 0 + nf$ 由 0 做 n 次后继得到。$n + m = (0 + nf) + m$ 就是 0 做 n 次后继再加 m。反复利用公理(2)，将 $+m$ 依次与每一次后继交换顺序。

$$n + m = 0 + f + \cdots + f + m = 0 + f + \cdots$$
$$+ m + f = \cdots = 0 + m + f + \cdots + f = (0 + m) + nf,$$

就变成 0 先加 m 再做 n 次后继。由公理(1)得 $0 + m = m$，于是得到 $n + m = m + nf$。也就是将第一个加数 n 看成 n 次后继 nf 作用于第二个加数 m。

根据 0 的加法性质 $0 + a = a$，可以将每个自然数 $n = 0 + nf = nf$ 看成变换 nf（n 次后继），将自然数的加法 $n + m = m + nf$ 看成其中一个加数 n 代表的变换 nf 对另一个加数 m 的作用，也可以将两个加数都看成变换：$n + m = 0 +$

$(nf+mf)$，加法就是这两个变换的合成变换对 0 的作用。

将自然数加法 $n+m$ 的两个加数都看成变换 nf、mf，加法就变成变换的合成，运算律就是已有知识，不需要重新研究和证明。同一集合 $\mathbf{N}$ 上任意三个变换的合成都满足结合律，由变换的结合律 $(nf+mf)+kf=nf+(mf+kf)$ 立即得到自然数加法的结合律 $(n+m)+k=n+(m+k)$，同一变换 f 的两个幂 nf、mf 的合成满足交换律 $nf+mf=mf+nf$，由此得到自然数加法的交换律 $n+m=mf+nf$。

中小学师生不熟悉皮亚诺公理，但熟悉运算律。对自然数加法与乘法的理解不必从皮亚诺公理出发，可以从运算律出发。

首先，背熟自然数的排列顺序 0，1，2，3，…，也就是背熟后继，并且把后继看成 $+1$，例如 $3+1=4$，$4+1=5$。

加法用结合律定义：$3+2=3+(1+1)=(3+1)+1=4+1=5$。 这就是数手指的顺序。

乘法用 $0\times a=0$，$1\times a=0$ 与分配律来定义：

$$3\times a=(1+1+1)\times a=1\times a+1\times a+1\times a=a+a+a,$$

这就是小学课本说的：几个相同加数连加的简便算法叫做乘法。

3. 乘法公理

(1) 任意自然数 m 满足 $0\cdot m=0$；

(2) 任意自然数 m，n 满足 $n'\cdot m=n\cdot m+m$。

公理(1) $0\cdot m=0$ 是大家熟悉的，是乘法的起点。

已经定义了加法 $n+1=n'$，公理(2)就成为 $(n+1)\cdot m=n\cdot m+m$。

取 $n=0$，并将 $0\cdot m=0$ 代入得 $1\cdot m=(0+1)\cdot m=0\cdot m+m=0+m=m$。

进一步有 $2\cdot m=(1+1)\cdot m=1\cdot m+m=m+m$；

$3\cdot m=(2+1)\cdot m=2\cdot m+m=(m+m)+m$。

依次类推可得 $n\cdot m=\underbrace{m+\cdots+m}_{n\text{个}m}$，是 n 个相同加数 m 连加的和。

与小学算术中正整数乘法定义"几个相同加数连加的简便算法叫做乘法"一致。

以上的"依次类推"的严格叙述应当用数学归纳法：

当 $n=0$ 时，由乘法公理 (1) 知 $0 \cdot m = 0$ 是 0 个 m 之和。

归纳假设 $n \cdot m = \underbrace{m + \cdots + m}_{n \text{个} m}$，则由乘法公理 (2) 得

$$(n+1) \cdot m = n \cdot m + m = \underbrace{(m + \cdots + m)}_{n \text{个} m} + m = \underbrace{m + \cdots + m}_{n+1 \text{个} m},$$

根据数学归纳法原理，$n \cdot m = \underbrace{m + \cdots + m}_{n \text{个} m}$ 对所有的自然数 n 成立。

注　所有的"依此类推"都可以用数学归纳法叙述。在此我们就不详细叙述了。

按照这样的定义，既有 $0 \cdot m = 0$，也有 $m \cdot 0 = \underbrace{0 + \cdots + 0}_{m \text{个} 0} = 0$。

既有 $1 \cdot m = m$，也有 $m \cdot 1 = \underbrace{1 + \cdots + 1}_{m \text{个} 1} = m$。

$1 \cdot n = n$ 是 1 个 n 之和，当然就是 n。$n \cdot 1 = 1 + \cdots + 1$ 是 n 个 1 之和，当然也是 n。

分配律　乘法公理 (2) $(n+1) \cdot m = n \cdot m + m = n \cdot m + 1 \cdot m$ 是分配律的特殊情形。

归纳假设自然数 k 满足 $(n+k) \cdot m = n \cdot m + k \cdot m$，则由乘法公理 (2) 得

$(n+k+1) \cdot m = (n+k) \cdot m + m = n \cdot m + k \cdot m + m = n \cdot m + (k+1) \cdot m$。

由数学归纳法原理知 $(n+k) \cdot m = n \cdot m + k \cdot m$ 对任意 k 成立，即**分配律成立**。

交换律与结合律　分配律可以推广到任意多个数之和与自然数的乘积：

$$n \cdot (a_1 + \cdots + a_m) = n \cdot a_1 + \cdots + n \cdot a_m。 \tag{1}$$

取 $a_1 = \cdots = a_m = k$，则 $a_1 + \cdots + a_m = m \cdot k$，$n \cdot a_1 = \cdots = n \cdot a_m = n \cdot k$。等式 (1) 成为

$$n \cdot (m \cdot k) = \underbrace{n \cdot k + \cdots + n \cdot k}_{m \uparrow n \cdot k} = m \cdot (n \cdot k)。 \tag{2}$$

取 $k=1$ 得 $n \cdot m = m \cdot n$ 对任意自然数 m、n 成立,即**交换律成立**。

由交换律得等式(2)左边 $= n \cdot (k \cdot m) =$ 右边 $= (n \cdot k) \cdot m$,即**结合律成立**。

四、为什么要刨根问底

为什么要介绍和解读皮亚诺公理? 为什么 $1+1=2$ 还要刨根问底? 是为了让你把自然数及其运算再发明一遍吗? 人类已经发明出来了,不需要你把它再发明一遍。现在所有的教材和课堂教的知识都是人类已经发明出来了的东西,都不需要学生把它们重新发明一遍。

不需要学生重新发明这些知识,但学生需要应用这些知识来解决问题。因此,教材和课堂就教了很多应用案例。是不是为了让学生学了之后用完全相同的方法和步骤去解决完全相同的问题? 也许是有学生以后的工作是完全重复课堂上的过程,但很少。正如在医学院学医,以后遇到的病人就不会与课本上的病人完全相同。即使你学习的目的是应付高考,教材和课堂上学的问题和解答也不会与你将要参加的高考试卷上的题目完全相同。

很多人抱怨自己"学非所用""用非所学",学校学的公式以后都用不到。其实,所有的教育都只能是"学非所用""用非所学"。好比你每天早晨到操场练习跑步,却发现你的锻炼都是"学非所用",你以后的"所用"是走遍天下的千山万水,而不是跑你早晨锻炼的那个操场的跑道。你在操场跑的那些路都白跑了? 以后要走千山万水,但早晨跑操场跑道并没有白跑。跑操场锻炼了你的体力,以后才走得动千山万水。跑操场是模拟走千山万水。以后要做高考题,现在做那些高考不考的题也是模拟,提高了解题能力,以后才有可能做得动高考题。这也好比吃下去的饭菜不是直接长成身上的器官,而是经过消化变成所需要的能量,并且补充或更新某些器官的某些部分。

介绍和解读皮亚诺公理,不是需要你把自然数再发明一遍,也不是需要你用皮亚诺公理来解决什么问题,或者是在高考题目中要考,而是把皮亚诺公理当作一个操场,模拟发明创造。在这个操场模拟发明自然数,再到另外的操场模拟发明分数、负数、无理数、虚数、求根公式、尺规作图,提高解决问题的能力。以后才能走遍千山万水,真正发明出人类没发明过的东西。也不需要把所有的操场都跑一遍。无论哪个操场都有锻炼效果,你喜欢哪个就到哪里锻炼。所以,如果你不喜欢这个操场,不学皮亚诺公理,换个操场学一下分数或者负数,也有锻炼效果。但是,操场一定要用自己的两条腿跑一遍,而不要坐在车上兜风,兜风不能锻炼自己的腿。也就是说:不需要你把皮亚诺公理背熟,而要体会它的论证方式,不必完全重复它的步伐,最好能走出自己的步伐,只要走得通都可以。

需要体会的论证方式,并不在于具体的技巧,而是一个根本的思想方法:用最简单显然的基本原理解释复杂纷纭的现象,制定合理的操作方法。这些基本原理通常都是人类早就发现早就总结出来了的,你只能乖乖服从,但可以灵活应用来解决新问题。不过,绝不要指望"探究"几个案例就把它们推翻。有个简单的案例:前几年有个人号称他发明了"水变油"的新技术,采用某种神奇的催化剂可以从水中提取出氢,用氢燃烧来代替汽油。很多人还信以为真。我们不必管他的"催化剂"有多么神奇,他的技术细节有多么复杂,只问他一个问题就够了:水变氢的能量从哪里来?我们只笃信一条简单的科学原理:能量守恒定律!氢燃烧的能量可以推动汽车,氢燃烧了又变成水。反过来,水变成氢就需要能量。他说可以靠催化剂把水变成氢。催化剂有能量吗?我不是学化学的,但从中学化学中知道的简单的常识是:催化剂只能加速化学反应,经过化学反应之后自身不变。自身不变就是不会放出能量。水变氢的能量就没有来源。但有些人骨子里不相信能量守恒定律,而相信他们所谓的"探究"方法,以为做几个实验就可以探究出新发明新创造。这个方法的老祖宗是守株待兔成语故事里的那个"农夫",根据上一只兔子撞死在树上的案例推测出下一只兔子也会撞死。现在改名为"不完全归纳法",有部分人认为这就是"探究",典型例子就是:量得几个三角形的内角和是 $180°$,就断言"我们发现"所有的三角形内角和都是 $180°$;根据 $5>3$,而 $5+2>3+2$,$5-2>3-2$,就验证了"如果 $a>b$,那么 $a+c>b+c$"。我没有调查过那些支持水变油项目的人读书时是否经历过这种训练,也无法确认这种训练对他们的思维方式的影响。但他们不相信能量守恒定律而相信"水变油"的案例,与这种所谓的"探究"的逻辑确实非常类似。再联想到时髦用语"科学不能解释""高手在民间"对最基本的科学常识的藐视,而这种藐视在网络"民间"深受欢迎,不由得让我深感忧虑。希望尽量普及他们真正科学的思维方式:用最简单的科学原理解释各种复杂现象的简单本质。

3.2 数列造新数

一、个位数造多位数

自然数有无穷多个。不可能用无穷多个不同符号代表这无穷多个不同的自然数。

一个聪明的办法:前若干个自然数用不同的符号 0,1,2,3,4,5,6,7,8,9 表示,称为**个位数**。下一个 $9+1=x$ 用另一个符号 x 表示。x 与个位数做加法与乘法得出全体自然数。

加法与乘法按运算律进行,除了 $9+1=x$ 之外不需要另外的规定。

x 的下一个自然数是 $x+1$。再下一个是 $(x+1)+1=x+(1+1)=x+2$。依次加 1 得 $x+3$,$x+4$,$\cdots$,$x+9$。再下一个是 $(x+9)+1=x+(9+1)=x+x=2x$。

一直加到 $9x+9$,再下一个 $(9x+9)+1=9x+(9+1)=9x+x=(9+1)x=x\cdot x=x^2$。

这个过程可以一直进行下去,得到的全体 $A=a_nx^n+\cdots+a_1x+a_0$ 就代表了全部自然数,其中 a_0,a_1,$\cdots$,a_n 可以取任意个位数,A 是以 x 为字母、以个位数为系数的全部多项式。两个自然数做加法与乘法可以按运算律及 x 的定义 $9+1=x$ 进行。

> **例 1** $A=3x^3+5x+2$，$B=9x^2+2x+4$，$C=9x^2+5x$。求：
>
> (1) $A+B$；(2) $A+C$。

解   (1) $A+B=(3x^3+5x+2)+(9x^2+2x+4)$

$$=3x^3+9x^2+(5+2)x+(2+4)$$

$$=3x^3+9x^2+7x+6。$$

竖式

$$
\begin{array}{r}
3x^3 \qquad +5x+2 \\
+)\qquad 9x^2+2x+4 \\
\hline
3x^3+9x^2+7x+6
\end{array}
\qquad
\begin{array}{r}
3052 \\
+)\quad 924 \\
\hline
3976
\end{array}
$$

解读   多项式的加法就是合并同类项：先利用加法结合律与交换律将同类项相加，再利用分配律将同类项系数相加。这里的系数是个位数。只要相加仍是个位数，就完全没有用到 x 的特殊性质 $9+1=x$，与代表任意数的 x 的多项式运算没有区别。只有当个位数相加超过 9，才需要将 $9+1=x$ 代入。

竖式的加法需要将同类项上下对齐，以便将系数相加。本题的 A 没有 2 次项，2 次项系数就是 0，加法竖式中 A 的二次项就是空白，B 的二次项相加对准的同类项是空白，加空白就是加 0，相加之后不变。A 有 3 次项，B 没有，B 的三次项系数就是 0，竖式中 A 的 3 次项加 B 的空白，相加之后也不变。每个非零多项式都有最高次的非零项，比它更高次的各项系数都是 0。如果需要与别的多项式合并同类项，都用这项系数 0 去相加。

多项式的加法都是同类项系数相加，字母的幂不参加运算，它们的作用只是标出各系数的位置，同位置的系数才能相加。因此可以把字母的幂略去不写，将系数排成数列$(a_n，\cdots，a_1，a_0)$来表示多项式 $a_n x^n+\cdots+a_1 x+a_0$。多项式的各项有两种排列顺序：升幂与降幂。这里是按降幂排列，从左到右的幂次依次降低，常数项在最右端。系数在数列中的排列也是降幂排列。我们反过来看成从右往左的升幂排列：从右端的常数项（零次项）a_0 开始往左依次排列 1 次项，2 次项……一直到最高次非零项系数 a_n。当多项式表示多位数时，系数都是个位数，每个数字表示一项。因此可以将数列各项之间的逗号都省

略掉,不会引起误解。从右到左各项的位置依次称为个位、十位、百位、千位、万位……。如本题中

$$A = 3x^3 + 5x + 2 = 3\,052,\ B = 9x^2 + 2x + 4 = 924。$$

注意 A 中没有 2 次项,是因为 2 次项系数为 0,写成数列 3 052 不能省略百位的 2 次项系数 0,如果省略成 352,千位的 3 次项系数 3 就成为百位,被误认为 2 次项系数了。但是 3 052、924 的最高次项系数左边的各项系数都是 0,都被省略了。

两数相加 $A + B = 3\,052 + 924$ 就是合并同类项,前面的加法竖式中将它们的右端的个位数字上下对齐,十位、百位的同类项系数也都上下对齐相加。但 $A = 3\,052$ 有千位数字 3,而 $B = 924$ 没有千位数字,千位是空白。空白就是 0,仍可以与 A 的千位数字 3 做加法得 $3 + 0 = 3$。 加法竖式中凡是一个数字加空白直接把这个数字掉下来作为答案,就完成了加法。

(2) $A + C = (3x^3 + 5x + 2) + (9x^2 + 5x)$

$\qquad = 3x^3 + 9x^2 + (5 + 5)x + 2$

$\qquad = 3x^3 + 9x^2 + xx + 2$

$\qquad = 3x^3 + (9 + 1)x^2 + 2$

$\qquad = 3x^3 + x^3 + 2 = 4x^3 + 2。$

竖式

$$
\begin{array}{r}
3x^3 \quad\quad + 5x + 2 \\
+)\quad\quad 9x^2 + 5x \\
\hline
3x^3 + 9x^2 + xx + 2 \\
= 4x^3 \quad\quad\quad\quad + 2
\end{array}
\qquad
\begin{array}{r}
3052 \\
+)\quad 950 \\
\hline
39^102 \\
= 3^1002 = 4002
\end{array}
$$

解读 $A + C$ 仍是从右到左对齐相加,与 $A + B$ 的区别是:十位数字(1 次项系数)$5 + 5 = 5 + (4 + 1) = (5 + 4) + 1 = 9 + 1 = x$ 相加大于 9,一次项相加 $5x + 5x = xx = x^2$ 变成了 2 次项,与原来的 2 次项 $9x^2$ 相加:$9x^2 + x^2 = (9 + 1)x^2 = xx^2 = x^3$ 又把 2 次项加成了 3 次项。用系数列表示就是 $50 + 50 = 100$,十位数字变成 0,产生百位数字 1 去与原来的百位数字 9 相加,这就是进位,相加结果 $900 + 100 = 1000$ 又得到一个 1 进位到千位,与原先的千位数字 3 相加

得 4，也就是 $3\,000+1\,000=4\,000$。

之所以发生进位，是因为个位数对于加法不封闭，没有 $9+1$。因此另外规定了一个符号 x 来代表 $9+1$。$x=10$ 是一次项，变成了两位数，因此需要进位。个位数做乘法更不封闭，例如 $2\times9=x+8=18$，$9\times9=8x+1=81$，更要发生进位。如果多项式的系数范围对于加法与乘法封闭，多项式中的字母 x 与系数就没有这样的特殊关系。例如，多项式的系数范围是全体自然数、全体整数、全体有理数、全体实数或全体复数，就都不需要进位，字母 x 与系数没有任何特殊关系，就可以代表任意数。

例 2　$A=3x^{3}+4x+2$，$B=2x+3$。求 $A\times B$。

解　$\begin{aligned}A\times B&=(3x^{3}+4x+2)\times(2x+3)\\&=(3x^{3}+4x+2)\times2x+(3x^{3}+4x+2)\times3\\&=(6x^{3}+8x+4)x+9x^{3}+(x+2)x+6\\&=(6x^{4}+8x^{2}+4x)+(9x^{3}+x^{2}+2x+6)\\&=6x^{4}+9x^{3}+(8+1)x^{2}+(4+2)x+6\\&=6x^{4}+9x^{3}+9x^{2}+6x+6\end{aligned}$

竖式

$$
\begin{array}{r}
3x^{3}\qquad +4x+2\\
\times)\qquad\qquad 2x+3\\
\hline
9x^{3}+\ x^{2}+2x+6\\
+)\ 6x^{4}\qquad +8x^{2}+4x\qquad\\
\hline
6x^{4}+9x^{3}+9x^{2}+6x+6
\end{array}
$$

$$
\begin{array}{r}
3042\\
\times)\qquad 23\\
\hline
9126\\
+)\quad 6084\\
\hline
69966
\end{array}
$$

乘法法则已经被运算律完全限定了，不可能有另外的法则：按分配律展开；按交换律和结合律将单项式的系数相乘，幂指数相加；然后再合并同类项。与多项式运算不同的是：当系数乘法或加法超出系数范围，需要用 $9+1=x$ 将低次项变成高次项，也就是进位。这是因为，用多项式表示自然数，其中的字母 x 不是任意取值的变量，而是常数。多位数就是当字母 x 取常数值 $9+1$ 的时候多项式的取值。

小学算术当然不讲多项式运算,而是用多项式 $a_n x^n + \cdots + a_1 x + a_0$ 的系数列 $A = (a_n, \cdots, a_1, a_0)$ 来表示多位数。系数列的运算代表多项式运算。因此需要将多项式 $A = a_n x^n + \cdots + a_1 x + a_0$ 与 $B = b_m x^m + \cdots + b_1 x + b_0$ 的运算翻译成系数列 $A = (a_n, \cdots, a_1, a_0)$,$B = (b_m, \cdots, b_1, b_0)$ 的运算。

(1) **加法**。同一位置的系数相加:

$$A + B = (\cdots, a_i + b_i, \cdots, a_1 + b_1, a_0 + b_0)。$$

(2) **系数乘数列**。系数乘数列各项:

$$Ab = (a_n, \cdots, a_1, a_0)b = (a_n b, \cdots, a_1 b, a_0 b)。$$

(3) **乘法移位**。$(1, 0)$ 乘数列,将数列右端添 0,原来各项左移一位:

$$A(1, 0) = (a_n, \cdots, a_1, a_0)(1, 0) = (a_n, \cdots, a_1, a_0, 0)。$$

法则(1)(2)就是向量加法及向量乘常数的法则。只不过几何向量坐标只限于 2 维与 3 维数组。自然数却需要用任意维数的数组才能表示。

法则(3)就是自然数 10 乘任何自然数的法则。例如 $3\,042 \times 10 = 30\,420$。

如果把数列重新写回多项式,则 10 就是 x,x 乘多项式将多项式每项 $a_k x^k$ 变成 $(a_k x^k)x = a_k x^{k+1}$,升高一次,系数不变。就是将系数 a_k 左移一位。

$10 = 1 \times 10$ 由 1 右边添 0 得到。$10^k = 1 \times 10^k = \underbrace{10\cdots0}_{k\text{个}0}$ 等于 1 连乘 k 个 10,右边添 k 个 0 得到。

由此得到任意两个数列 $A = (a_n, \cdots, a_1, a_0)$,$B = (b_m, \cdots, b_1, b_0)$ 的乘法法则:

$$A \cdot B = Ab_m \cdot 10^m + \cdots + Ab_1 \cdot 10 + Ab_0,$$

将 A 分别乘 b_0,b_1,$\cdots$,b_m,再将 Ab_1,$\cdots$,Ab_m 分别乘 10,$\cdots$,10^m,也就是右边分别添 1 至 m 个 0:

$$Ab_0 \qquad = (\qquad\qquad a_nb_0, \cdots, a_2b_0, a_1b_0, a_0b_0),$$

$$Ab_1 \times 10 = (\qquad\quad a_nb_1, a_{n-1}b_1, \cdots, a_1b_1, a_0b_1, 0),$$

$$Ab_2 \times 10^2 = (\quad a_nb_2, a_{n-1}b_2, a_{n-2}b_2, \cdots, a_0b_2, 0, 0),$$

$$\cdots\cdots \qquad\qquad \cdots\cdots$$

$$Ab_m \times 10^m = (a_nb_m, \cdots, a_1b_m, a_0b_m, \underbrace{0, \cdots, 0, 0}_{m个0}),$$

再相加就得 $A \cdot B$。这就是用竖式做多位数乘法的方法。

以上是先规定 $x = 9 + 1$ 再由 x 不断加 1 得到了以个位数为系数的全部多项式,代表了全部自然数,由运算律规定了多项式的加法与乘法。然后再用多项式的系数组代表自然数。发明多位数的历史过程很可能不是这样的。但是历史上的自然规律的摸索经常走弯路,有时候一弯就是几百年上千年。我们现在就不必跟着古人去走弯路了。可以当"事后诸葛亮",吸取前人的经验教训,根据前人总结出来的规律,通过逻辑思考重新设计路线,为以后要走的路提供参考和借鉴。代数领域内最容易掌握的内容就是运算律,既简单易学,而又威力强大,应用范围特别广,值得老师和学生们优先选用和训练。

我们以上的方案就是先用一个字母 x 代表前面十个数字 $0, 1, 2, \cdots, 9$ 里没有的 $9 + 1$。下一步就不再用另一个符号代表 $x + 1$。而是只用 x 与前面十个数字经过加法与乘法得出了以 x 为字母、十个数字为系数的全体多项式,将无穷多个自然数全部代表了。进一步,任意两个多项式的加法与乘法法则也全部得出来了。再进一步,既然多项式运算全部都是系数的运算,字母 x 的不同幂只是标明系数所处的位置,就将系数按位置的顺序排成数列,字母 x 也省略了,转换成系数所处的位置。多项式的运算法则转换成数列的运算法则:(1)加法按位置分别相加;(2)系数乘数列,分别乘数列各数。这两条就是向量的运算法则,不改变系数位置。改变位置的是第(3)条:10 乘多位数,将各位数字左移一位,末位添 0。这一条由字母 x 的乘法性质转换过来:x 乘多项式,将所有各项升一次,系数变成更高一次的系数,因此往左移一位。

用 x 乘多项式之所以把系数左移,是因为将多项式按降幂排列,最低次项(常数项)在最右边。如果是无穷级数 $\cdots + a_nx^n + \cdots + a_1x + a_0$ 没有最高次项,左边无边无际,用省略号表示。写成数列$(\cdots, a_n, \cdots, a_1, a_0)$就是从省略号开始,不符合我们的习惯。通常就反过来将多项式按升幂排列为$a_0 + a_1 x + \cdots + a_n x^n + \cdots$,数列写成$A = (a_0, a_1, \cdots, a_n, \cdots)$,这比较符合习惯。此时$x$由数列$(0, 1, 0, \cdots)$表示,数列$A$乘$x$的结果是$(0, a_0, a_1, \cdots, a_n, \cdots)$,左端添0将各项往右挤了一位。

以上建立多位数的过程,只有一条$9 + 1 = x$是人为规定,其他都被运算律规定了不能改变。规定$9 + 1 = x$是因为用了十个不同符号$0, 1, 2, \cdots, 9$表示前十个自然数。这样建立起来的就是十进位制。但这一条规定可以改。最少可以只用0和1两个不同符号表示前两个自然数。下一个$1 + 1 = x$就用x表示,最终用$10 = 1 + 1$表示,这个10相当于十进位制中的2。这样的进位制叫做二进位制,在计算机里很有用。x可以取大于1的任何自然数,都能得到多位数表示全体自然数。

用十个数字排成多位数,是因为十个数字$0, 1, 2, \cdots, 9$对加法不封闭,$9 + 1$都没有。于是就把十个数字排成数列表示新的数,$9 + 1 = 10$就是第一个新数,是两个旧数1、0排成的新数。十个数字排成的数列就是多位数,对加法与乘法封闭了,任何两个多位数相加或相乘得到的仍是多位数。

也许你觉得,自然数的运算我们早就学会了,再追究这些旧知识的旧理由有什么用?

追究旧知识的旧理由,并不是人类怕把旧知识弄丢了,需要你把它重新发明一遍。而是你需要以旧理由为工具,去解决新问题,创造新知识。

比如,为什么要用十个数字$0, 1, 2, \cdots, 9$排成数列来充当新数?是因为十个数字不够用,加1都不够用:$9 + 1$就不在这十个数字之内。因此需要扩充。旧数排成数列充当新数是一个好办法。新数不知道怎么运算,把它写成多项式就可以用运算律来计算,加法与乘法都会做了。再把多项式写回数列,字母x不写了,将多项式教的运算法则带回来。以上叙述的3条基本运算法则(1)、(2)、(3)就可以推出数列的加法与乘法。(1)教加法:同一位置的系数相加。(2)系数乘数列,分别乘每个位置的数。(3)比较特别,用10乘多位数,个位添0,其他各位左移。10的这个性质大家都熟悉。为何这么算?因为10

就是 x 的系数排成的数列，一次项系数为 1，常数项是 0，所以是 10。x 乘多项式就是把各项的次数都升 1，系数不变，没有常数项。因此是右边添 0，各数字左移一位。

也可以不用十个数字，只用两个数字 0、1 就够了。规定 $1+1=x=10$，其余一切都照旧，用两个数字 0、1 排成数列表示全体自然数。以上三条运算法则（1）、（2）、（3）照旧，只把进位法则改为 $1+1=10$ 就行了。这叫二进位制。算是新知识吧？把多位数运算的理由搞清楚了，由十进位改成二进位就只是 $9+1=10$ 与 $1+1=10$ 的一字之差。之所以用十进制，是因为人类有十个手指，最初是用十个手指"屈指可数"来数数。假如螃蟹进化成智能生物，它可能用八进位制，照样符合科学。而且八进位制相当于三位的二进制，比十进制还先进一点。

自然数对加法与乘法都封闭，很完美了。但对减法与除法不封闭。$0-1$ 不能减，$1 \div 2$ 不能除。怎么办？不需要另起炉灶，只需要"故伎重演"，仍然用旧数排成数列代表新数，仍然把数列写成多项式，用运算律来规定新数的运算，建立起新数的运算系统。

二、正数造负数

自然数对加法与乘法封闭了，对减法与除法仍不封闭。

1. 什么叫减法

小学算术已经讲清楚了：已知两个加数的和及其中一个加数，求另一个加数，这样的运算叫减法。比如，减法 $a-b=x$ 求差 x，就是求 x 满足 $x+b=a$，就是已知 a、b 解方程 $x+b=a$。

对减法另外的解释，比如求 a 比 b 多多少，求 a 减少 b 之后剩多少，都不是减法的定义，而只是减法的应用例。

因此，减法的结果对不对，都用加法来检验。减法也没有自己的运算律，减法的所有运算性质都来源于加法运算律。

比如,由 $3+2=5$ 得 $5-3=2$ 及 $5-2=3$。

2. 消去律

减法的结果 $a-b=x$ 是否唯一? 也就是说:满足 $x+b=a$ 的 x 是否唯一? 是否存在两个不同的数 x、y 同时满足 $x+b=a=y+b$? 换句话就是:从 $x+b=y+b$ 等式两边能否同时消去 b 得到 $x=y$?

自然数的皮亚诺公理(4)规定:不同的数的后继数不同。也就是说,当 $x\neq y$ 时必定有 $x+1\neq y+1$。反过来就是:当 $x+1=y+1$ 时必定有 $x=y$, 1 可以从加法等式两边消去。

既然可以消去1,同理就可以消去2。因为 $x+2=y+2$ 就是 $(x+1)+1=(y+1)+1$。等式两边可以先消去一个1变成 $x+1=y+1$,再消去1变成 $x=y$。

一般地,归纳假设 $x+n=y+n$ 能够消去 n 得到 $x=y$。则 $x+(n+1)=y+(n+1)$ 即 $(x+n)+1=(y+n)+1$ 能够先消去1得到 $x+n=y+n$,再根据归纳假设得到 $x=y$。

由 $x+n=y+n$ 能够消去 n 得到 $x=y$,这条规律叫做**消去律**。形象直观地说,这说明自然数从0开始不断加1留下的"足迹"是一条线路,不会有两条不同线路汇合成一条线路。

$n-m=x$ 定义为 $x+m=n$,就是从 x 前进 m 步到达 n,每一步就是 $+1$。也就是 n 后退 m 步到达 x。这样,x 就是从0都是到 n 途径的驿站。从 x 到 n 的路程 m 不能超过0到 n 的路程 n。比如 $5-3$,从0到5有5步,需要退回来3步,还剩2步回到0,因此 $5-3=2$。但如果要 $3-5$,从0到3只有3步。要求退回来5步。只退了3步就回到0,不能再退了。

为什么0不能再退了? 皮亚诺公理(3)规定"0不是任何自然数的后继"。就是说0是起点,不能再退了。因此不存在 x 满足 $x+1=0$,也就是说 $0-1$ 不是自然数。

3. 生活中的负数

但是,现实生活中有很多 $0-1$ 的例子:$0°$ 是水结冰的温度。但这还不是最低的温度,还可以再下降,再下降 1°称为"零下 1°",记为−1℃。海平面的高度规定为 0 m,但还可以从海平面往下沉,下沉 1 m 的高度称为−1 m。手机缴费已经花光了,余额为 0 元。还可以继续使用,如果又消费了 1 元,余额就是"欠费 1 元",记为−1 元。足球比赛开始,比分为 0,记为(0∶0)。如果你的队输了一个球,比分变成(0∶1),就比 0 低 1 分。

4. 逻辑造负数

现实生活中既然存在比 0 小 1 的数,可以将它记为 x,满足 $1+x=0$。

x 不断与自己相加得到所有的自然数倍 nx,再加自然数 m 得到 $m+nx$,就是 x 的全体一次多项式,系数为自然数。仍可以用系数组 (m, n) 代表多项式 $m+nx$。注意是按升幂排列。常数项(旧数)在最左边。自然数 $m=m+0x=(m, 0)$,右边添 0 或删 0,数值不变。

(1) **加法**。仍是合并同类项:$(m+nx)+(p+qx)=(m+p)+(n+q)x$。系数组同一位置系数相加 $(m, n)+(p, q)=(m+p, n+q)$。

(2) **旧数乘新数**。$k(m+nx)=km+knx$,即 $k(m, n)=(km, kn)$。

(3) **零**。由 $1+x=0$ 得到 $k(1+x)=k+kx=0$。也就是由 $(1, 1)=0$ 得到 $k(1, 1)=(k, k)=0$。

其实这就是足球比分的表示法与算法。足球比分

$$(0∶0)=(1∶1)=(2∶2)=\cdots=(k∶k)$$

都是平局,平局就是 0。

(4) **相反数**。$0=(1, 1)=(1, 0)+(0, 1)$,因此 $(0, 1)=0-(1, 0)=0-1$。

对任意自然数 k,有 $0=(k, k)=(k, 0)+(0, k)$。因此 $(0, k)=0-(k, 0)=0-k$。

自然数里没有哪个数加 1 等于 0。但足球比分有。1 就是你赢 1 球,你踢进对方球门 1 个球。足球比分是 $(1∶0)$。能不能将它抵消变成 0?对方往你的球门踢进 1 个球就抵消了。对方进 1 球就是 $(0∶1)$,两个球相加得 $(1∶0)+(0∶1)=(1∶1)=0$,虽然不是 $(0∶0)$,但 $(1∶1)$ 与 $(0∶0)$ 都是平局,因此都等

于 0。虽然每个球门的进球数只能增不能减,但两个球门的进球数相互抵消,这个球门进球增加就相当于另一个球门进球减少。

数学不能只研究足球,不能设两个球门,但可以参考足球比分的算法,设两个位置,两个数摆到两个位置组成数组,让这两个数相互抵消,$(1, 0) + (0, 1) = (1, 1) = 0$ 就是相互抵消。按照减法的定义,两数和等于 0,其中一数 $(1, 0) = 1$,另一数 $(0, 1) = 0 - 1$ 就是 0 减 1。

大家都熟悉 0 的加法性质 $0 + m = m$ 和 $m + 0 = m$。不过这两个性质的意义不一样。$m + 0 = m$ 是说从位置 m 前进 0 步到达位置 m。前进 0 步就是不动,位置不变。0 表示不动,这个 0 的含义不是人为规定的,是固定不变的。$0 + m = m$ 则是说从 0 位置前进 m 步到达位置 m。只要预先选好了长度单位"步",m 步的意义就是明确的。但什么是"0 位置,m 位置"都是人为规定的。任意规定了一个位置为"0 位置",然后规定从"0 位置"前进 m 步到达的位置叫做"m 位置"。因此,$0 + m = m$ 等式左边的 m 与右边的 m 的含义不同。左边的 m 是前进的距离,是客观存在的。右边的 m 是对位置的描述。不是先规定好了位置才发现正好满足 $0 + m = m$,而是根据 $0 + m = m$ 的要求来确定 m 位置在哪里。因此 $0 + m = m$ 是人为规定的等式,是对 m 位置的定义。反过来,$m + 0 = m$ 是对 0 的定义。而 $0 + m = m$ 中的 0 就不是定义的,是任选的。选好了 0 位置,再根据 $0 + m = m$ 定义 m 位置。

同理,可以利用 $0 - m = -m$ 来定义 $-m$ 位置,就是从 0 后退 m 步到达的位置。满足 $(-m) + m = 0$,从这个位置前进 m 步到达 0 位置。

根据加法交换律,同样有 $m + (-m) = 0$,这就是说从 m 位置前进了 $-m$ 步到达 0 位置。既然 m 位置是从 0 位置前进 m 步到达的位置。要从这个位置回到 0 位置,就应该是沿相反方向前进 m 步到达 0 位置。$-m$ 就表示相反方向前进 m 步,前面的符号"一"就表示与 0 到 m 的方向相反。以 0 到 m 的方向为正方向,m 到 0 的方向与正方向相反,称为**负方向**。

定义　如果两个数 a、b 的和 $a + b = 0$,则称其中每一个是另一个的**相反数**,记 $b = -a$ 表示 b 是 a 的相反数。同时 $a = -b$ 也是 b 的相反数。将 $b = -a$

代入 $a=-b$ 得 $a=-(-a)$。就是说:每个数 a 都是自己的相反数的相反数。这是理所当然的:既然 $-a$ 的定义是 $(-a)+a=0$,这个等式同样也定义了 $-a$ 的相反数是 a,即 $-(-a)=a$。

$-a$ 前面的符号"$-$"来源于减法运算 $0-a=-a$ 中的减号。但只有在减法运算 $0-a$ 中才是减号。等式右边的 $-a$ 前面已经没有被减数 0,说明减法运算已经完成,$-a$ 是减法完成得到的差。a 前面的符号"$-$"已经不是减号,而叫做**负号**。用来表示 a 的相反数。

非零自然数是正数,称为正整数。除了正整数,还有正分数、正无理数都是正数。与正数 a 相加等于 0 的数记为 $-a$,满足 $(-a)+a=a+(-a)=0$,称为 a 的相反数。正数的相反数称为负数。比如 -2,-3 都是负数。但 $-a$ 不一定是负数。只有当 a 是正数时,$-a$ 才是负数。假如 a 本身就是负数,其中藏着一个负号,例如 $a=-1$,则 $-a$ 中除了 a 外面有一个负号,a 内还藏着一个符号,$-a=-(-1)=1$ 就是正数而不是负数。

5. 减法变加法

每个数 b 都有了相反数 $-b$ 满足 $b+(-b)=0$。减法 $a-b$ 就可以通行无阻了。

这是因为:减法 $a-b=y$ 求差 y,就是求 y 满足 $y+b=a$。等式两边加 $-b$ 得

$$y+b+(-b)=a+(-b)。$$

等式左边的 $b+(-b)=0$,因此 $y=y+0=y+b+(-b)=a+(-b)$。就消去了等式 $y+b=a$ 左边的 b,移到右边变成了 $+(-b)$。这就是解方程的一招:移项。要把 b 移走,只需加 $-b$ 将 b 抵消,这个 b 就消失了,另一边多出 $-b$。就是移项变号的法则。法则都是规律推出来的,不是人为制定的。与其背法则,不如背规律。规律都很简单,也很少。法则很多,有的法则还很复杂。与其背很多的复杂法则,不如背很少的简单规律,然后反复使用。

于是减法都可以变成加法:

$$a-b=a+(-b),\quad(\text{减去一个数，就是加上它的相反数})。$$

所有的减法都变成加法，只要会做加法就行了。甚至不需要把 $a-b$ 改写为 $a+(-b)$，只要将 $a-b$ 看成 a 加 $-b$。认为加号省略了，b 前面的"$-$"不是减号而是 b 的负号。比如 $a-b+c-d$ 直接看成 a，$-b$，c，$-d$ 相加，没有减法。这叫**代数和**。

假如 $b=-1$ 是负数，则 $a-(-1)$ 是加上 -1 的相反数 1，因此 $a-(-1)=a+1$。如果你不理解，回到 $a-(-1)=y$ 满足的加法等式 $y+(-1)=a$ 去想，为了把等号左边的 -1 消去，当然应该两边加 1，因此 $y+(-1)+1=a+1$，就是 $y=a+1$。

有的老师问：为什么 $5-3$ 也看成 $5+(-3)$。简单回答是：减法没有自己独立的运算律，变成加法才能用加法的运算律。例如 $5-3$ 不能交换成 $3-5$，写成加法 $5+(-3)$ 就可以利用交换律变成 $(-3)+5$。只要 $5-3$ 的符号"$-$"不看成减号，而看成附属于 3 的负号，就应该跟着 3 交换到前面变成 $(-3)+5$。$5-3=(-3)+5$ 左边没有加号，交换之后怎么多出一个加号了？原先的 $5-3=(+5)+(-3)$ 是正数 $+5$ 与负数 -3 的代数和，负数 -3 前面的加号与正数 $+5$ 的正号都可以省，交换之后就不能省略 5 与 -3 之间的加号 $+$，不能写成 -35，必须写成 $-3+5$。

再讲一下 $5-3$ 与 $5+(-3)$ 的区别。加法始终是前进，$5+3$ 与 $5+(-3)$ 都是从位置 5 出发向前进，脸朝前进方向。假如 5 是原点以东 5 km。$+3$ 就是再往东走 3 km。脸朝东，脚也往东走。$5+(-3)$ 则是往西前进，脸朝西，脚也朝西走 3 km。如果不是走路是开车，$+3$ 就是车头往东，往东开 3 km。-3 就是车头往西，往西开 3 km。加法 $5+3$ 和 $5+(-3)$ 都是问你将要开到哪里。你就往前开，到了哪里就是哪里。

加法是算你未来的位置。减法 $5-3=y$ 是求 y 满足 $y+3=5$。是算你以前的位置 y，问你从哪个位置 y 往东开 3 km 到了现在的位置 5 km。问未来，你就实现未来给他看。问过去，你就从现在的位置 5 km 退回过去的位置 y 给他看。时光不能倒回过去，你可以把你从 y 位置往东开 3 km 到现在位置的录像倒着放回去给他看。你往东开过来当然是车头朝东,录像倒回去,看到的也是车头朝东,但车身往后退回去3km回到 $y=5-3$。如果没有录像,你就模拟表演录像,车头向前,倒车3km,退到 $y=5-3$。减法都是倒车。但交通规则不允许,倒车3km太危险了,不应该允许。怎么办?不需要退回去,掉头往西开回去3km,到达的位置就是与你想要退回去的那个 y。不过,掉头往回开,车头朝着前进方向,这是加法,不是减法。但前进方向与你开过来的3km的方向相反,不是 $+3$ km 而是 -3 km,到达的位置 $y=5+(-3)$ 还是 $y=5-3$。车头朝东往后退是 $5-3$,车头朝西往前开是 $5+(-3)$,到达同一点 y,减法变成了加法。符合交通规则,安全舒适。减法 $5-3=5+(-3)$ 变成加法,好处很明显。

同理,$5-(-3)$ 中的 -3 表示车头往西,减法表示倒退。车头往西而又倒退,就是往东退。不如掉头往东前进,减负数 $5-(-3)=5+3$ 变成加正数。

6. 同号相加

负数是你不熟悉的数,就不要想当然地靠直观感觉去运算,最简单易行的办法是变成你熟悉的正数来运算。怎样变成正数?一是靠现实模型,二是靠逻辑模型。

推荐一个现实模型:足球比赛。$(-3)+(-2)$ 就是上半场输3球,下半场输2球。$3+2=5$,全场输5球,就是 $(-3)+(-2)=-5$。输球数3、2就是绝对值。输了再输,输得更多,负数加负数还是负数。输球数相加就是绝对值相加。

推广到一般,上半场输 a 个球,下半场输 b 个球,全场输 $(a+b)$ 个。

如果上半场赢 a 个球,下半场赢 b 个球,全场当然是赢 $(a+b)$ 个。

两种情况都是 $a+b$,**绝对值相加**。输+输=输,赢+赢=赢,**正负号不变**。

$$(-a)+(-b)=-(a+b), \quad a+b=a+b。$$

同号两数相加,绝对值相加,正负号不变。

输 3 球的足球比分是(0，3)，输 2 球是(0，2)。赢 3 球、2 球分别是(3，0)、(2，0)。相加得

$$(-3)+(-2)=(0,3)+(0,2)=(0,3+2)=-5,$$
$$3+2=(3,0)+(2,0)=(5,0)=5。$$

注意，足球赛比分写成 0∶3，其中"∶"是"比"，也就是"÷"。足球赛可以这样表示，但如果数学写成 $3∶0=3÷0$，$2∶0=2÷0$，那就荒唐了。

所以我们写成数组(0，3)、(0，2)，按数组运算规则进行：同一位置的数相加。

将它看成足球比分，你更容易懂。忘掉它是足球比分，就是两个数排成的数组，那就是逻辑模型。第一位置的数都是正号，第二位置都是负号。同位置相加就是同号相加。大家都习惯于同位置相加，只要认识到同位置就是同号，就可以将"同位置相加"的法则翻译为"同号两数相加的法则"，何必再来死记硬背呢？

7. 异号相加

> **例 3**　计算：(1) $(-3)+3$；　(2) $(-3)+5$；　(3) $(-5)+3$。

解　用足球比赛比分的现实模型来计算。

(1) -3 就是上半场输 3 球，比分(0，3)；3 就是下半场赢 3 球，比分(3，0)。全场比分 $(0,3)+(3,0)=(3,3)$ 把比分扳平了，既不输也不赢，净胜球为 0。因此

$$(-3)+3=(0,3)+(3,0)=(0+3,3+0)=(3,3)=0。$$

按抽象的数组模型，一开始就由 $1+x=(1,1)=0$ 乘任意正数 k 得到了 $k(1,1)=(k,k)=0$。当然(3，3)=0。

(2) $(-3)+5=(0,3)+(5,0)=(0+5,3+0)=(5,3)=(3,3)+(2,0)=0+2=2。$

按足球输赢,赢 5 球与输 3 球,赢得多输得少,总效果是赢。5 个赢球中有 3 个赢球被 3 个输球抵消了,净胜 2 个赢球,因此 $(-3)+5=2$。

更好的解法就是充分利用 $(k,k)=0$ 这个已有知识得出

$$(5,3)=(3,3)+(2,0)=0+2=2。$$

也可将数组运算改写为:

$$(-3)+5=(-3)+3+2=0+2=2。$$

用到同号相加法则 $3+2=5$ 及相反数抵消的法则 $(-3)+3=0$。

(3) $(-5)+3=(0,5)+(3,0)=(3,5)=(3,3)+(0,2)=0+(-2)=-2$。

改写为 $(-5)+3=(-2)+(-3)+3=(-2)+0=-2$。

一般地,任意正数 a 与负数 $-b$ 相加,将它们写成数组相加,再利用 $(a,a)=(b,b)=0$ 得

$$a+(-b)=(a,0)+(0,b)=(a,b)$$
$$=\begin{cases}(b,b)+(a-b,0)=0+(a-b)=a-b, & a\geqslant b,\\(a,a)+(0,b-a)=0+[-(b-a)]=-(b-a), & b>a.\end{cases}$$

改写为:当 $a\geqslant b\geqslant 0$, $a+(-b)=(a-b)+b+(-b)=(a-b)+0=a-b$。

当 $0\leqslant a<b$, $a+(-b)=a+(-a)+[-(b-a)]=0+[-(b-a)]=-(b-a)$,其中 $b-a>0$。

异号两数相加,取绝对值较大的加数的符号,较大的绝对值减去较小的绝对值。

如果异号两数绝对值相等,则它们是相反数,和为 0。

这个法则背起来比较拗口,还不如直接将绝对值大的加数分解出绝对值小的加数的相反数,让它们抵消。剩下的就是所求的和。当正数绝对值更大时,仿照例 3(2) 题得,$(-3)+5=(-3)+3+2=2$;当负数绝对值更大时,依照例 3(3) 题得,$(-5)+3=(-2)+(-3)+3=-2$,都能得出结论。

例 4 计算：(1) $3-5$；(2) $-5-3$；(3) $-5-(-3)$。

解 (1) $3-5=3+(-5)=3+(-3)+(-2)=0+(-2)=-2$；

(2) $-5-3=(-5)+(-3)=-(5+3)=-8$；

(3) $-5-(-3)=-5+3=(-2)+(-3)+3=(-2)+0=-2$。

用的就是三条：$(-a)+a=0$；$(-a)+(-b)=-(a+b)$；$a-b=a+(-b)$。

8. 正负数乘法

我们已经熟悉两个正数相乘。下面只需要搞清楚负数怎么与另一个数相乘。

把每个负数 $-a$ 写成 -1 与正数 a 的乘积。若干个正负数相乘，将其中每个负数提出一个因子 -1，剩下的就全是正数。将提出的所有 -1 相乘，剩下的正数相乘，再将两个乘积相乘。

先证明 $-a=(-1)a$。根据相反数 $-a$ 的定义 $(-a)+a=0$，只要证明 $(-1)a+a=0$，就有 $(-1)a=-a$。我们有

$$(-1)a+a=(-1)a+1a=(-1+1)a=0a=0, \tag{1}$$

因此 $(-1)a=-a$。这个推理过程用到 $1a=a$ 及 $0a=0$，以及乘法对于加法的分配律。

最初的目的是想证明正数 a 乘 -1 变成 a 的相反数 $-a$。但证明的每一步对任何数 a 都成立，不限于正数 a，负数 a 也成立。等式 (1) 中的 a 换成 -1 也成立，即 -1 乘 -1 等于 -1 的相反数：$(-1)(-1)=-(-1)=1$，也就是 $(-1)^2=1$。

将等式 (1) 中的 a 换成 -1 重新计算一遍，就是：$(-1)+1=0$ 两边同乘 -1 仍等于 0，得到关系式 $(-1)(-1+1)=(-1)^2+(-1)=0$ 含有 $(-1)^2$。关系式 $(-1)^2+(-1)=0$ 两边同加 1，抵消左边的 -1 得到 $(-1)^2+(-1)+1=1$，即

$$(-1)^2=1 \quad \textbf{（负负得正）}。$$

两个负数的乘积 $(-a)(-b)=(-1)^2ab=1ab=ab$ 是正数。

更一般地,若干个正负数相乘:$a_1\cdots a_n=(-1)^k|a_1|\cdots|a_n|$,乘积的绝对值等于它们的绝对值的乘积。将其中每个负数写成-1与绝对值的乘积。所有的-1提出来相乘得$(-1)^k$,k 是乘积中负数因子的个数。

当 $k=2m$ 为偶数,$(-1)^k=[(-1)^2]^m=1^m=1$。乘积为正。

当 $k=2m+1$ 为奇数,$(-1)^{2m+1}=(-1)^{2m}(-1)=1\times(-1)=-1$。乘积为负。

非零自然数称为正整数。正整数的相反数称为负整数。自然数与负整数统称整数,它们组成的集合记作 **Z**,对加减乘运算封闭。

9. 负负得正答疑

很多学生和老师甚至"专家"对 $(-1)^2=1$ 感到疑惑不解。我看过两个"专家"还在权威刊物上发表文章讨论 $(-1)^2=1$ 的理由。第一个专家举出实例,第二个专家反驳说"实例不具有代表性"。很对!实例确实不能作为验证的理由。第二个专家作了理论论证,第一个专家说那是循环论证。这话也对。确实不能循环论证。但他们讨论的结果却让我大吃一惊:这个问题还悬而未决,有待继续研究。听起来就像是哥德巴赫猜想那样悬而未决。

我发现,他们疑惑不解的原因,是不知道什么样的话可以充当"负负得正"或者其他数学结论的理由?因为他们只熟悉两种理由:

(1)"我们规定"。这个理由用起来最方便,把学生的嘴巴堵住,脑袋封住,权威说了就是理由,不必问理由,不必想理由。谁是"权威"?数学家、教材编者、老师,在学生面前都是权威。

(2)"我们发现"。举几个例子观察一下,就验证了一个结论,适用于无穷多个例子。就好比守株待兔的农夫看见一只兔子撞死在树上,就"发现"以后还会有更多的兔子也要撞死在这棵树上。守株待兔的"探究"方法,现在叫做"不完全归纳法"。有的教材用来解释 $(-1)^2=1$:

$(-1)\times2=-2 \rightarrow (-1)\times1=-1$:乘数 2 减少 1 个变成 1,乘积$-2$变成$-1$,增加 1。

$(-1) \times 1 = -1 \rightarrow (-1) \times 0 = 0$：乘数 1 减少 1 个变成 0，乘积 -1 变成 0，增加 1。

$(-1) \times 0 = 0 \rightarrow (-1) \times (-1) = ?$　乘数 0 减少 1 个变成 -1，乘积 0 也应该增加 1 个变成 1。因此 $(-1) \times (-1) = 1$。

为什么前两次增加 1，下一次也该增加 1？不能观察这几只兔子就得出结论。需要有理由来验证。最常规的验证是用字母运算。看乘积 $(-1)y$ 中的 y 减少 1 变成 $(-1)(y-1)$ 之后，乘积是不是增加 1。为此，将它们相减得

$$(-1)(y-1) - (-1)y = (-1)(y-1-y) = (-1)(-1),$$

如果能证明这个差等于 1，就证明了他所说的这个规律。本来目的是要用这个规律来证明 $(-1)^2 = 1$，反而需要用 $(-1)(-1) = 1$ 来证明这个规律，陷入了循环论证。说明此路不通。

什么话才能充当数学命题的理由，而又能避免循环论证？从人类经过长期实践和研究发现和验证的规律出发，尤其是从那些简单易懂的规律出发，来解决你的问题，论证你的结论。

例如，算术和代数中最可以放心使用又容易掌握的理由就是运算律。小学和初中就学过：加法与乘法的交换律、结合律、分配律，加法中的 0 的定义 $a + 0 = a$（特别是 $0 + 0 = 0$），初中学了的相反数 $-a$ 的定义 $(-a) + a = 0$，乘法中的 1 的定义 $1 \cdot a = a$ 和 0 的性质 $0 \cdot a = 0$，倒数 $\dfrac{1}{a}$ 的定义 $a \cdot \dfrac{1}{a} = 1$。从运算律出发，就能够避免循环论证。

但要注意：新定义的运算，如向量的加法、数乘、内积、外积，必须由它们的几何定义，根据某些几何定理证明它们满足运算律，再利用运算律进行运算证明别的几何命题，但不能用运算律证明推出向量运算律的那些几何定理。

以上论证 $(-1)^2 = 1$ 的关键步骤是：从相反数的定义 $(-1) + 1 = 0$ 出发，两边同乘 -1 得到 $(-1)^2 + (-1) = 0$，这两个等式说明 1 与 $(-1)^2$ 都是 -1 的相反数。因此它们相等。

这个推理用到三条运算律：

(1) 相反数的定义 $a+(-a)=0$。由 -1 是 1 的相反数得等式 $(-1)+1=0$，这也说明 1 是 -1 的相反数。同乘 -1 得到 $(-1)^2+(-1)=0$ 说明 $(-1)^2$ 也是 -1 的相反数。

怎样证明 -1 的这两个相反数 $(-1)^2$ 与 1 相等？在等式 $(-1)^2+(-1)=0$ 两边同加 -1 的相反数 1 将 -1 抵消掉，就得到 $(-1)^2=1$。其实这就是移项：把 $(-1)^2+(-1)=0$ 左边的 -1 移到右边，变号成为 1。移项的理论基础就是等号两边同加所要移动的项的相反数。

(2) 0 乘任何数等于 0。因此 $(-1)+1=0$ 同乘 -1 之后右边仍等于 0。

$0a=0$ 是 0 的乘法性质。但这条性质可以由 0 的加法性质 $0+a=a$ 及分配律推出来：$0a+0a=(0+0)a=0a$，其中 $0+0=0$ 是 $0+a=a$ 的最重要特例。

另一条更重要的性质是：0 加任何数 a 等于 a 本身：$0+a=a$，这是 0 的定义。特别地，$0+0=0$。只要 $a+a=a$，根据加法消去律从等式两边各消去一个 a，就得到 $a=0$。

由 $0+0=0$ 及分配律得出 $0a+0a=(0+0)a=0a$。由加法消去律在等式 $0a+0a=0a$ 两边各消去一个 $0a$ 得 $0a=0$。

(3) 乘法分配律。$(-1)+1=0$ 两边同乘 -1，左边等于 $(-1)(-1+1)=(-1)^2+(-1)$ 就用到分配律。

自然数乘法满足分配律，是由皮亚诺乘法公理推出来的。可以先推出 $n\cdot m=\underbrace{m+\cdots+m}_{n\uparrow m}$ 再推出分配律。也可以先规定分配律再由分配律推出

$$n\cdot m=(\underbrace{1+\cdots+1}_{n\uparrow 1})\cdot m=\underbrace{1\cdot m+\cdots+1\cdot m}_{n\uparrow 1\cdot m}=\underbrace{m+\cdots+m}_{n\uparrow m}。$$

但是，把 $n\cdot m$ 定义成 n 个相同加数 m 的和，只适用于自然数 n。在抽象代数中，既有加法也有乘法的运算系统叫做环，直接要求分配律成立。如果不成立，就不准叫乘法，不准叫环。

数的乘法还满足结合律和交换律。但矩阵乘法不满足交换律，向量的外

积不满足结合律。但只要运算系统既有加法也有乘法,乘法一定满足分配律。

负负得正的现实模型。 模型就是具体实例,不能作为证明,但可以帮助理解和应用。

(1) **平移与旋转。** 退步再退步,负加负更负。后转两次转向前,负负为正很显然。

平移。 "退步再退步":先退一步再退一步,代表 $(-1)+(-1)=-2$。"负加负更负"就是退了再退,退得更多,就是绝对值相加。这是两个负数同号相加的法则 $(-a)+(-b)=-(a+b)$。

这个法则也可以由分配律来理解: $(-a)+(-b)=(-1)a+(-1)b=(-1)(a+b)=-(a+b)$。当 a、b 为正时这是同号相加法则,但由于是运算律推出来的,a、b 不是正数时也成立。

旋转。 乘 -1 就是向后转 $180°$。乘 $(-1)^2$ 就是"后转两次",转两个 $180°$ 就是转 $360°$ 回到原方向,相当于乘 1。这解释了 $(-1)^2=1$。

进一步还可以将 -1 开平方,就是转 $180°$ 的一半,转 $90°$ 就是 -1 的平方根,记作 i。$i^2=-1$ 有另一句诗:左转两番朝后方。左转 $=$ 逆时针转 $90°$。两番 $=i^2$,朝后方 $=-1$。整个这句诗就是逐字解释 $i^2=-1$。

为什么要用加法表示平移,乘法表示旋转,而不是反过来用乘法表示平移,加法表示旋转?平移是平面上的变换,变换的合成都可以用加法表示,因此可以用加法表示平移。旋转就是角度相加,因此乘法可以表示旋转。但是如果既要表示平移也要表示旋转,旋转是平面上的线性变换,保持向量加法,用乘法表示旋转满足对于加法的分配律。如果反过来用乘法表示平移,加法表示旋转,就不满足分配律。这就不能叫做乘法。

(2) **足球比分。** 足球比分 $(1:0)=1$ 表示主场队赢 1 球,$(0:1)=-1$ 是主场队输 1 球。站在客场队的立场,你的 $(1:0)=1$ 就是他的 $(0:1)=-1$,你的 $(0:1)=-1$ 就是他的 $(1:0)=1$。改变立场就是乘 -1,你的 -1 就是他的 $(-1)(-1)=1$,你输就是他赢,这就是负负得正。

(3) **数轴旋转。** 直线上建立数轴,每个点 P 表示一个实数 x。将数轴绕原点 O 旋转 $180°$,正半轴旋到负半轴,正数 x 的点 P 旋到负数 $-x$ 的点 P',

乘了－1。负数－x的点P'旋到哪里去了？当然是正数x的点P。对称点P与P'互换位置,就是乘－1。正变成负,负变成正。你不能只把正变到负,负留在原地与你重合吧？这里的一条基本原则还是:相反数同乘一数之后仍是相反数。因此当正变成负,负就必须变成正,才能保持继续是相反数。

（4）**倒车入库**。如图 3-2-1,汽车倒车,右侧后视镜看见自己的后轮离右侧边线很近了。继续倒车就会压线。想要继续倒车时往左离开边线,避免压线,方向盘应该往左还是往右?

图 3-2-1

倒车与前进是相反的。后视镜中看到的镜像与现实也相反。反了两次就是负负得正。你把后视镜中看见的后轮想象为前轮,镜中的景象看成真实的情况。右侧边线在你的右前方,车轮要往左转才能左偏离开边线,因此方向盘应该往左转。

三、整数造分数

自然数对减法不封闭,我们利用$1+x=0$引入$x=-1$,进而引入负整数$bx=-b$,将自然数集合扩充为整数集合,对加减乘运算封闭。

但是,自然数集合与整数集合对于除法都不封闭,还需要扩充。

1. 什么叫除法

已知两个数b、x的乘积a及一个因数b,求另一个因数x满足$b\cdot x=a$,这样的运算叫除法。

有的中小学老师问我:学生很难理解$8\div\dfrac{2}{3}$,怎么给学生解释?

我反问:学生理解$8\times\dfrac{2}{3}$吗?

他回答:$8\times\dfrac{2}{3}$能理解,就是把8平均分成3份,求其中的2份。除以$\dfrac{2}{3}$该分成几份,占几份,就说不清楚了。

我说:为什么一定要分成几份呢? $8 \div \frac{2}{3}$ 就是找一个数乘 $\frac{2}{3}$ 等于 8。很容易找:先找 $\frac{3}{2}$ 乘 $\frac{2}{3}$ 等于 1,它的 8 倍 $8 \times \frac{3}{2}$ 乘 $\frac{2}{3}$ 就等于 8 了嘛。

他说:除法的本质是等分。比如 $8 \div 2$ 就是把 8 平均分成 2 份,求其中 1 份。所以要看它是分成几份。

我说:除法的本质不是等分,而是乘法。等分只是案例,不是本质。等分之所以用除法,是因为每份个数乘份数等于总数。$8 \div 2$ 就是找一个数乘 2 等于 8。由乘法口诀"二四得八"知道 $8 \div 2 = 4$。有些人在网上编了很多除法口诀让学生背,$2 \div 1 = 2$,$3 \div 1 = 3$ 也要背,荒唐至极。

2. 除数不能为 0

这不是人为规定,而是规律的规定。

如果 $a \div 0 = x$,按除法定义就是 $0x = a$。必须按这个规定找 x 满足要求。

运算律规定 $0x = 0$。要满足 $0x = a$,就必须 $a = 0$。当 $a \neq 0$ 时就无解,$a \div 0$ 无意义。

$0 \div 0 = x$ 就是要找唯一的 x 满足 $0x = 0$。但所有的 x 都满足 $0x = 0$,就是说 $0 \div 0$ 等于所有的数 x,答案不唯一,因此也无意义。

3. 倒数

参照引入负数时的足球比分 (a, b) 的算法,由

(1) $(a, b) + (c, d) = (a + c, b + d)$; (2) $a = (a, 0)$; (3) $(b, b) = 0$。

得到 $0 = (b, 0) + (0, b) = b + (0, b)$,得到 $(0, b) = 0 - b = -b$;

差 $a - b = x$ 满足 $x + b = a$。两边同加 $-b$ 得 $x = a + (-b)$。即 $a - b = (a, b)$。

现在需要对 $b \neq 0$ 求 $a \div b = x$ 满足 $x \cdot b = a$。

只要找到 β 满足 $b \cdot \beta = 1$。在 $x \cdot b = a$ 两边同乘 β 就得到 $x = a \cdot \beta$ 满足

$(a \cdot \beta) \cdot b = a \cdot (\beta \cdot b) = a \cdot 1 = a$。

仿照足球比分引入负数的算法，只不过将加法变成乘法，0 变成 1。得：

$(1')$ $(a, b) \cdot (c, d) = (ac, bd)$； $(2')$ $a = (a, 1)$； $(3')$ $(b, b) = 1$。

$1 = (b, b) = (b, 1) \cdot (1, b) = b \cdot (1, b)$。

要求 $a \div b = x$ 满足 $x \cdot b = a$，两边同乘 $(1, b)$ 得 $x \cdot b \cdot (1, b) = a \cdot (1, b)$。由 $b \cdot (1, b) = 1$ 得 $x = a \cdot (1, b) = (a, 1) \cdot (1, b) = (a, b)$，满足 $x \cdot b = (a, b) \cdot (b, 1) = (ab, b) = (a, 1) \cdot (b, b) = a \cdot 1 = a$。因此 $(a, b) = a \div b$。

将满足性质 $(1')$、$(2')$、$(3')$ 的数组 (a, b) 用一个专门的记号，改写为 $\dfrac{a}{b}$，则

$(1')$ $\dfrac{a}{b} \cdot \dfrac{c}{d} = \dfrac{a \cdot c}{b \cdot d}$； $(2')$ $a = \dfrac{a}{1}$； $(3')$ $\dfrac{b}{b} = 1$。

$\dfrac{a}{b}$ 是我们熟悉的分数，$(1')$、$(2')$、$(3')$ 是我们熟悉的分数性质。由此推出分数的更多性质：

分数的基本性质 $\dfrac{a}{b} = \dfrac{ac}{bc}$，$b \neq 0$。 $\left(\text{理由：} \dfrac{a}{b} = \dfrac{a}{b} \cdot 1 = \dfrac{a}{b} \cdot \dfrac{c}{c} = \dfrac{ac}{bc}\text{。}\right)$

这是分数约分与通分的依据。

倒数 $\dfrac{a}{b} \cdot \dfrac{b}{a} = \dfrac{ab}{ba} = 1$，$\dfrac{b}{a}$ 与 $\dfrac{a}{b}$ 互为对方的**倒数**。

除法 $\dfrac{a}{b} \div \dfrac{c}{d} = x$ 满足 $x \cdot \dfrac{c}{d} = \dfrac{a}{b}$。两边同乘 $\dfrac{d}{c}$ 得 $x \cdot \dfrac{c}{d} \cdot \dfrac{d}{c} = \dfrac{a}{b} \cdot \dfrac{d}{c}$。

即 $x = \dfrac{a}{b} \cdot \dfrac{d}{c}$。

检验 $\dfrac{a}{b} \cdot \dfrac{d}{c} \cdot \dfrac{c}{d} = \dfrac{a}{b} \cdot 1 = \dfrac{a}{b}$。因此 $\dfrac{a}{b} \div \dfrac{c}{d} = \dfrac{a}{b} \cdot \dfrac{d}{c}$。

除以一个非零数，等于乘它的倒数。

加法   我们会做整数加法，也会做分数的乘法，但不会做分数加法。谁来教我们做分数加法？不需要教，利用分配律把分数加法转化成整数加法和分

数乘法。分配律、整数加法、分数乘法都是旧知识,组合起来就能完成新任务。怎样转化? 各个加数都是分数,利用分配律提走一个公共的分数因子,让剩下的加数都是整数,就会做加法了。再把提走的分数因子乘回来,就完成了分数加法。

例5 求 $\dfrac{a}{c}+\dfrac{b}{c}$。

解 $\dfrac{a}{c}+\dfrac{b}{c}=a\cdot\dfrac{1}{c}+b\cdot\dfrac{1}{c}=(a+b)\cdot\dfrac{1}{c}=\dfrac{a+b}{c}$。

同分母分数相加,提走了公因子 $\dfrac{1}{c}$,变成了分子相加,就是整数加法。由此得到新知识:

同分母分数相加减,分子相加减,分母不变。

例6 计算:(1) $\dfrac{1}{2}+\dfrac{1}{3}$; (2) $\dfrac{a}{b}+\dfrac{c}{d}$。

解法一 (1) $\dfrac{1}{2}+\dfrac{1}{3}=\left(\dfrac{1}{2}+\dfrac{1}{3}\right)\times\dfrac{6}{6}=\left(\dfrac{1}{2}+\dfrac{1}{3}\right)\times 6\times\dfrac{1}{6}$

$\qquad\qquad\qquad =\left(\dfrac{1}{2}\times 6+\dfrac{1}{3}\times 6\right)\times\dfrac{1}{6}=(3+2)\times\dfrac{1}{6}=5\times\dfrac{1}{6}$

$\qquad\qquad\qquad =\dfrac{5}{6}$。

$\qquad$ (2) $\dfrac{a}{b}+\dfrac{c}{d}=\left(\dfrac{a}{b}+\dfrac{c}{d}\right)\cdot\dfrac{bd}{bd}=\left(\dfrac{a}{b}+\dfrac{c}{d}\right)\cdot bd\cdot\dfrac{1}{bd}$

$\qquad\qquad\qquad =\left(\dfrac{a}{b}\cdot bd+\dfrac{c}{d}\cdot bd\right)\cdot\dfrac{1}{bd}=(ad+cb)\cdot\dfrac{1}{bd}$

$\qquad\qquad\qquad =\dfrac{ad+cb}{bd}$。

解法二(通分) (1) $\dfrac{1}{2}+\dfrac{1}{3}=\dfrac{1\times 3}{2\times 3}+\dfrac{1\times 2}{3\times 2}=\dfrac{3}{6}+\dfrac{2}{6}=\dfrac{3+2}{6}=\dfrac{5}{6}$。

$$(2)\ \frac{a}{b}+\frac{c}{d}=\frac{ad}{bd}+\frac{cb}{db}=\frac{ad+cb}{bd}。$$

例 6 是异分母分数相加。解法一是同乘一个整数(分母的公倍数)把加数都变成整数,将公分母的倒数作为公因子提走。解法二则是利用分式基本性质把异分母变成同分母,再把刚才得出的同分母加法的新知识当成旧知识来用。得到了如下新知识:

异分母分数相加减,利用基本性质先化成同分母(这叫做通分)。

向量相加 $(a,b)+(c,d)=(a+c,b+d)$,各坐标分别相加。为什么分数相加 $\frac{a}{b}+\frac{c}{d}\neq\frac{a+c}{b+d}$ 不能分子分母分别相加?

这是因为向量坐标 $(a,b)=(a,0)+(0,b)$ 是相加关系。因此

$$(a,b)+(c,d)=(a,0)+(0,b)+(c,0)+(0,d)$$
$$=(a+c,0)+(0,b+d)=(a+c,b+d)。$$

分数 $\frac{a}{b}\neq a+b\neq a+\frac{1}{b}$ 不是相加关系,而是相除关系 $\frac{a}{b}=a\div b=a\cdot\frac{1}{b}$,也就是乘倒数。

相乘关系 $ab+cd\neq(a+c)(b+d)$ 不能分别相加。只能在有公因子 $ab+cb=(a+c)b$ 时提取公因子。提取之前两个 b,提取之后只有一个,$ab+cb\neq(a+c)(b+b)$。

同分母分数相加 $\frac{a}{b}+\frac{c}{b}=a\cdot\frac{1}{b}+c\cdot\frac{1}{b}=(a+c)\cdot\frac{1}{b}=\frac{a+c}{b}$ 也是提取公因子,分子相加,分母 b 不变,不能相加成 $b+b=2b$。

每一步都必须遵循规律前进,这才是探究。不能凭自己的主观感觉和习惯瞎"探究"。而应该反过来,把规律训练成为自己的感觉和习惯。

不会做分数加法,就把分数加法变成整数加法和分数乘法。分数减法又该怎么办呢? 变成分数加法来做就行了:减去一个数,等于加上它的相反数。加负数怎么办? 变成正数加法来做。从自然数扩充到负整数的那些旧招数,全都可以照葫芦画瓢,把正整数换成正分数,所有的招数照旧灵验,负

分数运算变成正分数运算。就扩充到了全体有理数的运算。加减乘都封闭，除法只有除数为 0 注定了没有意义，其余情形都封闭。对加减乘除（除数不为 0）封闭的运算系统叫做域。有理数是由自然数扩充成的最小的域。为什么最小？域至少有一个非零数。自己相减得到 0，自己相除得到 1。1做加法就可以一生二二生三生出全体自然数，再做减法生出负整数，再做除法生出全体有理数。简而言之，有一个非零数就能加减乘除生出全体有理数。

有没有比有理数元素更少的域？非零元素相除等于 1，无论什么域都成立，都有 1。但是，1 相加能不能"三生万物"得到无穷多不同元素，那就不一定了。不但生不了万物，有可能连三都生不了，生到 2 就是 0 了，3 还是 1，万也是 0。$2 = 0$ 是不是违背运算律？不违背。运算律只要求 $0 + 0 = 0$，没要求 $2 \neq 0$。只不过，按照 $0 + 0 = 0$ 这个要求，假如 $2 = 0$，那么 $4 = 2 + 2 = 0 + 0 = 0$，$6 = 4 + 2 = 0 + 0 = 0$。2 加出来的所有的整数倍 $2n = 0$ 都是 0。相反数 $0 - 2n = 0 - 0 = 0$ 也都是 0。也就是全体偶数都是 0。1 可以不是 0。但是 1 + 偶数 $= 1 + 0 = 1$。所有的奇数等于 1。当然就有 $1 + 1 = 2 = 0$。于是 0、1 这两个元素的集合就对加减乘封闭。只要除数不为 0，对除法也封闭。总共只有两个元素 0、1，反正也不能要求 0 做除数，唯一的非零元素就是 1，做除数当然封闭：$a \div 1 = a$ 对 $a = 0, 1$ 都成立。这就是元素最少的域，只有两个元素。但这里的 1 不是数。数 1 是自然数，按皮亚诺公理的要求，0 不能当后继，任何数加 1 不能等于 0，当然不允许 $1 + 1 = 0$，而必然加出永不重复的无穷多个数。因此，$1 + 1 = 0$ 的算术满足运算律，但不满足皮亚诺公理，不是数。但可以组成域。

由此可见，运算律管辖的范围比数更宽，用处更广。除了数还有些什么？比如线性变换及其矩阵，乘法不满足交换律，因此不是数。还有刚才举的 $1 + 1 = 0$ 的系统，或者 p 个 1 加起来为 0 的系统，虽然都是由数造出来的，但是都不是数。矩阵运算也是由数造出来的，也不是数。

运算系统里的元素的运算性质是由系统满足的运算律决定的，而不由它是什么元素组成、怎么进行运算决定。即使是不同的元素、不同的运算方式,只要满足的运算律相同,运算性质就相同。大学有门课程"抽象代数"专门研究哪些运算律配搭起来推出哪些运算性质。所有的具体的算术和代数结构,从幼儿园掰手指算 $3+2=5$ 到小学、初中、高中、大学、硕士、博士、数学家所学习和研究的数学,只要有加减乘除,就在使用抽象代数的方法和结论。

3.3 数组分解与组合

一、线性组合

> **例 1** 鸡兔同笼共 30 个头,84 只脚。鸡兔各多少只?

分析 每只鸡 1 个头,2 只脚,排成数组(1, 2)来表示。同理,兔=(1, 4)表示每只兔 1 个头,4 只脚。鸡的总数乘(1, 2)得到鸡头和鸡脚的总数,兔的总数乘(1, 4)得到兔头与兔脚的总数。二者相加得到鸡与兔的头总数与脚总数,我们的目标是让总数等于(30, 84)。

解法一 先假定 30 只全是鸡,$30 \times (1, 2) = (30, 60)$,离目标相差(30, 84)$-$(30, 60)$=$(0, 24)。

还需补充 24 只脚,头数不能改变。有什么动物只有脚没有头?

1 兔$-$1 鸡$=$(1, 4)$-$(1, 2)$=$(0, 2)就有 2 只脚,没有头。这不是把兔身上挖掉一只鸡变成只有两只脚的无头动物,而是从已有的鸡兔中增加一只兔,减少一只鸡。也就是用 1 只兔替换 1 只鸡,则头数不变,脚增加 2 只。要增加 24 只脚,需要进行 $24 \div 2 = 12$ 次替换。

经过 12 次鸡换兔,30 只鸡减少 12 只变成 $30-12=18$(只),0 只兔增加成 12 只兔。

答 共有 18 只鸡,12 只兔。

解法二　目标数组分解为 $(30,84)=(30,0)+(0,84)$，分别组合出 $(30,0)$，$(0,84)$ 再相加。

2 鸡 $-$ 兔 $=2\times(1,2)-(1,4)=(1,0)$，乘 30 组合出 $30\times(1,0)=(30,0)$。组合方案为

$$30\times(2\ 鸡-兔)=60\ 鸡-30\ 兔。$$

1 兔 -1 鸡 $=(1,4)-(1,2)=(0,2)$，乘 42 组合出 $42\times(0,2)=(0,84)$。组合方案为

$$42\times(1\ 兔-1\ 鸡)=42\ 兔-42\ 鸡。$$

两个方案相加得 $(60\ 鸡-30\ 兔)+(42\ 兔-42\ 鸡)=(60-42)\ 鸡+(42-30)\ 兔=18\ 鸡+12\ 兔$。

答　共有 18 只鸡，12 只兔。

线性组合解方程组。题目要求将数组 $(1,2)$、$(1,4)$ 乘适当整数相加得 $(30,84)$。

数组的实数倍之和称为原来的数组的线性组合。但很难凑出两个整数倍相加正好是 $(30,84)$。

以上两个解法的良策是把 $(30,84)=(30,0)+(0,84)$ 分解为两个数组 $(30,0)$、$(0,84)$ 之和。这两个数组各含一个数为 0，很容易各个击破。分别组合好之后再加回去得到 $(30,84)$。

两个数组 $(1,2)$、$(1,4)$ 的第一个数都是 1，相减 $(1,4)-(1,2)=(0,2)$ 就将第一个数抵消成 0。再将 $(0,2)$ 乘 12 就组合出 $(0,24)$。一般地，要用 $(0,2)$ 组合出任意 $(0,n)$，将 $(0,2)$ 乘 $\dfrac{n}{2}$ 就得到 $\dfrac{n}{2}\times(0,2)=(0,n)$。本题鸡兔个数 $\dfrac{n}{2}$ 必须为整数，n 为偶数才有解。

要将 $(1,2)$、$(1,4)$ 的第二个数 2、4 组合成 0，只需将它们乘适当整数倍变成相等，再相减抵消成 0。为此，只需将 2、4 扩大成它们的最小公倍数 4，得到组合方案 $2\times(1,2)-(1,4)=(1,0)$，再乘 m 可以组合出任意 $(m,0)$。解

法二就是将 $2 \times (1, 2) - (1, 4) = (1, 0)$ 同乘 30 得到 $60 \times (1, 2) - 30 \times (1, 4) = (30, 0)$。

解法二可以推广到由任意 (a, b)、(c, d) 组合出任意 (m, n)，求出组合系数 x、y 满足要求

$$x(a, b) + y(c, d) = (xa + yc, xb + yd) = (m, n),$$

$$\begin{cases} ax + cy = m, \\ bx + dy = n, \end{cases}$$

就是解二元一次方程组。仍仿照解法二将 (m, n) 分解成 $(m, 0)$、$(0, n)$ 之和，各个击破。

先将 (a, b)、(c, d) 的第二个数 b、d 分别乘 d、b，都化成它们的公倍数 bd，再相减化为 0，当 $ad - bc \neq 0$ 时，乘 $\dfrac{m}{ad - bc}$ 组合出 $(m, 0)$：

$$d(a, b) - b(c, d) = (ad - bc, 0),$$

$$\frac{md}{ad - bc}(a, b) - \frac{mb}{ad - bc}(c, d) = (m, 0)。$$

同理可消去 (a, b)、(c, d) 的第一个数得到

$$c(a, b) - a(c, d) = -(0, ad - bc),$$

$$-\frac{nc}{ad - bc}(a, b) + \frac{na}{ad - bc}(c, d) = (0, n)。$$

两个分解式相加得

$$\frac{md - nc}{ad - bc}(a, b) + \frac{-mb + na}{ad - bc}(c, d) = (m, n)。$$

则

$$\begin{cases} x = \dfrac{md - nc}{ad - bc}, \\ y = \dfrac{-mb + na}{ad - bc}。 \end{cases}$$

这就得到了求二元一次方程组的解 x、y 的公式，大学线性代数叫做**克莱默**

法则。

克莱默法则有个前提:必须 $ad-bc \neq 0$ 才有唯一解 x、y。为什么? 是不是克莱默不喜欢 $ad-bc=0$ 的情况,就把它排除了?

以上二元一次方程组的未知数系数排成一个正方形数表 $A = \begin{pmatrix} a & c \\ b & d \end{pmatrix}$,称为这个方程组的系数矩阵。$D=ad-bc$ 称为这个矩阵的行列式。行列式是什么意思? 就是以两条有向线段 $\overrightarrow{OA}=(a,b)$,$\overrightarrow{OB}=(c,d)$ 为两边的平行四边形的有向面积 $S=|OA||OB|\sin\angle AOB$,它的绝对值就是面积大小;正负号表示面积的"方向",也就是角 $\angle AOB$ 的旋转方向。限制 $\angle AOB$ 的大小范围为 $0°$ 到 $180°$ 之间,逆时针方向旋转为正方向,$\sin\angle AOB \geqslant 0$,面积 $S \geqslant 0$;顺时针方向旋转为负方向,$\sin\angle AOB \leqslant 0$,面积 $S \leqslant 0$。

当面积 $S=ad-bc \neq 0$ 时,OA、OB 不在同一条直线上,向量 $\overrightarrow{OA}$ 和 $\overrightarrow{OB}$ 组成平面上的一组基,每个 $(m,n)=x(a,b)+y(c,d)$ 有唯一坐标 (x,y),就是二元一次方程组的唯一解。

当面积 $S=ad-bc=0$ 时,(a,b)、(c,d) 成比例,OA、OB 在同一条直线上。如果 (m,n) 不在这条直线上,二元一次方程组无解。如果 (m,n) 在这条直线上,二元一次方程组有无穷多组解。两种情况下都没有唯一解。

虽然这一套理论都是大学线性代数的定理,但它的原理就是例1解法二的原理,小学生都可以用来解鸡兔同笼问题。

途经荒唐到彼岸。小学生理解解法二的困难在于:用 $60 \times (1,2)-30 \times (1,4)=(30,0)$ 组合 $(30,0)$ 的时候,他念念不忘 $(30,0)$ 的具体意义是 30 个头,0 只脚。老是想到 $60 \times (1,2)$ 是 60 只鸡,$-30 \times (1,4)$ 是要从 60 只鸡减去 30 只兔。如果几只鸡加上几只兔,很容易理解。现在要从 60 只鸡里面减去 30 只兔。只有鸡没有兔,怎么能减去 30 只兔呢? 这很荒唐。

为什么出现这样荒唐的答案? 因为 $(30,0)$ 是荒唐的题:世界上没有哪一群鸡兔凑起来只有 30 个头而没有脚。为什么要做这样荒唐的题? 因为不荒唐的 $(30,84)$ 做不出来,所以要它分解为两道荒唐的题 $(30,0)$、$(0,84)$,这两道荒唐题都容易做出来,做出两个荒唐答案,再合并在一起,就得到不荒唐的

题目 $(30, 84)$ 的不荒唐答案。

$(30, 0)$ 只有头没有脚，很荒唐，很容易做。另一道题 $(0, 84)$ 只有脚没有头，也很荒唐，更容易做：1 兔 −1 鸡 $=(1, 4) − (1, 2) = (0, 2)$ 没有头，只有 2 只脚。乘 42 就得到 84 只脚：

$$42 \times (0, 2) = 42 \times [(1, 4) − (1, 2)]$$
$$= 42 \times (1, 4) − 42 \times (1, 2)$$
$$= 42 \text{ 兔} − 42 \text{ 鸡}。$$

42 只兔减去 42 只鸡，也没法减。两个荒唐答案"60 鸡 −30 兔""42 兔 −42 鸡"的减法都没法减。将它们加起来就都能减了，得出不荒唐的答案：

$$(60 \text{ 鸡} − 30 \text{ 兔}) + (42 \text{ 兔} − 42 \text{ 鸡})$$
$$= (60 \text{ 鸡} − 42 \text{ 鸡}) + (42 \text{ 兔} − 30 \text{ 兔})$$
$$= 18 \text{ 鸡} + 12 \text{ 兔}。$$

不过，为了便于小学生理解，我们提供了另一个不那么荒唐的解法一：第一步先用 30 只鸡凑出 $30 \times (1, 2) = (30, 60)$，共 30 个头，60 只脚。第二步只需再补充 $(0, 24)$，不说补充一群鸡兔只有 24 只脚、没有头，而说是保持头不变，增加 24 只脚。$12 \times (1, 4) − 12 \times (1, 2)$ 解释为鸡换兔进行 12 次。

一个中学老师把以上的解法一教给他的女儿，他的女儿在读小学。她懂了这个方法，但做了变通，第一步不从 30 只鸡开始，而从 15 鸡 +15 兔开始：$15 \times (1, 2) + 15 \times (1, 4) = (30, 90)$，仍是 30 个头。90 只脚比题目要求的 84 只多了 6 只。第二步将 $(1, 4) − (1, 2) = (0, 2)$ 乘 3 得 $(0, 6)$，$15 \times (1, 2) + 15 \times (1, 4) = (30, 90)$ 减去 $3 \times (1, 4) − 3 \times (1, 2) = (0, 6)$ 得 $(30, 84)$。由

$$15 \text{ 鸡} + 15 \text{ 兔} − 3 \text{ 兔} + 3 \text{ 鸡} = 18 \text{ 鸡} + 12 \text{ 兔}$$

得出正确答案。她能够变通，比照抄我的解答更高明。我猜得出她为什么不喜欢从 30 鸡开始，而从 15 鸡 +15 兔开始，是因为她认为 30 只鸡离现实太远，太离谱。虽然预先猜不到鸡兔各多少，但一开始假定鸡兔各一半离现实更接

近。这是近似计算的一条原则:先猜一个离正确答案尽量近的出发点,再进行校正,逼近或达到正确答案。本题无论从哪个起点出发,都能一步到达正确答案,解法一就选择了最简单最容易算的起点。但如果不能一次到位,需要逐次逼近,这个小学生选择从中间点开始,其实是更合理的。

例 2　100 个人吃 100 个馒头。大人每人吃 3 个,小孩每 3 人吃 1 个。大人小孩各多少?

解　(1, 3)表示 1 个大人吃 3 个馒头,(3, 1)表示 3 个小孩吃 1 个馒头,则 (1, 3)+(3, 1)=(4, 4),乘 25 得

$$25 \times (1, 3) + 25 \times (3, 1) = 25 \times (4, 4) = (100, 100),$$

其中 25×(1, 3)=(25, 75)是 25 个大人,25×(3, 1)=(75, 25)是 75 个小孩。

答　共 25 个大人,75 个小孩。

例 3　100 条鱼共 100 斤。其中大鱼每条 10 斤,中鱼每条 1 斤,小鱼每条 1 两 $=\frac{1}{16}$ 斤。每种鱼至少 1 条。大、中、小鱼各多少条?(注:中国有很长时期的质量单位是 1 斤=16 两。)

解法一　(1, 10)、(1, 1)、(16, 1)分别表示大、中、小鱼的条数与斤数。需要将它们的正整数倍相加得到(100, 100)。

先作减法得到含有 0 的数组:(1, 10)-(1, 1)=(0, 9)。(16, 1)-(1, 1)=(15, 0)。

为了组合出(100, 100),先将(0, 9)、(15, 0)中的 9、15 扩大成它们的最小公倍数 45:

$$5 \times (0, 9) = (0, 45) = 5 \times [(1, 10) - (1, 1)] = 5 \times (1, 10) - 5 \times (1, 1),$$
$$3 \times (15, 0) = (45, 0) = 3 \times [(16, 1) - (1, 1)] = 3 \times (16, 1) - 3 \times (1, 1),$$
$$(45, 45) = (0, 45) + (45, 0) = 5 \times (1, 10) - 8 \times (1, 1) + 3 \times (16, 1),$$
$$(100, 100) = (45, 45) + (55, 55)$$
$$= 5 \times (1, 10) - 8 \times (1, 1) + 3 \times (16, 1) + 55 \times (1, 1)$$
$$= (5, 50) + (47, 47) + (48, 3),$$

其中 $(5, 50)$ 表示 5 条大鱼 50 斤,$(47, 47)$ 表示 47 条中鱼 47 斤,$(48, 3)$ 表示 48 条小鱼 3 斤。

答 共 5 条大鱼,47 条中鱼,48 条小鱼。

解法二(代数解法) 设大鱼 x 条,中鱼 y 条,小鱼 z 条,则

$$\begin{cases} x + y + z = 100, & \text{(1)} \\ 10x + y + \dfrac{1}{16}z = 100。 & \text{(2)} \end{cases}$$

(2)式$-$(1)式得:$9x - \dfrac{15}{16}z = 0$,$x = \dfrac{5}{48}z$。

z、x 都是正整数且 $x + z = 100 - y < 100$,只能 $z = 48$,$x = 5$,$y = 100 - 5 - 48 = 47$。

例 4 (中国剩余定理)求最小的正整数除以 3、5、7 的余数分别是 2、3、4。

解 设正整数 x 除以 3、5、7 分别得到余数 r_1、r_2、r_3。
排成数组

$$f(x) = (r_1, r_2, r_3) = r_1(1, 0, 0) + r_2(0, 1, 0) + r_3(0, 0, 1)。$$

先求正整数 x_1、x_2、x_3 满足 $f(x_1) = E_1 = (1, 0, 0)$,$f(x_2) = E_2 = (0, 1, 0)$,$f(x_3) = E_3 = (0, 0, 1)$,则 $x = r_1 x_1 + r_2 x_2 + r_3 x_3$ 满足 $f(x) = (r_1, r_2, r_3)$。

x 除以 $3 \times 5 \times 7 = 105$ 的余数 $r = x - 105q$ 是满足 $f(r) = f(x) = (r_1, r_2, r_3)$ 的最小非负整数。

$f(x_1) = (1, 0, 0)$ 表示 x_1 除以 5、7 的余数都是 0,是 5、7 的公倍数,因而是最小公倍数 $5 \times 7 = 35$ 的整数倍。$f(35) = (2, 0, 0)$,$35 \times 2 = 70$ 满足 $f(70) = (1, 0, 0)$。

类似地得到 $3 \times 7 = 21$ 满足 $f(21) = (0, 1, 0)$;$3 \times 5 = 15$ 满足 $f(15) = (0, 0, 1)$。

$f(70r_1 + 21r_2 + 15r_3) = (r_1, r_2, r_3)$。

本题 $x = 70 \times 2 + 21 \times 3 + 15 \times 4 = 263 = 105 \times 2 + 53$ 除以 105 的余数 53 满足 $f(53) = (2, 3, 4)$。

答　53 是满足条件的最小正整数。

二、数组运算造幻方

将前 9 个正整数 1, 2, $\cdots$, 9 填入下表,使每行、每列、每条对角线上三个数的和相等。

你可以尝试去凑,也可以去背古人的现成方法。但是,凑了、背了只是训练个位数运算的熟练程度,对小学低年级学生有用处,对于高年级用处不大,不能学到解决其他问题的有用思想方法。幻方是 9 个数排成的数组,要求由 1 到 9 组成,还要求 8 个和相等。这两个要求很难同时满足。我们将两个要求分两步实现:先不管它由哪些数组成,只要每行、每列、每条对角线三个数的和相等,就都叫做幻方。将任何一个幻方的 9 个数同乘一个倍数,这 8 个和也同乘这个倍数,仍然相等,仍然是幻方。两个幻方的 8 个和各自相等。将两个幻方同一位置的两个数相加得到新的数组,8 个和仍然相等,仍然是幻方。根据这个原理,就可以先用较小的数组成几个幻方,再将它们分别乘倍数然后相加,也就是做线性组合,希望得到由 1 到 9 组成的幻方。

假定已经有了由 1 到 9 组成的幻方,我们把它分解为尽量简单的"零件",先把"零件"做好,再做线性组合装配起来。1 到 9 每个数除以 3 得到商和余数,整数＝3×商＋余数。除以 3 的余数只能是 0、1、2。而 9 除以 3 的余数是 3。因此我们将 1 到 9 全部减 1,得到 0 到 8 的 9 个整数仍组成幻方。除以 3 的商也都是 0、1、2。1 到 9 组成的幻方中每个数被分解为

$$3×商＋余数＋1$$

其中 9 个商由 0、1、2 各出现 3 次组成,9 个余数也由 0、1、2 各出现 3 次组成。设计一个幻方每行 0、1、2 各出现一次,3 行共各出现 3 次,让它们充当商。再设计一个幻方每行 0、1、2 各出现一次,让它们充当余数。还有一个幻方全由 1 组成,8 个和当然相等,不需要设计。将充当商的幻方乘 3,与后两个幻方相加。只要它的 9 个数不重复,就组成 1 到 9 的幻方。如下是我们的设计方案:

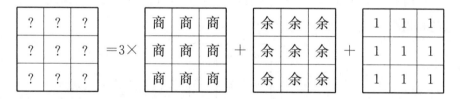

如下是方案实施的结果:

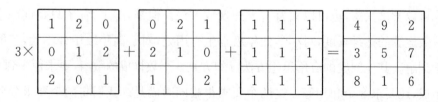

商和余数的幻方怎么设计出来的? 每行都是 0、1、2,顺序不同,和当然相等。每行各数位置往后移一位,每列也都是 0、1、2 按某个顺序的排列,和仍然相等。右上角到左下角的对角线还是 0、1、2。但左上角到右下角的不可能再是 0、1、2,取 0、1、2 的平均值 1 重复 3 次,1＋1＋1＝0＋1＋2,还是相等。

商的幻方左右翻转得到余数的幻方,8 个和仍然相等。怎么保证 3×商+余数得到 9 个数不重复? 两个整数要重复,必须商相同,余数也相同。商幻方中的每个商 0、1、2 各重复出现 3 次,只要保证商重复的 3 个位置余数不重复,整数就不重复了。例如,商为 1 的 3 个位置就是对角线上 3 个位置,余数对角线上这 3 个位置各是 0、1、2,不重复。同样可以检查商幻方 3 个 0 的位置的余数不重复,商幻方 3 个 2 的位置的余数也不重复。

这个方法可以用来构造 5 阶幻方。如果完全照抄 3 阶幻方的方案,商的幻方左上角到右下角的对角线应该都填 0、1、2、3、4 的平均值 2。我们稍做变化,让每行各数字右移两位得到下一行,得到如下方案,让每行、每列、每条对角线的 5 个数字都是 0、1、2、3、4 的某个排列,和当然相等。照抄这个方案可对每个奇数 $n \geqslant 5$ 得到一个 n 阶幻方。

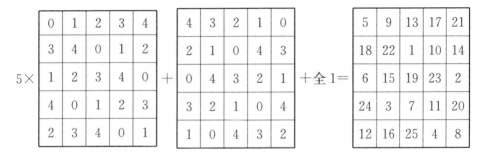

其中"全 1"代表全由 1 组成的 5 阶幻方。

偶数阶幻方原理相同,但须有所变通。列出如下 4 阶幻方供参考。

$4 \times$

0	1	2	3
3	2	1	0
3	2	1	0
0	1	2	3

$+$

0	3	3	0
1	2	2	1
2	1	1	2
3	0	0	3

$+$全 1$=$

1	8	12	13
14	11	7	2
15	10	6	3
4	5	9	16

三、分解指挥求和

例 5　求和 $S_n = \dfrac{1}{1 \times 2} + \dfrac{1}{2 \times 3} + \cdots + \dfrac{1}{n(n+1)}$。

解　我们有 $\dfrac{1}{n(n+1)} = \dfrac{(n+1)-n}{n(n+1)} = \dfrac{1}{n} - \dfrac{1}{n+1}$。

依次取 $n = 1, 2, 3, \cdots$ 得

$$S_n = \frac{1}{1 \times 2} + \frac{1}{2 \times 3} + \frac{1}{3 \times 4} + \cdots + \frac{1}{(n-1)n} + \frac{1}{n(n+1)}$$

$$= \left(\frac{1}{1} - \frac{1}{2} \right) + \left(\frac{1}{2} - \frac{1}{3} \right) + \left(\frac{1}{3} - \frac{1}{4} \right) + \cdots + \left(\frac{1}{n-1} - \frac{1}{n} \right) + \left(\frac{1}{n} - \frac{1}{n+1} \right)$$

$$= 1 - \frac{1}{n+1} = \frac{(n+1)-1}{n+1} = \frac{n}{n+1}。$$

例 6　能否由 $1 = 1^2$，$1 + 3 = 4 = 2^2$，$1 + 3 + 5 = 9 = 3^2$ 断定前 n 个正奇数之和等于 n^2？

解　不能断定！根据有限个案例可以做出猜想，但不能断定猜想适用于任意多个奇数之和。

怎样才能断定？字母运算才能表示前 n 个奇数 $1, 3, 5, \cdots, 2n-1$ 的和

$$S_n = 1 + 3 + 5 + \cdots + (2n-1)。$$

不能预先断定 $S_n = n^2$ 是否成立。但可以根据数列前 n 项和 S_n 满足的性质

$$\{\text{前 } n \text{ 项和}\} = \{\text{前 } n-1 \text{ 项和}\} + \{\text{第 } n \text{ 项}\},$$

即 $S_n = S_{n-1} + (2n-1)$，列出方程 $S_n - S_{n-1} = 2n-1$ 来检验。如果 $S_n = n^2$ 不满足这个条件，就一定错误。

假如 $S_n = n^2$ 对所有 n 成立。则

$$S_n - S_{n-1} = n^2 - (n-1)^2 = n^2 - (n^2 - 2n + 1) = 2n - 1。$$

满足条件。但这个条件只是必要条件，不是充分条件。不过，可以仿照例 5 的方法，在公式 $2n-1 = n^2 - (n-1)^2$ 中依次取 $n = 1, 2, 3, \cdots$ 将各正奇数分解求和得

$$S_n = (1^2 - 0^2) + (2^2 - 1^2) + (3^2 - 2^2) + \cdots + [(n-1)^2 - (n-2)^2] + [n^2 - (n-1)^2]$$
$$= n^2 - 0^2 = n^2，$$

前 n 项和 S_n = 前 $n-1$ 项和 S_{n-1} + 第 n 项 $(2n-1)$。

例 7　设有理数 $x_1, \cdots, x_7$ 满足条件

$$x_1 + 4x_2 + 9x_3 + 16x_4 + 25x_5 + 36x_6 + 49x_7 = 1，\qquad (1)$$
$$4x_1 + 9x_2 + 16x_3 + 25x_4 + 36x_5 + 49x_6 + 64x_7 = 12，\qquad (2)$$
$$9x_1 + 16x_2 + 25x_3 + 36x_4 + 49x_5 + 64x_6 + 81x_7 = 123，\qquad (3)$$

求 $16x_1 + 25x_2 + 36x_3 + 49x_4 + 64x_5 + 81x_6 + 100x_7$ 的值。

分析　不要企图把满足条件的 $x_1, \cdots, x_7$ 的值求出来。中学的知识还不够，不知道怎么解这个方程组。这样的方程组有无穷多组解 $x_1, \cdots, x_7$，不可能也不必要把它们都求出来。

不需要求 $x_1, \cdots, x_7$ 的值。已经知道等式(1)、(2)、(3)左边的整式的值分别等于 1、12、123。只要将三个等式经过加减运算，左边化成

$$16x_1 + 25x_2 + 36x_3 + 49x_4 + 64x_5 + 81x_6 + 100x_7，\qquad (4)$$

等式右边就得到所求的常数值 b。

不需要关注 $x_1, \cdots, x_7$，只关注它们的系数。将系数排成数列代表等式

左边的整式：

$$(1, 4, 9, 16, 25, 36, 49) \to 1 \tag{1}$$

$$(4, 9, 16, 25, 36, 49, 64) \to 12 \tag{2}$$

$$(9, 16, 25, 36, 49, 64, 81) \to 123 \tag{3}$$

$$(16, 25, 36, 49, 64, 81, 100) \to b \tag{4}$$

将(1)、(2)、(3)箭头左边的数列经过加减运算得出(4)箭头左边的数列，箭头右边的常数经过同样的加减运算就得到所求的值 b。

相邻两个数列同一位置的数是相邻整数的平方。将相邻数列相减，得到的差数列同一位置是相邻奇数。相邻差数列相减都是 2。

$$(2) - (1): (3, 5, 7, 9, 11, 13, 15) \to 12 - 1 = 11 \tag{1'}$$

$$(3) - (2): (5, 7, 9, 11, 13, 15, 17) \to 123 - 12 = 111 \tag{2'}$$

$$(4) - (3): (7, 9, 11, 13, 15, 17, 19) \to b - 123 \tag{3'}$$

$$(2') - (1'): (2, 2, 2, 2, 2, 2, 2) \to 111 - 11 = 100 \tag{1''}$$

$$(3') - (2'): (2, 2, 2, 2, 2, 2, 2) \to 100,$$

$$(3') = (2') + (1'')$$

$$(4) = (3) + (3') = (3) + (2') + (1'') \to 123 + 111 + 100 = 334$$

解　(2)式－(1)式得：

$$3x_1 + 5x_2 + 7x_3 + 9x_4 + 11x_5 + 13x_6 + 15x_7 = 11 \tag{1'}$$

(3)式－(2)式得：

$$5x_1 + 7x_2 + 9x_3 + 11x_4 + 13x_5 + 15x_6 + 17x_7 = 111 \tag{2'}$$

(2')式－(1')式得：

$$2x_1 + 2x_2 + 2x_3 + 2x_4 + 2x_5 + 2x_6 + 2x_7 = 100 \tag{1''}$$

(3)式＋(2')式＋(1'')式得：

$$16x_1 + 25x_2 + 36x_3 + 49x_4 + 64x_5 + 81x_6 + 100x_7 = 334$$

答　所求值为 334。

> **例 8**　(1) 求前 n 个正整数的平方和 $S_n = 1^2 + 2^2 + \cdots + n^2$。
>
> 　　　(2) 求前 n 个正整数的立方和 $C_n = 1^3 + 2^3 + \cdots + n^3$。

分析　仿照例 5，将数列通项 a_n 写成某个函数 $F(x)$ 在相邻两整数取值之差 $a_n = F(n) - F(n-1)$，则

$$
\begin{aligned}
S_n &= a_1 + a_2 + \cdots + a_n \\
&= [F(1) - F(0)] + [F(2) - F(1)] + \cdots + [F(n) - F(n-1)] \\
&= F(n) - F(0)。
\end{aligned}
$$

不过，无法仿照例 6 由 $S_1 = 1$，$S_2 = 1^2 + 2^2 = 5$，$S_3 = 1^2 + 2^2 + 3^2 = 14$ 猜出规律。

先想 $F(n)$ 有什么性质。$a_n = n^2$ 是多项式。假如 $F(x) = ax^k + bx^{k-1} + \cdots$ 是多项式，则

$$
\begin{aligned}
F(n) - F(n-1) &= [an^k + bn^{k-1} + \cdots] - [a(n-1)^k + b(n-1)^{k-1} + \cdots] \\
&= a[n^k - (n-1)^k] + b[n^{k-1} - (n-1)^{k-1}] + \cdots,
\end{aligned}
$$

其中 $n^k - (n-1)^k = n^k - (n^k - kn^{k-1} + \cdots) = kn^{k-1} + \cdots$ 是 n 的 $k-1$ 次多项式，$n^{k-1} - (n-1)^{k-1}$ 是 $k-2$ 次多项式。可见，当 $F(x)$ 是 k 次多项式，则 $F(n) - F(n-1)$ 是 n 的 $k-1$ 次多项式，比 $F(n)$ 降一次，即 $F(n)$ 比 a_n 高一次。

解　(1) 求 3 次多项式 $F(x) = ax^3 + bx^2 + cx + d$ 满足条件

$$
\begin{aligned}
F(n) - F(n-1) &= a[n^3 - (n-1)^3] + b[n^2 - (n-1)^2] + c[n - (n-1)] \\
&= a(3n^2 - 3n + 1) + b(2n - 1) + c \\
&= 3an^2 + (-3a + 2b)n + (a - b + c) = n^2。
\end{aligned}
$$

比较对应项系数得方程组

$$\begin{cases} 3a = 1, & (1) \\ -3a + 2b = 0, & (2) \\ a - b + c = 0。 & (3) \end{cases}$$

由(1)得 $a = \dfrac{1}{3}$。代入(2)得 $b = \dfrac{1}{2}$。代入(3)得 $c = \dfrac{1}{6}$。常数项 d 不受限制,可取 $d = 0$。

$$F(n) = \frac{1}{3}n^3 + \frac{1}{2}n^2 + \frac{1}{6}n = \frac{1}{6}n(2n^2 + 3n + 1) = \frac{1}{6}n(n+1)(2n+1)。$$

$$S_n = 1^2 + 2^2 + \cdots + n^2$$

$$= [F(1) - F(0)] + [F(2) - F(1)] + \cdots + [F(n) - F(n-1)]$$

$$= F(n) - F(0) = \frac{1}{6}n(n+1)(2n+1)。$$

(2) 求 $F(x) = ax^4 + bx^3 + cx^2 + dx$ 满足

$$F(n) - F(n-1)$$

$$= a[n^4 - (n-1)^4] + b[n^3 - (n-1)^3] + c[n^2 - (n-1)^2] + d[n - (n-1)]$$

$$= a(4n^3 - 6n^2 + 4n - 1) + b(3n^2 - 3n + 1) + c(2n - 1) + d$$

$$= 4an^3 + (-6a + 3b)n^2 + (4a - 3b + 2c)n + (-a + b - c + d) = n^3。$$

$$\begin{cases} 4a = 1, & (1) \\ -6a + 3b = 0, & (2) \\ 4a - 3b + 2c = 0, & (3) \\ -a + b - c + d = 0。 & (4) \end{cases}$$

由(1)得 $a = \dfrac{1}{4}$,代入(2)得 $b = \dfrac{1}{2}$,代入(3)得 $c = \dfrac{1}{4}$,代入(4)得 $d = 0$。

$$C_n = 1^3 + 2^3 + \cdots + n^3 = F(n) - F(0) = F(n)$$

$$= \frac{1}{4}n^4 + \frac{1}{2}n^3 + \frac{1}{4}n^2 = \frac{1}{4}n^2(n+1)^2。$$

四、分解求通项

> **例 9** (斐波那契数列)数列 $\{F_n\}$ 前两项 $F_1=F_2=1$,以后每项 $F_n=F_{n-1}+F_{n-2}(n\geqslant 3)$ 等于它前面两项之和,求通项公式 F_n。

分析 中学数学只学过等差数列和等比数列。但这个数列 $\{F_n\}$ 既不是等差数列也不是等比数列。这是因为它的前两项 $F_1=F_2=1$ 都是 1。如果是等差数列,公差就是 0。如果是等比数列,公比就是 1。在两种情况下都只能所有各项都等于 1。然而它的第 3 项 $F_3=F_2+F_1=1+1=2$。因此它既不等差也不等比。

既不等差也不等比,中学知识是否就无能为力了? 我们把它分解为两个等比数列的和,将两个等比数列的通项公式相加得到它的通项公式。还是用中学知识解决问题。

假如能够找两个等比数列 $\{a_n\}$、$\{b_n\}$ 满足条件 $a_n=a_{n-1}+a_{n-2}$, $b_n=b_{n-1}+b_{n-2}$,它们相加得到的数列 $\{c_n\}$ 就满足

$$c_n=a_n+b_n=(a_{n-1}+a_{n-2})+(b_{n-1}+b_{n-2})$$
$$=(a_{n-1}+b_{n-1})+(a_{n-2}+b_{n-2})=c_{n-1}+c_{n-2},$$

只要再满足 $c_1=c_2=1$, $\{c_n\}$ 就是 $\{F_n\}$。

等比数列 $\{a_n\}$ 的通项 $a_n=a_1q^{n-1}$。要满足 $a_n=a_{n-1}+a_{n-2}$,即 $a_1q^{n-1}=a_1q^{n-2}+a_1q^{n-3}$, $q^2=q+1$。解一元二次方程 $q^2-q-1=0$ 得到满足要求的 q 和等比数列。

解 求通项为 $a_n=a_1q^{n-1}$ 的等比数列满足 $a_n=a_{n-1}+a_{n-2}$,即 $a_1q^{n-1}=a_1q^{n-2}+a_1q^{n-3}$。当然假定 $a_1\neq 0$, $q\neq 0$。于是

$$q^2=q+1,\ q^2-q-1=0,\ q=\frac{1\pm\sqrt{5}}{2}。$$

有两个不同的公比 $q_1 = \dfrac{1-\sqrt{5}}{2}$ 与 $q_2 = \dfrac{1+\sqrt{5}}{2}$ 满足要求。

任取两个首项 x、y 得到通项为 $a_n = xq_1^{n-1}$，$b_n = yq_2^{n-1}$ 的两个等比数列之和 $\{c_n\}$ 的通项 $c_n = a_n + b_n$ 满足条件 $c_n = c_{n-1} + c_{n-2}$，只需数列 $\{c_n\}$ 前两项 $c_1 = c_2 = 1$：

$$c_1 = x + y = 1 = c_2 = xq_1 + yq_2,$$

即 $\begin{cases} x + y = 1, \\ q_1 x + q_2 y = 1, \end{cases}$ 则 $F_n = c_n = a_n + b_n = xq_1^{n-1} + yq_2^{n-1}$。

解 x、y 满足的二元一次方程组得

$$x = \frac{q_2 - 1}{q_2 - q_1} = \frac{\sqrt{5} - 1}{2\sqrt{5}}, \quad y = \frac{1 - q_1}{q_2 - q_1} = \frac{\sqrt{5} + 1}{2\sqrt{5}}。$$

$$F_n = xq_1^{n-1} + yq_2^{n-1}$$

$$= \frac{\sqrt{5} - 1}{2\sqrt{5}} \cdot \frac{(1 - \sqrt{5})^{n-1}}{2^{n-1}} + \frac{\sqrt{5} + 1}{2\sqrt{5}} \cdot \frac{(1 + \sqrt{5})^{n-1}}{2^{n-1}}$$

$$= \frac{(1 + \sqrt{5})^n - (1 - \sqrt{5})^n}{2^n \sqrt{5}}。$$

例 10 （银行贷款的还款方式）假定某人向银行贷款 120 万元，分十年还清。月利率 0.2%，每月偿还利息为当月初所欠本金的 0.2%。

有如下两种不同的还款方式，试分别计算利息的总额。

（1）等额本金：每月归还本金数额相等。十年共 120 个月还清 120 万元，每月还 1 万元。

（2）等额本息：每月偿还本金及利息总额相等。十年共 120 个月还清 120 万元本金。

解 记第 k 月欠本金总额为 a_k 万元。则两种方式的利息总额都由同一个公式 $E = 0.2\%(a_1 + \cdots + a_{120})$ 计算。两种方式的 $a_1 = 120$，$a_{121} = 0$ 相同，

但中间各个月的 a_2，…，a_{120} 不同，所以利息总额不同。

(1) 每月还 1 万元，本金总额减少 1 万元。所欠本金总额的数列 a_1，a_2，…，a_{120} 是公差为 -1 的等差数列，总和

$$S = a_1 + a_2 + \cdots + a_{120} = 120 + 119 + \cdots + 2 + 1 = \frac{120 \times 121}{2} = 7\,260。$$

利息总额 $E = 7\,260 \times 0.2\% = 14.52$（万元）。

(2) 设每月底偿还的本金和利息总额为 c 万元。

第 k 月初欠款 a_k 万元，该月底应还利息 $0.002a_k$。偿还的总额 c 万元中除去利息 $0.002a_k$ 之外的 $c - 0.002a_k$ 用来偿还本金，将第 k 月初的欠款 a_k 万元减少为下月初的

$$a_{k+1} = a_k - (c - 0.002a_k) = a_k - c + 0.002a_k = 1.002a_k - c，\qquad (1)$$

这就是数列 a_1，a_2，…，a_{121} 相邻两项的关系。

如果 $c = 0$，则每项 a_{k+1} 是前一项 a_k 的 1.002 倍。数列 $\{a_k\}$ 是公比为 1.002 倍的等比数列。但现在肯定是 $c > 0$。数列 $\{a_k\}$ 不是等比数列。不过可以将各项 a_k 同减一个待定常数 λ 变成 $b_k = a_k - \lambda$ 组成等比数列 $\{b_k\}$。

设 $a_k = b_k + \lambda$ 对 $1 \leqslant k \leqslant 121$ 成立，λ 是待定常数。则 $a_{k+1} = b_{k+1} + \lambda$。

代入 $a_{k+1} = 1.002a_k - c$ 得

$$b_{k+1} + \lambda = 1.002(b_k + \lambda) - c = 1.002b_k + 1.002\lambda - c，$$
$$b_{k+1} = 1.002b_k + 1.002\lambda - \lambda - c = 1.002b_k + 0.002\lambda - c，$$

取 $\lambda = \dfrac{c}{0.002} = 500c$ 使 $0.002\lambda - c = 0$。

则 $b_{k+1} = 1.002b_k$。可知 $\{b_k\}$ 是等比数列，公比为 1.002。首项 $b_1 = a_1 - \lambda = a_1 - 500c$。

通项公式 $b_n = 1.002^{n-1}(a_1 - \lambda) = 1.002^{n-1}a_1 - 1.002^{n-1}\lambda$。

$a_n = b_n + \lambda = 1.002^{n-1}a_1 - 1.002^{n-1}\lambda + \lambda = 1.002^{n-1}a_1 - (1.002^{n-1} - 1)\lambda$。

取 $n = 121$ 得 $0 = a_{121} = 1.002^{120}a_1 - (1.002^{120} - 1)500c$。

$$c = \frac{1.002^{120} a_1}{500(1.002^{120} - 1)} = \frac{1.002^{120} \times 120}{500(1.002^{120} - 1)} \approx 1.125\,8 (万元)。$$

每月偿还本金和利息共 1.125 8 万元,共 120 个月偿还 1.125 8 × 120 = 135.096(万元)。

减去本金 120 万元,利息总额为 135.096 − 120 = 15.096(万元)。

等额本息法比等额本金法多付利息 5 760 元。原因在于等额本金法每月偿还的本金相同,但最初欠银行的本金多,每月偿还的利息就多。随着所欠本金匀速减少,利息也匀速减少。因此等额本金法开始每月还钱多,以后每月越还越少。等额本息法每月还钱总额相等,所欠本金也是越来越少,所还利息越来越少,既然所还利息越来越少,就是所还本金越来越多。最开始本金还得少,后来本金还得多。因此,等额本息法一开始还的本金就比等额本金法还得少。以后还本金的速度增加,最后一个月与等额本金法同时还完。因此,等额本息法每个月欠银行的本金都比等额本金法欠得多,每个月偿还的利息都比等额本金法更多,最后一个月才持平,因而偿还的利息总额就更多。

这是不是说明等额本息法对贷款者不利,不应该选择这种还款法?并非如此。

等额本金法的优点是偿还的利息少一些。但它的缺点就是最开始还款总额多,还款压力大。你向银行借钱,就是因为你差钱。比如你贷款买房,刚花了一大笔钱,最差钱。此时你向银行还款又还得最多,压力就更大。

等额本息的优点就是每个月还款总额相等,压力均衡。世界上没有白吃的午餐,你享受了还款压力均衡的好处,但是你还的利息仍然是一开始的时候多,以后越来越少,由于你每月的还款总额相等,就意味着你偿还本金由少到多,每一笔本金欠账时间都增长了,还款时间延迟了,偿还的利息当然就要增加。所以反而是更多人选择的还款方案。

这两种还款法不是为了做数学题杜撰出来的,而是来源于真实的社会需要,是银行贷款还款实际采用的真实方案。

例 10 算的是具体的数据,其中的算法适用于一般的数据:

设借款总额为 A,还款时段为 n 个月。月利率为 p。设第 k 月初欠款总

额为 a_k，每月偿还的本金与利息之和 c 是常数。

　　类似地有 $a_1 = A$，$a_{n+1} = 0$，$a_{k+1} = a_k - (c - pa_k) = (1 + p)a_k - c$ 对 $1 \leqslant k \leqslant n+1$ 成立。

　　同样地将数列 $\{a_k\}$ 同减待定常数 λ，使通项为 $b_k = a_k - \lambda$ 的数列是等比数列。

　　由 $b_{k+1} = a_{k+1} - \lambda = (1 + p)a_k - c - \lambda = (1 + p)(b_k + \lambda) - c - \lambda = (1 + p)b_k + p\lambda - c$ 知，只要 $p\lambda - c = 0$，即 $\lambda = \dfrac{c}{p}$，则 $b_{k+1} = (1 + p)b_k$ 对 $1 \leqslant k \leqslant n+1$ 成立。

$$b_{k+1} = b_1(1 + p)^k = (a_1 - \lambda)(1 + p)^k，$$

$$a_{k+1} = b_{k+1} + \lambda = (a_1 - \lambda)(1 + p)^k + \lambda = a_1(1 + p)^k - [(1 + p)^k - 1]\lambda，$$

$$0 = a_{n+1} = A(1 + p)^n - [(1 + p)^n - 1]\lambda，$$

$$\lambda = \frac{A(1 + p)^n}{(1 + p)^n - 1}，$$

$$c = p\lambda = \frac{Ap(1 + p)^n}{(1 + p)^n - 1}。$$

　　就得到由贷款总额 A、月利率 p、还款时间 n 计算每月还款（本金及利息）总额 c 的公式。当然就能由此算出利息总额 $nc - A$。

　　例 10 的数列 $\{a_k\}$ 相邻两项的关系 $a_{k+1} = (1 + p)a_k - c = f(a_k)$ 是一次函数 $f(x) = (1 + p)x - c$。如果一次项系数 $1 + p = 1$，就是等差数列。如果常数项 $-c = 0$，就是等比数列。

　　一般地，如果数列 $\{a_n\}$ 相邻两项的函数关系 $a_n = qa_{n-1} + d$ 是一次函数，一次项系数 $q \neq 1$，常数项 $d \neq 0$，则它既不是等差数列也不是等比数列，怎样求通项公式？

　　不必发明什么新公式，只要把它变形为等比数列，就能用等比数列的旧公式来解决。把新问题变成旧问题，用旧方法解决，你所要做的事情就是找到新问题变成旧问题的路径，这叫数学建模。

　　怎么把关系式 $a_n = qa_{n-1} + d$ 中的常数项 d 变成 0？上面已经给出了方

法：将数列$\{a_n\}$各项同减一个待定常数λ，变成

$$\begin{aligned}
b_n &= a_n - \lambda = (qa_{n-1} + d) - \lambda \\
&= q(b_{n-1} + \lambda) + d - \lambda \\
&= qb_{n-1} + (q-1)\lambda + d,
\end{aligned}$$

选$\lambda = \dfrac{d}{1-q}$ 使$(q-1)\lambda + d = 0$，则$b_n = qb_{n-1}$，$\{b_n\}$是等比数列。

这个方法其实是把$a_n = b_n + \lambda$ 为通项的数列$\{a_n\}$分解为等比数列$\{b_n\}$与常数列$\{\lambda\} = \{\lambda, \lambda, \cdots\}$之和。常数列就是公比为1的等比数列。也就是将$\{a_n\}$分解为两个等比数列之和，公比分别为$q$、1。例9把斐波那契数列分解为两个等比数列之和，例10也分解为两个等比数列之和。两个题目的已知条件不同，为什么结论相同？

其实，例10的已知条件$a_n = qa_{n-1} + d$ 可以化为与例9同样的类型：将

$$a_n = qa_{n-1} + d, \ a_{n-1} = qa_{n-2} + d$$

相减得$a_n - a_{n-1} = q(a_{n-1} - a_{n-2})$，就是$a_n = (q+1)a_{n-1} - qa_{n-2}$。 与例9是同一类型：

$$a_n = ba_{n-1} + ca_{n-2}。$$

同一种解法：求通项为$u_n = u_1 q^{n-1}$ 的等比数列满足$u_n = bu_{n-1} + cu_{n-2}$，即

$$u_1 q^{n-1} = bu_1 q^{n-2} + cu_1 q^{n-3},$$

即$q^2 = bq + c$。公比q 是一元二次方程$q^2 - bq - c = 0$ 的根。

对于$a_{n-1} = (q+1)a_{n-2} - qa_{n-2}$，公比$q$ 是一元二次方程$x^2 - (q+1)x + q = 0$ 的两根q、1。确实如此。例10的特殊性就是有一个等比数列的公比是1，这是常数列。

例10的类型$a_n = qa_{n-1} + d$ 还有另一种解法：

$a_n = qa_{n-1} + d$ 与$a_{n-1} = qa_{n-2} + d$ 相减得$a_n - a_{n-1} = q(a_{n-1} - a_{n-2})$。

这说明数列$\{a_n\}$相邻两项差$a_n - a_{n-1}$组成的数列是以q 为公比的等比数列。通项公式为$a_n - a_{n-1} = q^{n-2}(a_2 - a_1)$。 于是

$$a_n = (a_n - a_{n-1}) + (a_{n-1} - a_{n-2}) + \cdots + (a_2 - a_1) + a_1$$
$$= q^{n-2}(a_2 - a_1) + q^{n-3}(a_2 - a_1) + \cdots + (a_2 - a_1) + a_1$$
$$= (q^{n-2} + q^{n-3} + \cdots + 1)(a_2 - a_1) + a_1$$
$$= \frac{q^{n-1} - 1}{q - 1} \cdot (a_2 - a_1) + a_1$$
$$= q^{n-1} \cdot \frac{a_2 - a_1}{q - 1} + \left(a_1 - \frac{a_2 - a_1}{q - 1}\right),$$

其中 $\dfrac{a_2 - a_1}{q - 1} = \dfrac{qa_1 + d - a_1}{q - 1} = a_1 + \dfrac{d}{q - 1}$。

因此 $a_n = q^{n-1}\left(a_1 + \dfrac{d}{q - 1}\right) - \dfrac{d}{q - 1}$ 是等比数列的通项 $q^{n-1}\left(a_1 + \dfrac{d}{q - 1}\right)$

与常数 $-\dfrac{d}{q - 1}$ 之和。

例 11 已知数列 $\{a_n\}$ 首项 $a_1 = \dfrac{2}{3}$,且满足 $a_{n+1} = \dfrac{2a_n}{a_n + 1}$,求 $\{a_n\}$ 的通项公式。

解 数列每项 a_n 用函数 $f(x) = \dfrac{2x}{x + 1}$ 作用得到下一项 $a_{n+1} = f(a_n)$。

从 $a_1 = \dfrac{2}{3}$ 开始用 f 作用 $n - 1$ 次得到 $a_n = f^{n-1}(a_1)$。

某些数 x 被 f 作用之后不变:$f(x) = x$,称为 f 的**不动点**。

解方程 $x = f(x) = \dfrac{2x}{x + 1}$ 求不动点。去分母得 $x(x + 1) = 2x$。求得 $x = 1$ 或 0。

将每个 x 写成 $x = \dfrac{t + 0}{t + 1} = \dfrac{t}{t + 1}$ 的形式,得到

$$f(x) = f\left(\frac{t}{t + 1}\right) = \frac{2 \times \dfrac{t}{t + 1}}{\dfrac{t}{t + 1} + 1} = \frac{2t}{2t + 1}。$$

f 对 $x = \dfrac{t}{t+1}$ 的每次作用恰好将 t 乘 2。作用 $n-1$ 次则将 t 乘 2^{n-1}。

$$f^{n-1}\left(\frac{t}{t+1}\right) = \frac{2^{n-1}t}{2^{n-1}t+1}.$$

解方程 $\dfrac{t}{t+1} = a_1 = \dfrac{2}{3}$ 得 $t = 2$。于是

$$a_n = f^{n-1}\left(\frac{2}{3}\right) = \frac{2^{n-1} \times 2}{2^{n-1} \times 2 + 1} = \frac{2^n}{2^n+1}.$$

以上解法的关键是将 x 写成 $x = \dfrac{t}{t+1}$ 的形式。经过计算得出 $f(x) = \dfrac{2t}{2t+1}$。f 的作用效果是将 t 乘 2，作用 $n-1$ 次就是将 t 乘 2^{n-1}。

很自然要问：为什么 f 对 $x = \dfrac{t}{t+1}$ 的作用效果正好是将 t 乘常数？是偶然碰巧，还是必然规律？能不能推广到别的 f？

妙用分解。 $f(x) = \dfrac{2x}{x+1}$ 将每个 x 变成分式。x 可以写成分式 $x = \dfrac{x}{1}$，而且可以写成任意分母 v 的分式 $x = \dfrac{u}{v}$，其中 $u = xv$。我们把 x 的分子分母 u、v 排成坐标的形式 $X = \begin{pmatrix} u \\ v \end{pmatrix}$，考察经过 f 的作用之后坐标的变化情况：

$$f\left(\frac{u}{v}\right) = \frac{2\dfrac{u}{v}}{\dfrac{u}{v}+1} = \frac{2u}{u+v},$$

$$X = \begin{pmatrix} u \\ v \end{pmatrix} \mapsto f(X) = \begin{pmatrix} 2u \\ u+v \end{pmatrix} = \begin{pmatrix} 2 & 0 \\ 1 & 1 \end{pmatrix}\begin{pmatrix} u \\ v \end{pmatrix} = AX,$$

f 作用前的 $x = \dfrac{u}{v}$ 的坐标 $X = \begin{pmatrix} u \\ v \end{pmatrix}$，作用后的 $f(x) = \dfrac{2u}{u+v}$ 的坐标 $f(X) =$

$\begin{pmatrix} 2u \\ u+v \end{pmatrix} = AX$ 等于矩阵 $A = \begin{pmatrix} 2 & 0 \\ 1 & 1 \end{pmatrix}$ 左乘 X。f 对坐标的作用由矩阵 A 左乘实现。

用矩阵 A 来实现 f 的作用有什么好处？分式函数 f 的作用不满足"分配律"，即 $f(x_1 + x_2) \neq f(x_1) + f(x_2)$。矩阵乘法满足分配律 $A(X_1 + X_2) = AX_1 + AX_2$，因此可以将数列各项 u_n 的坐标分解，各个击破。

不动点的坐标　$x = 1, 0$ 是 $f(x) = \dfrac{2x}{x+1}$ 的不动点：$f(1) = \dfrac{2 \times 1}{1+1} = 1$，$f(0) = \dfrac{2 \times 0}{0+1} = 0$。

$1 = \dfrac{1}{1}$ 的坐标 $P_1 = \begin{pmatrix} 1 \\ 1 \end{pmatrix}$ 被 f 作用变成

$$f(P_1) = AP_1 = \begin{pmatrix} 2 & 0 \\ 1 & 1 \end{pmatrix} \begin{pmatrix} 1 \\ 1 \end{pmatrix} = \begin{pmatrix} 2 \\ 2 \end{pmatrix} = 2P_1。$$

$0 = \dfrac{0}{1}$ 的坐标 $P_2 = \begin{pmatrix} 0 \\ 1 \end{pmatrix}$ 被 f 作用变成

$$f(P_2) = AP_2 = \begin{pmatrix} 2 & 0 \\ 1 & 1 \end{pmatrix} \begin{pmatrix} 0 \\ 1 \end{pmatrix} = \begin{pmatrix} 0 \\ 1 \end{pmatrix} = P_2。$$

$1、0$ 都是 f 的不动点。0 的坐标 P_2 被 A 左乘之后不变。但 1 的坐标 P_1 却被变成 $f(P_1) = AP_1 = 2P_1$，是原来的 2 倍。不过，这是 $\dfrac{1}{1}$ 的分子分母同乘 2 变成 $\dfrac{2}{2} = 1$，分数值没有变，1 仍是 f 的不动点。但坐标 P_1 却不是矩阵 A 的左乘作用的不变向量，而是**特征向量**，变到原来的常数倍。

一般地，凡是被矩阵左乘 $AX = \lambda X$ 变成原来的常数倍的非零向量 X 都称为矩阵 A 的特征向量。解方程 $f(x) = x$ 求 f 的不动点 x，其实是在求矩阵 A 的特征向量 $X = \begin{pmatrix} x \\ 1 \end{pmatrix}$ 满足 $AX = \lambda X$。不管特征值 λ 等于多少，X 都是不动点

的坐标。中学生没学过大学线性代数课,不懂特征向量,却可以通过解方程

$$\frac{ax+b}{cx+d}=x,$$

求不动点得到方阵 $A=\begin{pmatrix} a & b \\ c & d \end{pmatrix}$ 的特征向量。

用两个不动点 1、0 的 f 值 $f(1)=1$ 和 $f(0)=0$ 组合出其余的 $f(x)$ 值,对于研究 $f(x)$ 没有帮助。

但两个不动点的坐标 $P_1=\begin{pmatrix} 1 \\ 1 \end{pmatrix}$,$P_2=\begin{pmatrix} 0 \\ 1 \end{pmatrix}$ 是两个不共线向量,组成平面

上的一组基,可以将任何一个实数 $x\neq 1$ 的坐标 $X=\begin{pmatrix} x \\ 1 \end{pmatrix}$ 组合成

$$X=rP_1+sP_2=r\begin{pmatrix} 1 \\ 1 \end{pmatrix}+s\begin{pmatrix} 0 \\ 1 \end{pmatrix}=\begin{pmatrix} r \\ r+s \end{pmatrix},$$

用来代表 $x=\dfrac{r}{r+s}=\dfrac{t}{t+1}$,其中 $t=\dfrac{r}{s}$。 A 左乘 X 都可以由 AP_1、AP_2 决定。

$s^{-1}X=\begin{pmatrix} t \\ t+1 \end{pmatrix}=tP_1+P_2$ 也是 $x\neq 1$ 的坐标,可以被 A 左乘来求 $f(x)$:

$$f(s^{-1}X)=A(tP_1+P_2)=t(AP_1)+AP_2=t(2P_1)+P_2$$

$$=2t\begin{pmatrix} 1 \\ 1 \end{pmatrix}+\begin{pmatrix} 0 \\ 1 \end{pmatrix}=\begin{pmatrix} 2t \\ 2t+1 \end{pmatrix}.$$

$$f(x)=f\left(\frac{t}{t+1}\right)=\frac{2t}{2t+1}.$$

中学生不懂矩阵乘法,更不懂特征向量。但他们都能做到:

(1) 解方程 $x=f(x)=\dfrac{2x}{x+1}$,求出 f 的不动点 1、0。

(2) 将任意 $x\neq 1$ 看成已知数,解方程 $x=\dfrac{t}{t+1}$ 求出未知数 t。

(3) 算出 $f\left(\dfrac{t}{t+1}\right)=\dfrac{2\dfrac{t}{t+1}}{\dfrac{t}{t+1}+1}=\dfrac{2t}{2t+1}$，发现 f 的作用正好是将 t 乘 2。

但他们不知道第(3)步算出的结果为什么"恰好"就是将 t 乘常数 2。

现在的中学老师基本上都上过大学，学过线性代数课程，就能明白其中的"为什么"了：

首先，是把每个实数 $x=\dfrac{x}{1}=\dfrac{x\lambda}{\lambda}$ 写成分式、分子分母排成坐标 $X=\begin{pmatrix}x\\1\end{pmatrix}$，而且 X 的常数倍 λX 与 X 代表同一个分式（因为分子分母同乘 $\lambda\neq0$，分式不变）。所有这些不同坐标 λX 代表同一个实数 x，称为 x 的**齐次坐标**。

(1) $f(x)=\dfrac{2x}{x+1}$ 的不动点 1、0 的坐标 P_1、P_2 是矩阵 $A=\begin{pmatrix}2&0\\1&1\end{pmatrix}$ 的特征向量。

(2) $x=\dfrac{t}{t+1}$ 写成分式，就是把 x 的齐次坐标 $X=\begin{pmatrix}x\\1\end{pmatrix}=rP_1+sP_2=s(tP_1+P_2)$ 分解为特征向量 P_1、P_2 的线性组合。

(3) f 对 $\dfrac{t}{t+1}$ 的作用，就是矩阵 A 对线性组合 $X=b(tP_1+P_2)$ 的作用 $AX=b(tAP_1+AP_2)=b(2tP_1+P_2)$。之所以将 t 乘 2，是因为将特征向量 P_1 乘 2，特征向量 P_2 乘 1。t 所乘的 $2=\dfrac{2}{1}$ 是两个特征向量的特征值 2 与 1 之比。

例 11 的解法可以推广到一般的分式线性递推数列：

设 a、b、c、d 是常数，满足 $ad\neq bc$，$c\neq0$，则 $f(x)=\dfrac{ax+b}{cx+d}$ 称为**分式线性函数**。

设 $f(x)=\dfrac{ax+b}{cx+d}$ 是分式线性函数，数列 $\{u_n\}$ 相邻两项都满足 $u_{n+1}=f(u_n)$（$\forall n\geqslant1$）。则这个数列称为**分式线性递推数列**。

方程 $x = f(x) = \dfrac{ax+b}{cx+d}$ 即 $x(cx+d) = ax+b$ 的解称为函数 f 的**不动点**。

分式线性函数 f 的不动点满足的方程 $x(cx+d) = ax+b$ 是二次方程,如果它的判别式不为 0,那么方程有两个不同的根 α、β,就是 f 的两个不同的不动点。

此时每个 $x \neq \alpha$ 可写成 $x = \dfrac{\alpha t + \beta}{t+1}$,$f(x) = \dfrac{\alpha qt + \beta}{qt+1}$ 对某个 $q \neq 1$ 成立。

设 $u_1 = \dfrac{\alpha t_1 + \beta}{t_1 + 1}$,则 $u_n = f^{n-1}(u_1) = \dfrac{\alpha q^{n-1} t_1 + \beta}{q^{n-1} t_1 + 1}$。

理由与例 11 相同:

将每个分式 $x = \dfrac{u}{v}$ 用它的分子分母组成坐标 $X = \begin{pmatrix} u \\ v \end{pmatrix}$ 表示。则

$$f(x) = \frac{a\,\dfrac{u}{v} + b}{c\,\dfrac{u}{v} + d} = \frac{au + bv}{cu + dv},$$

将 $x = \dfrac{u}{v}$ 的坐标 $X = \begin{pmatrix} u \\ v \end{pmatrix}$ 变成 $f(X) = \begin{pmatrix} au + bv \\ cu + dv \end{pmatrix} = \begin{pmatrix} a & b \\ c & d \end{pmatrix} \begin{pmatrix} u \\ v \end{pmatrix} = AX$。

不动点 α、β 的坐标 $P_1 = \begin{pmatrix} \alpha \\ 1 \end{pmatrix}$,$P_2 = \begin{pmatrix} \beta \\ 1 \end{pmatrix}$ 是两个不共线的特征向量,满足

$$AP_1 = \lambda_1 P_1, \quad AP_2 = \lambda_2 P_2。$$

每个 $x \neq \alpha$ 的坐标 $X = rP_1 + sP_2 = s(tP_1 + P_2)$ 分解为特征向量的线性组合,则

$$f(s^{-1}X) = A(tP_1 + P_2) = tAP_1 + AP_2$$

$$= t\lambda_1 P_1 + \lambda_2 P_2 = \begin{pmatrix} t\lambda_1 \alpha + \lambda_2 \beta \\ \lambda_1 t + \lambda_2 \end{pmatrix}。$$

$$f(x) = \frac{t\lambda_1 \alpha + \lambda_2 \beta}{\lambda_1 t + \lambda_2} = \frac{\lambda \alpha t + \beta}{\lambda t + 1},\text{其中 } \lambda = \frac{\lambda_1}{\lambda_2}。$$

设 $u_1 = \dfrac{t_1\alpha + \beta}{t_1 + 1}$，则

$$u_n = f^{n-1}(u_1) = \frac{\lambda^{n-1}t_1\alpha + \beta}{\lambda^{n-1}t_1 + 1}。$$

例 12　设 $n \geqslant 2$，实数 $x_1, x_2, \cdots, x_n$ 满足条件

$$\sum_{i=1}^{n}x_i^2 + \sum_{i=1}^{n-1}x_i x_{i+1} = 1, \tag{1}$$

求 $|x_n|$ 的最大值。

解　原题条件左边 $Q(x_1, \cdots, x_n) = x_1^2 + x_1x_2 + x_2^2 + x_2x_3 + \cdots + x_{n-1}x_n + x_n^2$ 看成 x_1 的二次函数，其余字母 $x_i(i \geqslant 2)$ 看成常数，配方得

$$Q(x_1, \cdots, x_n) = \left(x_1 + \frac{1}{2}x_2\right)^2 + Q_2(x_2, \cdots, x_n),$$

其中 $Q_2(x_2, \cdots, x_n) = \dfrac{3}{4}x_2^2 + x_2x_3 + x_3^2 + \cdots + x_n^2$ 看成 x_2 的二次函数，其余 $x_i(i \geqslant 3)$ 都看成常数，配方得

$$Q_2(x_2, \cdots, x_n) = \frac{3}{4}\left(x_2 + \frac{2}{3}x_3\right)^2 + Q_3(x_3, \cdots, x_n),$$

依此类推不断配方得

$$\begin{aligned}
Q(x_1, \cdots, x_n) &= x_1^2 + \cdots + x_kx_{k+1} + x_{k+1}^2 + \cdots + x_n^2 \\
&= a_1(x_1 + b_1x_2)^2 + \cdots + a_k(x_k + b_kx_{k+1})^2 + \cdots + a_nx_n^2 \\
&= a_1x_1^2 + \cdots + (2a_kb_k)x_kx_{k+1} + (a_kb_k^2 + a_{k+1})x_{k+1}^2 + \cdots。
\end{aligned}$$

配方式展开合并同类项之后与配方前比较对应项系数：

由 $x_kx_{k+1}(1 \leqslant k \leqslant n-1)$ 的系数 $2a_kb_k = 1$ 得 $b_k = \dfrac{1}{2a_k}$。

x_1^2 的系数 $a_1 = 1$。且由 x_{k+1}^2 的系数 $a_kb_k^2 + a_{k+1} = 1$ 得

$$a_{k+1} = 1 - a_k b_k^2 = 1 - a_k \left(\frac{1}{2a_k}\right)^2 = 1 - \frac{1}{4a_k} = f(a_k),$$

其中 $f(x) = 1 - \frac{1}{4x}$。

解方程 $x = f(x) = 1 - \frac{1}{4x}$，得 $4x^2 = 4x - 1$，两根相等，为 $x = \frac{1}{2}$。

只有一个不动点 $\frac{1}{2}$，坐标为 $P_1 = \begin{pmatrix} 1 \\ 2 \end{pmatrix}$，与 $a_1 = 1 = \frac{1}{1}$ 的坐标 $P_2 = \begin{pmatrix} 1 \\ 1 \end{pmatrix}$ 共同组成一组基。可以组合出任意 x 的坐标

$$X = rP_1 + sP_2 = r\begin{pmatrix} 1 \\ 2 \end{pmatrix} + s\begin{pmatrix} 1 \\ 1 \end{pmatrix} = \begin{pmatrix} r+s \\ 2r+s \end{pmatrix}。$$

$$f(x) = f\left(\frac{r+s}{2r+s}\right) = 1 - \frac{2r+s}{4r+4s} = \frac{2r+3s}{4r+4s} = \frac{\left(r+\frac{s}{2}\right)+s}{2\left(r+\frac{s}{2}\right)+s}。$$

f 对 $u = \frac{r+s}{2r+s}$ 的作用效果是：保持 s 不变，将 r 加 $\frac{s}{2}$。f^{n-1} 就是 f 连续作用 $n-1$ 次：保持 s 不变，r 加 $n-1$ 个 $\frac{s}{2}$，得

$$f^{n-1}\left(\frac{r+s}{2r+s}\right) = \frac{\left(r+\frac{(n-1)s}{2}\right)+s}{2\left(r+\frac{(n-1)s}{2}\right)+s}$$

$$= \frac{2r+(n-1)s+2s}{4r+2(n-1)s+2s}$$

$$= \frac{2r+(n+1)s}{4r+2ns}。$$

现在需要对 $a_1 = 1$ 求 $a_n = f^{n-1}(a_1) = f^{n-1}(1)$。

解方程 $\frac{r+s}{2r+s} = 1$ 得 $r+s = 2r+s$，$r = 0$。不妨取 $s = 1$。

代入 $f^{n-1}\left(\frac{r+s}{2r+s}\right) = \frac{2r+(n+1)s}{4r+2ns}$，得

$$a_k = f^{k-1}(1) = \frac{k+1}{2k}, \ b_k = \frac{1}{2a_k} = \frac{k}{k+1}.$$

$$\left(x_1 + \frac{1}{2}x_2\right)^2 + \cdots + \frac{k+1}{2k}\left(x_k + \frac{k}{k+1}x_{k+1}\right)^2 + \cdots + \frac{n+1}{2n}x_n^2 = 1. \quad (2)$$

易验证等式(2)左边展开后等于等式(1)的左边。

等式(2)左边各项 $\frac{k+1}{2k}\left(x_k + \frac{k}{k+1}x_{k+1}\right)^2 \geqslant 0$（$\forall 1 \leqslant k \leqslant n-1$）。

因此 $\frac{n+1}{2n}x_n^2 \leqslant 1$，$x_n^2 \leqslant \frac{2n}{n+1}$，$|x_n| \leqslant \sqrt{\frac{2n}{n+1}}$。

在等式(2)中取 $x_n = \pm\sqrt{\frac{2n}{n+1}}$。

再依次对 $k = n-1, n-2, \cdots, 2, 1$ 取 $x_k = -\frac{k}{k+1}x_{k+1}$。

则等式(2)成立，原题条件(1)成立，且 $|x_n| = \sqrt{\frac{2n}{n+1}}$ 达到最大值。

3.4 运算律指挥字母运算

一、字母运算算无穷

例 1 在图 3-4-1 的空格中填入适当的数，使横向和纵向四个等式都成立：

$$
\begin{array}{ccc}
\square & + & \square & = 8 \\
+ & & + & \\
\square & - & \square & = 6 \\
\| & & \| & \\
13 & & 8 &
\end{array}
$$

图 3-4-1

分析 这不是数学考试题,而是微信群中流传的智力测验。一般人想到的方法是猜一些数放进方格中去进行计算,能够满足条件就算成功。

比如,你先在左上角第一行第一列试填 1。如图 3-4-2。第一行,$1+\square=8$,□里填 7;第一列,$1+\square=13$,□ 里填 12;第二列,$7+\square=8$,□里填 1。 四个数都填好了,三个等式都成立了,但是第二行 $12-1 \neq 6$,不合要求。由于四个数都是由左上角 1 决定的,要想调整,只能改变左上角的 1。

$$\begin{array}{ccccc} 1 & + & 7 & = & 8 \\ + & & + & & \\ 12 & - & 1 & \neq & 6 \\ \| & & \| & & \\ 13 & & 8 & & \end{array} \qquad \begin{array}{ccccc} 2 & + & 6 & = & 8 \\ + & & + & & \\ 11 & - & 2 & \neq & 6 \\ \| & & \| & & \\ 13 & & 8 & & \end{array}$$

图 3-4-2   图 3-4-3

将左上角换成 2 再试,得到图 3-4-3。第二行 $11-2 \neq 6$,仍不符合要求。

将左上角换成 3,4,5,6,7,8 依次试验,都不合要求。

左上角能不能填 9? 能。$9+\square=8$,□里填 -1。 题目没有禁止负数,可以继续由两列和填出第二行两个数,不过,它们的差仍不等于 6。事实上,即使你将左上角试遍所有的整数,仍不能让第二行两数之差等于 6。更何况,所有的整数有无穷多,人的生命是有限的,不可能一个一个试完无穷多个数。

有限的生命能不能算完无穷多个不同的数呢? 能! 只不过不能在左上角填具体的数一个一个试验,而应该填抽象的数 x,也就是用一个字母 x 代表所有的无穷多个整数、分数、实数、复数,只算一次就把它们全部算完,如图 3-4-4。

$$\begin{array}{ccccc} x & + & (8-x) & = & 8 \\ + & & + & & \\ (13-x) & - & x & = & 6 \\ \| & & \| & & \\ 13 & & 8 & & \end{array} \qquad \begin{array}{ccccc} 3.5 & + & 4.5 & = & 8 \\ + & & + & & \\ 9.5 & - & 3.5 & = & 6 \\ \| & & \| & & \\ 13 & & 8 & & \end{array}$$

图 3-4-4   图 3-4-5

解 设左上角的数为 x。由第一行 $x+\square=8$，得 $\square$ 里填 $8-x$；由第一列 $x+\square=13$，得 $\square$ 里填 $13-x$；由第二列 $(8-x)+\square=8$，得 $\square$ 里填 x。剩下还需满足第二行的要求 $(13-x)-x=6$。

这是以 x 为未知数的方程，容易求解：去括号合并同类项，得 $13-2x=6$，$2x=13-6=7$，$x=3.5$。

图中其余三个数依次为 $8-x=4.5$，$13-x=9.5$，$x=3.5$。正确答案如图 $3-4-5$。

本题不要求用代数方法解答，也不限定空格代表整数还是小数、分数、无理数或虚数。唯一的要求是四个等式成立。

你可以自己凑，凑出来就算成功。不过，据我所知，用算术方法凑的"最强大脑"都凑不出来，也想不到答案不是整数而是小数。本题不需要最强大脑，只需要普通的正常大脑就应该想到：能凑出来就凑，凑不出来就设字母 x 算，只算一次就把所有的数都一网打尽了。也不需要预先想到答案不是整数，只管按部就班地算，算出来是什么就是什么，是小数就是小数。不过应该知道它不可能是无理数或虚数，因为已知数都是正整数，解一元一次方程只需用到加减乘除运算，得出的答案都是由整数加减乘除算出来的，虽不能保证结果是整数，但一定是有理数。

很多书苦口婆心宣传字母代替数的好处。我们用这道题来展示字母运算的好处。不需要帮字母吹牛，只让字母干活。算术方法犹如愚公移山，一锄一锄地挖山不止，永远挖不完，字母运算是神仙下凡只做一次就全部搬走了。还需要宣传吗？当然，字母干活显身手的例子数不胜数，随便找一个都行。不过，千万别去找一个例题，算术方法也能算，然后再用字母算，接着你教导学生说：虽然你能用算术方法算，但那个档次太低，代数方法的档次高，更高贵。科学方法不是拿来显示高贵的，而是用来干活解决问题的。没有字母运算就解决不了，有了字母运算就迎刃而解，优越性就不言而喻了，不需要别的档次和高贵。

其实本题也可以不用字母，而可以用算术方法做：两列和 $13+8=21$ 是四个数之和；两行和或差 8，6 之和 14，是三个数之和减去剩下一个（右下角）；二者之差 21－14＝7 是右下角的数的 2 倍，因此右下角为 7÷2＝3.5。至此就容易算出其他三个数。

不过，这个方法需要聪明和技巧，字母运算不需要技巧。一般人用常规办法按部就班就能算出来，就像"傻瓜相机"，专供不想学习复杂照相技巧的人用。有些人脑子不聪明，又不喜欢用字母运算这种专门照顾一般人的常规方法，老喜欢问："买菜不需要用代数，只需要用算术，何必学代数？"这就有点不可救药了。他们没想到：买菜也许不用代数，但买菜需要用钱。要挣出买菜的钱，恐怕需要用代数。可能他又会举例：文学家不需要代数，也能挣出买菜的钱。那就让他试试去当文学家吧。

如果考试不准用代数，只准用算术方法凑，怎么办？你还是可以悄悄用代数方法求出答案 3.5，直接把答案填到方框里去。考官只管用算术方法检验你的答案对不对。你就说你是用算术方法凑出来的，答案对就行了嘛。他们可以从 1 开始凑，你当然也可以从 3.5 开始凑。

为什么字母怎么能代替整数、分数、无理数、虚数进行运算呢？比如，正整数加法 3＋2＝5 可以数手指，分数加法 $\frac{1}{3}+\frac{1}{2}$ 需要通分，无理数加法需要求极限。这么多不同的加法，都用字母运算来代表，那么字母怎么能够代表这么多不同的运算方法和运算性质？

字母运算代表的不是不同数的不同运算性质，而是代表它们的共同的运算性质。共同的运算性质就是运算律，字母运算的唯一依据就是按运算律运算。所有的数都满足这些运算律，所以，把字母换成具体的数，运算结果仍成立。以例 1 为例，由 $x+\square=8$，得 $\square$ 里填 $8-x$，这是减法的定义：和－加数＝另一个加数。x 就是其中这个加数，不论它等于多少，都该用减法求 $\square$ 里的数。同理，不管 x 等于多少，由 $x+\square=13$，都能得出 $\square$ 里填 $13-x$。由 $(8-x)+\square=8$，得出 $\square$ 里填 x，仍可以用减法的定义。$(8-x)+\square=8$ 就是要求 $\square$ 里的数加 $8-x$ 等于 8，但 $8-x$ 的意思就是它加 x 等于 8，也就是 $(8-x)+x=8$，于是 $\square$ 里填 x 就符合要求。

为什么算术方法都不能成功？因为算术方法都从具体数开始，最后一步是两个具体数相减要求等于 6，但是很难正好碰到运气等于 6。碰不上运气，只能推倒重来。字母运算从不确定的数 x 开始，最后一步是不确定的数相减

$$(13-x)-x=6。$$

你不能说它一定不等于 6，也不能说它一定等于 6，于是就可以寻找使它等于 6 的 x，也就是解方程。

按运算顺序，应该先算出 $13-x$，再减 x。但 x 是未知数，$13-x$ 得不出确定的值，就将运算 $(13-x)-x$ 改变为 $13+[(-x)+(-x)]=13+(-2x)$。这一过程中，首先是把减 x 变成加 $-x$，以便于用加法结合律变成 $[13+(-x)]+(-x)=13+[(-x)+(-x)]$，再用分配律得到 $(-x)+(-x)=(-1)x+(-1)x=[(-1)+(-1)]x=(-2)x=-2x$。总之，字母运算都按运算律进行，所以适用于字母 x 代表的无穷多个不同的值。

二、加法与乘法运算律

1. 加法运算律

(1) 结合律：$(a+b)+c=a+(b+c)$；　　(2) 交换律：$a+b=b+a$；

(3) 零的加法：$a+0=a$；　　(4) 相反数：$(-a)+a=0$。

2. 减法

(1) 定义：$a-b=x\Leftrightarrow x+b=a$；　　(2) 法则：$a-b=a+(-b)$。

3. 乘法运算律

(1) 结合律：$(ab)c=a(bc)$；　　(2) 交换律：$ab=ba$；

(3) 1 的乘法：$1a=a$；　　(4) 倒数：$a^{-1}a=1$；

(5) 分配律：$a(b+c)=ab+ac$；　　(6) 零的乘法：$0\cdot a=0$；

(7) 消去律：$a\neq0,b\neq0$，则 $ab\neq0$。

为什么第(7)条规律叫做消去律？它的意思是：

如果 $a \neq 0$，且 $ax = 0$，就可以消去非零元 a，得到 $x = 0$；

如果 $a \neq 0$，且 $ax = ay$，就可以从等号两边消去非零元 a 得到 $x = y$。

这是因为 $ax = ay \Rightarrow ax - ay = 0 = a(x - y)$，消去非零元 a 得 $x - y = 0$，即 $x = y$。

复数、复系数多项式的乘法都满足消去律。

但矩阵乘法不满足消去律，理由：两个非零矩阵 A、B 的乘积有可能 $AB = O$。

4. 除法

(1) 定义：$\dfrac{a}{b} = x \Leftrightarrow bx = a$；

(2) 法则：$\dfrac{a}{b} = a \cdot b^{-1}$。

三、运算律产生的若干规定

1. 除数(分母)不能为 0，即 $\dfrac{a}{0}$ 无意义

除法 $\dfrac{a}{0} = x$ 的定义为 $a = 0x = 0$。

当 $a \neq 0$ 时，$0x = a$ 无解；当 $a = 0$ 时，所有的 x 都是解，答案不唯一。因此 $\dfrac{a}{0}$ 无意义。

虽然 $\dfrac{a}{0}(a \neq 0)$ 与 $\dfrac{0}{0}$ 都无意义，但前者是无解，无论如何都无意义。后者 $\dfrac{0}{0}$ 是解太多，可以增加要求将别的解去掉，只剩唯一解，变成有意义。比如 $\dfrac{x^2 - 1}{x - 1}$，当 $x \neq 1$ 时有意义，$x = 1$ 时为 $\dfrac{0}{0}$ 无意义。但如果要求 $q(x) = \dfrac{x^2 - 1}{x - 1}$，当 $x = 1$ 时连续，也就是当 $x \to 1$ 时，$q(x) = x + 1 \to q(0)$，就只有 $q(1) = 2$ 满

足要求,有唯一解,这就是 $\frac{0}{0}$ 型的**极限**。好比这门课程的考试 $\frac{0}{0}$ 大家都考满分,无法决定录取谁,加试一道题要求商 $\frac{x^2-1}{x-1}$ 在 $x=1$ 附近连续,就只有 2 通过,其他都淘汰了。

2. 零指数:a^0

$a^n = \underbrace{a \cdots a}_{n \text{个} a}$ 表示 n 个数的乘积。a^0 就是 0 个 a 的乘积,等于多少?

0 个 a 相乘,没有 a,怎么乘? 没法乘。很多人就认为应该等于 0。

换一个想法就能乘了:已经有一个 a,再乘 0 个 a,也就是增加 0 个 a。1 个 a 增加 0 个 a,仍然是 1 个 a,没有改变。写成等式

$$a \cdot a^0 = a,$$

就是 $x = a^0$ 满足的方程 $ax = a$,当 $a \neq 0$ 时有唯一解 $x = 1$,因此 $a^0 = 1$。

要理解 a^0,除了将 1 个 a 乘 0 个 a 仍等于 1 个 a,得到方程 $a \cdot a^0 = a$,求未知数 $x = a^0$,得到 $x = 1$。还可以由 1 个 a 减少 1 个 a 变成 0 个 a。1 个 a 怎么减少? 或者进一步问:n 个 a 的乘积 a^n 怎么减少 1 个 a? 既然 a^n 是 n 个 a 的乘积,除以 a 就约掉 1 个 a,变成 $n-1$ 个 a 的乘积 a^{n-1},即

$$\frac{a^n}{a} = \frac{a^{n-1} \cdot a}{a} = a^{n-1}。$$

如果 $n = 1$,那么 1 个 a 的乘积 a 除以 a,就是减少 1 个 a,变成 0 个 a 的乘积,即

$$a^0 = a^{1-1} = \frac{a}{a} = 1。$$

0 个 a 的乘积 $a^0 = 1$ 还可以继续除以 a^m,就是减少 m 个 a,变成 $-m$ 个 a 的乘积,即

$$a^{-m}=a^{0-m}=\frac{a^0}{a^m}=\frac{1}{a^m}。$$

既然 a^n 是 n 个 a 的乘积,要减少 a 的个数就应该作除法,除以 a 就是指数减 1,当指数减到 0,就是把 a 全部除完了,约完了,约完了剩下的应该是 1 而不是 0。继续再除,指数从 0 减少到 $-m$,就是 1 除以 a^m 等于 $\frac{1}{a^m}$,分母的幂增加到 m。

a^0 满足的等式 $a\cdot a^0=a$ 还有一个特殊情况:$0\cdot 0^0=0$,$x=0^0$ 满足的方程 $0x=0$ 的解不仅有 $x=1$,还有 x 等于任意数。在 $a^0=\frac{a}{a}$ 中,将 $a=0$ 代入也得到 $0^0=\frac{0}{0}$ 可以等于任意数,没有确定值,因此 0^0 无意义。$0^{-m}=\frac{1}{0^m}=\frac{1}{0}$ 更加无意义。

但是,如果要求 $y=x^0$ 在 $x=0$ 处连续,由于 $x\neq 0$ 时都有 $x^0=1$,当 $x\to 0$ 时 x^0 的极限是 1。因此规定 $0^0=1$ 来保证 $y=x^0$ 是连续函数,也是合理的。

3. 零的阶乘:0!

a^0 是 0 个 a 相乘,可以由 n 个 a 的乘积 a^n 除以 n 个 a 得到 $a^0=1$。

0! 也是 0 个数相乘,也可以由 n 个正整数 1,2,$\cdots$,n 的乘积 $n!$ 除以 n 个正整数得到 0!。

差别是:a^n 除掉 n 个 a 就得到 a^0,而 $n!$ 需要除掉 n 个不同的数 n,$n-1$,$\cdots$,2,1 得到 0!。

当 n 是正整数时,$n!=1\times 2\times\cdots(n-1)\cdot n=[(n-1)!]n$,除以 n 得到 $(n-1)!=\frac{n!}{n}$。最简单的当然是从 1! 开始,除以 1 就得到 $0!=\frac{1!}{1}=1$。不过,为了让你更加信服,从任意 $n!$ 开始,从大到小依次除以乘积中的 n 个因数 n,$n-1$,$\cdots$,2,1,依次得到 $(n-1)!$,$(n-2)!$,$\cdots$,2!,1!,0!,最后剩下 $0!=1$。把所有因数除完之后剩下的绝不会是 0,只能是 1。

4. 1 不是质数

质数与合数是由正整数的分解产生的概念。每个正整数 n 有两个理所当然的因数 1 与 n。如果除了 1 和 n 之外没有别的因数,就称 n 为**质数**,也称为**素数**。如果除了 1 和 n 之外还有别的因数 d,就称 n 为**合数**。

如果只背这个定义,那么应该说 1 也是质数,因为它除了 1 和它本身之外没有别的正整数因数。所有的正整数都是 0 的因数,其中大量的因数既不是 1 也不是 0,照此说来 0 也是合数。

你会说:我们规定 1 既不是质数也不是合数,0 也既不是质数也不是合数。

"我们"为什么要这样规定? 不这样规定会有什么坏处呢?

为什么需要质数与合数这两个概念? 是为了判定正整数的因数分解是不是分解到底了。

比如,合数 6 有因数 2,可以从 6 中分解出因数 2 得

$$6 = 2 \times 3,$$

6 就被分解为两个质因数 2、3 的乘积。如果把 1 也称为质数,那么 2 与 3 都能再分解出任意多"质数"因子 1,即

$$2 = 2 \times 1 = 2 \times 1 \times \cdots \times 1, \ 3 = 3 \times 1 = 3 \times 1 \times \cdots \times 1,$$

如此因数分解就永远也分解不完了。因此,有一个因数为 1 的分解,如 $2 = 2 \times 1$,$3 = 3 \times 1$ 都不能算作真正的分解,分成两个或两个以上大于 1 的整数的乘积才是真正的分解。所以质数 2、3 都不能分解。

因数分解是为了求公约数和公倍数,分出这么多 1 也没有任何用处。即使不写出因数 1,需要的时候也能提出任意多个因数 1,因此,只要分解出大于 1 的不能再分解的因数就够用了。既然它们不能分解,就没有 1 和自身以外的因数,就是我们所说的质数。这样的因数分解就能经过有限次分解之后完成。

1 既不是质数,也不是合数,它是什么呢?

我们用正整数分解成的质因数的个数来区分这三类数:

质数不能分解,就是 1 个质因数的乘积。合数能够分解为至少两个质因数的乘积,质因数的个数是固定不变的。例如:$6 = 2 \times 3 = 3 \times 2$ 是两个质因

的乘积,2 与 3 都是一个质因数的乘积。

$$6=2\times3\times1\times\cdots\times1$$

是各个因数所含质因数之积,其中 1 的个数可以有任意多个,多一个 1 不会多一个质因数,少一个 1 也不会少一个质因数,唯一合理的解释是:1 是 0 个质因数的乘积。与前面的 $2^0=1=3^0$ 一致。不论你说 1 是 0 个 3,还是 0 个 2,还是 0 个 p,都合乎逻辑。

这样就把质数、合数、1 按照质因数个数分成三类:一个质因数的乘积是质数,至少两个质因数的乘积是合数,0 个质因数的乘积是 1。

既然质数、合数是为了因数分解,那就不应该考虑 0 的分解了。任何数 n 都是 0 的因数,但把 $0=0\cdot n$ "提出"因数 n 之后剩下的还是 0,纹丝不动。因此,0 的因数分解就没有任何用处了。

在正整数范围内,1 的因数只有 1 本身,只有 1 是 0 个质因数的乘积。在全体整数的范围内,1 就不那么孤单了,1 的因数 -1 也是 0 个质因数的乘积,共同组成除了质数、合数之外的第三类数,称为**可逆元**。可逆,就是说它们的倒数还是整数,因此它们是所有整数的因数。每个整数都可以把它们作为因数分解出来。如果提出 ±1 也作为因数分解,那么就永远也分不完了。所以,只有两个因数都不是可逆元的分解,才算是因数分解。正质数 $p=(-1)\times(-p)$ 和它的相反数 $-p=(-1)\times p$ 分解出一个可逆元 -1,这样的分解都不算是因数分解,因此 p、$-p$ 都不能分解,仍然算是质数。$6=2\times3=(-2)\times(-3)$,这两个看起来不同的分解,可以看成是同一个分解,其中 2、-2 看成是本质上相同的因数,3、-3 也看成是本质上相同的因数。-1 这个可逆元可以从作为因数的任何一个质因数上提走,乘到另一个质因数上,分解式本质上没有变化。

如果考虑有理数系或实数系或复数系范围内的因式分解,可逆元就不仅是 ±1 了,每个非零常数 $a\neq0$ 的倒数 a^{-1} 也是非零常数,也是多项式,也是可逆元。每个多项式 $f(x)=a(a^{-1}f(x))$ 都能分解为 a 与多项式 $a^{-1}f(x)$ 的乘积。但这也不能算是真正的分解,必须把 $f(x)=g(x)h(x)$ 分解为两个非常数(至少一次)的多项式 $g(x)$、$h(x)$ 的乘积,这才算是真正的分解。不能真正分解的多项式相当于"质因式",不过给了它另外一个名称,叫做**不可约多项式**,就是不能分解的多项式。能够分解的叫做**可约多项式**。非零多项式仍然有三类:不可约(相当于质数)、可约(相当于合数)、可逆元。只不过现在的可逆元不仅有 ±1,还有所有的非零常数。如果要求多项式的系数是整数,因式的系数也是整数,那就仍然只有 ±1 是可逆元,其他的非零常数就不是可逆元了。例如,2 的倒数 $\dfrac{1}{2}$ 不允许出现在分解式中,2 就不是可逆元,也是一个不可约多项式。

四、因式分解主宰方程求解

例 2　求 1 的全部平方根。

解　设 x 是 1 的平方根,即 $x^2 = 1$,则 $x^2 - 1 = 0$。

左边分解因式得 $(x+1)(x-1) = 0$。

要使两个数 $x+1$,$x-1$ 的乘积等于 0,只要其中有一个数为 0 即可。

当 $x+1 = 0$,$x = -1$;当 $x - 1 = 0$,$x = 1$。

因此 $(-1)^2 = 1 = 1^2$,-1 与 1 是 1 的两个平方根。

如果 $x \neq -1$ 且 $x \neq 1$,则 $x+1 \neq 0$ 且 $x-1 \neq 0$,乘积 $(x+1)(x-1) \neq 0$。

因此,1 的平方根只有 -1、1,除此之外没有别的平方根。

点评　很多人始终觉得很难理解为什么 -1 的平方等于 1。也许,最容易被他们接受的理由是平方差公式

$$x^2 - 1 = (x+1)(x-1)。$$

将 $x = -1$ 代入,就得到 $(-1)^2 - 1 = (-1+1)(-1-1) = 0 \times (-1-1) =$

0,因此 $(-1)^2 = 1$。

不过,假如他不承认平方差公式,我就只能无语了。

本题不是先入为主验证 $(-1)^2 = 1$,而是不设"候选者",海选寻找 $x^2 = 1$ 的根,找到谁就是谁。

然而,通过因式分解 $x^2 - 1 = (x+1)(x-1)$ 找到的必然是 $x+1 = 0$ 或 $x-1 = 0$ 的根,其中 $x+1 = 0$ 的根必然是 -1。

其实,不懂 $(-1)^2 = 1$ 的人,不懂的不仅是 $(-1)^2 = 1$ 的理由,更是不懂"什么可以充当理由"。

答案是:运算律是最不容置疑的理由。

例 3　每个正数 a 有几个平方根?

解　当实数 t 从 0 单调递增取遍所有正实数,t^2 从 0 单调递增取遍所有正实数,则 t^2 必然经过 a。

当 t^2 正好经过 a,满足 $t^2 = a$,记为 $t = \sqrt{a}$,称为 a 的算术平方根。

设实数 x 是 a 的平方根,满足 $x^2 = a$,则 $x^2 - a = 0$,即 $x^2 - (\sqrt{a})^2 = 0$。

左边分解因式得 $(x + \sqrt{a})(x - \sqrt{a}) = 0$,就是要求两数 $x + \sqrt{a}$、$x - \sqrt{a}$ 的乘积等于 0。

当 $x + \sqrt{a} = 0$ 或 $x - \sqrt{a} = 0$,即 $x = -\sqrt{a}$ 或 $x = \sqrt{a}$,乘积为 0。

除此之外其余的 $x + \sqrt{a}$、$x - \sqrt{a}$ 都不为 0,乘积不为 0。

因此方程仅有两个解 $x = -\sqrt{a}$ 或 $x = \sqrt{a}$,即每个正数 a 仅有两个平方根 $\sqrt{a}$ 与 $-\sqrt{a}$。

例 4　解方程: $x^2 + 5x + 5 = 0$。

解　设 $x^2 + 5x + 5$ 可以分解为两个一次因式的乘积,得

$$x^2 + 5x + 5 = (x + \alpha)(x + \beta)$$
$$= x^2 + \alpha x + \beta x + \alpha\beta$$
$$= x^2 + (\alpha + \beta)x + \alpha\beta,$$

则 $\alpha + \beta = 5$，$\alpha\beta = 5$，进而得

$$(\alpha - \beta)^2 = \alpha^2 - 2\alpha\beta + \beta^2 = \alpha^2 + 2\alpha\beta + \beta^2 - 4\alpha\beta$$
$$= (\alpha + \beta)^2 - 4\alpha\beta = 5^2 - 4 \times 5 = 25 - 20 = 5。$$

不妨取 $\alpha - \beta = \sqrt{5}$，则 $\alpha = \dfrac{(\alpha + \beta) + (\alpha - \beta)}{2} = \dfrac{5 + \sqrt{5}}{2}$，

$$\beta = \frac{(\alpha + \beta) - (\alpha - \beta)}{2} = \frac{5 - \sqrt{5}}{2}。$$

由 $\alpha + \beta = 5$，$\alpha\beta = \dfrac{5^2 - (\sqrt{5})^2}{4} = \dfrac{25 - 5}{4} = 5$，得

$$0 = x^2 + 5x + 5 = x^2 + (\alpha + \beta)x + \alpha\beta = (x + \alpha)(x + \beta)$$

的条件是 $x + \alpha = 0$ 或 $x + \beta = 0$，因此

$$x = -\alpha = \frac{-5 - \sqrt{5}}{2}, \ x = -\beta = \frac{-5 + \sqrt{5}}{2}$$

是方程仅有的两个根。

点评　例 4 的方法适用于求解任意的一元二次方程。

例 5　求关于 x 的一元二次方程 $ax^2 + bx + c = 0 \ (a \neq 0)$ 的全部根。

解　（1）**因式定理：有根就能分解。**

只要方程有一个根 x_1，就满足 $ax_1^2 + bx_1 + c = 0$，则

$$ax^2 + bx + c = ax^2 + bx + c - (ax_1^2 + bx_1 + c) = a(x^2 - x_1^2) + b(x - x_1)$$
$$= a(x - x_1)(x + x_1) + b(x - x_1) = (x - x_1)(ax + ax_1 + b)$$
$$= a(x - x_1)\left(x + x_1 + \frac{b}{a}\right) = a(x - x_1)(x - x_2),$$

其中 $x_2 = -\dfrac{b}{a} - x_1$。于是 $ax^2 + bx + c = a(x - x_1)(x - x_2) = 0$ 的充分必要条件是 $x - x_1 = 0$ 或 $x - x_2 = 0$，即 $x = x_1$ 或 $x = x_2$，所以该方程的全部根为 x_1、x_2。

点评　方程 $f(x) = 0$ 有根 x_1，就有分解式 $f(x) = (x - x_1)q(x)$，叫做**因式定理**。它由带余除法得出。多项式 $f(x)$ 除以 $x - x_1$，得到商 $q(x)$ 和余式 r，满足"被除式＝除式×商＋余式"，即

$$f(x) = (x - x_1)q(x) + r, \tag{1}$$

余式 r 的次数低于除式 $x - x_1$，所以 r 是常数。将 $x = x_1$ 代入等式(1)，得余式 $r = f(x_1)$，叫做**余数定理**。

由于 x_1 是 $f(x) = 0$ 的根，即 $f(x_1) = 0$，因此 $r = 0$ 时，$f(x) = (x - x_1)q(x)$，就是**因式定理**。

可惜初中教材把如此有用而又简单易学的带余除法删去了，所以我们换了一个方法，直接提取

$$f(x) = f(x) - f(x_1)$$

的公因式 $x - x_1$ 得到 $(x - x_1)q(x)$。

二次多项式 $f(x) = f(x) - f(x_1) = ax^2 + bx + c - (ax_1^2 + bx_1 + c) = a(x^2 - x_1^2) + b(x - x_1)$ 靠提取 $x^2 - x_1^2$、$x - x_1$ 的公因式 $x - x_1$，其实这是"分组分解法"，也被删掉了。不过也有办法对付，他删掉的是名词"分组分解"，你换个名称叫"提取公因式"就行了。其实分组分解法就是"提取公因式"，换汤不换药，换名称不换实质。什么是素质教育？素质就是要重视实质，不拘泥于名词。只要能治病，不怕换汤，也不怕换药。

如果不是二次方程，而是三次、四次，甚至 n 次方程，怎么办？照样办。以三次方程

$$f(x) = a_3 x^3 + a_2 x^2 + a_1 x + a_0 = 0$$

为例，只要它有一个根 c，照样可以提公因式 $x - c$，具体如下：

$$f(x) = f(x) - f(c) = a_3(x^3 - c^3) + a_2(x^2 - c^2) + a_1(x - c)$$
$$= (x - c)[a_3(x^2 + cx + c^2) + a_2(x + c) + a_1]$$

如果怕有人说公式 $x^3 - c^3 = (x - c)(x^2 + cx + c^2)$ 已经从教材中删掉,不准用。你就说没用公式,这是做乘法得出来的。不难用乘法验证

$$(x - c)(x^2 + cx + c^2) = x^3 - c^3 。$$

进一步,不难用乘法验证任意 $(x - c)(x^{n-1} + cx^{n-2} + \cdots + c^{n-2}x + c^{n-1}) = x^n - c^n$ 成立。

　　(2) **因式分解决定韦达定理。**

　　根据等式 $ax^2 + bx + c = a(x - x_1)(x - x_2) = a(x^2 - x_1x - x_2x + x_1x_2) = ax^2 - a(x_1 + x_2)x + ax_1x_2$,比较最左边与最右边对应项系数得 $b = -a(x_1 + x_2)$, $c = ax_1x_2$,进而得

$$x_1 + x_2 = -\frac{b}{a} , \ x_1x_2 = \frac{c}{a} 。$$

这就是一元二次方程根与系数的关系,叫做**韦达定理**。

　　很多教材都采用通过比较因式分解式

$$x^2 + \frac{b}{a}x + \frac{c}{a} = (x - x_1)(x - x_2) = x^2 - (x_1 + x_2)x + x_1x_2$$

两边的系数得到韦达定理。本来已经很完美了,可他们还不放心,觉得还没把根求出来,韦达定理是否成立就还是"悬案"。因此他们得出了求根公式之后,又把求出的两根相加相乘再算一遍,作为韦达定理的正式证明。这就不但是画蛇添足,而且是本末倒置了。谁是本? 谁是末? 韦达定理是本,求根公式是末!

　　为什么他们没有求出根就对韦达定理不放心? 因为他们的思维习惯还停留在小学阶段,只会算已知数的性质,不相信可以算未知数的性质。韦达定理讲的就是未知数的性质:即使不知道 x_1、x_2 的值,只要知道它们满足 $x_1 + x_2 = -\frac{b}{a}$, $x_1x_2 = \frac{c}{a}$,就能将 $\frac{b}{a} = -(x_1 + x_2)$, $\frac{c}{a} = x_1x_2$ 代入方程 $ax^2 +$

$bx+c=0$ 的左边,得到分解式

$$ax^2+bx+c=a\left(x^2+\frac{b}{a}x+\frac{c}{a}\right)=a\left[x^2-(x_1+x_2)x+x_1x_2\right]$$
$$=a(x-x_1)(x-x_2),$$

从而断定 $0=ax^2+bx+c=a(x-x_1)(x-x_2)$ 的充分必要条件是 $x=x_1$ 或 $x=x_2$。

进而断定方程 $ax^2+bx+c=0$ 的全部根就是满足条件 $x_1+x_2=-\frac{b}{a}$,$x_1x_2=\frac{c}{a}$ 的这两个数 x_1、x_2。不需要知道 x_1、x_2 是多少,只要知道它们的和与积,就能断定它们是全部根。

反过来,假定你不管用什么方法求出了 $x_1=\frac{-b+\sqrt{b^2-4ac}}{2a}$,$x_2=\frac{-b-\sqrt{b^2-4ac}}{2a}$,怎么检验它们是方程的全部根? 可能你会说这很简单:将 $x=x_1$,$x=x_2$ 代入方程 $ax^2+bx+c=0$ 左边,计算出结果都等于 0,就行了。你可以代入方程左边死算,经过繁琐的计算,验证这两个数是方程的根。但你怎么验证方程没有别的根?

你可以说:因为二次方程只有两个不同的根。为什么二次方程只有两个不同的根,没有更多的根? 你说求根公式是开平方开出来的,只有两个平方根。为什么平方根只有两个,没有更多? 这还是用因式分解证明的。

与其求助于由因式分解推出的结论,不如直接求助于因式分解:只要把两个根相加、相乘得到

$$x_1+x_2=\frac{-b+\sqrt{b^2-4ac}}{2a}+\frac{-b-\sqrt{b^2-4ac}}{2a}=\frac{-2b}{2a}=-\frac{b}{a},$$
$$x_1x_2=\frac{(-b)^2-(b^2-4ac)}{4a^2}=\frac{4ac}{4a^2}=\frac{c}{a},$$

就能将 ax^2+bx+c 因式分解,即 $ax^2+bx+c=a\left(x^2+\frac{b}{a}x+\frac{c}{a}\right)=a\left[x^2-\right.$

$(x_1 + x_2)x + x_1 x_2] = a(x - x_1)(x - x_2)$，从而得出确凿结论：$x_1$、$x_2$ 是全部根。用的不是 x_1、x_2 的具体值，而是它们的和与积，还用了韦达定理。韦达定理靠因式分解证明，不需要求根公式来验证。反过来，要验证求根公式求出的根的正确性，最简洁最确凿的方式还是韦达定理。韦达定理不但很容易验证求根公式，还很容易得出求根公式。

（3）韦达定理得出求根公式。

韦达定理搭建了桥梁，由方程 $ax^2 + bx + c = 0$ 的系数算出了两根之和与积。为了用和与积算出两根，考虑先算出两根之差。为此，先算出两根之差的平方：

$$(x_1 - x_2)^2 = (x_1 + x_2)^2 - 4x_1 x_2 = \left(-\frac{b}{a}\right)^2 - 4 \cdot \frac{c}{a} = \frac{b^2 - 4ac}{a^2}。$$

如果二次方程 $ax^2 + bx + c = 0$ 的系数 a、b、c 都是实数，并且有一个实根 x_1，另一个根 $x_2 = (x_1 + x_2) - x_1 = -\frac{b}{a} - x_1$ 当然也是实数，差的平方 $(x_1 - x_2)^2 = \frac{b^2 - 4ac}{a^2}$ 必然非负，因此 $b^2 - 4ac$ 非负。这里的 $b^2 - 4ac$ 就是二次方程的**判别式**。

当 $a = 1$，判别式 $b^2 - 4ac = (x_1 - x_2)^2$ 就是两根差的平方。两根是实数的时候，实数的平方当然非负。如果判别式为 0，就是两根之差为 0，两根当然相等。

当 $a \neq 1$，判别式 $b^2 - 4ac = (x_1 - x_2)^2 a^2$ 是两根差的平方的正数倍。差的平方非负同样导致判别式非负。因此，如果判别式为负，一定没有实根。判别式为 0 导致两根差为 0，两根当然相等。

不论判别式取什么值，都能将 $(x_1 - x_2)^2 = \frac{b^2 - 4ac}{a^2}$ 的任意一个平方根作为两根之差，即 $x_1 - x_2 = \frac{\sqrt{b^2 - 4ac}}{a}$。由两根之和与差，求出两根：

$$x_1 = \frac{(x_1+x_2)+(x_1-x_2)}{2} = \frac{-b+\sqrt{b^2-4ac}}{2a},$$

$$x_2 = \frac{(x_1+x_2)-(x_1-x_2)}{2} = \frac{-b-\sqrt{b^2-4ac}}{2a}。$$

这就是大家熟悉的求根公式。容易验证 x_1、x_2 的和与积满足韦达定理的要求,因此 x_1、x_2 确实是一元二次方程的全部根,即使平方根 $\sqrt{b^2-4ac}$ 不是实数而是虚数,x_1、x_2 也是二次方程的全部复数根。

例 6　求方程 $\sqrt[4]{10+x} + \sqrt[4]{7-x} = 3$ 的实数解。

解　设 $u = \sqrt[4]{10+x}$,$v = \sqrt[4]{7-x}$,则原方程转化为

$$\begin{cases} u+v=3, \\ u^4+v^4=17。 \end{cases}$$

已经知道 u、v 之和为 3,再求出 u、v 的乘积 $uv = p$,根据韦达定理知道 u、v 就是一元二次方程 $y^2 - 3y + p = 0$ 的两根,解二次方程就能求出两根 u、v。

不知道 u、v 的乘积 p,先找出 p 满足的方程,再解方程求出 p。

将 $u+v=3$ 两边平方,得 $(u+v)^2 = 9$,就是

$$u^2 + 2uv + v^2 = u^2 + v^2 + 2p = 9。$$

将 $u^2+v^2 = 9-2p$ 再平方,得 $(u^2+v^2)^2 = (9-2p)^2$,就是

$$u^4 + 2u^2v^2 + v^4 = 81 - 36p + 4p^2。$$

将 $u^4+v^4=17$,$2u^2v^2=2(uv)^2=2p^2$ 代入,得 $17+2p^2=81-36p+4p^2$,整理得 $2p^2-36p+64=0$,即 $p^2-18p+32=0$,进一步 $(p-2)(p-16)=0$,解得 $p=2$ 或 16。

若 $uv=p=2$,由 $u+v=3$,得 u、v 是一元二次方程 $w^2 - 3w + 2 = 0$ 的两根,解得 $\begin{cases} u=1, \\ v=2 \end{cases}$ 或 $\begin{cases} u=2, \\ v=1。 \end{cases}$

当 $u = \sqrt[4]{10+x} = 1$ 时，$10+x = 1^4 = 1$，得 $x = -9$，代入原方程得

左边 $= \sqrt[4]{10+x} + \sqrt[4]{7-x} = \sqrt[4]{10-9} + \sqrt[4]{7-(-9)} = 1+2 = 3 =$ 右边。

当 $u = \sqrt[4]{10+x} = 2$ 时，$10+x = 2^4 = 16$，得 $x = 6$，代入原方程得

左边 $= \sqrt[4]{10+x} + \sqrt[4]{7-x} = \sqrt[4]{10+6} + \sqrt[4]{7-6} = 2+1 = 3 =$ 右边。

所以，$x = -9$，$x = 6$ 都是原方程的解。

若 $uv = p = 16$，由 $u+v = 3$，得 u、v 是一元二次方程 $w^2 - 3w + 16 = 0$ 的两根，由判别式 $(-3)^2 - 4 \times 16 = -55 < 0$ 知此方程无实数根，因此 $uv = 16$ 不符合条件，舍去。

综上，原方程的解为 $x = -9$ 或 $x = 6$。

（4）**配方法**。

用韦达定理求根，是先用方程系数得出两根之和 $x_1 + x_2$ 与积 $x_1 x_2$，再用和与积求两根 x_1、x_2。这里有一个特殊情形：如果两根之和 $x_1 + x_2 = 0$，那么两根 $x_2 = -x_1$ 互为相反数，乘积 $x_1 x_2 = x_1(-x_1) = -x_1^2$ 就是根的平方的相反数。于是，当乘积的相反数就是根的平方时，开平方就能得到根。

好运气 $x_1 + x_2 = 0$ 很难正好碰上。碰不上，可以自己创造好运气：将方程 $ax^2 + bx + c = 0$ 的两个根 x_1、x_2 同时减去它们的和 $-\dfrac{b}{a}$ 的一半 $-\dfrac{b}{2a}$，变成

$$y_1 = x_1 - \left(-\frac{b}{2a}\right) = x_1 + \frac{b}{2a}, \quad y_2 = x_2 - \left(-\frac{b}{2a}\right) = x_2 + \frac{b}{2a},$$

则两根之和变成 $y_1 + y_2 = (x_1 + x_2) + 2 \cdot \dfrac{b}{2a} = 0$，这样就可以由 $y_1 y_2 = -y_1^2$ 的相反数的开方得到 y_1、y_2，从而得到 $x_1 = y_1 - \dfrac{b}{2a}$，$x_2 = y_2 - \dfrac{b}{2a}$。

怎样计算乘积 $y_1 y_2$？很简单：将方程 $ax^2 + bx + c = 0$ 的两根 x_1、x_2 变成 $y_1 = x_1 + \dfrac{b}{2a}$，$y_2 = x_2 + \dfrac{b}{2a}$，就是将未知数 x 变成 $y = x + \dfrac{b}{2a}$。为此，只要将 $x = y - \dfrac{b}{2a}$ 代入原方程，得到

$$a\left(y - \frac{b}{2a}\right)^2 + b\left(y - \frac{b}{2a}\right) + c$$

$$= a\left(y^2 - \frac{b}{a}y + \frac{b^2}{4a^2}\right) + by - \frac{b^2}{2a} + c$$

$$= ay^2 + \frac{b^2}{4a} - \frac{b^2}{2a} + c$$

$$= ay^2 + \frac{4ac - b^2}{4a} = 0,$$

就有 $y^2 = \dfrac{b^2 - 4ac}{4a^2}$，解得 $y = \pm\dfrac{\sqrt{b^2 - 4ac}}{2a}$，进而得

$$x = y - \frac{b}{2a} = \frac{-b \pm \sqrt{b^2 - 4ac}}{2a}。$$

其实，只要知道将 x 减去某个常数 p，可以将方程的一次项系数化成 0，就不必预先将 p 算出来，只要将它作为待定系数，将 $x = y - p$ 代入原方程，化为

$$a(y - p)^2 + b(y - p) + c = ay^2 + (b - 2pa)y + ap^2 - bp + c = 0,$$

再由 $b - 2pa = 0$，求出 $p = \dfrac{b}{2a}$，就能消去一次项。

其实，这个方法相当于解一元二次方程的配方法：

$$ax^2 + bx + c = a\left(x^2 + \frac{b}{a}x\right) + c = a\left(x + \frac{b}{2a}\right)^2 + c - \frac{b^2}{4a} = 0,$$

其中的 $x + \dfrac{b}{2a}$ 就是我们所设的 $y = x + \dfrac{b}{2a}$。

五、二次方程启发三次方程

韦达定理不但能得出二次方程的求根公式，也是研究任意 n 次方程的求根公式的有力武器。它可以得出三次、四次方程的求根公式，还能证明五次及更高次方程，不存在由方程系数经过加减乘除和开方运算，得出方程根的求根

公式。

1. 韦达定理

如果得到韦达定理需要求根公式,那么二次方程注定不能推广到高次方程。但韦达定理其实只要用因式分解得到,依样画葫芦就可以照搬到三次方程 $a_0x^3 + a_1x^2 + a_2x + a_3 = 0\ (a_0 \neq 0)$,以至于任意 n 次方程 $a_0x^n + a_1x^{n-1} + \cdots + a_{n-1}x + a_n = 0$。

假定 $f(x) = a_0x^3 + a_1x^2 + a_2x + a_3$ 可以分解为一次因式的乘积,如下等式(1),做乘法展开,得到等式(2),与 $f(x)$ 比较对应项系数得到等式(3)、(4)、(5),如下:

$$f(x) = a_0x^3 + a_1x^2 + a_2x + a_3 = a_0(x-x_1)(x-x_2)(x-x_3), \tag{1}$$

$$f(x) = a_0\left[x^3 - (x_1+x_2+x_3)x^2 + (x_1x_2+x_1x_3+x_2x_3)x - x_1x_2x_3\right], \tag{2}$$

$$\sigma_1 = x_1 + x_2 + x_3 = -\frac{a_1}{a_0}, \tag{3}$$

$$\sigma_2 = x_1x_2 + x_1x_3 + x_2x_3 = \frac{a_2}{a_0}, \tag{4}$$

$$\sigma_3 = x_1x_2x_3 = -\frac{a_3}{a_0}。 \tag{5}$$

等式(3)、(4)、(5)就是三次方程的韦达定理。

假定了分解式(1),就是假定了三次方程的全部根为 x_1、x_2、x_3,没有别的根。

有人质疑:对三次方程一无所知,怎么能假定它能分解为一次多项式的乘积,假定它有三个根呢?

确实一无所知。但怎样由一无所知变成有所知并且知道得越来越多?

运动员参加比赛,也不知道他将会输还是赢。即使他宣称百分之百能赢,也是假话。怎么验证他能不能赢?预先的一切分析论证都仅供参考,唯一确凿的论证就是参赛,比赛完了,赢了,就证明他能赢。

列方程解应用题,预先也不知道题目是否有解。先假定它有解,设为 x,列出方程求解。如果求出解满足要求,就证明了确实有解;如果没有解,或者解不符合要求,就证明没有解。没有解也是问题的解。如果因为预先不知道它有没有解就不开始解答,那么永远也不知道它是否有解,也不知道它为什么有解为什么无解。

所以,不知道方程是否有解,也要先假定它有解。由此开始研究它有解应该满足的必要条件。如果发现必要条件不满足,就证明它无解。如果必要条件能满足,还要看这些条件是否充分。如果充分条件也满足了,就证明了有解。总之,要先做起来,才知道能不能做成功,为什么成功,为什么失败。

以上的等式(1)是假定三次方程有三个根 x_1、x_2、x_3,等式(2)是这个假定成立的条件,等式(3)、(4)、(5)是进一步细化的条件,就是韦达定理,是(1)成立的必要条件。反过来,它也是充分条件:

只要有三个数 x_1、x_2、x_3 满足(3)、(4)、(5),不管这三个数是怎么求出来的,只要满足(3)、(4)、(5),就可以按(3)、(4)、(5)将 $f(x) = a_0\left(x^3 + \dfrac{a_1}{a_0}x^2 + \dfrac{a_2}{a_0}x + \dfrac{a_3}{a_0}\right)$ 中的 $\dfrac{a_1}{a_0}$、$\dfrac{a_2}{a_0}$、$\dfrac{a_3}{a_0}$ 换成 $-(x_1+x_2+x_3)$、$x_1 x_2 + x_1 x_3 + x_2 x_3$、$-x_1 x_2 x_3$,从而 $f(x)$ 换成等式(2),再分解为等式(1)右边的乘积。本来等式(1)的右边是假设,并不知道能不能成立。由这个假设推出了(3)、(4)、(5),称为韦达定理。现在就反过来了:先假设三个数 x_1、x_2、x_3 满足(3)、(4)、(5),然后通过(2)推出了分解式(1),推出了 x_1、x_2、x_3 是方程 $f(x) = 0$ 的三个根。不需要预先有求根公式,就得出了韦达定理。以下再根据韦达定理得出求根公式,或者根据韦达定理证明不存在求根公式。韦达定理是长辈,求根公式是子孙。

这一套推理不受方程次数的限制。对于任意 n 次多项式 $f(x) = a_0 x^n + a_1 x^{n-1} + \cdots + a_{n-1} x + a_n$,同样可以由等式(6)、(7)推出韦达定理:

$$f(x) = a_0 x^n + a_1 x^{n-1} + \cdots + a_{n-1} x + a_n = a_0(x - x_1)\cdots(x - x_n),$$

$$(6)$$

$$f(x) = a_0 [x^n - (x_1 + \cdots + x_n)x^{n-1} + \cdots + (-1)^k \sigma_k x^{n-k}$$
$$+ \cdots + (-1)^n x_1 \cdots x_n],$$

(7)

则 $x_1, \cdots, x_n$ 是方程 $f(x)=0$ 的全部根,$\sigma_k = \sum\limits_{1 \leqslant i_1 < \cdots < i_k \leqslant n} x_{i_1} \cdots x_{i_k}$ 是这 n 个根每次取 k 个相乘得到的全体乘积 $x_{i_1} \cdots x_{i_k}$ 之和。特别地,$\sigma_1 = x_1 + \cdots + x_n$ 是 n 个根之和,$\sigma_n = x_1 \cdots x_n$ 是 n 个根之积。

将 $f(x)$ 各项系数与展开式(2)的对应项系数比较得

$$\sigma_k = \sum_{1 \leqslant i_1 < \cdots < i_k \leqslant n} x_{i_1} \cdots x_{i_k} = (-1)^k \frac{a_k}{a_0} \quad (\forall 1 \leqslant k \leqslant n),$$

这就是一元 n 次方程的**韦达定理**。

求根公式需要由方程系数经过加减乘除以及开方运算得到根。韦达定理先由方程系数得出 n 个根 $x_1, \cdots, x_n$ 的 n 个多项式 $\sigma_1 = x_1 + \cdots + x_n, \cdots,$ $\sigma_k, \cdots, \sigma_n = x_1 \cdots x_n$,再由这些多项式求 $x_1, \cdots, x_n$。

2. 配方法

n 次方程 $a_0 x^n + a_1 x^{n-1} + \cdots + a_{n-1} x + a_n = 0$ 的最高次项系数 $a_0 \neq 0$,可以先将方程两边同除以 a_0,将它化为

$$x^n + b_1 x^{n-1} + \cdots + b_{n-1} x + b_n = 0,$$

其中 $b_k = \dfrac{a_k}{a_0}$。

n 个根之和 $x_1 + \cdots + x_n = -b_1$。将各根同加 $\dfrac{b_1}{n}$ 换成 $y_k = x_k + \dfrac{b_1}{n}$ $(1 \leqslant k \leqslant n)$,则各根之和变成

$$y_1 + \cdots + y_n = \left(x_1 + \frac{b_1}{n}\right) + \cdots + \left(x_n + \frac{b_1}{n}\right) = x_1 + \cdots + x_n + b_1$$
$$= (-b_1) + b_1 = 0。$$

要达到这个目的,只需将未知数 x 换成 $y = x + \dfrac{b_1}{n}$,也就是将 $x = y - \dfrac{b_1}{n}$ 代入

原方程,得

$$\left(y-\frac{b_1}{n}\right)^n+b_1\left(y-\frac{b_1}{n}\right)^{n-1}+\cdots+b_{n-1}\left(y-\frac{b_1}{n}\right)+b_n=0,$$

左边整理即可消去 $n-1$ 次项。特别地,3 次方程 $x^3+b_1x^2+b_2x+b_3=0$ 可化成

$$\left(y-\frac{b_1}{3}\right)^3+b_1\left(y-\frac{b_1}{3}\right)^2+b_2\left(y-\frac{b_1}{3}\right)+b_3$$

$$=y^3+\left(-3\times\frac{b_1}{3}+b_1\right)y^2+\left(3\times\frac{b_1^2}{9}-\frac{2b_1^2}{3}+b_2\right)y-\frac{b_1^3}{27}+\frac{b_1^3}{9}-\frac{b_1b_2}{3}+b_3$$

$$=y^3+py+q=0,$$

其中 $p=-\frac{b_1^2}{3}+b_2$,$q=\frac{2b_1^3}{27}-\frac{b_1b_2}{3}+b_3$ 是已知数。

3. 对称多项式

用韦达定理解二次方程,关键步骤是由两根之和 x_1+x_2 与积 x_1x_2 求出两根差的平方 $(x_1-x_2)^2=(x_1+x_2)^2-4x_1x_2$,再开平方得两根之差 x_1-x_2,由两根和与差求两根就轻而易举了。

为什么由两根之和与积经过加减乘能够得出两根之差的平方 $(x_1-x_2)^2$,而要得到两根之差却必须开平方呢? 能不能由 x_1+x_2,x_1x_2 经过加减乘除直接得到两根之差 x_1-x_2,而不经过开平方呢?

假定由两根之和 x_1+x_2 与积 x_1x_2 经过加减乘除开方运算得到了两根之差 $g(x_1+x_2,x_1x_2)=x_1-x_2$。 在这个等式两边将两根互换,即 x_1 变成 x_2,而 x_2 变成 x_1,则等式 $g(x_1+x_2,x_1x_2)=x_1-x_2$ 变成 $g(x_2+x_1,x_2x_1)=x_2-x_1$。

将两根互换,两根之和 $x_2+x_1=x_1+x_2$ 与积 $x_2x_1=x_1x_2$ 都不变。$g(x_1+x_2,x_1x_2)$ 由 x_1+x_2,x_1x_2 经过加减乘除算出 x_1-x_2 的答案是唯一的,也不会变。但 x_1、x_2 互换将等式右边 x_1-x_2 变成 $x_2-x_1=(-1)(x_1-x_2)$,它是互换前的 -1 倍。当 $x_1\neq x_2$ 时,x_1-x_2 与它的 -1 倍

不相等。于是 x_1、x_2 互换后，$g(x_1+x_2, x_1x_2)=x_1-x_2$ 的左边不变，右边改变，矛盾。这证明了 $g(x_1+x_2, x_1x_2)=x_1-x_2$ 不能只包含加减乘除运算，必须包含开方运算。

两个字母 x_1、x_2 的多项式，如果当 x_1、x_2 互换时不变，就称为 x_1、x_2 的**对称多项式**。例如，x_1+x_2、x_1x_2、$x_1^2+x_2^2$、$(x_1-x_2)^2$ 等都是对称多项式。但 x_1、x_2、x_1-x_2、x_1+2x_2 都不是对称多项式。

对称多项式的和差积都是对称多项式。

另一方面，x_1、x_2 的全部对称多项式都可以由 x_1+x_2、x_1x_2 与常数通过加减乘得出。例如

$$x_1^2+x_2^2=(x_1+x_2)^2-2x_1x_2,$$
$$x_1^3+x_2^3=(x_1+x_2)^3-3x_1x_2(x_1+x_2),$$
$$(x_1-x_2)^2=(x_1+x_2)^2-4x_1x_2。$$

因此，将 x_1+x_2、x_1x_2 称为**基本对称多项式**。

但是，对称多项式经过开方运算却可以变成非对称。例如，$(x_1-x_2)^2$ 是对称多项式，但它的平方根 x_1-x_2 却是非对称的。这是因为，当 x_1、x_2 互换时，被开方数 $(x_1-x_2)^2$ 虽然没有变，但它们的平方根却不是一个，而是两个：$u=x_1-x_2$ 与 $-u=x_2-x_1$，互为相反数。两根互换将其中每个平方根变成另外一个平方根：$u \to -u \to u$，分别变成自己的 -1 倍，因此 u，$-u$ 都不对称。但它们的平方 $u^2 \to (-u)^2=u^2$ 不变，是对称多项式。这就解释了为什么开方可以将对称多项式变成非对称。反过来叙述，就是非对称多项式的乘方有可能对称：只要某个非零 u 被某个置换 $u \to \lambda u$ 变到自己的 λ 倍，$\lambda \neq 1=\lambda^k$，则 u 不对称，但 $u^k \to (\lambda u)^k=\lambda^k u^k=u^k$ 不变。如果所有的置换都使 u^k 不变，那么 u^k 就对称。

二次方程只有两个根 x_1、x_2，只有两个不同的置换，其中一个将两个根都保持不变，另一个将两个根互换：$x_1 \to x_2 \to x_1$，简记为 $(1, 2)$，其中 x_1、x_2 分别用它们的编号 1、2 代表。箭头被省略了，1 后面紧跟 2 就表示 $x_1 \to x_2$，x_2 后面的 $\to x_1$ 也略去了，默认 (12) 圆括号内最后一个数字 2 变到第一个数字 1，

也就是 $x_2 \rightarrow x_1$,使圆括号内的两个数字 1、2 表示轮换变换的关系 $x_1 \rightarrow x_2 \rightarrow$ x_1,称为 **2-轮换**,也叫**对换**。

如果是三次方程,有三个根 x_1、x_2、x_3 分别用数字 1、2、3 表示,仍用 2-轮换(12)表示其中两个根 x_1、x_2 互换:$x_1 \rightarrow x_2 \rightarrow x_1$。剩下还有一个根 x_3 没有提到,没有提到的就默认为不变。即使 n 次方程有 n 个根 x_1,$\cdots$,x_n,(12)也表示 x_1、x_2 互换,其余 x_3,$\cdots$,x_n 都不变,各自变到自己。而(132)则表示 $x_1 \rightarrow x_3 \rightarrow x_2 \rightarrow x_1$,称为 3-轮换,就是 x_1、x_3、x_2 按这个排列顺序依次轮换。如果 $n \geqslant 4$,仍然是 x_1、x_3、x_2 依次轮换,其余 x_4,$\cdots$,x_n 都不变。

不论多少个根 x_1,$\cdots$,x_n,都有一个特殊置换(1)将 $x_1 \rightarrow x_1$,其余 x_k 都不变。$x_1 \rightarrow x_1$ 将 x_1 也固定不变,因此(1)表示所有的 x_k 都固定不变。

n 次方程的 n 个根 x_1,$\cdots$,x_n 有 $n!$ 个不同排列 x_{i_1},$\cdots$,x_{i_n},从原来的顺序 x_1,$\cdots$,x_n 变成每一个排列 x_{i_1},$\cdots$,x_{i_n} 就是一个置换,将每个 x_k 变到 x_{i_k},总共有 $n!$ 个不同的置换。如果 x_1,$\cdots$,x_n 的某个多项式 $f(x_1, \cdots, x_n)$ 经过所有的置换作用变成的 $f(x_{i_1}, \cdots, x_{i_n}) = f(x_1, \cdots, x_n)$ 都与置换前相等,这个多项式就称为**对称多项式**。例如,韦达定理得出的 n 个多项式

$$\sigma_k = \sum_{1 \leqslant i_1 < \cdots < i_k \leqslant n} x_{i_1} \cdots x_{i_k} \quad (1 \leqslant k \leqslant n),$$

都是对称多项式,而且称为**基本对称多项式**。我们有

对称多项式基本定理　x_1,$\cdots$,x_n 的所有的对称多项式都能够由 n 个基本对称多项式 σ_1,$\cdots$,σ_n 与常数经过加减乘运算得出。

如果经过加减乘除运算,得出的不是多项式而是分式,但仍然按 x_1,$\cdots$,x_n 的所有置换固定不变,仍是对称的,称为**对称函数**。

4. 置换的作用

二次方程 $ax^2 + bx + c = 0$ 的两个根 x_1、x_2 只有两个置换(1)、(12)。x_1、x_2 的多项式只要被(12)固定不变,就是对称多项式。

两根的线性组合 $u = x_1 - x_2$ 被 (12) 变成 $(12)u = x_2 - x_1 = (-1)u$，平方就得到对称多项式

$$u^2 = (x_1 - x_2)^2 = (x_1 + x_2)^2 - 4x_1 x_2 = \left(-\frac{b}{a}\right)^2 - \frac{4c}{a} = \frac{b^2 - 4ac}{a^2}。$$

开平方得到 $u = x_1 - x_2 = \dfrac{\sqrt{b^2 - 4ac}}{a}$，算出 $x_1 = \dfrac{(x_1 + x_2) + (x_1 - x_2)}{2}$，

$x_2 = \dfrac{(x_1 + x_2) - (x_1 - x_2)}{2}$。

三次方程可以化简为 $y^3 + py + q = 0$ 的形式，它的三个根 y_1、y_2、y_3 共有 6 个置换如下：

$$(1), (12), (13), (23), (123), (132)。$$

仿照二次方程的成功经验，设计三个根 y_1、y_2、y_3 的非对称线性组合 $u_1 = y_1 + \alpha y_2 + \beta y_3 \neq y_1 + y_2 + y_3$，使它被 (123) 变成 u_1 的常数倍，即

$$(123)u_1 = (123)(y_1 + \alpha y_2 + \beta y_3) = y_2 + \alpha y_3 + \beta y_1$$
$$= \beta(y_1 + \beta^{-1} y_2 + \beta^{-1}\alpha y_3)。$$

只要选 α、β 满足 $\beta^{-1} = \alpha$，$\beta^{-1}\alpha = \beta$，就有 $(123)u_1 = \beta u_1$。

解之得 $\alpha = \beta^2$，$1 = \beta\alpha = \beta\beta^2 = \beta^3$。以下求 1 的立方根充当 β。

例 7 求 1 的全部立方根。

解 1 的立方根，就是方程 $x^3 = 1$，即 $x^3 - 1 = 0$ 的全部根。

由分解式 $x^3 - 1 = (x - 1)(x^2 + x + 1)$ 知：方程 $x^3 - 1 = 0$ 的根，是 $x - 1 = 0$ 或 $x^2 + x + 1 = 0$ 的根。

$x - 1 = 0$ 的根是 1。由求根公式得 $x^2 + x + 1 = 0$ 只有两个虚数根 $\dfrac{-1 \pm \sqrt{3}\,\mathrm{i}}{2}$。

如图 3-4-6,单位圆上的三点 A、B、C 表示 1

的三个立方根 1,$\omega = -\dfrac{1}{2} + \dfrac{\sqrt{3}}{2}\mathrm{i} = \cos\dfrac{2\pi}{3} + \mathrm{i}\sin\dfrac{2\pi}{3}$,

$\omega^2 = -\dfrac{1}{2} - \dfrac{\sqrt{3}}{2}\mathrm{i} = \cos\dfrac{4\pi}{3} + \mathrm{i}\sin\dfrac{4\pi}{3}$。 三条半径 OA、

OB、OC 将圆心角 $360°$ 三等分,每份 $120°$。

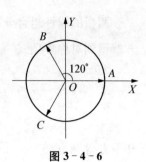

图 3-4-6

ω 乘复数 $x + y\mathrm{i}$ 表示将复数代表的点 (x,y) 绕

原点沿逆时针方向旋转 $120°$,ω^2 乘复数 $x + y\mathrm{i}$ 表示

将点 (x,y) 绕原点沿逆时针方向旋转 $240°$,旋转 3 次转回原来位置。因此

$\omega^3 = 1$,$(\omega^2)^3 = \omega^6 = (\omega^3)^2 = 1$。

现在可以取 $u_1 = y_1 + \omega y_2 + \omega^2 y_3$,则

$$(123)u_1 = y_2 + \omega y_3 + \omega^2 y_1 = \omega^2 (y_1 + \omega y_2 + \omega^2 y_3) = \omega^2 u_1。$$

由 $(\omega^2)^3 = 1$,得 $(123)u_1^3 = (\omega^2 u_1)^3 = \omega^6 u_1^3 = u_1^3$,就是说 u_1^3 被 (123) 作用后不变。

3 个根的 6 个置换 (1),(123),(132),(23),(12),(13) 中,已经有 (1),(123) 使 $u_1 = y_1 + \omega y_2 + \omega^2 y_3$ 不变。再计算其他 4 个置换对 u_1^3 的作用:

$$\begin{aligned}(132)u_1^3 &= (132)(y_1 + \omega y_2 + \omega^2 y_3)^3 = (y_3 + \omega y_1 + \omega^2 y_2)^3 \\ &= [\omega(y_1 + \omega y_2 + \omega^2 y_3)]^3 = \omega^3 u_1^3 = u_1^3;\end{aligned}$$

$(23)u_1^3 = (y_1 + \omega y_3 + \omega^2 y_2)^3 = u_2^3$,其中 $u_2 = (23)u_1 = y_1 + \omega^2 y_2 + \omega y_3$;

$(12)u_1^3 = (y_2 + \omega y_1 + \omega^2 y_3)^3 = [\omega(y_1 + \omega^2 y_2 + \omega y_3)]^3 = u_2^3$;

$(13)u_1^3 = (y_3 + \omega y_2 + \omega^2 y_1)^3 = [\omega^2 (y_1 + \omega^2 y_2 + \omega y_3)]^3 = u_2^3$。

可见,u_1^3 被 3 个置换 (1),(123),(132) 保持不变,但另外 3 个置换 (23),(12),(13) 将 u_1^3 变成了 u_2^3。

不难验证:(1),(123),(132) 不但把 u_1^3 保持不变,也将 u_2^3 保持不变;

(23),(12),(13) 不但把 u_1^3 变成 u_2^3,也把 u_2^3 变成 u_1^3。

也就是说:3 个根 y_1、y_2、y_3 的 6 个置换,有 3 个将 u_1^3、u_2^3 保持不变,另

外 3 个将 u_1^3 与 u_2^3 互换。3 个根的 6 个置换都引起这两个多项式 u_1^3、u_2^3 的置换,将它们的和 $s=u_1^3+u_2^3$ 与积 $t=u_1^3 u_2^3$ 保持不变。因此 s 与 t 是 3 个根 y_1、y_2、y_3 的对称多项式,可以由三次方程 $x^3+py+q=0$ 的系数做加减乘算出来。

根据一元二次方程的韦达定理,u_1^3、u_2^3 是二次方程 $z^2+sz+t=0$ 的两根 $\dfrac{-s\pm\sqrt{s^2-4t}}{2}=\dfrac{-s\pm\sqrt{\Delta}}{2}$,其中 $\Delta=s^2-4t$。不妨设 $u_1^3=\dfrac{-s+\sqrt{\Delta}}{2}$,$u_2^3=\dfrac{-s-\sqrt{\Delta}}{2}$,则

$$u_1=\sqrt[3]{\frac{-s+\sqrt{\Delta}}{2}}\ ,\ u_2=\sqrt[3]{\frac{-s-\sqrt{\Delta}}{2}}\ 。$$

由韦达定理知道三次方程 $y^3+py+q=0$ 的三个根之和 $y_1+y_2+y_3=0$,三个根由三元一次方程组

$$\begin{cases} y_1+y_2+y_3=0, & (1) \\ y_1+\omega y_2+\omega^2 y_3=u_1, & (2) \\ y_1+\omega^2 y_2+\omega y_3=u_2, & (3) \end{cases}$$

将 $(1)+(2)+(3)$,得

$$3y_1+(1+\omega+\omega^2)y_2+(1+\omega^2+\omega)y_3=u_1+u_2。 \qquad (4)$$

由韦达定理知三次方程 $x^3-1=0$ 的三个根之和 $1+\omega+\omega^2=0$,代入(4)得 $3y_1=u_1+u_2$,于是

$$\begin{aligned} y_1 &= \frac{u_1}{3}+\frac{u_2}{3}=\frac{1}{3}\sqrt[3]{\frac{-s+\sqrt{\Delta}}{2}}+\frac{1}{3}\sqrt[3]{\frac{-s-\sqrt{\Delta}}{2}} \\ &= \sqrt[3]{-\frac{s}{54}+\sqrt{\frac{\Delta}{54^2}}}+\sqrt[3]{-\frac{s}{54}-\sqrt{\frac{\Delta}{54^2}}} \\ &= \sqrt[3]{A+\sqrt{D}}+\sqrt[3]{A-\sqrt{D}}\ , \end{aligned}$$

其中 $A = -\dfrac{s}{54}$，$D = \dfrac{\Delta}{54^2}$ 可由三次方程 $y^3 + py + q = 0$ 的系数经过加减乘除算出。

由方程组中 $(1) + \omega^2(2) + \omega(3)$，得 $3y_2 = \omega^2 u_1 + \omega u_2$，则

$$y_2 = \omega^2 \cdot \frac{u_1}{3} + \omega \cdot \frac{u_2}{3} = \omega^2 \sqrt[3]{A + \sqrt{D}} + \omega \sqrt[3]{A - \sqrt{D}} \, 。$$

再由 $(1) + \omega(2) + \omega^2(3)$，得 $3y_3 = \omega u_1 + \omega^2 u_2$，则

$$y_3 = \omega \cdot \frac{u_1}{3} + \omega^2 \cdot \frac{u_2}{3} = \omega \sqrt[3]{A + \sqrt{D}} + \omega^2 \sqrt[3]{A - \sqrt{D}} \, 。$$

在复数范围内，$y_1 = \sqrt[3]{A + \sqrt{D}} + \sqrt[3]{A - \sqrt{D}}$ 中的两个立方根都不唯一。每个复数的立方根乘 1 的立方根 ω、ω^2 可得到另外两个立方根。由于 1 被称为单位，1 的立方根被称为三次单位根，共有三个：1、ω、ω^2，所以 y_2、y_3 可以认为是 y_1 中两个立方根分别乘三次单位根得到。

如果两个立方根 $\sqrt[3]{A + \sqrt{D}}$、$\sqrt[3]{A - \sqrt{D}}$ 各取遍立方根的三个值，可以搭配出 9 个不同的根

$$\omega^k \sqrt[3]{A + \sqrt{D}} + \omega^p \sqrt[3]{A - \sqrt{D}} \quad (0 \leqslant k, \, p \leqslant 2)，$$

但从刚才解出的 y_1、y_2、y_3 可以看出：必须要求 $k + p = 3$，也就是要求两个立方根的乘积 $(\omega^k \sqrt[3]{A + \sqrt{D}})(\omega^p \sqrt[3]{A - \sqrt{D}}) = \sqrt[3]{A^2 - D}$ 保持不变，但是 $A^2 - D$ 的这个立方根 $\sqrt[3]{A^2 - D}$ 取哪一个呢？我们将看到：它由方程的系数决定，不能任取。

解二次方程 $ax^2 + bx + c = 0$ 的时候，我们需要由方程系数具体求出

$$(x_1 - x_2)^2 = (x_1 + x_2)^2 - 4x_1 x_2 = \left(-\frac{b}{a}\right)^2 - 4 \cdot \frac{c}{a} = \frac{b^2 - 4ac}{a^2}，$$

再由 $(x_1 - x_2)^2$ 开平方求得 $x_1 - x_2$。现在解三次方程，只知道 $y_1 = \sqrt[3]{A + \sqrt{D}} + \sqrt[3]{A - \sqrt{D}}$ 中的 A、D 可以由方程系数经过加减乘除算出来，怎

么算? 没有线索。

其实,不需要线索。用待定系数法就行。

5. 三次方程的求根公式

例8　求方程 $y^3 + py + q = 0$ 的根。

解　先求 $y = \sqrt[3]{A + \sqrt{D}} + \sqrt[3]{A - \sqrt{D}}$ 满足的三次方程,再求 A、D 使 y 满足的三次方程正好是 $y^3 + py + q = 0$。

利用乘法公式 $(a + b)^3 = a^3 + 3a^2 b + 3ab^2 + b^3 = a^3 + b^3 + 3ab(a + b)$,得

$$
\begin{aligned}
y^3 &= (\sqrt[3]{A + \sqrt{D}} + \sqrt[3]{A - \sqrt{D}})^3 \\
&= (A + \sqrt{D}) + (A - \sqrt{D}) + 3(\sqrt[3]{A + \sqrt{D}} \sqrt[3]{A - \sqrt{D}})y \\
&= 2A + 3\sqrt[3]{A^2 - D} \cdot y。
\end{aligned}
$$

于是, $y = \sqrt[3]{A + \sqrt{D}} + \sqrt[3]{A - \sqrt{D}}$ 是三次方程

$$
y^3 - 3\sqrt[3]{A^2 - D} \cdot y - 2A = 0 \tag{1}
$$

的根。要使这个方程为 $y^3 + py + q = 0$,需要

$$
\begin{cases}
-3\sqrt[3]{A^2 - D} = p, & (2) \\
-2A = q。 & (3)
\end{cases}
$$

由(3)得 $A = -\dfrac{q}{2}$。由(2)得 $A^2 - D = -\dfrac{p^3}{27}$,则 $D = \dfrac{p^3}{27} + A^2 = \dfrac{p^3}{27} + \dfrac{q^2}{4}$。

于是 $y = \sqrt[3]{-\dfrac{q}{2} + \sqrt{\dfrac{p^3}{27} + \dfrac{q^2}{4}}} + \sqrt[3]{-\dfrac{q}{2} - \sqrt{\dfrac{p^3}{27} + \dfrac{q^2}{4}}}$。

另外两根为

$$\omega^k \sqrt[3]{-\frac{q}{2} + \sqrt{\frac{p^3}{27} + \frac{q^2}{4}}} + \omega^{3-k} \sqrt[3]{-\frac{q}{2} - \sqrt{\frac{p^3}{27} + \frac{q^2}{4}}} \quad (k=1,2)。$$

点评　由等式(2)知方程根 $y = \sqrt[3]{A + \sqrt{D}} + \sqrt[3]{A - \sqrt{D}}$ 中的两个立方根之积 $\sqrt[3]{A^2 - D} = -\frac{p}{3}$ 由方程的系数 p 决定,不能改变。这两个立方根的每一个都可以乘三次单位根 ω、ω^2 得到同一个被开方数的另外两个立方根来代替自己,得到三次方程的另外两个根。但这两个立方根之积不能变,因此,当其中一个立方根乘了 ω^k,另一个立方根必须乘 $\omega^{-k} = \omega^{3-k}$。

我们进行了很长的讨论,只得出了三次方程 $y^3 + py + q = 0$ 根的模样 $y = \sqrt[3]{A + \sqrt{D}} + \sqrt[3]{A - \sqrt{D}}$,只知道 A、D 可以由方程的系数经过加减乘算出,不需要开方,却没有给出由方程系数经过加减乘计算 A、D 的具体表达式。具体表达式可以给出,但很繁琐,中学生不容易理解。我们采用的是"初中思维":用待定系数法。本来应该由 p、q 算 A、D,却反过来由 A、D 算 p、q,再把计算结果作为方程,将 p、q 作为已知数解方程得出 A、D。计算过程很容易懂,却有一个关键:将两数和的立方公式改写为

$$(a+b)^3 = a^3 + b^3 + 3ab(a+b)。$$

看起来很小的改动却威力巨大,如果没有这个公式将右边的 $a+b$ 写成 y,就会越算越繁、陷入泥沼。

本来可以不进行任何讨论就直接从 $y = \sqrt[3]{A + \sqrt{B}} + \sqrt[3]{A - \sqrt{D}}$ 开始,也很容易得出三次方程的求根公式,称为**卡丹公式**。问题在于:怎么想到三次方程的根具有这样一个复杂的形式?这么复杂的形式怎么会很容易化简?那就是我们前面通过对称多项式和置换的作用进行讨论的结果。讨论出了根的表达式的模样,其中的待定系数 A、D 就不难求出了。

卡丹公式其实不是卡丹发明的。发明的时候也不是先假定 $y = \sqrt[3]{A + \sqrt{D}} + \sqrt[3]{A - \sqrt{D}}$,而是假定 $y = u + v$。任何数当然都可以分解为两数之和,而且分解方式也不唯一。怎样分解才能有利于求根,就只能摸着石头

过河,走着瞧。将 $y=u+v$ 代入方程 $y^3+py+q=0$,得

$$(u+v)^3+p(u+v)+q=u^3+v^3+3uv(u+v)+p(u+v)+q$$
$$=u^3+v^3+(3uv+p)(u+v)+q=0。$$

现在可以选择 $3uv+p=0$,得到 $u^3+v^3+q=0$。由方程组

$$\begin{cases} u^3+v^3=-q, & (1) \\ uv=-\dfrac{p}{3}, & (2) \end{cases}$$

解出 u、v,就得到 $y=u+v$。

由 $u^3+v^3=-q$ 及 $u^3v^3=-\dfrac{p^3}{27}$,用韦达定理可知 u^3、v^3 是方程

$$z^2+qz-\frac{p^3}{27}=0$$

的解。由一元二次方程的求根公式,得

$$u^3=\frac{-q+\sqrt{q^2+\dfrac{4p^3}{27}}}{2}=-\frac{q}{2}+\sqrt{\frac{q^2}{4}+\frac{p^3}{27}},$$

$$v^3=\frac{-q-\sqrt{q^2+\dfrac{4p^3}{27}}}{2}=-\frac{q}{2}-\sqrt{\frac{q^2}{4}+\frac{p^3}{27}}。$$

将 u^3、v^3 开立方求出 u、v 再相加,就得到三次方程的求根公式。

　　朱熹的两句诗"问渠那得清如许,为有源头活水来"讲清楚了水与源的关系。我们用水,但如果没有源,水就会变质直至干枯。如果只是死记硬背现成的公式,好比是一潭死水。公式前后左右的想法才是源头活水,可以源源不断产生新的公式,还可以让旧的公式解决很多新问题。表面上看起来是新问题,实质上都与这些旧公式解决的旧问题相类似。例如,以下就是几个类似的问题。

例 9 化简：$\sqrt[3]{1+\dfrac{2}{3}\sqrt{\dfrac{7}{3}}}$。

分析 设 $u=\sqrt[3]{1+\dfrac{2}{3}\sqrt{\dfrac{7}{3}}}$，$v=\sqrt[3]{1-\dfrac{2}{3}\sqrt{\dfrac{7}{3}}}$，则

$$uv=\sqrt[3]{1-\dfrac{4}{9}\times\dfrac{7}{3}}=-\dfrac{1}{3}。$$

由 $x=u+v$ 满足 $x^3=u^3+3u^2v+3uv^2+v^3=(u^3+v^3)+3uv(u+v)=$

$2+3\left(-\dfrac{1}{3}\right)x=2-x$，得 x 是方程 $x^3+x-2=0$ 的实根。

由

$$x^3+x-2=(x^3-x)+2x-2=x(x+1)(x-1)+2(x-1)$$
$$=(x-1)(x^2+x+2)，$$

及 $x^2+x+2=\left(x+\dfrac{1}{2}\right)^2+\dfrac{7}{4}\geqslant0+\dfrac{7}{4}>0$，知

$$x^3+x-2=(x-1)(x^2+x+2)=0$$

仅当 $x-1=0$，即 $x=1$ 时成立。

于是 $u+v=1$，$uv=-\dfrac{1}{3}$，得 u、v 是方程 $x^2-x-\dfrac{1}{3}=0$ 的两根

$\dfrac{1\pm\sqrt{1+\dfrac{4}{3}}}{2}=\dfrac{1}{2}\pm\dfrac{1}{2}\sqrt{\dfrac{7}{3}}$，于是 $u=\dfrac{1}{2}\pm\dfrac{1}{2}\sqrt{\dfrac{7}{3}}$。

解 由 $\left(\dfrac{1}{2}+\dfrac{1}{2}\sqrt{\dfrac{7}{3}}\right)^3=1+\dfrac{2}{3}\sqrt{\dfrac{7}{3}}$，得 $\sqrt[3]{1+\dfrac{2}{3}\sqrt{\dfrac{7}{3}}}=\dfrac{1}{2}+\dfrac{1}{2}\sqrt{\dfrac{7}{3}}$。

例 10 求 $y=\sqrt[3]{4-3x+\sqrt{16-24x+9x^2-x^3}}+$

$\sqrt[3]{4-3x-\sqrt{16-24x+9x^2-x^3}}$ 在 $-1\leqslant x\leqslant1$ 上的最大值和

最小值。

分析 记 $u = \sqrt[3]{4-3x+\sqrt{16-24x+9x^2-x^3}}$,

$$v = \sqrt[3]{4-3x-\sqrt{16-24x+9x^2-x^3}},$$

则 $uv = \sqrt[3]{(4-3x)^2-(16-24x+9x^2-x^3)} = \sqrt[3]{x^3} = x$。

由 $y^3 = (u+v)^3 = u^3+v^3+3uv(u+v) = 8-6x+3xy$,则 $(y^3-8) - 3x(y-2)=0$, 得 $(y-2)(y^2+2y+4-3x)=0$,应当有 $y=2$。

由 $u+v=2$, $uv=x$, 知 u、v 是方程 $z^2-2z+x=0$ 的两根 $1\pm\sqrt{1-x}$。

解 由 $(1\pm\sqrt{1-x})x^3 = 1\pm3\sqrt{1-x}+3(1-x)\pm(1-x)\sqrt{1-x}$

$$=4-3x\pm\sqrt{(4-x)^2(1-x)}$$

$$=4-3x\pm\sqrt{16-24x+9x^2-x^3},$$

得 $\sqrt[3]{4-3x\pm\sqrt{16-24x+9x^2-x^3}} = 1\pm\sqrt{1-x}$,所以

$$y = (1+\sqrt{1-x})+(1-\sqrt{1-x})=2。$$

下略。

6. 置换的乘法

解三次方程设计了非对称的 $u_1=y_1+\omega y_2+\omega^2 y_3$ 被置换(123)变到 ω 倍,$\omega^3=1\neq\omega$,因此 u_1^3 被置换(123)固定不变。虽然有置换(23)将它变成 $u_2^3\neq u_1^3$,因此 u_1^3 并不对称,但 6 个置换只变出了两个不同的多项式 u_1^3、u_2^3,以它们为根的二次方程 $(z-u_1^3)(z-u_2^3)=0$ 的系数仍是对称的,可以先解二次方程再开立方得出 $u_1=y_1+\omega y_2+\omega^2 y_3$, $u_2=y_1+\omega^2 y_2+\omega y_3$,再与 $y_1+y_2+y_3=0$ 一起解三元一次方程组得到三个根 y_1、y_2、y_3。

这个方法能否推广到四次方程? 四次方程可以化成 $y^4+py^2+qy+r=0$ 的形式。类似地,可以设计 $u_1=y_1+\omega y_2+\omega^2 y_3+\omega^3 y_4$ 使 $\omega^4=1$ 且 1、ω、ω^2、ω^3 各不相同。$\omega=\mathrm{i}$ 就是满足 $\mathrm{i}^2=-1$ 的虚数单位。于是 $(1234)u_1=y_2+\mathrm{i}y_3+$

$i^2 y_4 + i^3 y_1 = i^3 u_1$，$u_1^4$ 被 (1 234) 变成 (1 234)$u_1^4 = (i^3)^4 u_1^4 = u_1^4$，也就是固定不变。

如果 4 个根的所有置换作用于 u_1^4 只得出两个或三个不同的 u_k^4，以它们为根的二次或三次方程的系数都是对称多项式，就可以解二次或三次方程求出这些 u_k^4，开方得出 u_k，再解一次方程组得出根。

四个根 y_1、y_2、y_3、y_4 的不同置换个数为 4! = 24，其中的五个置换 (34)，(23)，(234)，(243)，(24) 把 u_1^4 变出另外五个不同的 u_k^4：

$$u_2^4 = (34)u_1^4 = (y_1 + \omega y_2 + \omega^2 y_4 + \omega^3 y_3)^4,$$

$$u_3^4 = (23)u_1^4 = (y_1 + \omega y_3 + \omega^2 y_2 + \omega^3 y_4)^4,$$

$$u_4^4 = (234)u_1^4 = (y_1 + \omega y_3 + \omega^2 y_4 + \omega^3 y_2)^4,$$

$$u_5^4 = (243)u_1^4 = (y_1 + \omega y_4 + \omega^2 y_2 + \omega^3 y_3)^4,$$

$$u_6^4 = (24)u_1^4 = (y_1 + \omega y_4 + \omega^2 y_4 + \omega^3 y_2)^4。$$

我们只会解二次、三次方程，不可能先解出 $u_1^4, u_2^4, \cdots, u_6^4$ 为根的六次方程再用来求四次方程的根。

再回来反思解三次方程的成功经验。为什么三次方程 $y^3 + py + q = 0$ 的三个根 y_1、y_2、y_3 的多项式 $u_1^3 = (y_1 + \omega y_2 + \omega^2 y_3)^3$ 被 6 个置换作用之后只产生了两个不同的 u_k^3 而没有更多呢？这主要取决于将 u_1^3 固定不变的置换 (123) 的乘法性质。

置换怎么做乘法？两个置换 σ、τ 相乘 $\sigma\tau$ 就是先用 τ 作用，再用 σ 作用，总效果还是置换，记为 $\sigma\tau$。中学学过的复合函数 $f(g(x))$ 就是先用 g 作用，再用 f 作用，总效果 $fg: x \rightarrow g(x) \rightarrow f(g(x))$ 就是复合函数 $(fg)(x)$。例如 $g(x) = x^2$，$f(x) = 2x$，则 $(fg)x = f(x^2) = 2x^2$，$(gf)(x) = g(2x) = (2x)^2$。

例如，(123) 将 u_1^3 保持不变，连续作用两次就是 $(123)^2 = (123)(123)$，当然还是不变，即

$$(123)^2 u_1^3 = (123)(123)u_1^3 = (123)u_1^3 = u_1^3。$$

$(123)^2$ 的总效果也应该用它对于 1、2、3 的作用来表示,如图 3-4-7。

$$(123): 1 \xrightarrow{(123)} 2 \xrightarrow{(123)} 3 \xrightarrow{(123)} 1 \xrightarrow{(123)} 2 \xrightarrow{(123)} 3 \xrightarrow{(123)} 1$$

$$(123)^2: 1 \longrightarrow 3 \longrightarrow 2 \longrightarrow 1$$

图 3-4-7

上图第一行的每个箭头表示被 (123) 作用一次。连续两个箭头 1→2→3 合并成第二行的第一步 1→3,第一行后面两步 3→1→2 合并成第二行的第二步 3→2,再后面 2→3→1 合并成第二行的第三步 2→1。

第一行相邻两步并作一步,得到第二行各个箭头 1→3→2→1,就是 $(123)^2 = (132)$。

画箭头图是为了帮助理解,熟练之后不需要画箭头,直接在圆括号 (123) 中从 1 开始每次向右前进两步:1 往右两步,越过 2 到 3;3 往右已经到了尽头,将圆括号内理解为循环路径,最右端(后面紧接着最左端)再往后两步越过 1 到 2;2 往右越过 3 再下一步回到最左端继续前进一步到 1。同样得到 (132)。

同理可计算 $(123)^3$。总共三个数字,无论从哪个数字出发,前进三步都是走一圈回到原地,所有数字都没变,因此 $(123)^3 = (1)$。一般地,任意三个不同数字组成的 3 轮换 (ijk) 的 3 次方都是 $(ijk)^3 = (1)$。同理,两个不同数字组成的对换的平方 $(ij)^2 = (1)$。

(1) 与任何置换 τ 的乘积 $(1)\tau = \tau = \tau(1)$ 等于 τ 本身,(1) 具有乘法中的 1 的性质,乘任何元素不变。有限集合上的每个置换 τ 必然有某次幂 $\tau^k = (1)$,因此 $\tau \cdot \tau^{k-1} = (1) = \tau^{k-1}\tau$,$\tau^{k-1}$ 称为 τ 的**逆**,记作 τ^{-1}。相当于数的乘法 $ab = 1$ 中,a 的倒数 $b = a^{-1}$。

一般地,n 个元素 $y_1, \cdots, y_n$ 的全体置换共有 $n!$ 个,组成的集合记为 S_n,对置换的乘法与求逆运算封闭,称为 n 元集合 $\{y_1, \cdots, y_n\}$ 的**对称群**。它的子集如果也对乘法与求逆封闭,就称为一个**子群**。

(123) 做乘法得出的各次幂 (123)、(123)、(1) 都将 u_1^3 不变,这 3 个置换

组成一个子群 N。

这三个置换之外的 (23) 将 u_1^3 变成 $u_2^3 = (x_1 + \omega x_3 + \omega^2 x_2)^3 \neq u_1^3$。

(23) 与 (123)、(132) 相乘可以得出另外两个置换 (12)、(13)，即

$$(23)(123) = (13) = (132)(23), \quad (23)(132) = (12) = (123)(23)。$$

例如图 $3-4-8$。

$$1 \xrightarrow{(123)} 2 \xrightarrow{(23)} 3 \xrightarrow{(123)} 1 \xrightarrow{(23)} 1 \xrightarrow{(123)} 2$$

$(23)(123):\quad 1 \longrightarrow 3 \longrightarrow 1$

$(123)(23):\qquad\quad 2 \longrightarrow 1 \longrightarrow 2$

$$\text{图 } 3-4-8$$

可见 $(23)(123) = (13)$，$(123)(23) = (12)$。

由 $(123)u_1^3 = u_1^3 = (132)u_1^3$，得

$$(12)u_1^3 = (23)(132)u_1^3 = (23)u_1^3 = u_2^3 = (23)(123)u_1^3 = (13)u_1^3;$$

$$(123)u_2^3 = (123)(23)u_1^3 = (12)u_1^3 = u_2^3 = (13)u_1^3 = (123)(23)u_1^3 = (132)u_2^3。$$

其中的关键点是：将 u_1^3 保持不变的全体置换的集合 $N = \{(1), (123), (132)\}$ 不但对乘法与求逆封闭，是 S_3 的一个子群，而且还有一个性质：S_3 的任何一个置换 τ 左乘 N 与右乘 N 得到的集合

$$\tau N = \{\tau(1), \tau(123), \tau(132)\} = N\tau = \{(1)\tau, (123)\tau, (132)\tau\}$$

相等，具有这个性质的子群叫**正规子群**。例如，取 (23) 得到

$$(23)N = \{(23), (13), (12)\} = N(23) = \{(23), (12), (13)\}。$$

注意，$(23)N = N(23)$ 是要求 (23) 与整个子群 N 交换，而不要求 (23) 与 N 中的每个置换交换。(23) 与 N 中的 (1) 当然交换，即 $(23)(1) = (1)(23)$，但与其余两个置换 (123) 都不交换，即 $(23)(123) \neq (123)(23)$，若把等式右边的 (123) 换成 (132) 之后，$(23)(123) = (132)(23)$ 就相等了。

$(23)N = N(23)$ 的意思是：等式左边 (23) 与 N 中每个元素 τ 的乘积

$(23)\tau = \tau'(23)$ 等于等式右边 N 中某个元素 τ' 与(23)的乘积，τ'、τ 都是 N 的元素，不要求它们是同一个元素。

　　具有这个性质的子群 N 称为 S_3 的**正规子群**。正因为将 u_1^3 不变的置换组成的子群 N 是正规子群，就可以保证 u_1^3 被任意 τ 变到 $u_k^3 = \tau u_1^3$ 之后仍然被 N 保持不变，即

$$Nu_k = N(\tau u_1^3) = \tau N u_1^3 = \tau u_1^3 = u_k。$$

这样就可以保证被 N 保持不变的 u_1^3 被(23)变成 $u_2^3 = (23)u_1^3$ 仍然被 N 不变，这是因为

$$Nu_2^3 = N(23)u_1^3 = (23)Nu_1^3 = (23)u_1^3 = u_2^3。$$

也就保证了同一个 τ 与 N 的所有乘积 $\tau N = N\tau$ 将 u_1^3 变到同一个 $(\tau N)u_1^3 = \tau u_1^3$，大大减少了 u_1^3 被置换作用出来的多项式的个数。

　　现在就可以知道被四次方程的根 y_1、y_2、y_3、y_4 的 4 轮换(1234)固定不变的多项式 $u_1^4 = (y_1 + \mathrm{i}y_2 + \mathrm{i}^2 y_3 + \mathrm{i}^3 y_4)^4$ 为什么会被全体置换组成的 S_4 变出太多 u_k^4，就是因为(1234)的幂组成的子群

$$H = \{(1)，(1234)，(13)(24)，(1432)\}$$

不是正规子群。

　　注意到$(1234)^2$ 将 $1 \rightarrow 3 \rightarrow 1$，也将 $2 \rightarrow 4$，因此写成$(13)(24)$两个相互隔绝的对换的乘积：1、3 互换，2、4 互换。两组$\{1,3\}$，$\{2,4\}$ 之间互不往来，就像两条不同轨道上跑着的车互不往来。这两个相互隔绝的子集$\{1,3\}$ 与 $\{2,4\}$ 还真的叫做两个**轨道**。

　　可见，不能随便找一个置换来设计一个被它不变的多项式，而要找一个正规子群。因此就找了 S_4 的正规子群 $V_4 = \{(1)，(12)(34)，(13)(24)，(14)(23)\}$，再找被 V_4 保持不变的多项式 $u_1 = (y_1 + y_2)(y_3 + y_4)$，它被 V_4 之外的置换只变出另外两个不同的多项式 $u_2 = (y_1 + y_3)(y_2 + y_4)$，$u_3 = (y_1 + y_4)(y_2 + y_3)$。4 个根的 24 个置换引起三个多项式 u_1、u_2、u_3 的置换，以它们为根的三次方程 $(y - u_1)(y - u_2)(y - u_3) = 0$ 的三个因式被 24 个置

换相互置换,乘积不变,这个三次方程的系数是 y_1、y_2、y_3、y_4 的对称多项式,可以由四次方程的系数经过加减乘算出。再利用三次方程的求根公式求出 u_1、u_2、u_3。

由 $y_1 + y_2 + y_3 + y_4 = 0$,得

$$y_3 + y_4 = -(y_1 + y_2),$$
$$y_2 + y_4 = -(y_1 + y_3),$$
$$y_2 + y_3 = -(y_1 + y_4)。$$

由 $u_1 = (y_1 + y_2)(y_3 + y_4) = -(y_1 + y_2)^2$,得

$$y_1 + y_2 = \sqrt{-u_1}, \tag{1}$$

$$y_3 + y_4 = -\sqrt{-u_1}。 \tag{1'}$$

由 $u_2 = (y_1 + y_3)(y_2 + y_4) = -(y_1 + y_3)^2$,得

$$y_1 + y_3 = \sqrt{-u_2}, \tag{2}$$

$$y_2 + y_4 = -\sqrt{-u_2}。 \tag{2'}$$

由 $u_3 = (y_1 + y_4)(y_2 + y_3) = -(y_1 + y_4)^2$,得

$$y_1 + y_4 = \sqrt{-u_3}, \tag{3}$$

$$y_2 + y_3 = -\sqrt{-u_3}。 \tag{3'}$$

$(1) + (2) + (3)$,得 $(y_1 + y_2) + (y_1 + y_3) + (y_1 + y_4) = 2y_1 + (y_1 + y_2 + y_3 + y_4) = 2y_1 + 0 = 2y_1 = \sqrt{-u_1} + \sqrt{-u_2} + \sqrt{-u_3}$,则

$$y_1 = \frac{1}{2}(\sqrt{-u_1} + \sqrt{-u_2} + \sqrt{-u_3})。$$

$(1) + (2') + (3')$,再除以 2,得

$$y_2 = \frac{1}{2}[(y_1 + y_2) + (y_2 + y_4) + (y_2 + y_3)]$$

$$= \frac{1}{2}(\sqrt{-u_1} - \sqrt{-u_2} - \sqrt{-u_3})。$$

$(1') + (2) + (3')$，再除以 2，得

$$y_3 = \frac{1}{2}(-\sqrt{-u_1} + \sqrt{-u_2} - \sqrt{-u_3})。$$

$(1') + (2') + (3)$，再除以 2，得

$$y_4 = \frac{1}{2}(-\sqrt{-u_1} - \sqrt{-u_2} + \sqrt{-u_3})。$$

如果将 4 次方程的解法用于 5 次方程，就需要寻找 5 个根的对称群 S_5 的正规子群。不过，S_5 的正规子群实在太少，当 $n \geqslant 5$ 的 S_n 的正规子群都太少，不能满足要求，因此 5 次及更高次方程不可能由系数经过加减乘除开平方运算得到方程的根。具体细节就不在这里介绍了。

以上介绍只是让大家了解一下主要思路：如果只是企图凑出各种各样的表达式，那么碰巧可能找到正确的路径。如果碰不上，也不知道什么原因。伽罗瓦开创的思路是：不从表达式出发，而从置换群的结构出发，研究将表达式保持不变的置换群的结构，问题就归结为是否存在满足要求的正规子群。有限次方程的根的置换群只有有限个元素、有限个子群。这比漫无边际凑表达式更靠谱。

3.5 同余类

一、多项式中的字母代表什么

多项式中的字母不但代表所有的数，也代表与所有的数满足同样运算律的一切对象。

例 1 （斐波那契数列）数列 $\{F_n\}$ 满足条件 $F_1 = F_2 = 1$，$F_n = F_{n-1} + F_{n-2}(\forall n \geqslant 3)$，求 $\{F_n\}$ 的通项公式 $F_n = f(n)$。

分析 $F=(F_1,F_2,F_3,\cdots,F_n,F_{n+1},F_{n+2},\cdots)$ 是从左到右排列的无穷数列。为了利用已知条件 $F_{n+2}=F_{n+1}+F_n$，即 $F_{n+2}-F_{n+1}-F_n=0$，需要将数列 F 的相邻三个不同位置的项 F_{n+2}，F_{n+1}，F_n 摆到同一位置来加减消去。那么怎样才能将不同位置的项摆到同一位置？把数列改写成无穷多项的"多项式"，乘 x 就能将所有项右移一位，再乘 x^2 右移两位，原来在不同位置的 3 项就变成同一位置，可以加减消去。

解 将无穷数列 $F=(F_1,F_2,\cdots,F_n,\cdots)$ 改写为无穷级数

$$F=F_1+F_2x+F_3x^2+\cdots+F_nx^{n-1}+\cdots,$$
$$xF=\quad F_1x+F_2x^2+\cdots+F_{n-1}x^{n-1}+\cdots,$$
$$x^2F=\qquad F_1x^2+\cdots+F_{n-2}x^{n-1}+\cdots,$$
$$(1-x-x^2)F=F_1+(F_2+F_1)x$$
$$+(F_3-F_2-F_1)x^2+\cdots$$
$$+(F_n-F_{n-1}-F_{n-2})x^{n-1}+\cdots。$$

$(1-x-x^2)F$ 中的二次及更高次项系数 $F_3-F_2-F_1=F_{n+2}-F_{n+1}-F_n=0$，都等于 0。因此 $(1-x-x^2)F=F_1+(F_2-F_1)x=1$，得 $F=\dfrac{1}{1-x-x^2}$。

分母 $1-x-x^2=(1-qx)(1-rx)=1-(q+r)x+qrx^2$，分解为一次多项式的乘积。

比较对应项系数得 $q+r=1$，$qr=-1$，其中 q、r 是方程 $z^2-z-1=0$ 的两根 $q=\dfrac{1+\sqrt{5}}{2}$，$r=\dfrac{1-\sqrt{5}}{2}$。

根据分母 $1-x-x^2=(1-qx)(1-rx)$，将分式 F 分解为 $A=\dfrac{a}{1-qx}$ 与 $B=\dfrac{b}{1-rx}$ 之和，即

$$F = \frac{1}{(1-qx)(1-rx)} = A + B$$

$$= \frac{a}{1-qx} + \frac{b}{1-rx} = \frac{a+b-(ra+qb)x}{1-(q+r)x+qrx^2}。$$

比较分子 $1 = a + b - (ra + qb)x$ 的各项系数得 $\begin{cases} a+b=1, \\ ra+qb=0, \end{cases}$ 解之得

$$a = \frac{q}{q-r} = \frac{1+\sqrt{5}}{2\sqrt{5}}, \ b = -\frac{r}{q-r} = \frac{\sqrt{5}-1}{2\sqrt{5}}。$$

以下需要将分式 $A = \dfrac{a}{1-qx}$，$B = \dfrac{b}{1-rx}$ 展开成无穷级数再相加。

为此，先展开最简单的 $\dfrac{1}{1-x} = c_1 + c_2 x + \cdots + c_n x^{n-1} + \cdots$ 满足

$$1 = (1-x)(c_1 + c_2 x + \cdots + c_n x^{n-1} + \cdots)$$

$$= c_1 + c_2 x + \cdots + c_n x^{n-1} + \cdots - c_1 x - \cdots - c_{n-1} x^{n-1} - \cdots$$

$$= c_1 + (c_2 - c_1)x + \cdots + (c_n - c_{n-1})x^{n-1} + \cdots。$$

比较对应项系数得 $1 = c_1$，$0 = c_2 - c_1 = \cdots = c_n - c_{n-1} = \cdots$，因而 $1 = c_1 = c_2 = \cdots = c_n = \cdots$。

由此得到重要公式 $\dfrac{1}{1-x} = 1 + x + x^2 + \cdots + x^{n-1} + \cdots$。

于是 $F = F_1 + F_2 x + \cdots + F_n x^{n-1} + \cdots$

$$= A + B = \frac{a}{1-qx} + \frac{b}{1-rx}$$

$$= a(1 + qx + \cdots + q^{n-1}x^{n-1} + \cdots) + b(1 + rx + \cdots + r^{n-1}x^{n-1} + \cdots)$$

$$= (a+b) + (aq+br)x + \cdots + (aq^{n-1} + br^{n-1})x^{n-1} + \cdots。$$

$$F_n = aq^{n-1} + br^{n-1} = \frac{1+\sqrt{5}}{2\sqrt{5}}\left(\frac{1+\sqrt{5}}{2}\right)^{n-1} + \frac{-(1-\sqrt{5})}{2\sqrt{5}}\left(\frac{1-\sqrt{5}}{2}\right)^{n-1}$$

$$= \frac{(1+\sqrt{5})^n - (1-\sqrt{5})^n}{2^n\sqrt{5}}。$$

移位变换   本题得出的通项公式 $F_n = aq^{n-1} + br^{n-1}$ 是两个等比数列通项公式 aq^{n-1} 与 br^{n-1} 之和。本书第 3.3 节例 9 也是求斐波那契数列 $\{F_n\}$ 的通项公式,那里的方法是直接将斐波那契数列分解为两个等比数列 $\{a_n\}$ 与 $\{b_n\}$ 之和。

本题不是直接将斐波那契数列 $F = (F_1, F_2, \cdots, F_n, \cdots)$ 分解为等比数列,而是先把 F 写成无穷级数 $F = F_1 + F_2 x + \cdots + F_n x^{n-1} + \cdots$,化成分式 $\dfrac{1}{1-x-x^2}$,再分解为分母是一次多项式的分式 A 与 B 之和。A、B 展开成无穷级数的系数数列就是等比数列。本题是通过分式的分解实现数列的分解。

为什么把无穷数列 $F = (F_1, F_2, \cdots, F_n, \cdots)$ 写成无穷级数 $F = F_1 + F_2 x + \cdots + F_n x^{n-1} + \cdots$? 最大的好处是可以将无穷级数乘 x 使得原来各项系数移到更高次项:

$$F = F_1 + F_2 x + F_3 x^2 + \cdots + F_n x^{n-1} + \cdots, \tag{1}$$

$$xF = \quad\; F_1 x + F_2 x^2 + \cdots + F_{n-1} x^{n-1} + \cdots, \tag{2}$$

$$x^2 F = \qquad\quad F_1 x^2 + \cdots + F_{n-2} x^{n-1} + \cdots, \tag{3}$$

使递推关系 $F_n - F_{n-1} - F_{n-2} = 0$ 中本来处于数列不同位置的 F_n,F_{n-1},F_{n-2} 移成同类项系数,再通过合并同类项抵消掉,得到 $(1 - x - x^2)F(x) = F_1 + (F_2 - F_1)x$。

无穷数列 F 为系数写成的无穷级数 $F(x)$ 称为 F 的**母函数**。既然是函数,x 就是自变量,就要取值。无穷多个值相加,就有可能趋于无穷大,就需要限制 x 的取值范围使母函数取有限值。

既然我们将无穷数列写成无穷级数只是为了用字母 x 做乘法来移位,并不需要 x 取值,那么可以直接定义 x 乘数列的效果是将数列各项移位,不要求 x 取值,也就不讨论取值范围,不讨论各项和有限还是无限。

为此,我们规定 x 乘每个数列 $A = (a_1, a_2, \cdots, a_n, \cdots)$ 的效果是将数列所有各项往右移一位,移位之后空出来的第一位填 0,即

$$x(a_1, a_2, \cdots, a_n, \cdots) = (0, a_1, a_2, \cdots, a_n, \cdots)。$$

这样 x 就不是数,而是无穷数列组成的线性空间上一个线性变换。x 的正整数次幂 x^k 就是将线性变换 x 作用 k 次,每次在数列前面添一个 0,k 次就添 k 个 0,将数列所有各项都往右边挤 k 位。

多项式或无穷级数 $a_1 + a_2 x + \cdots + a_n x^{n-1} + \cdots$ 表示的数列 $(a_1, a_2, \cdots, a_n, \cdots)$ 是由多项式各项系数依次排列而成。如果这个多项式是常数 $a_1 = a_1 + 0x + \cdots + 0x^{n-1} + \cdots$,那么第一个系数是常数项,后面的系数全是 0,所表示的数列 $(a_1, 0, \cdots)$ 就是常数项 a_1 后面全部添 0。

每个单项式 ax^k 表示的数列由常数 a 表示的数列 $(a, 0, \cdots)$ 被线性变换 x^k 往右移 k 位得到:也就是数列左边添加 k 个 0,将原来各项全部往右挤 k 位。系数 a 由第 1 位被挤到第 $k+1$ 位。因此

$$ax^k = x^k(a, 0, \cdots) = (\underbrace{0, \cdots, 0}_{k \text{个} 0}, a, 0, \cdots)。$$

多项式是有限个单项式之和,无穷级数是无限个单项式之和,所表示的数列是各项表示的数列之和:

$$a_1 + a_2 x + \cdots + a_n x^{n-1} + \cdots$$
$$= (a_1, 0, \cdots) + (0, a_2, 0, \cdots) + \cdots + (\underbrace{0, \cdots, 0}_{n-1 \text{个} 0}, a_n, 0, \cdots) + \cdots$$
$$= (a_1, a_2, \cdots, a_n, \cdots)。$$

数列之和不是同一数列各项相加,而是不同数列同一位置的各数相加。如果没有 x,无穷数列各项相加 $a_1 + a_2 + \cdots + a_n + \cdots$ 有可能无穷。如果 x 及其各次幂 x^k 都是数,无穷多个数相加 $a_1 + a_2 x + \cdots + a_n x^{n-1} + \cdots$ 也可能无穷。但现在的 x^k 都不是数而是变换,它们的功能就是将无穷多个系数 $a_1, a_2, \cdots, a_n, \cdots$ 全部排在数列不同位置,然后将数列相加。由于这些系数排在不同位置,其中任何两个系数都没有相加。级数中的加号只是用 x 的不同次幂把这无穷多个系数排进同一数列的不同位置组成一个整体。

全体无穷数列组成线性空间,数列之间只能进行加减法运算,数列只能乘

常数,两个数列不能做乘法。写成无穷级数的最大用途是能做乘法,用 x^k 乘数列将系数移位,是级数乘法的一个应用。

将多项式和无穷级数中的字母 x 看成移位变换,它还能不能取不同数值?照样可以。其实,能不能取值,不是人为规定的,而是运算性质规定的。中学规定的 x 代表一切数,所谓"代表"就是 x 满足的运算律必须是所有数共同满足的。通俗一点说,就是"抄作业"。就是:

当多项式运算的等式 $f(x)+g(x)=s(x)$, $f(x)-g(x)=d(x)$, $f(x)g(x)=p(x)$ 成立,将 x 替换成任意数 c,得到的 $f(c)+g(c)=s(c)$, $f(c)-g(c)=d(c)$, $f(c)g(c)=p(c)$ 也成立。这就是说,x 可以代表所有数 c 做加减乘法。也就是所有数 c 都可以照抄 x 的作业。比如 x 做了一道题

$$(x+1)(x-1)=x^2-1。$$

所有的 c 都可以照抄这个作业:

1 抄成了 $1^2-1=(1+1)(1-1)=2\times 0=0$,得到 $1^2=1$;

-1 抄成 $(-1)^2-1=(-1+1)(-1-1)=0\times(-2)=0$,得到 $(-1)^2=1$。

其他数 c 抄成 $c^2-1=(c+1)(c-1)\neq 0$,得到 c 不是方程 $x^2-1=0$ 的根。

矩阵 $c=\begin{pmatrix} 0 & 1 \\ 1 & 0 \end{pmatrix}$ 抄成

$$\begin{pmatrix} 0 & 1 \\ 1 & 0 \end{pmatrix}^2 - \begin{pmatrix} 1 & 0 \\ 0 & 1 \end{pmatrix} = \left(\begin{pmatrix} 0 & 1 \\ 1 & 0 \end{pmatrix} + \begin{pmatrix} 1 & 0 \\ 0 & 1 \end{pmatrix}\right)\left(\begin{pmatrix} 0 & 1 \\ 1 & 0 \end{pmatrix} - \begin{pmatrix} 1 & 0 \\ 0 & 1 \end{pmatrix}\right)$$

$$= \begin{pmatrix} 1 & 1 \\ 1 & 1 \end{pmatrix}\begin{pmatrix} -1 & 1 \\ 1 & -1 \end{pmatrix} = \begin{pmatrix} 0 & 0 \\ 0 & 0 \end{pmatrix},$$

得到 $\begin{pmatrix} 0 & 1 \\ 1 & 0 \end{pmatrix}$ 也是方程 $x^2-1=0$ 的根。

我们规定了 x 代表所有的数,但没有规定 x 代表矩阵和变换。为什么 x 可以代表矩阵和变换?能不能代表,不靠人为规定,而在于 x 的行为,也就是

它具有的运算性质。x 计算 $(x+1)(x-1)$ 用到了哪些运算律，只要 c 也满足同样的运算律，c 就能抄 x 的作业。变换和矩阵的加减乘法都满足结合律，分配律，但不满足交换律。而所做乘法 $(x+1)(x-1)$ 只有一个字母 x 与数 1 做加减乘法，换成矩阵或变换之后，也只有一个矩阵或变换与单位阵或单位变换做加减乘，仍满足交换律，就可以抄作业。但有一条作业抄不了：当 c 是数且不等于 1、-1 时，两个非零数 $c+1$、$c-1$ 的乘积一定不等于 0。这条叫做**消去律**。所以二次方程 $x^2-1=0$ 只有两根 1、-1，没有别的根。当 c 是矩阵时，消去律不成立，两个非零矩阵的乘积有可能为零。于是就有另外的矩阵也是 $x^2-1=0$ 的根。这一切都由运算律决定。

不定元 让 x 代表无穷数列的移位变换，任由它取值。让 x"取值"c，就是让数 c 照抄 x 的作业。也就是当 $f(x)$ 与 $g(x)$ 经过加法、减法或者乘法算出答案 $h(x)$ 时，$f(c)$ 与 $g(c)$ 经过同样的运算得到的答案就是 $h(c)$。x 所做的作业是为它自己做的，不是为 c 做的，但只要 x 所用的方法步骤都适用于 c，c 抄来的答案就一定对，不需要 x 批准 c 抄。

有哪些方法、步骤？一是运算律：交换律、结合律、分配律，还有 $a+0=a$，$(-a)+a=0$，$1\cdot a=a$，$a\cdot a^{-1}=1$ 等。这些运算律，x 的多项式，换成 c 变成数也都满足，都可以抄。

除了运算律，还有你满足的关系式。比如，每个数都满足某些特殊的关系式。例如，$\sqrt{2}$ 满足 $(\sqrt{2})^2-2=0$，把 $\sqrt{2}$ 换成别的数 c，能不能照抄 $c^2-2=0$？除了 $c=\sqrt{2}$ 满足 $c^2-2=0$，还有 $c=-\sqrt{2}$ 满足，除此之外的其他 c 都不能满足，这些 c 就不能抄 $\sqrt{2}$ 的作业。因此，要使 x 能代表所有的数 c，当多项式 $f(x)=0$ 时，必须让 x 代表的所有的数 c 代进去都得到 $f(c)=0$，也就是所有的数 c 都是方程 $f(x)=0$ 的根。如果 $f(x)=a_0+a_1x+\cdots+a_nx^n$ 的系数不全为 0，最高次非零项为 n 次，则 $f(x)=f_1(x)\cdots f_m(x)$ 只能分解为不超过 n 个不能再分解的因式 $f_1(x)$，$\cdots$，$f_m(x)$ 的乘积，$f(c)=0$ 的条件是至少一个 $f_i(c)=0$。方程 $f(c)=0$ 最多只有不超过 n 个根，不可能有无穷多个不同的数 c 都使 $f(c)=0$。因此，要使所有的数 c 都满足 $f(c)=0$，只能 $f(x)=a_0+$

$a_1 x + \cdots + a_n x^n$ 的所有的系数 $a_0 = a_1 = \cdots = a_n = 0$ 全都为 0。换句话说：多项式字母 x 不能是非零多项式方程 $f(x) = 0$ 的根。有如下两个条件：

1. 所有的数 x 共同满足运算律；

2. $f(x) = a_0 + a_1 x + \cdots + a_n x^n = 0$ 当且仅当 $a_0 = a_1 = \cdots = a_n = 0$ 时才成立。

符合这两条性质的 x 称为**不定元**，也叫**超越元**。

其实，一个元素是否为超越元，与多项式的系数范围有关。比如，要求多项式系数为有理数，对超越元 x 的要求就是当有理数 a_0，a_1，$\cdots$，a_n 满足 $a_0 + a_1 x + \cdots + a_n x^n = 0$ 时必须 $a_0 = a_1 = \cdots = a_n = 0$，$x$ 不能是有理系数非零多项式方程的根。有大量的复数满足这个要求，它们称为超越数。例如我们熟悉的圆周率 π，自然对数的底 e 都满足这个要求，都是超越数，它们都有资格充当有理系数多项式的字母 x，它们算出的有理系数多项式等式，将任何一个代入都成立。

但是，如果允许系数是实数，π 就是 $x - \pi = 0$ 的根，e 是 $x - e = 0$ 的根，就都不超越了。

如果 x 代表所有的数，哪怕代表所有的有理数，x 就是一个变量，它就是不定元了。因为，$f(x) = 0$ 就是要求 x 所代表的所有的数代入都等于 0。此时是把 f 看成一个函数，也就是映射 $f : x \to f(x)$。映射 $f = 0$ 就是把定义域内所有的 $x \to f(x)$ 都映到 0。x 所取的每个值 $c \to f(c)$ 映到的 $f(c)$ 只是 f 的一个坐标。$f = 0$ 就要求所有的坐标 $f(c) = 0$，就好比空间向量 (x, y, z) 等于 $(0, 0, 0)$ 要求三个坐标 $x = y = z = 0$。f 是映射，x 是 f 的自变量。x 是不是映射？它既是自变量，也是多项式，也是函数，因此也是映射。比如，一次函数 $f(x) = 2x$ 是 $x \to 2x$，将 x 映到 $2x$，自变量乘 2。$f(x) = x$ 也是一次函数：$x \to x$，将每个自变量映到自己，自变量乘 1，也就是定义域上的单位映射 1。多项式函数 $f(x)$ 既可以看成将自变量 $x \cdot$ 映到因变量 $f(x)$，也可以看成是单位映射 $x \to x$ 与系数加减乘产生的多项式。不过这里的乘法不是映射的复合，而是因变量的乘法。

现在来说明移位变换 x 也是不定元，也就是审查 x 什么时候是多项式

$a_0 + a_1 x + \cdots + a_n x^n = 0$ 的根。由于 x 是移位变换,多项式 $a_0 + a_1 x + \cdots + a_n x^n$ 就是 x 的不同次幂将系数 a_0,a_1,$\cdots$,a_n 排成的数列 $(a_0, a_1, \cdots, a_n)$,这个数列等于 0 的条件就是数列中所有的数 $a_0 = a_1 = \cdots = a_n = 0$ 都等于 0。这就证明了移位变换 x 是不定元。只要是不定元,就都有资格充当多项式的字母,可以取任意值 c 得到正确答案。c 不但可以是数,也可以是满足同样运算律的任何元素,当然也可以是另外的不定元及其多项式。

二、复数

任何理论的产生都有两个来源:首先是来源于现实世界,从无数个现象中总结出共同规律,这叫抽象。总结数学规律就叫**数学抽象**。每次现象就是理论的一个模型。共同规律再应用到更多的模型中去解决更多的现实问题,这叫**数学建模**。另一个来源是由已经总结出来的"旧规律"推出新规律,大规律推出小规律,这叫**逻辑推理**。

比如自然数的产生恐怕是来自掰手指数数。数手指、数石头、数水果、数人、数星星,抽象出自然数及其加减乘除运算,这是数学抽象。由于人有十个手指,所以最开始就只有十个数字,叫做"屈指可数"。手指不够数了,开始进位,这就是十进制的多位数。长度单位、重量单位都可以分割,这就需要分数。温度有零上零下、海拔有海平面以上以下、比赛有胜负、财政有收支、运动有前进后退,这就需要正负数。量长度只用分数不够,就需要无理数。这些都是现实模型。

-1 的平方根的现实模型,我们在本书第二章 2.3 节伸缩与旋转中介绍过了:在平面上绕原点旋转 $180°$ 用乘 -1 来刻画。$(-1)^2$ 就是旋转两个 $180°$,共旋转 $180° \times 2 = 360°$ 回到原方向,相当于乘 1,因此 $(-1)^2 = 1$。-1 的平方根就是旋转半个 $180°$,也就是旋转 $180° \div 2 = 90°$,这就是乘 i。具体操作方式是:将平面上坐标为 (x, y) 的点用复数 $x + y\mathrm{i}$ 表示,将 (x, y) 沿逆时针方向旋转 $90°$ 就是将 $x + y\mathrm{i}$ 乘 i 得到 $\mathrm{i}(x + y\mathrm{i}) = -y + x\mathrm{i}$,点 (x, y) 就被旋转到 $(-y, x)$。一般地,旋转角 α 就用 $x + y\mathrm{i}$ 乘 $\cos\alpha + \mathrm{i}\sin\alpha$ 得

$$(\cos\alpha + \mathrm{isin}\alpha)(x + yi) = (x\cos\alpha - y\sin\alpha) + \mathrm{i}(x\sin\alpha + y\cos\alpha),$$

点(x, y)就被旋转角α旋转到$(x\cos\alpha - y\sin\alpha, x\sin\alpha + y\cos\alpha)$。

中学为了让-1的平方根i不虚幻,就把复数$x + yi$用平面上的点$P(x, y)$和向量$\overrightarrow{OP}$来表示。既然可以画出图形(点P,有向线段OP)来表示复数$x + yi$,似乎就不虚幻了。但有个要命的问题却故意"忽略"了。你用y轴上的点$P(0, 1)$和向量$\overrightarrow{OP}$来表示i,怎么解释$\mathrm{i}^2 = -1$? 点$P(0, 1)$或向量$\overrightarrow{OP}$的平方是什么意思? 怎么能够等于-1? 教材和教师不解释,有的学生就自己想。点P的平方没学过,向量$\overrightarrow{OP}$的平方还学过,就是自己与自己的内积$\overrightarrow{OP}^2 = \overrightarrow{OP} \cdot \overrightarrow{OP} = |OP|^2 = 1$,那就应该是自己长度的平方,应该等于$1$而不是$-1$呀!

将i看成向量,没法讨论它的平方,正如没法讨论数组$(0, 1)$的平方。反过来,将数组$(0, 1)$写成多项式x,看成移位变换,它的平方x^2就很容易理解为是将移位变换重复两次,每次移一位,两次就移两位。不过,$2x$可以理解为用字母x表示的变换将系数2表示的数列$(2, 0, \cdots)$移位变成数列$(0, 2, 0, \cdots)$。x只有字母没有系数,只有变换没有数列,变换将哪个数列移位呢? 别以为x没有系数,x的系数是1。只不过由于1乘x等于x,系数1就略去不写。虽然略去了,系数还是1。字母x表示移位变换,需要找一个系数代表一个数列被x移位,当然应该将系数1找回来,它代表数列$(1, 0, \cdots)$被x移成数列$(0, 1, 0, \cdots)$。因此$x = 1x = x(1, 0, \cdots) = (0, 1, 0, \cdots)$。只要$x$是变换,它就是数列。即使只有字母没有系数,也可以把省略掉的系数1找回来代表数列$(1, 0, \cdots)$,再用变换x作用得到一个数列。

同样的道理,如果将i只看成向量$(0, 1)$,不能解释i的平方怎么得出-1。但如果将i看成平面上绕原点旋转$90°$的变换,立即就能理解它的平方是将旋转$90°$进行两次,旋转$90° \times 2 = 180°$就解释了$\mathrm{i}^2 = -1$。还能根据$\mathrm{i} = 1 \cdot \mathrm{i}$,用$\mathrm{i}$将$1$代表的向量$(1, 0)$旋转$+90°$变到向量$(0, 1)$。

小孩学习自然数,当然要从掰手指数数的现实模型开始,如果从皮亚诺公理的逻辑模型开始,就没法学懂。分数可以从分饼开始,一个饼3等分,两份

就是 $\frac{2}{3}$。还可以等分线段,等分重量。有的小学老师问我分数除法 $8 \div \frac{2}{3}$ 怎么向学生解释 $\frac{2}{3}$ 份。我就告诉他别自讨苦吃了。学生已经会算分数乘法了,知道 $\frac{2}{3} \times \frac{3}{2} = 1$,就不要再分饼了。除法 $8 \div \frac{2}{3}$ 就是找一个数乘 $\frac{2}{3}$ 等于 8。怎么找? 先找 $\frac{3}{2} \times \frac{2}{3} = 1$ 得到 1,前面再乘 8 就得到:$8 \times \frac{3}{2} \times \frac{2}{3} = 8$,在 8 后面准备一个 $\frac{3}{2}$ 成为 $8 \times \frac{3}{2}$,等着把 $\frac{2}{3}$ 抵消了就剩下 8。

这个思路就是:万事开头难。小孩没有知识,需要从掰手指开始建立自然数,然后建立和增长知识。知识越来越多后,就不用老是白手起家重新建立"新知识",而用旧知识解决新问题,用旧知识建立新知识就行了。

比如,背了 0,1,2,3,4,5,6,7,8,9 这些个位数,再往下就不要死记硬背到几十、几百、几千、几万,而是将个位数排成数列组成多位数,用个位数的加减乘做多位数的加减乘。分数是用分子、分母两个数排起来表示一个数。足球比分是用两个非负整数排起来表示输赢。包括了负数,都是用旧数排成数列表示新数,旧数运算做新数运算。实数到虚数,也是用两个实数 a、b 排成 (a,b) 表示 $a+bi$,用其中的 $(0,1)$ 表示 -1 的平方根。下面就是由实数扩充到虚数的逻辑过程:

(i) 实数扩充成实数列;

(ii) 为了定义乘法,数列写成多项式;

(iii) 为了制造 -1 的平方根,先让 x^2+1 取值为 0,它的倍式全都取值为 0;

(iv) 差为 0 定义相等,多项式归并成同余类。

这就建立了复数。

扩充为多项式。

(1) 全体实数的集合 **R** 对加减乘运算封闭,除数不为 0 的时候对除法也封闭。**R** 称为实数域。

(2) 实数组成有限数列$(a_1, a_2, \cdots, a_n)$，后面可以添加任意多个 0：$(a_1, \cdots, a_n) = (a_1, \cdots, a_n, 0, \cdots, 0)$。每个实数 $a = (a, 0, \cdots, 0)$ 代表 a 后面添加任意多个 0 的数列。

(3) 数列 $A = (a_1, \cdots, a_n)$ 中的每个数 a_k 称为数列的一个分量。

两个数列 $A = (a_1, \cdots, a_n)$，$B = (b_1, \cdots, b_n)$ 相加：$A + B = (a_1 + b_1, \cdots, a_n + b_n)$，同一位置的分量相加。

两个数列相减：$A - B = (a_1 - b_1, \cdots, a_n - b_n)$，同一位置的分量相减。

实数 c 乘数列：$cA = (ca_1, \cdots, ca_n)$，实数乘数列各分量。

(4) 移位变换：$xA = (0, a_1, a_2, \cdots, a_n)$，将数列各项右移一位，左端添一个 0。

(5) 移位变换的幂 x^k：将 x 作用 k 次，将数列各项右移 k 位，左端添 k 个 0：

$$x^k(a_1, \cdots, a_n) = (\underbrace{0, \cdots, 0}_{k个0}, a_1, \cdots, a_n),$$

$$ax^k = (\underbrace{0, \cdots, 0}_{k个0}, a),$$

$$x^k = 1x^k = (\underbrace{0, \cdots, 0}_{k个0}, 1)。$$

有限数列 $A = (a_1, a_2, \cdots, a_n) = (a_1, 0, \cdots) + (0, a_2, 0, \cdots) + \cdots + (\underbrace{0, \cdots, 0}_{n-1个0}, a_n) = a_1 + a_2 x + \cdots + a_n x^{n-1}$，都能写成 x 的实系数多项式。

两个数列 A、B 写成多项式 $f(x)$、$g(x)$，就能按多项式的加减乘法则做数列的加减乘运算。

不管多项式 $f(x) = a_0 + a_1 x + \cdots + a_n x^n$ 的字母是代表取遍任意值的变量，还是代表移位变换，它都是不定元，满足如下性质：

$f(x) = a_0 + a_1 x + \cdots + a_n x^n = 0$ 的充分必要条件是所有系数 $a_0 = a_1 = \cdots = a_n = 0$ 全部为 0。

因此可以代表任何旧数和新数 c。

即使 c 不是数，只要它能做加减乘运算，满足运算律，也可以被不定元代表，被 x 取值：$x \to c$。

取值映射。不论有多少旧数充当系数，每个旧数 $a=a+0x+0x^2+\cdots+0x^n$ 在多项式集合中都是常数，代表的数列 $(a, 0, 0, \cdots, 0)$ 从第二项开始全部是 0，因此 $x=(0, 1, 0, \cdots, 0)$ 是新元素。非常数的多项式都是新元素。因此，要想在原有旧数之外再造一个新数 ω，都可以用 $x=(0, 1, 0, \cdots, 0)$ 来代表 ω，原来的旧数 $a=(a, 0, \cdots, 0)$ 用常数项代表。也就是将不定元 x 取值为 ω，旧数 a 仍取值 a，记作 $\tau:x \to \omega$，且 $\omega:a \to a$。只要 ω 是数，满足同样的运算律，就可以按 x 与旧数的加减乘定义 ω 与旧数的加减乘：

$$\tau:x^k \to \omega^k, \ a_k x^k \to a_k \omega^k,$$

$$f(x)=a_0+a_1 x+\cdots+a_n x^n \to a_0+a_1 \omega+\cdots+a_n \omega^n=f(\omega),$$

$$f(x)+g(x)=s(x) \to s(\omega)=f(\omega)+g(\omega),$$

$$f(x)-g(x)=d(x) \to d(\omega)=f(\omega)-g(\omega),$$

$$f(x)g(x)=p(x) \to p(\omega)=f(\omega)g(\omega),$$

ω 参与的加减乘运算全部由 x 代替，只要在最后的结论中将 x 换成 ω 就行了。

所有的新数 ω 都能被不定元 x 取值，ω 的运算都能被 x 代表。假如每个新数 ω 的一切性质都能被不定元 x 代表，ω 就与 x 一样，也是不定元，所有的新数也都是不定元，都一样，就没有谁是新数了。

不同的数 ω 都能被同一个不定元 x 代表，ω 与 x 还有区别吗？不同的 ω 区别在哪里？

比如不定元 x 的多项式 $f(x)=(x+1)(x-1)=x(x-1)+1(x-1)=x^2-x+x-1=x^2-1$ 经过运算律化成 $g(x)=x^2-1$，因此这两个多项式 $f(x)=g(x)$。所有的数 ω 也都满足这些运算律，经过同样的运算能够得到同样的结论 $f(\omega)=g(\omega)$。不经过运算，直接代进去也得到同样的结论，因为所有的 ω 的运算都被不定元代表了，不需要再算了。

当 $\omega=-1$，$f(-1)=(-1+1)(-1-1)=0\times(-1-1)=0=g(-1)=(-1)^2-1$，得到 0。

但多项式 $f(x)=(x+1)(x-1)$ 与 $g(x)=x^2-1$ 却都不为 0，这是因为 $(-1)+1=0$ 而 $x+1\neq 0$，-1 与 x 不一样。

当 $\omega=2$ 时，$f(2)=(2+1)(2-1)=3=g(2)=2^2-1$，但 $f(x)=(x+1)(x-1)=g(x)=x^2-1$ 都不等于 3。虽然 $f(x)=g(x)$ 导致所有 $f(\omega)=g(\omega)$，但不能导致 $f(x)=f(\omega)$，不同的 ω 有不同的 $f(\omega)$。

差别就是：多项式 $x+1$ 不为 0，取值 $(-1)+1=0$ 却可以为 0，也可以 $2+1=3$ 不为 0。

现在我们想构造 -1 的平方根 i 满足 $i^2=-1$。只要这个 i 存在，也可以让不定元 x 取值 i，建立取值映射 $\tau:f(x)\to f(i)$ 将每个实系数多项式 $f(x)$ 取值 $f(i)$。

因此，多项式 $f(x)$、$g(x)$ 与它们的取值 $f(\omega)$、$g(\omega)$ 的相同点是：当 $f(x)=g(x)$，一定有 $f(\omega)=g(\omega)$。差别是：当 $f(x)\neq g(x)$，有可能 $f(\omega)=g(\omega)$；也就是：非零多项式 $f(x)-g(x)\neq 0$ 有可能取值 $f(\omega)-g(\omega)=0$ 为 0。

制造 -1 的平方根。 我们希望为 -1 制造一个平方根 i 满足 $i^2=-1$，也就是让 x 取值为 i，x^2 取值为 -1。$\tau:x\to i$，$x^2\to -1$。由于 $x^2\neq -1$，x 自己的平方不等于 -1，但它的取值 i 的平方等于 -1，i 不是 x 而是 x 的取值，所以需要把 x 换成另一个字母 i，以示区别。但是，i 与实数加减乘算出的任何两个值 $f(i)$，$g(i)$ 的加减乘运算都由多项式 $f(x)$、$g(x)$ 的运算代表：$\tau:f(x)\pm g(x)\to f(i)\pm g(i)$，$f(x)g(x)\to f(i)g(i)$，都是照抄多项式的运算。

$\tau:x^2+1\to i^2+1=0$ 是由非零多项式 x^2+1 取值为 0，不是照抄。这是允许的，但必须服从 0 的运算律 $a0=0$。这导致 x^2+1 的全体倍式 $q(x)(x^2+1)$ 的取值

$$\tau:q(x)(x^2+1)\to q(i)(i^2+1)=q(i)0=0$$

都为 0。每个实系数多项式 $f(x)$ 除以 x^2+1 有唯一商 $q(x)$ 与余式 $r(x)=a+bx$，$f(x)$ 与余式 $a+bx$ 之差 $f(x)-(a+bx)=q(x)(x^2+1)$ 取值为 0：

$$\tau:f(x)-(a+bx)=q(x)(x^2+1)\to 0=f(i)-(a+bi),$$

因此 $f(x)$ 与余式 $a+bx$ 的取值 $f(i)=a+bi$ 相等。

现在就可以明白多项式 x 与它的取值 i 的异同。每个 $f(x)$ 取值为 $f(i)$，

就是把字母 x 换成 i,加减乘运算也相同。所不同的是:非零多项式 x^2+1 取值为 0,从而它的倍式 $q(x)(x^2+1)$ 取值都为 0,差为 $q(x)(x^2+1)$ 的 $f(x)$ 与 $a+bx$ 取值相等。也就是余式 $a+bx$ 相同的多项式取值 $a+bi$ 相等。每个多项式 $f(x)$ 看成取值 $f(\mathrm{i})=a+b\mathrm{i}$ 的一个表达式,同一个值 $a+b\mathrm{i}$ 的全体表达式归于一类,代表同一个值。怎么鉴别两个表达式是不是同类? 如果它们的差是 x^2+1 的倍式,差的值就是 0,两个表达式就同类。同类的全体表达式除以 x^2+1 有共同的余式 $a+bx$,因此鉴别同类就以余式 $a+bx$ 为准。相同余式 $a+bx$ 的归于一类,叫做**同余类**,记为 $a+b\mathrm{i}$。 就好比学校有很多学生,分成若干个班,每个班选一个班长代表这个班。多项式就好比学生,同余类就好比班,余式就好比班长。每个班的学生各不相同,但所属的班相同。看两个学生是否同班,就看他们的班长是否相同。看两个多项式是否同类,也看它们除以 x^2+1 的余式是否相同。班长代表班,但班长只是一个学生,与他同班的还有很多别的学生,每个学生都可以代表这个班。只不过由班长代表班便于辨认两个班相同还是不相同,更加方便而已。同样的道理,i 是一个"班",也就是一个同余类,这个同余类的"班长"就是共同余式 x,它代表这个同余类。它的平方 x^2 代表这个同余类 i 的平方。x^2 在哪个同余类? 那就要求余式:$x^2=(x^2+1)-1$ 除以 x^2+1 的商为 1,余式为 -1。x^2 所在同余类的"班长"就是余式 -1,这个班叫 -1。这就得到了

$$\mathrm{i}^2=-1。$$

它的意思是:i 这个同余类的平方等于同余类 -1,就是说同余类 i 中所有的多项式 $q(x)(x^2+1)+x$ 的平方除以 x^2+1 的余式都是 -1,都在同余类 -1 中。

这就有个问题:我们只计算了同余类 i 中的"班长" x 的平方 x^2 的余式 -1,没有计算其他"同班同学" $q(x)(x^2+1)+x$ 的平方的余式是否都是 -1。你可以老老实实计算所有的"同班同学"的平方

$$[q(x)(x^2+1)+x]^2$$
$$=q(x)^2(x^2+1)^2+2xq(x)(x^2+1)+x^2$$
$$=(x^2+1)[q(x)^2(x+1)+2xq(x)]+(x^2+1)-1$$
$$\equiv-1(\bmod(x^2+1)) \tag{1}$$

上面最后一行的三横"≡"不是等号,而是**同余号**,表示它前后的多项式的差是 x^2+1 的倍式,除以 x^2+1 的余式相等。它前面的 x^2+1 的倍式都扔掉了,右边剩下的 -1 就是余式,果然是 -1。

同余式。如果计算过程太繁琐,太烦人,能不能简单点? 不同的"同学" $q(x)(x^2+1)+x$ 的差别是 $q(x)$ 不同,但既然 x^2+1 的倍式取值都是 0,求余式时都要扔掉,不管 $q(x)$ 多少都是扔掉,何必把它写清楚呢。还不如"难得糊涂",将所有的倍式 $q(x)(x^2+1)$ 都写成 0。不管它是多少倍,都满足如下两条:

$$倍式 + 倍式 = 倍式, \quad 多项式 \times 倍式 = 倍式。 \tag{2}$$

将倍式写成 0,这两条就变成:

$$0+0=0, \quad 多项式 \times 0 = 0。 \tag{3}$$

算式(1)就变成

$$(0+x)^2 = 0^2 + 2x0 + x^2 = 0+0+(x^2+1)-1 = 0+(-1) \equiv -1,$$

最后一个等号前面的 0、0、x^2+1 都是 x^2+1 的倍式,相加还是 x^2+1 的倍式,仍是 0,余式当然是 -1。

倍式本来不是 0。把倍式写成 0,性质(2)写成性质(3),完全就是 0 的性质,可以按 0 计算。算 $(0+x)^2$ 只是一个特例,一般地,将 $f(x)=0+r(x)$,$g(x)=0+s(x)$ 写成倍式与余式之和,用余式代替多项式做加减乘,得出的和差积的余式不变

$$f(x) \pm g(x) = [0+r(x)] \pm [0+s(x)] = (0 \pm 0) + [r(x) \pm s(x)]$$
$$= 0 + [r(x) \pm s(x)] \equiv r(x) \pm s(x),$$

$$f(x)g(x) = [0+r(x)][0+s(x)] = 0[0 \pm s(x)] + r(x)0 + r(x)s(x)$$
$$= 0 + r(x)s(x) \equiv r(x)s(x)。$$

也就是说:两个同余式 $f(x) \equiv r(x)$,$g(x) \equiv g(x)$ 加减乘,得到的同余式

$$f(x) \pm g(x) \equiv r(x) \pm s(x), \quad f(x)g(x) \equiv r(x)s(x)。$$

由于倍式具有类似于 0 的性质,同余式两边差为倍式,因此同余式具有类似于

等式的性质。

建立复数。现在总结在实系数多项式除以 x^2+1 的同余类上建立复数的过程。

建立复数就是要建立 -1 的平方根 i 满足 $i^2=-1$，i 与全体实数加减乘得到全体复数。

-1 平方根存不存在？先假定存在，看应当满足些什么条件；再看这些条件是否能够满足。满足了，就存在。什么叫满足？既满足运算律，又满足 $i^2=-1$，就存在了。

因此我们让它先满足运算律，然后满足 $i^2=-1$，看是不是仍然满足运算律。如果仍然满足，就存在了。

第一步：加减乘运算满足运算律：照抄多项式加减乘。

要让新数 i 与全体旧数（实数）做加减乘除，不需要另起炉灶，早就有现成模式让我们照抄：

将实数排成有限数列 $(a_1, a_2, \cdots, a_n)=a_1+a_2x+\cdots+a_nx^{n-1}=f(x)$ 写成多项式，x 是移位变换，是不定元，可以代表任意数，让它代表 i，称 x 取值 i，用映射 $\tau: x \to i$ 来表示，并且规定

$$\tau: f(x)=a_1+a_2x+\cdots+a_nx^{n-1} \to f(i)=a_1+a_2i+\cdots+a_ni^{n-1}。$$

这就规定了任意两个 $f(i)$、$g(i)$ 的加减乘法由多项式加减乘法定义：

$$\tau: f(x)+g(x)=s(x) \to s(i)=f(i)+g(i),$$
$$f(x)-g(x)=d(x) \to d(i)=f(i)-g(i),$$
$$f(x)g(x)=p(x) \to p(i)=f(i)g(i)。$$

也就是说：i 的加减乘都照抄 x。x 与实数加减乘产生全体多项式 $f(x)$，i 也就照抄 x 产生全部 $f(i)$。任何两个 $f(i)$、$g(i)$ 也照抄 $f(x)$、$g(x)$ 做加减乘。

第二步：让 i 满足 $i^2=-1$：照抄多项式除法求余式。

$i^2=-1$ 就是 $i^2+1=0$。多项式的什么运算可以将非零多项式 x^2+1 变成 0，让 i^2+1 照抄？

将所有的多项式 $f(x)$ 除以 x^2+1 求余式 $r(x)=a+bx$，记为 $f(x)\equiv a+bx(\mathrm{mod}(x^2+1))$，则 x^2+1 除以自己的余式当然是 0，即 $x^2+1\equiv 0(\mathrm{mod}(x^2+1))$，可以让 i^2+1 照抄为 0，i^2 照抄为 -1：

$$x^2+1\equiv 0\rightarrow\tau(x^2+1)=\mathrm{i}^2+1=0,\quad x^2\equiv-1\rightarrow\tau(x^2)=\mathrm{i}^2=-1。$$

"$\equiv$"称为**同余号**。这里用来表示多项式求余式 $f(x)=q(x)(x^2+1)+a+bx\equiv a+bx(\mathrm{mod}(x^2+1))$，就是将 $f(x)$ 减去除式的倍式，将多项式次数降到比除式次数更低。不过，同余号只表示加减除式的倍式，保持余式不变，不要求降低次数，即使增加次数：$a+bx\equiv q(x)(x^2+1)+a+bx(\mathrm{mod}(x^2+1))$，也是同余。多项式同余，并不是相等，因此 $\equiv$ 不是等号。但它要求左右两边相差除式的倍式，倍式具有 0 的性质：倍式 $+$ 倍式 $=$ 倍式，多项式 $\times$ 倍式 $=$ 倍式，类似于 $0+0=0$，$a0=0$，因此同余式具有类似于等式的性质。把 x 取值为 i，就是把同余式 $x^2+1\equiv 0$ 换成等式 $\mathrm{i}^2+1=0$，把 $x^2\equiv-1$ 换成 $\mathrm{i}^2=-1$。多项式 x^2 不等于 -1，但除以 x^2+1 的余式相等。把余式相等的多项式归于同一类，称为**同余类**。把字母 x 换成 i，i 就代表 x 所在的那一类，不仅包括 x，还包括所有的 $q(x)(x^2+1)+x$。把 x^2 换成 i^2，也就包括所有的 $q(x)(x^2+1)+x^2$，其中有 $-(x^2+1)+x^2=-1$。因此 x^2、-1 属于同一个同余类，记为 $x^2\equiv-1(\mathrm{mod}(x^2+1))$。换成 $\mathrm{i}^2=-1$，写成等号，就是说 x^2、-1 所属的同余类相等。

实数的平方都不等于 -1。我们怎么"无中生有"造出一个新数 i 满足 $\mathrm{i}^2=-1$？我们不造任何新东西，不规定任何新运算，用旧东西旧运算造出了这个"新数"i。多项式是旧东西，我们用多项式字母 x 为原料来造 i。多项式的加减乘运算全都是旧的，把运算式中的字母 x 换成 i 就成了 i 的运算，都符合运算律。

i 的唯一"新性质"是 $\mathrm{i}^2=-1$，也就是 $\mathrm{i}^2+1=0$。这本来是 x 不具有的性质：$x^2\neq-1$，$x^2+1\neq 0$。但多项式 $f(x)$ 除以 x^2+1 求余式的运算 $f(x)=q(x)(x^2+1)+a+bx\equiv a+bx(\mathrm{mod}(x^2+1))$ 就能使 $x^2+1\equiv 0$，$x^2\equiv-1$。要想把哪个多项式变成 0，以它为除式求余式，自己除以自己的余式当

然就是 0，它的倍式也都是 0，这就满足了 0 的运算律：$0+0=0$，$a0=0$。剩下一点小困难就是把同余式 ≡ 变成等号。同余的多项式余式相等，多项式不相等。这点困难很容易克服：虽然它们不相等，但可以把它们归类，相差为 0 的归入同一类。只要 $x^2-(-1)=x^2+1$ 归入 0 类，x^2 与 -1 就归入同一类。不相等的多项式 x^2、-1 就变成相等的同余类 $i^2=-1$。

同余类的运算是否都满足运算律？同余类的加减乘都由其中的多项式做加减乘实现，多项式当然满足运算律。唯一需要担心的是：同一类里有很多不同的多项式。谁代表这一类去做加减乘？你可以指定每一类次数最低的余式代表这一类。但次数最低的余式算出来的次数可能不是最低。例如 i 这一类的次数最低的就是 x，但它自乘得到的 x^2 的次数不是最低的，再求余式 $x^2-(x^2+1)=-1$ 得到的 -1 才是次数最低的。所以，必须每个同余类中不论次数高低，算出来的和差积的余式一定都相同，都在同一类。也就是说：a、b 换成与它们同类的 $a+0$、$b+0$，其中 0 是任何倍式，计算出来的和差积

$$(a+0)\pm(b+0)=a\pm b+(0\pm 0),$$
$$(a+0)(b+0)=ab+a0+0(b+0)$$

都与 a、b 算出来的 $a\pm b$、ab 的余式相同。虽然以上算式中的 0 可以代表 x^2+1 的不同倍式，但不管它们是哪个倍式，$0\pm 0=0$，$a0+0(b+0)=0+0=0$ 都仍是倍式，不改变余式。确实可以保证每个同余类中无论取哪个多项式去加减乘，得出的和差积都是相同的。就好比不同班级的体育比赛，参加比赛的都是班上的学生，除了学生以外没有别的人能够代表这个"班"去比赛。但学生比赛的成绩却不属于他本人，而属于这个班。最后的结果不说是哪个学生赢了或输了，而是哪个班赢了或输了。如果班上学生水平不同，当然就选水平最高的参赛；但如果每个班的学生水平相同，无论谁参赛的结果就都一样。同余类的特点就是每个类不同"学生"的"水平"完全相同。无论谁去参加运算，得到的结果都相同。

第三步：建立复数。

（1）根据以上讨论，虽然所有的实系数多项式 $f(x)$ 都可以取值 $f(\mathrm{i})$，但

相同的余式 $a+bx$ 导致相同的取值 $f(\mathrm{i})=a+b\mathrm{i}$。余式次数低于除式 x^2+1 的次数，余式不超过 1 次，只能为 $a+bx$。i 与所有的实数加减乘产生的值只有 $a+b\mathrm{i}$，组成全体复数。

(2) 两个复数 $a+b\mathrm{i}$、$c+d\mathrm{i}$ 的运算，本来应该把 i 换成 x，回到多项式 $a+bx$、$c+dx$ 去做两种运算：

(i) 多项式加减乘：

$$(a+bx)\pm(c+dx)=(a\pm c)+(b\pm d)x,$$
$$(a+bx)(c+dx)=ac+(ad+bc)x+bdx^2;$$

(ii) 多项式除以 x^2+1 求余式。和差 $(a\pm c)+(b\pm d)x$ 的余式等于自身。

积只需将二次项 $bdx^2=bd(x^2+1)-bd$ 替换成余式 $-bd$，余式为 $(ac-bd)+(ad+bd)x$。

再将 x 取值 i，得

$$(a+b\mathrm{i})\pm(c+d\mathrm{i})=(a\pm c)+(b\pm d)\mathrm{i},$$
$$(a+b\mathrm{i})(c+d\mathrm{i})=(ac-bd)+(ad+bc)\mathrm{i}。$$

但是，将 i 换回 x 只是为了论证 -1 的平方根的存在性，利用已有的多项式的合法运算（加减乘、求余式）论证了不定元 x 所在的同余类 $\mathrm{i}=\{q(x)(x^2+1)+x\mid q(x)\in R[x]\}$ 满足 $\mathrm{i}^2=-1$，而不是横蛮不讲道理强行规定一个符号 i 满足 $\mathrm{i}^2=-1$。但是，已经论证完毕了 i 的存在性，就不必再将 i 重新写回 x 去运算了，而应该直接将 x 的本领教给 i 去独立运算。

第一个本领是按运算律做加减乘。既然 i 已经是一个数，就不必写成 x，而是自己按运算律运算。

第二个本领是除以 x^2+1 求余式。其实就是把 x^2+1 的倍式都扔掉，更不必写成 x，直接将 i^2+1 换成 0 扔掉。比如做乘法

$$
\begin{aligned}
(a+b\mathrm{i})(c+d\mathrm{i}) &=ac+(ad+bc)\mathrm{i}+bd\mathrm{i}^2 \\
&=ac+(ad+bc)\mathrm{i}+bd(\mathrm{i}^2+1)-bd \\
&=ac+(ad+bc)\mathrm{i}+bd\,0-bd \\
&=(ac-bd)+(ad+bc)\mathrm{i}。
\end{aligned}
$$

多项式运算通过 $f(x)$ 除以 x^2+1 求余式来将 x^2+1 变成 0，换成 i 则是在 $f(i)$ 中直接将 $i^2+1=0$ 换成 0。更方便快捷的是将 i^2 换成 -1，实际上就是将 x^2 除以 x^2+1 得余式 -1。

中学教材直接规定 $i^2=-1$，算起来确实最简单。教学效果可能导致学生的一个认识：数学知识是数学权威强行规定的，只能乖乖服从。这是非常有害的认识。如果没有教材以外的其他资源抵消这种认识，学生怎么能够成长为有创新精神的人？所以我们需要先解释这个规定为什么是合理的，大家也能够懂其中的道理。即使暂时不懂具体的道理，也应该体会到数学知识从来就不是权威规定的，而是客观存在的。所以我们用多项式运算来建立了复数运算体系。但是，建立起来之后，就不必把 i 再写回 x 计算，而可以反过来将 x 的运算性质全部赋予 i。加减乘就按运算律展开，将 i 按多项式字母看待。除以 x^2+1 求余式，就变成将 $i^2=-1$ 直接代入。只要 i 的指数大于 1，就可以将 $i^2=-1$ 代入，将 i 的指数降到不超过 1，化成 $a+bi$ 的形式，这就是复数的标准形式。

运算如果对加减乘运算封闭，就称为**环**。环的乘法可以不满足交换律，例如矩阵乘法就不满足交换律。如果环的乘法满足交换律，就称为**交换环**。交换环中如果对除数不为 0 的除法都封闭，就称为**域**。比如有理数集合 **Q**，实数集合 **R** 都是域。

以上方案造出的复数集合 **C** 对加减乘封闭，是交换环。它是否对除法封闭？只要当除数 $c+di$ 不为 0 时除法 $\frac{1}{c+di}$ 存在商 $(c+di)^{-1}$ 满足 $(c+di)(c+di)^{-1}=1$，也就是 $c+di$ 存在倒数 $\frac{1}{c+di}=(c+di)^{-1}$，则所有的被除数 $a+bi$ 除以 $c+di$ 都存在商 $(a+bi)(c+di)^{-1}$ 满足 $[(a+bi)(c+di)^{-1}](c+di)=a+bi$，就说明 **C** 是域。

非零复数 $c+di$ 的倒数 $(c+di)^{-1}$ 是否都存在？通行的算法是

$$\frac{1}{c+di}=\frac{c-di}{(c+di)(c-di)}=\frac{c-di}{c^2+d^2}=\frac{c}{c^2+d^2}-\frac{d}{c^2+d^2}i。$$

只要 $c+d\mathrm{i}\neq0$，则 $c^2+d^2>0$，倒数就算出来了。

三、有限域

> **例 2**   数列 $\{F_n\}$ 满足 $F_1=F_2=1$，$F_n=F_{n-1}+F_{n-2}$，n 为正整数。
>
> (1) $F_{2\,022}$ 是奇数还是偶数?
>
> (2) 求 $F_{2\,022}$ 除以 3 的余数。

整数的同余类   每个整数 a 除以正整数 $m>1$ 得到唯一商 q 和非负余数 $r<m$，$a=qm+r$。具有相同余数 r 的全体整数组成同余类 $\underline{r}=\{qm+r\mid q\in \mathbf{Z}\}$，则整数环 $\mathbf{Z}$ 被划分为同余类的集合 $Z_m=\{\underline{0},\underline{1},\underline{2},\cdots,\underline{m-1}\}$。

0 同余类 $\underline{0}$ 由 m 的全体整数倍组成。满足与 0 同样的运算性质 $\underline{0}+\underline{0}=\underline{0}$，$a\underline{0}=\underline{0}$，其中 $a\underline{0}=\underline{0}$ 不见得是集合 $a\underline{0}$ 与 $\underline{0}$ 相等，而是说前者 $a\underline{0}\subseteq\underline{0}$ 包含于后者。

每个余数 r 所属同余类 $\underline{r}=r+\underline{0}$ 由 r 加 0 同余类 $\underline{0}$ 中 m 所有的整数倍组成。同余类的加减乘

$$\underline{r}\pm\underline{s}=(r+\underline{0})\pm(s+\underline{0})=(r\pm s)+(\underline{0}\pm\underline{0})=r\pm s+\underline{0}=\underline{r\pm s},$$
$$\underline{r}\,\underline{s}=(r+\underline{0})(s+\underline{0})=rs+r\underline{0}+\underline{0}(s+\underline{0})=rs+\underline{0}=\underline{rs}。$$

因此，同余类的加减乘运算可以由各类 $\underline{r}$、$\underline{s}$ 中的余数 r、s 的和差积再求余数代表。我们可以直接写余数 r、s 代表同余类 $\underline{r}$、$\underline{s}$，将 r、s 不看成整数而看成同余类，与整数的差别是：按整数加减乘计算 $r\pm s$，rs 之后还要再将它们除以 m 取余数。例如，当除数 $m=2$，如果把 0、1 看成整数就是 $1+1=2\equiv 0$ $(\mathrm{mod}\,2)$，看成同余类就是 $1+1=2=0$。

本题(1)求斐波那契数列中各数除以 2 的余数，余数为 0 的称为偶数，组成一个同余类 $\underline{0}=\{2q\mid q\in\mathbf{Z}\}$，简记为 0；余数为 1 的称为奇数，组成另一个同余类 $\underline{1}=\{1+2q\mid q\in\mathbf{Z}\}$，简记为 1。两个同余类组成集合 $Z_2=\{0,1\}$。 加

减乘除运算表如下：

$0\pm0=1\pm1=0,1\pm0=0\pm1=1$; $\quad 0\times a=0,1\times1=1,a\div1=a$。

每个数 b 满足 $b+b=2b=0$，于是 $-b=b$，$a-b=a+b$，因此 Z_2 中的加减法相同。

非零除数只有 1，每个数 a 除以 1 当然等于自身：$a\div1=a$。因此 Z_2 是域。它的元素只有有限个，称为**有限域**。每个域至少有两个不同元素 0、1。Z_2 只有这两个元素，$1+1=2=0$，因此是元素最少的域。

注意计算 r、s 的加减乘都可以任取与 r、s 同余的 $r+2q$，$s+2p$ 做加减乘之后再求余数，但不能任取 $\dfrac{r+2q}{s+2p}$ 除成分数再求余数，分数没法求余数。比如 $\dfrac{1}{3}$ 不能先除成分数再求余数，应该先把它的分母或分子换成同余的整数，使它除成整数：$\dfrac{1}{3}=\dfrac{1}{1}=1$ 或者 $\dfrac{1}{3}=\dfrac{3}{3}=1$，$\dfrac{2}{3}=\dfrac{0}{3}=0$。其实，分母不能是 0，因此不能是偶数，只能是奇数。奇数就可以一律先换成 1。除法就都没问题了。

本题(2)将各整数除以 3 求余数，只有三个不同余数 0、1、2，代表三个不同的同余类，仍简记为 0、1、2，组成同余类环 $Z_3=\{0,1,2\}$。由于 $1+2=3=0$，所以 $2=-1$，因此 $1\times1=1=(-1)\times(-1)=2\times2$，$1^{-1}=1$，$2^{-1}=(-1)^{-1}=-1=2$。所有的非零数都可逆（存在倒数），因此 Z_3 也是有限域。

解　(1) 斐波那契数列 F_1，F_2，$\cdots$，F_n，$\cdots$ 中每个数 F_n 换成它除以 2 的余数 r_n。由 $F_n=F_{n-1}+F_{n-2}$，得 $r_n\equiv r_{n-1}+r_{n-2}(\bmod2)$。余数列

$$(r_1,r_2,\cdots,r_{2\,020})=(1,1,0,1,1,\cdots),$$

其中每相邻两个余数组成的数组 (r_n,r_{n+1}) 称为一个**状态**。每个状态决定下一个余数 $r_{n+2}\equiv r_n+r_{n+1}(\bmod2)$，因而决定以后所有的余数，所有的状态。只要状态重复了，余数也就重复了，余数列就循环了。第一个状态 $(r_1,r_2)=(1,1)=(r_4,r_5)$ 等于第 4 个状态，因此第一项开始的数列与第 4 项开始的数

列完全相同,余数列循环周期为 $4-1=3$。

$2\,022=3q+0=3(q-1)+3\equiv3(\mathrm{mod}\,3)$,因此 $r_{2\,022}=r_3=0$。$F_{2\,022}$ 是偶数。

(2) 斐波那契数列中的每个数 F_n 换成它除以 3 的余数 r_n,得

$$(r_1,r_2,\cdots,r_{2\,022})=(1,1,2,0,2,2,1,0,1,1,\cdots)。$$

第一个状态 $(r_1,r_2)=(1,1)=(r_9,r_{10})$ 与第 9 个状态重复。余数列循环周期为 $9-1=8$。

$2\,022=8q+6\equiv6(\mathrm{mod}\,8)$,因此 $r_{2\,022}=r_6=2$。$F_{2\,022}$ 除以 3 的余数是 2。

探与究　本题难度不大,小学生都可以做,只要不断做加法然后除以 2 或 3 求余数即可。问题在于,怎么能断定余数列必然循环? 怎么估计余数列循环周期的长度。这两个循环周期 3、8 都不长,可以穷举。假如成百上千上万,穷举起来就困难了。

为什么循环? 状态 (r_n,r_{n+1}) 重复了就循环。当除数为 2,两个余数 r_n、r_{n+1} 各只取两个不同值 0、1,配搭起来组成 $2^2=4$ 个不同状态。不过,如果出现了全 0 状态 $(0,0)$,余数列以后就都是 0。状态 (r_n,r_{n+1}) 前面的余数 r_{n-1} 满足 $r_{n-1}+r_n=r_{n+1}$,因此 $r_{n-1}=r_{n+1}-r_n$ 也由后面一个状态 (r_n,r_{n+1}) 决定。如果某个状态 $(r_n,r_{n+1})=(0,0)$ 是全 0,它前面的所有的余数也都是 0。但前两个余数 $r_1=r_2=1$ 就都是 1 而不是 0。这说明所有的状态都不是全 0,只能是其余三种情况 $(0,1)$、$(1,0)$、$(1,1)$。因此余数列最多只有三个不同状态,循环周期不超过 3。试验结果果然就是 3。

同理,当除数是 3,每个状态 (r_n,r_{n+1}) 的两个余数各只取三个不同值 0、1、2,配搭组成 $3^2=9$ 个不同状态。全 0 状态 $(0,0)$ 同样不可能出现,只可能有 8 个不同状态,循环周期不超过 8。试验结果果然是 8。

本节例 1 就是求斐波那契数列的通项公式。方法是把斐波那契数列 $(F_1,F_2,\cdots,F_n,\cdots)$ 写成无穷级数 $F=F_1+F_2x+\cdots+F_nx^{n-1}+\cdots$ 求通项公式,并且得到 $(1-x-x^2)F=1$,$F=\dfrac{1}{1-x-x^2}$。

将系数 F_n 换成除以 2 或 3 的余数 r_n，看成有限域或 Z_2、Z_3 中的元素，等式

$$(1-x-x^2)(r_1+r_2x+\cdots+r_nx^{n-1}+\cdots)=1, \tag{1}$$

仍成立。

如果 $r_n \in Z_2$ 是 F_n 除以 2 的余数，那么 $1-x-x^2=1+x+x^2$ 满足 $(1-x)(1+x+x^2)=1-x^3$。等式 (1) 两边同乘 $1-x$ 得

$$(1-x^3)(r_1+r_2x+r_3x^2+r_4x^3+\cdots+r_nx^{n-1}+\cdots)=1-x \tag{2}$$
$$=r_1+r_2x+r_3x^2+(r_4-r_1)x^3+\cdots+(r_n-r_{n-3})x^{n-1}+\cdots,$$

比较等式两边同类项系数得 $r_4-r_1=0=r_n-r_{n-3}$ 对所有 $n \geqslant 4$ 成立。可见 3 是余数列 $(r_1, r_2, r_3, \cdots)=(1, 1, 0, \cdots)$ 的循环周期，而且是最短周期。

当 $r_n \in Z_3$ 是 F_n 除以 3 的余数时，Z_3 中的同余类是否仍可将 x^2-x-1 乘某个多项式变成某个 x^n-1，同样得到周期 n？确实有，不过不容易猜出来：$x^8-1=(x^4+1)(x^4-1)$ 的因式

$$x^4+1=x^4-3x^2+1=x^4-2x^2+1-x^2=(x^2-1)^2-x^2$$
$$=(x^2-1+x)(x^2-1-x)$$

的后一个因式 x^2-1-x 就是 x^2-x-1，它乘 $(x^2+x-1)(x^4-1)$ 就得到 x^8-1，得到周期 8。

这个因式分解不容易猜。容易想到的办法是：照抄例 1 得到的通项公式

$$F_n=\frac{(1+\sqrt{5})^n-(1-\sqrt{5})^n}{2^n\sqrt{5}},$$

算出 F_n 除以 3 的余数。

也许你觉得这个太不靠谱：F_n 是整数，而通项公式中不但有分母，还有根号，$\sqrt{5}$ 是无限不循环小数，怎么能除以 3 求余数？

$\sqrt{5}$ 是无限不循环小数，是因为 5 是实数，$\sqrt{5}$ 只能写成无限不循环小数。如果把 5 看成 Z_3 中的同余类，那么 $5=-1$，$\sqrt{5}=\sqrt{-1}$ 就是虚数单位 i。同样

可以仿照实数造虚数的过程,将系数在 Z_3 中的多项式除以 x^2+1 得到余式 $a+bx$,余式相等的组成同余类。由于余式 $a+bx$ 的系数 a、b 各只有三个不同的值 0、1、2,共配搭出 9 个不同的余式,代表 9 个不同的同余类,组成同余类集合 F_9,对加减乘封闭,因此是交换环。而且其中的非零元 $a+bi$ 都有倒数

$$\frac{1}{a+bi}=\frac{a-bi}{(a+bi)(a-bi)}=\frac{a-bi}{a^2+b^2},$$

其中的分母 a^2+b^2 是 Z_3 中的元素,一定不为 0。由于 a^2、b^2 至少有一个不为 0,假如 $a^2+b^2=0$,则 a^2、b^2 都不为 0,才能相互抵消。但 $Z_3=\{0,1,2\}$ 中的非零元 1,2 的平方都等于 1:$1^2=1$,$2^2=(-1)^2=1$,因此 $a^2+b^2=1+1=2\neq 0$。这证明了 $F_9=\{a+bi\mid a,b\in Z_3\}$ 中的非零元都可逆,因此是域。由 9 个元素组成的域就记为 F_9。

一般地,q 个元素组成的有限域记作 F_q。因此 $Z_2=F_2$,$Z_3=F_3$。

但 $F_9\neq Z_9$。因为 $Z_9=\{0,1,2,\cdots,8\}$ 由整数除以 9 的同余类组成,其中 3 是 9 的因子,不存在 3^{-1} 满足 $3\times 3^{-1}=1$。若不然,设整数 a 满足 $3a\equiv 1(\bmod 9)$,则 $3a-9k=1$ 对某个整数 k 成立。$1=3a-9k=3(a-3k)$ 是 3 的整数倍。

同理可证,只要 $m=ab$ 是合数,两个因子 $1<a,b<m$,则 a,b 在 Z_m 中都不可逆。假如 a 可逆,存在整数 c 满足 $ac\equiv 1(\bmod m)$,则 $1=ac-mk=ac+abk=a(c+bk)$ 是 a 的整数倍,矛盾。

所以,只有当 p 是素数时,Z_p 才是域,而且都是域。找一个系数在 Z_p 中的不能分解的 n 次多项式 $h(x)$ 作为除式划分同余类,每个同余类由一个余式 $r(x)=a_0+a_1x+\cdots+a_{n-1}x^{n-1}$ 代表,每个系数 a_i 由整数除以 p 的一个余数代表,共有 p 个不同值,余式共有 p^n 个,组成有限域 F_{p^n}。

既然 $F_9=\{a+bi\mid a,b\in Z_3\}$ 表示 9 元域,F_{p^n} 表示 p^n 个元素组成的域,为了避免斐波那契数列的通项 F_n 与有限域混淆,现在把斐波那契数列的通项 F_n 改记为 u_n,斐波那契数列及其通项公式改写为

$$U = (u_1, u_2, \cdots, u_n, \cdots) = u_1 + u_2 x + \cdots + u_n x^{n-1} + \cdots,$$

$$u_n = \frac{\left(\dfrac{1+\sqrt{5}}{2}\right)^n - \left(\dfrac{1-\sqrt{5}}{2}\right)^n}{\sqrt{5}}. \tag{1'}$$

将斐波那契数列的通项 u_n 换成除以 3 的余数 r_n，看成 Z_3 中的同余类。公式中的 1、2、5 都看成 Z_3 中的元素 1，-1，$\dfrac{1\pm\sqrt{5}}{2} = \dfrac{1\pm i}{-1} = -(1\pm i)$。

$$s_n = \frac{(-1-i)^n - (-1+i)^n}{i} = (-1)^{n-1} i \left[(1+i)^n - (1-i)^n\right],$$

其中的幂 $(1+i)^n$ 和 $(1-i)^n$ 的取值都是 9 元域 $F_9 = \{a + bi \mid a, b \in Z_3\}$ 中的非零元。总共只有 8 个非零元，只要有两个幂重复，余数列就循环了。重复周期不超过 8。具体计算如下：

$$(1\pm i)^2 = 1 \pm 2i + i^2 = 1 \pm (-1)i + (-1) = \mp i,$$
$$(1\pm i)^4 = i^2 = -1, \quad (1\pm i)^8 = (-1)^2 = 1。$$

因此 $(1\pm i)^{n+8} = (1\pm i)^n (1\pm i)^8 = (1\pm i)^n \times 1 = (1\pm i)^n$。

$$s_{n+8} = (-1)^{n+7} i \left[(1+i)^{n+8} - (1-i)^{n+8}\right]$$
$$= (-1)^{n+7} i \left[(1+i)^n - (1-i)^n\right] = u_n。$$

斐波那契数列 $\{u_n\}$ 是以 $\omega_1 = \dfrac{1+\sqrt{5}}{2}$，$\omega_2 = \dfrac{1-\sqrt{5}}{2}$ 为公比的两个等比数列的差。余数列 $\{s_n\}$ 仍是等比数列之差，公比变成 F_9 中的两个非零元。我们具体计算出了它们的 8 次幂等于 1。其实不需要具体计算，只凭有限域 F_9 有 8 个非零元就知道每个非零元的 8 次幂等于 1。一般地，q 个元素的有限域 F_q 中除了 0 以外都是可逆元，共有 $q-1$ 个，每个非零元 a 的 $q-1$ 次幂 $a^{q-1} = 1$。证明如下：

设 $F_q = \{0, b_2, \cdots, b_q\}$ 的全部非零元为 $b_2, \cdots, b_q$。若 $a \neq 0$ 是其中一个非零元，则 $ab_2 = c_2, \cdots, ab_q = c_q$ 也都是非零元。我们证明它们一定两两不同。

若不然,假如其中某两个 $c_i=c_j$ 相等,也就是 $ab_i=ab_j$,两边同乘 a^{-1} 消去 a 就得到 $b_i=b_j$。因此,用 a 乘 $q-1$ 个不同元素 $b_2,\cdots,b_q$ 得到的 $c_2,\cdots,c_q$ 也是 $q-1$ 个不同元素,也就是 F_q 的全部非零元素 $b_2,\cdots,b_q$,只不过顺序可能改变,是 $b_2,\cdots,b_q$ 的一个置换,但乘积相等:

$$b_2\cdots b_q=c_2\cdots c_q=(ab_2)\cdots(ab_q)=a^{q-1}b_2\cdots b_q。$$

等式两边同除以 $b_2\cdots b_q$,得到 $1=a^{q-1}$。

其实这里只用到乘法和求逆,也就是只用乘除法,没有用加减法,并不需要是域,只要 n 个元素组成的集合 G 对于乘法和求逆封闭,则 G 称为一个**群**。如果 G 中的乘法满足交换律,那么按以上论证就得到每个元素 a 的 n 次幂 $a^n=1$。使 $a^d=1$ 的最小正整数 d 称为 a 的阶,就是它的幂的序列的最小正周期,d 一定是 n 的因子。以上证明用了交换律,其实这个结论对于不满足交换律的群 G 也成立。

根据这个结论,既然 9 元域 F_9 中 8 个非零元组成乘法群,每个非零元的 8 次方就一定等于 1,刚才的 $(1\pm i)^8=1$ 就理所当然了。不过我们只证明了斐波那契数列除以 3 的余数列的周期是 8 的因子,不保证它一定是 8,也不排除周期是 4、2、1,但不可能是 3、5、6、7。具体是多少,还需要具体观察。只要周期超过 4,就一定是 8。

前面是照抄斐波那契数列的通项公式 $u_n=\dfrac{\left(\dfrac{1+\sqrt5}{2}\right)^n-\left(\dfrac{1-\sqrt5}{2}\right)^n}{\sqrt5}$ 来求 u_n 除以 3 的余数,但是这不能用来求 u_n 除以 2 的余数。因为通项公式中的分母出现了 2。在 Z_2 中 $2=0$,不能做分母。通项公式中的 $\dfrac{1+\sqrt5}{2}$ 与 $\dfrac{1-\sqrt5}{2}$ 是用求根公式解一元二次方程 $x^2=x+1$ 得到的两个根。当系数是 $Z_2=\{0,1\}$ 的元素时,不能用这样的求根公式,而可以仿照将实系数多项式除以 x^2+1 求余式划分同余类来为方程 $x^2+1=0$ 造根的方法,将系数在 $Z_2=\{0,1\}$ 中的多项式除以 x^2+x+1 求余式划分同余类,则 x 所在的同余类 ω 就是方程 x^2+x+

$1=0$ 即 $x^2=x+1$ 的一个根,由韦达定理知道两根之和为 -1,另一个根就是 $-1-\omega=1+\omega$。多项式系数范围 $Z_2=\{0,1\}$ 只有两个元素,多项式除以 x^2+1 的余式 $a+bx$ 的两个系数 a、b 各只能取两个值 0、1。总共只有 4 个不同余式 0、1、x、$1+x$。同余类环 $F_4=\{0,1,\omega,1+\omega\}$ 只有 4 个不同元素。由 $\omega^2+\omega+1=0$ 得 $1=\omega+\omega^2=\omega(1+\omega)$,说明 $\omega^{-1}=1+\omega$,$(1+\omega)^{-1}=\omega$。因此 F_4 是域,且 $\omega^2=1+\omega$,$\omega^3=\omega^2\omega=(1+\omega)\omega=\omega+\omega^2=1$,$(1+\omega)^3=(\omega^2)^3=1$。

于是就可以用 $x^2=x+1$ 的两个根 ω、$1+\omega$ 替换斐波那契数列通项公式中的 $\dfrac{1\pm\sqrt{5}}{2}$,得到 u_n 除以 2 的余数

$$r_n=\omega^n+(1+\omega)^n,$$

且由 $\omega^3=1=(1+\omega)^3$ 得 $\omega^{n+3}=\omega^n$,$(1+\omega)^{n+3}=(1+\omega)^n$。

从而 $r_{n+3}=r_n$。3 是余数列 $\{r_n\}$ 的周期,且由 $(r_1,r_2,r_3)=(1,1,0)$ 知,没有更小的周期。

3.6　导数与泰勒展开

一、牛顿切线法

例 1　笔算求 $\sqrt{10}$ 的近似值。

分析　现在算平方根都是按计算器,也可以查平方根表。但计算器与平方根表都是人制造出来的,那么是怎么制造的呢? 靠什么原理? 本题不是为了教方法,也不是为了教原理,而是为了体验一下怎样用我们已经知道的原理和方法来解决这个"新问题"。这对于人类是早就解决了的旧问题,对于你可

能是个新问题。

解   设 $x = \sqrt{10}$，满足方程 $x^2 = 10$。

(1) 由 $3^2 = 9 < 10 < 16 = 4^2$，得到 $x = \sqrt{10}$ 的第一个数字 3。也是第一个近似值 $x_1 = 3$。

被开方数 10 减去 3^2 剩下 $r_1 = 10 - x_1^2 = 10 - 3^2 = 1$，不妨称为 x_1 的平方余数。

(2) 为了得到比 3 更接近 x 的近似值，从 3 继续前进，计算它与精确值 x 的差距 $t = x - 3$。

将 $x = 3 + t$ 代入 $x^2 = 10$，得到 t 满足的方程 $(3 + t)^2 = 10$，方程左边展开得 $(3 + t)^2 = 9 + 6t + t^2 = 10$，移项合并得 $6t + t^2 = r_1 = 10 - 9 = 1$。

这是二次方程，求根公式需要开平方。既然我们不会开平方，就应该避免开平方。

由上式 $6t + t^2 = r_1 = 10 - 9 = 1$，我们得出 $0 < t < 1$，甚至 $0 < t < 0.5$，t 很小。t^2 更小，可以忽略不计。

$6t + t^2 = 1$ 变成一次方程 $6t \approx 1$，解出 $t \approx \dfrac{1}{6} \approx 0.16$。也可看成 $t = \dfrac{1 - t^2}{6} \approx \dfrac{1}{6} \approx 0.16$。

$x = 3 + t \approx x_2 = 3 + 0.16 = 3.16$ 是比 $x_1 = 3$ 更好的近似值。

(3) 重复步骤(2)。由 $u = x - 3.16$ 满足的方程 $(3.16 + u)^2 = x^2 = 10$ 左边展开得到

$$3.16^2 + 6.32u + u^2 = 10 \Leftrightarrow 6.32u + u^2 = 10 - 3.16^2 \Leftrightarrow$$

$$u = \frac{(10 - 3.16^2) - u^2}{6.32} \approx \frac{10 - 3.16^2}{6.32},$$

其中 $x_2 = 3.16$ 的平方余数 $r_2 = 10 - x_2^2 = 10 - 3.16^2$ 不需要由 3.16^2 算出来，而可以由上一个平方余数 $r_1 = 10 - 3^2 = 1$ 算出来：

$$r_2 = 10 - (3 + 0.16)^2 = 10 - (3^2 + 6 \times 0.16 + 0.16^2)$$

$$= (r_1 - 6 \times 0.16) - 0.16^2,$$

其中 $10-3^2-6 \times 0.16=0.04$ 是 $r_1=10-3^2$ 除以 6 商 0.16 的余数。做除法时就已经得出了。再减 $0.16^2=0.025\,6$ 就得到 $r_2=0.04-0.025\,6=0.014\,4$。

再除以 6.32 得到 $u=x-x_2$ 的近似值 $\dfrac{0.014\,4}{6.32} \approx 0.002\,277$。从而得到比 $x_2=3.16$ 更好的近似值 $x_3=3.16+u \approx 3.16+0.002\,277=3.162\,277$。

以上计算过程可以写成开方竖式如下：

$$
\begin{array}{l}
\phantom{\sqrt{}}\ 3.16\quad 22776601683 \\[-2pt]
\sqrt{10} \\[-2pt]
\ \ 9 \\ \hline
\ \ 100 \\
\ \ \ 96 \\ \hline
\ \ \ \ 400 \\
\ \ \ \ 256 \\ \hline
\ \ \ \ \ 1440000 \\
\ \ \ \ \ 1439064 \\ \hline
\ \ \ \ \ \ \ 9360000 \\
\ \ \ \ \ \ \ 5184729 \\ \hline
\ \ \ \ \ \ \ 4175271
\end{array}
$$

(1) 由 $3^2 < 10 < 4^2$ 得方根第一位 $x_1=3$。

$x_1=3$ 的平方余数 $r_1=10-3^2=1$。

(2) $x-3 \approx \dfrac{r_1}{2x_1}=\dfrac{1}{6} \approx 0.16$。

平方根前三位 $x_2=3+0.16=3.16$。

除法余数 $r_1-6 \times 0.16=0.04$。

平方余数 $r_2=0.04-0.16^2=0.014\,4$。

(3) $x-3.16 \approx \dfrac{r_2}{2x_2}=\dfrac{0.014\,4}{6.32} \approx 0.002\,277$。

平方根前七位 $x_3=3.162\,277$。

除法余数 $r_2-6.32 \times 0.002\,277=0.000\,009\,36$。

减去 $0.002\,277^2$ 得到平方余数

$$r_3 = 10 - x_3^2。$$

还可以用平方余数 $r_3 = 0.000\,004\,175\,271$ 除以 $2x_3 = 6.324\,554$ 得到 7 位有效数字

$$\frac{r_3}{2x_3} = \frac{0.000\,004\,175\,271}{6.324\,554} \approx 0.000\,000\,660\,168\,4,$$

从而 $\sqrt{10} \approx 3.162\,277\,660\,168\,4$。

例 2 求方程 $\frac{1}{3}x^3 + x - 2 = 0$ 的实根的近似值。

解 函数 $f(x) = \frac{1}{3}x^3 + x - 2$ 的前两项 $\frac{1}{3}x^3$，x 都是单调递增的，加起来也递增，再减常数 2 仍递增。

当 x 从 $-\infty$ 递增到 $+\infty$，$f(x)$ 从 $-\infty$ 递增到 $+\infty$，有唯一实根。

因为 $f(1) = -\frac{2}{3} < 0$ 递增到 $f(2) = \frac{8}{3} > 0$，所以 $f(x)$ 在区间 $(1, 2)$ 内有一个实根，不妨令 $x = 1 + t$，$0 < t < 1$。

将 $x = 1 + t$ 代入 $\frac{1}{3}x^3 + x - 2 = 0$ 得 t 满足的方程

$$\frac{1}{3}(1+t)^3 + (1+t) - 2 = \frac{1}{3} + t + t^2 + \frac{1}{3}t^3 + 1 + t - 2$$

$$= -\frac{2}{3} + 2t + t^2 + \frac{1}{3}t^3 = 0。$$

正数 $t < 1$，t^2，t^3 更小，暂时忽略不计，三次方程变成一次方程 $-\frac{2}{3} + 2t \approx 0$，解得 $t \approx \frac{1}{3}$，得到 $x = 1 + \frac{1}{3} \approx 1.3$ 比 1 更接近根的精确值，误差 $u = x - 1.3$ 比 $t = x - 1$ 更小。

下一步将 $x = 1.3 + u$ 代入原方程得到 u 满足的方程，由 u 的近似值得到

x 的更好近似值。为了便于计算,我们对 x 的任意近似根 c 设 $u = x - c$,由 $x = c + u$ 满足的方程得出 u 满足的方程

$$\frac{1}{3}(c+u)^3 + (c+u) - 2 = \frac{1}{3}c^3 + c^2u + cu^2 + \frac{1}{3}u^3 + c + u - 2$$

$$= \left(\frac{1}{3}c^3 + c - 2\right) + (c^2 + 1)u + cu^2 + \frac{1}{3}u^3 = 0 。$$

当 $|u|$ 很小,可将 u^2、u^3 忽略不计,化为一次方程

$$\left(\frac{1}{3}c^3 + c - 2\right) + (c^2 + 1)u \approx 0 ,$$

解得 $u \approx -\dfrac{\dfrac{1}{3}c^3 + c - 2}{c^2 + 1}$,得到比 c 更好的近似根

$$\tilde{c} = g(c) = c - \frac{\dfrac{1}{3}c^3 + c - 2}{c^2 + 1} , \tag{1}$$

再将公式(1)中的 c 换成 $\tilde{c}$ 算出下一个更好的近似根。

本题第一个近似根 $c_1 = 1$,代入公式(1)得

$$c_2 = g(1) \approx 1.3 ; \quad c_3 = g(1.3) \approx 1.288 ; \quad c_4 = g(1.288) \approx 1.287\,91 。$$

$f(1.287\,91) = 0.000\,000\,6\cdots$ 足够接近 0。

方程近似根为 $1.287\,91$。

切线方程 例 1 是解二次方程,例 2 是解三次方程,都是求方程 $f(x) = 0$ 的近似解。同一个思路:先凑一个比较粗糙的近似根 c(精确到整数,误差小于 0.5);再求根的精确值 x 与 c 之差 $t = x - c$。将 $x = c + t$ 代入多项式 $f(x)$ 得到 $f(c+t)$ 再展开成 t 的多项式

$$f(x) = f(c+t) = b_0 + b_1 t + b_2 t^2 + \cdots + b_n t^n$$

$$= b_0 + b_1(x-c) + b_2(x-c)^2 + \cdots + b_n(x-c)^n$$

称为 $f(x)$ 在 c 处的**泰勒展开式**。令 $x = c$ 即 $t = 0$,得 $f(c) = b_0$,因此展开

式为

$$f(x) = f(c) + b_1(x-c) + b_2(x-c)^2 + \cdots + b_n(x-c)^n。$$

为了求方程 $f(x) = f(c) + b_1 t + b_2 t^2 + \cdots + b_n t^n = 0$ 的近似解 t，当 $|t|$ 很小时可以把 t 的二次及更高次项都忽略不计，变成一次方程 $f(c) + b_1 t \approx 0$ 来解，求出 t 的近似解 $t_1 \approx -\dfrac{f(c)}{b_1}$，得到比 c 更接近精确解的 $\tilde{c} = c + t_1$，再将 $f(x)$ 在 $\tilde{c}$ 重新做泰勒展开。$\tilde{c}$ 比 c 离精确解更近，$x - \tilde{c}$ 的绝对值比 $x - c$ 的绝对值更小，将高次项略去之后产生的误差更小。因此，逼近精确解的速度越来越快。

解方程 $f(x) = 0$ 的几何意义是求曲线 $y = f(x)$ 与 x 轴的交点。将方程 $f(x) = f(c) + b_1(x-c) + \cdots = 0$ 的高次项略去，变成一次方程 $f(c) + b_1(x-c) = 0$ 来解，就是将曲线 $y = f(x)$ 换成直线 $y = f(c) + b_1(x-c)$ 来求与 x 轴的交点。我们只知道根在 c 附近，别的都不知道，因此只能在 c 附近找根，也就只能在曲线上的点 $(c, f(c))$ 附近作一条直线尽量与曲线接近。当然，首先是让直线也经过曲线上这个点 $(c, f(c))$，点斜式方程为 $y = f(c) + k(x-c)$。唯一的选择是选择斜率为 k 的直线使曲线与直线所代表的函数 $y = f(x) = f(c) + b_1(x-c) + b_2(x-c)^2 + \cdots$ 与 $y = f(c) + k(x-c)$ 之差

$$
\begin{aligned}
\delta &= f(x) - [f(c) + k(x-c)] \\
&= [f(c) + b_1(x-c) + b_2(x-c)^2 + \cdots] \\
&\quad - [f(c) + k(x-c)] \\
&= (b_1 - k)(x-c) + b_2(x-c)^2 + \cdots
\end{aligned}
$$

在这一点 $(c, f(c))$ 附近最小。也就是当 $|x-c|$ 很小时，差 δ 的绝对值尽量小。当 $x-c$ 接近 0，$(x-c)^k$ 的指数 k 越低时，绝对值 $|x-c|^k$ 越大。由于 δ 已经没有常数项，绝对值最大的就是一次项 $|x-c|$，可以选择 $k = b_1$ 使一次项系数 $b_1 - k = 0$，把这个最大的误差灭掉。$\delta = b_2(x-c)^2 + \cdots$ 只剩高于一次的项，它们的系数 $b_2, \cdots$ 都是曲线 $y = f(x)$ 中的系数，直线方程 $y = f(c) +$

$b_1(x-c)$ 无法改变这些系数。因此,在点 $(c,f(c))$ 附近与曲线最接近的直线的方程 $y=f(c)+b_1(x-c)$ 就是照抄曲线方程的泰勒展开式 $y=f(c)+b_1(x-c)+\cdots$ 中的常数项和一次项,更高次项都扔掉。扔掉高次项才能成为直线方程,照抄常数项与一次项才与曲线最接近。就是 $f(x)$ 除以 x^2 求余式。

在点 $(c,f(c))$ 附近与曲线 $y=f(x)$ 最接近的直线 $y=f(c)+b_1(x-c)$ 称为曲线在这点的**切线**。它的斜率 b_1 就是曲线方程 $y=f(x)=f(c)+b_1(x-c)+b_2(x-c)^2+\cdots$ **泰勒展开式的一次项系数**,称为函数 $y=f(c)$ 在 c 的**导数**,记作 $f'(c)$。泰勒展开式就是

$$f(x)=f(c)+f'(c)(x-c)+\frac{f''(c)}{2!}(x-c)^2+\cdots+\frac{f^{(n)}}{n!}(x-c)^n,$$

其中 $f''(c)$ 是 $f(x)$ 的二阶导数,就是 $f(x)$ 的导函数 $f'(x)$ 在 c 的导数。$f^{(n)}(c)$ 是 $f(x)$ 求 n 次导数得到的 n 阶导数 $f^{(n)}(x)$ 在 c 点的值。

例如,x^2,x^3 在 c 的导数分别是 x^2,x^3 在 c 处的泰勒展开

$$x^2=(c+t)^2=c^2+2ct+t^2,\quad x^3=(c+t)^3=c^3+3c^2t+\cdots$$

的一次项系数 $2c$,$3c^2$。

也许你觉得奇怪:$f(x)$ 的导数 $f'(c)$ 应该是 $f(x)$ 从 c 开始的差商

$$\frac{f(c+t)-f(c)}{t}$$

当 $t\to 0$ 时的极限,怎么变成展开式的一次项系数了?

这不奇怪。将 $f(x)=f(c+t)=f(c)+b_1t+b_2t^2+\cdots$ 的泰勒展开式代入差商

$$\frac{f(c+t)-f(c)}{t}=\frac{[f(c)+b_1t+b_2t^2+\cdots]-f(c)}{t}=b_1+b_2t+\cdots,$$

一次项系数 b_1 就变成常数项,再令 $t\to 0$ 把高次项系数都灭掉,极限就是 b_1,它就是导数 $f'(c)$。

当 $f(x)$ 是多项式,很容易求 $f(c+t)$ 的泰勒展开式,扔掉高次项就得到

切线方程 $y = f(c) + b_1(x - c)$，一次项系数就是切线斜率，就是导数。根据泰勒展开的高次项还得到高阶导数。如果不是多项式，就不能先展开，也许就需要先求各阶导数再得到泰勒展开。

例 2 求方程 $\frac{1}{3}x^3 + x - 2 = 0$ 的解，就是求曲线 $y = \frac{1}{3}x^3 + x - 2$ 与 x 轴的交点，我们在 $x = 1$ 和 $x = 1.3$ 作了泰勒展开 $y = -\frac{2}{3} + 2t + \cdots$，化成一次方程 $-\frac{2}{3} + 2t = 0$ 来求解 $t = x - 1$，就是用直线 $y = -\frac{2}{3} + 2(x - 1)$ 代替曲线求它与 x 轴的交点。见图 3-6-1，请观察直线 $AT : y = -\frac{2}{3} + 2(x - 1)$ 是过曲线上的点 $A\left(1, -\frac{2}{3}\right)$ 的切线。它与 x 轴的交点 C 很接近曲线与 x 轴的交点。

一般地，求方程 $f(x) = 0$ 的解的几何意义就是求曲线 $y = f(x)$ 与 x 的交点的横坐标。例 1、例 2 求方程 $f(x) = 0$ 近似解的算法就是先估计比较粗糙的近似解 c。在曲线上的点 $A(c, f(c))$ 附近用切线 $y = f(c) + f'(c)(x - c)$ 与 x 轴交点的横坐标 $c - \frac{f(c)}{f'(c)}$ 逼近方程的精确解。这个方法叫做**牛顿切线法**。

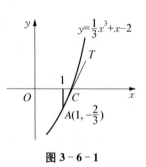

图 3-6-1

二、导数

> 例 3 数列 $\{u_n\}$ 满足 $u_n = 6u_{n-1} - 9u_{n-2}$，$u_1 = u_2 = 1$，求 u_n。

解 设 $U = u_1 + u_2 x + u_3 x^2 + \cdots + u_n x^{n-1} + \cdots$，则

$$6xU = 6u_1 x + 6u_2 x^2 + \cdots + 6u_{n-1} x^{n-1} + \cdots,$$

$$9x^2U = 9u_1x^2 + \cdots + 9u_{n-2}x^{n-1} + \cdots,$$

$(1-6x+9x^2)U = u_1 + (u_2 - 6u_1)x + (u_3 - 6u_2 + 9u_1)x^2 + \cdots + (u_n - 6u_{n-1} + 9u_{n-2})x^{n-1} + \cdots,$

其中 $u_3 - 6u_2 + 9u_1 = \cdots = u_n - 6u_{n-1} + 9u_{n-2} = 0$ 全都抵消为 0。

因此 $(1-6x+9x^2)U = 1-5x$,

$$U = \frac{1-5x}{1-6x+9x^2} = \frac{\frac{5}{3}(1-3x) - \frac{2}{3}}{(1-3x)^2} = \frac{\frac{5}{3}}{1-3x} - \frac{\frac{2}{3}}{(1-3x)^2}。 \tag{1}$$

在公式
$$\frac{1}{1-t} = 1 + t + t^2 + \cdots + t^{n-1} + \cdots, \tag{2}$$

中取 $t = 3x$ 得

$$\frac{\frac{5}{3}}{1-3x} = \frac{5}{3}(1 + 3x + \cdots + 3^{n-1}x^{n-1} + \cdots)$$
$$= \frac{5}{3} + 5x + \cdots + 5 \times 3^{n-2}x^{n-1} + \cdots, \tag{2'}$$

公式(2)两边对 t 求导数得

$$\frac{1}{(1-t)^2} = 1 + 2t + \cdots + nt^{n-1} + \cdots, \tag{3}$$

取 $t = 3x$ 得

$$\frac{\frac{2}{3}}{(1-3x)^2} = \frac{2}{3}(1 + 6x + \cdots + n \cdot 3^{n-1}x^{n-1} + \cdots)$$
$$= \frac{2}{3} + 4x + \cdots + 2n \cdot 3^{n-2}x^{n-1} + \cdots, \tag{3'}$$

将(2′)、(3′)代入(1)得

$$U = u_1 + u_2 x + \cdots + u_n x^{n-1} + \cdots$$

$$= \left(\frac{5}{3} + 5x + \cdots + 5 \times 3^{n-2} x^{n-1} + \cdots \right) - \left(\frac{2}{3} + 4x + \cdots + 2n \cdot 3^{n-2} x^{n-1} + \cdots \right)$$

$$= 1 + x + \cdots + (5 - 2n) 3^{n-2} x^{n-1} + \cdots,$$

因此 $u_n = (5 - 2n) 3^{n-2}$。

导数　为了将 $\dfrac{1}{(1-t)^2}$ 展开成幂级数(2)，我们将 $\dfrac{1}{1-x} = 1 + t + t^2 + \cdots + t^n + \cdots$ 求导。

如果你细心一点，就会问：导数是变量的极限。如果 $\dfrac{1}{1-t} = 1 + t + t^2 + \cdots + t^n + \cdots$ 中的 t 是实数，那么求导顺理成章。当 t 是移位变换时，它就是不变的常量，不能增加或减少，也不能趋于 0，怎么能求导？

如果觉得移位变换 t 不是变量就不能求导，那么我们不说等式 $\dfrac{1}{1-t} = 1 + t + \cdots + t^n + \cdots$ 两边求导数，只说将等式两边的 t 都加另一个不定元 u 变成 $t + u$，得到的等式

$$\frac{1}{1-(t+u)} = 1 + (t+u) + \cdots + (t+u)^n + \cdots, \tag{1}$$

当然也成立，两边都展开成 u 的无穷级数，t 的代数式充当系数。两边求 u 的一次项系数，总该相等吧？

$$左边 = \frac{1}{1-t-u} = \frac{1}{1-t} \cdot \frac{1}{1 - \dfrac{u}{1-t}}$$

$$\equiv \frac{1}{1-t} \left[1 + \frac{u}{1-t} \right] \equiv \frac{1}{1-t} + \frac{1}{(1-t)^2} u \, (\bmod u^2),$$

其中的同余号 $\equiv (\bmod u^2)$ 是扔掉 u^2 的倍式。既然是求 u 的一次项系数，当然不需要高次项，可以把它们扔掉。一次项 $\dfrac{1}{(1-t)^2} u$ 的系数是 $\dfrac{1}{(1-t)^2}$，其实就是 $\dfrac{1}{1-t}$ 的导数。

等式(1)右边是各个 $(t+u)^k$ 之和,一次项系数也是各个 $(t+u)^k$ 展开式

$$(t+u)^k \equiv t^k + kt^{k-1}u \pmod{u^2},$$

一次项系数 kt^{k-1} 之和 $1+2t\cdots+nt^{n-1}$。求每个 $(t+u)^k$ 的展开式的时候,仍然用同余号 $\equiv \pmod{u^2}$ 把 u^2 的倍式扔掉。

等式(1)两边 u 的一次项系数

$$\frac{1}{(1-t)^2} = 1 + 2t + \cdots + nt^{n-1} + \cdots,$$

正是等式 $\frac{1}{1-t} = 1 + t + \cdots + t^n + \cdots$ 两边求导的结果。

前面讲牛顿切线法解方程 $f(x)=0$ 就讲了把多项式 $f(x)=f(c+t)$ 展开成字母 t 的多项式 $f(c)+b_1 t+(\cdots)t^2$, c 的多项式为系数,一次项系数 $b_1 = f'(c)$ 就是导数,其中 c 是变量 x 取的常数值,$t=x-c$ 是变量 x 从 c 开始的增量。不定元可以代表任何数,可以代表常数 c,也可以代表变量 $t=x-c$。因此可以取两个无关的不定元 t,u,分别代表变量 x 所取的常数值 c 和无穷小增量 $u=x-c$。将 $f(x)$ 中的 x 换成 $t+u$,将 $f(t+u)$ 展开成 u 的多项式或无穷级数 $f(t+u) = a_0(t) + a_1(t)u + a_2(t)u^2 + \cdots$, 系数 $a_0(t)$,$a_1(t)$,$\cdots$, $a_n(t)$,$\cdots$ 都是 t 的代数式。这样的展开式也是泰勒展开。取 $u=0$ 也得到 $f(t)=a_0(t)$,同样可以定义一次项系数 $a_1(t)=f'(t)$ 为 $f(t)$ 的导数。而且可以将 t 取值为某个常数,u 代表趋于 0 的无穷小变量,由极限

$$\lim_{u\to 0}\frac{f(t+u)-f(t)}{u} = \lim_{u\to 0}[a_1(t)+(\cdots)u] = a_1(t),$$

定义的导数 $f'(t)=a_1(t)$ 确实等于泰勒展开式的一次项系数 $a_1(t)$。

例 4 数列 $\{u_n\}$ 满足 $u_1 = u_2 = 1$, $u_n = u_{n-1} + u_{n-2}$,求 $u_{2\,022}$ 的个位数字。

分析 整数的个位数字就是它除以 10 的余数。每个 u_n 的个位数字是前

项 u_{n-1}、u_{n-2} 的个位数字的和的个位数字。因此由 u_{n-2}、u_{n-1} 的个位数字组成的状态决定,不同的状态共有 100 个。循环周期不超过 99 个,不过还是太多。

不如分别求出 u_{2022} 除以 2 与除以 5 的余数,就能确定它的个位数字。在第 3.5 节例 2 中已求出 u_{2022} 除以 2 的余数为 0,只需再求除以 5 的余数。除以 5 的不同余数只有 5 个,两个余数组成的不同状态 25 个,非零状态 24 个,比 99 少得多。

解　每个数 u_n 除以 5 的余数 w_n 组成的序列

$$(w_1, w_2, \cdots) = (1, 1, 2, 3, 0, 3, 3, 1, 4, 0, 4, 4, 3, 2, 0,$$
$$2, 2, 4, 1, 0, 1, 1, \cdots),$$

第 1 个状态 $(1, 1)$ 与第 21 个状态重复。循环周期为 $q = 20$。

$2022 = 101q + 2$ 除以周期 20 的余数是 2,因此 $w_{2021} = w_2 = 1$。

w_{2022} 除以 5 的余数是 1,个位为 1 或 6。但它是偶数,因此个位是 6。

有限域上的通项公式　例 4 仍用穷举法观察周期,这是小学生的算法。能不能在 Z_5 上得出斐波那契数列各项除以 5 的余数数列 Z_5 的通项公式?

如果想由斐波那契数列的通项公式 $u_n = \dfrac{\left(\dfrac{1+\sqrt{5}}{2}\right)^n - \left(\dfrac{1-\sqrt{5}}{2}\right)^n}{\sqrt{5}}$ 得出它

除以 5 的余数列 $\{w_n\}$ 的通项公式,马上就发现它的分母 $\sqrt{5} = \sqrt{0} = 0$,分子也是 0。得不出什么结论。

将斐波那契数列 $U = (u_1, u_2, \cdots, u_n, \cdots) = u_1 + u_2 x + \cdots + u_n x^{n-1} + \cdots$ 满足的等式 $(1 - x - x^2)(u_1 + u_2 x + \cdots + u_n x^{n-1} + \cdots) = 1$ 中的各项系数 u_n 换成它们除以 5 的余数 w_n,看成 $Z_5 = \{0, 1, 2, 3, 4\}$ 中的同余类,得到 Z_5 上的等式

$$(1 - x - x^2)(w_1 + w_2 x + \cdots + w_n x^{n-1} + \cdots) = 1,$$

其中 $1 - x - x^2 = 1 + 4x + 4x^2 = (1 + 2x)^2 = (1 - 3x)^2$。

各项换成它们除以 5 的余数,看成 Z_5 中的同余类,变成

$$W = w_1 + w_2 x + \cdots + w_n x^{n-1} + \cdots$$

$$= \frac{1}{1 - x - x^2} = \frac{1}{(1 - 3x)^2}$$

$$= 1 + 2 \times 3x + 3 \times 3^2 x^2 + \cdots + n \cdot 3^{n-1} x^{n-1} + \cdots.$$

最后一行等式由 $t = 3x$ 代入例 3 得出的公式 $\dfrac{1}{(1-t)^2} = 1 + 2t + \cdots +$

$nt^{n-1} + \cdots$ 得到。

比较以上两行等式中的对应项系数,得到余数列的通项公式 $w_n = n \cdot$

3^{n-1}。

在 Z_5 中,$n + 5 = n + 0 = n$,循环周期是 5。

Z_5 中 4 个非零元组成乘法群,$3^4 = 1$,各次幂 $(3, 3^2, 3^3, 3^4) = (3, 4, 2,$

$1)$,$3^{n+4} = 3^n \cdot 3^4 = 3^n \cdot 1 = 3^n$,循环周期是 4。

$$w_{n+20} = (n+20)3^{(n+20)-1} = (n + 4 \times 5)3^{n-1}(3^4)^5 = n \cdot 3^{n-1} \times 1 = w_n.$$

20 是 $\{w_n\}$ 的周期。是不是最短周期?

设 d 是 w_n 的循环周期 $w_n = n3^{n-1} = w_{n+d} = (n+d)3^{n+d-1}$ 对所有的 n

成立。

取 $n = 5$,则 $w_5 = 0 = w_{5+d} = (5+d)3^{n+d-1} = d3^{n+d-1}$,必须 $d = 5m$ 被 5

整除。

取 $n = 1$,则 $w_1 = 1 = w_{1+5m} = (1 + 5m)3^{5m} = 3^{5m}$,必须 $d = 5m$ 被 4 整除。

因而 $m = 4k$,$d = 20k \geqslant 20$。

20 是 $\{w_n\}$ 的最小循环周期。

例 5　2017 的四个数字相加得 $2 + 0 + 1 + 7 = 10$,取它的个位数字 0 添加到 2017 后面变成 5 个数字 20170。再将其中最后 4 个数字之和 $0 + 1 + 7 + 0 = 8$ 的个位数字添加到末尾得 201708。依次类推,每次都将最后四个数字之和的个位数添加在末尾,一直排列下去。

如下三个数 6 150、2 018、4 023 哪些会出现? 哪些不会出现? 并说明理由。

解　排成的数列$(a_1, a_2, \cdots, a_n, \cdots)$满足条件$a_n \equiv a_{n-1} + a_{n-2} + a_{n-3} + a_{n-4} \pmod{10}$（$\forall n \geqslant 5$）。

每四个相邻数字组成一个状态决定下一个数字，并且决定以后所有的数字。如果状态重复了，数列就开始循环。每位数字有十个不同值$0, 1, 2, \cdots$，9，由4个数字组成的不同状态就有$10^4 = 10\,000$个，大致估计循环周期不超过$9\,999$。这太大了。

每个数字由它除以2、5的两个余数决定。除以2的余数只有两个不同值，四个余数共有$2^4 = 16$个不同状态，其中非零状态15个，容易穷举。除以5的余数有5个不同值，$5^4 = 625$个不同状态，循环周期不超过624，仍然太大，不过比$9\,999$少得多，勉强可穷举。

先考察个位数字除以2的余数组成的数列中是否出现题目中列出的这四个状态6150、2018、4023的余数状态0110、0010、0001。如果没有出现，所对应的个位数字状态也不可能出现。

从2017各数字除以2的余数开始：001100011，第一位开始的状态0011从第6位开始重复，循环周期是5。2018的余数状态0010没有出现，说明2018不可能出现。另外两个6150、4023除以2的余数状态0110、0001都出现了，不能排除。

按照所说规则操作试验个位数字的数列：

$$2\,0\,1\,7\,0\,8\,\underline{6\,1\,5\,0}\,2\,8\,5\,5\,0\,8\,8\,1\,7\,\underline{4\,0\,2\,3},$$

第7位开始是6150，第20位开始是4023。

因此，6150、4023都出现了，2018不可能出现。

探与究　例5是某个小学数学竞赛的题目。如果只要求回答6150、4023是否在数列中出现，小学生只要能够读懂题意，照章办事，就可以完成。

问题在于：假如有一个数迟迟没有出现。怎么办？学生不知道它是永远不会出现，还是再坚持一下就会出现。这时就需要认识到，数列是要循环的，有它的周期。而且需要大概估计周期。如果一个周期都完了还没有出现，那就是不会出现了。小学生恐怕难以自己想出应该去估计周期，更难想出怎样估计周期。即使想出了,如果周期很长,不但小学生难以完成,大学生恐怕都会望而却步。

这道题的难度超过算斐波那契数列某项的个位数,因为斐波那契数列的状态只有两个数字,哪怕什么技巧也不用,周期也不超过 99,尚可穷举。这里的状态是 4 个数字,都是 4 次方,简单粗暴地找周期有可能是 9 999,巧干分解为除以 2、5 的余数,各个击破,除以 5 的周期也可能是 624,仍旧超大。

原题出的三个状态是 6 150、4 023、2 013,其中 2 013 不出现,它除以 2 的余数状态却在除以 2 的余数数列中出现了,不能排除。最巧妙的也是去穷举除以 5 的余数。周期虽然没有真的达到 624,但也达到它的一半 312,也很难算。我不知道出题的人自己算过没有,也许他是用计算机算的。但要逼着最聪明的小孩也去穷举 312 项,这太过分了。更何况,大部分小学生想不到分解为 2、5 的余数,直接算个位数字的数列,真正的循环周期也是 $5 \times 312 = 1560$,这就更不可能完成了。何况小学生根本不知道是穷举 1 560 项还是 9 999 项还是无穷无尽。

因此我把 2 013 改为 2 018,让它在除以 2 的余数列中不出现。虽然还是难以想到,但至少教了之后还是可以学会的。

这个数列除以 2 的余数列 $(r_1, r_2, \cdots, r_n) = (0, 0, 1, 1, 0, \cdots)$ 的循环周期为什么不是 15 而是 5? 有一个简单的理由。数列各项满足 $r_n = r_{n-1} + r_{n-2} + r_{n-3} + r_{n-4}$,同样可以写成无穷级数满足

$$U = r_1 + r_2 x + r_3 x^2 + r_4 x^3 + r_5 x^4 + \cdots + r_n x^{n-1} + \cdots,$$
$$xU = r_1 x + r_2 x^2 + r_3 x^3 + r_4 x^4 + \cdots + r_{n-1} x^{n-1} + \cdots,$$
$$x^2 U = r_1 x^2 + r_2 x^3 + r_3 x^4 + \cdots + r_{n-2} x^{n-1} + \cdots, \tag{1}$$
$$x^3 U = r_1 x^3 + r_2 x^4 + \cdots + r_{n-3} x^{n-1} + \cdots,$$
$$x^4 U = r_1 x^4 + \cdots + r_{n-4} x^{n-1} + \cdots,$$
$$(1 + x + x^2 + x^3 + x^4) U = r_1 + b_2 x + b_3 x^2 + b_4 x^3 = x^2,$$

其中 $(r_1, r_2, r_3, r_4, r_5) = (0, 0, 1, 1, 0)$, $b_2 = r_1 + r_2 = 0$, $b_3 = r_1 + r_2 + r_3 = 1$, $b_4 = r_1 + r_2 + r_3 + r_4 = 0$,所有的 $r_n + r_{n-1} + r_{n-2} + r_{n-3} + r_{n-4} = 0$(当 $n \geqslant 5$)。

等式 (1) 两边同乘 $1-x$ 得

$$(1-x)(1+x+x^2+x^3+x^4)U=x^2+x^3$$

$$=(1-x^5)U=U-x^5U$$

$$=r_1+r_2x+r_3x^2+r_4x^3+r_5x^4+$$

$$(r_6-r_1)x^5+\cdots+(r_n-r_{n-5})x^n+\cdots,$$

$r_n-r_{n-5}=0$，即 $r_n=r_{n-5}$ 对所有的 $n\geqslant6$ 成立，这说明 5 是 $\{r_n\}$ 的周期。由 $(r_1,r_2,r_3,r_4,r_5)=(0,0,1,1,0)$ 知没有更小的周期。

三、泰勒展开

例6　若 $x=0$ 是函数 $f(x)=(2+x+ax^2)\ln(1+x)-2x$ 的极大值点，求 a 的值。

分析　这是某年的高考题。考生的正常思路如下：

算出 $f(0)=0$。要使 $f(0)=0$ 是极大值，就要求 0 前后的 $f(x)<0$ 都是负数。

0 前后不容易估计，最好是估计 0 附近的增长情况。0 之前从负增长到 0，导数为正；0 之后从 0 减少到负，导数为负。必须在 0 的导数 $f'(0)=0$。

当 $x<0$ 经过 0 变到 $x>0$ 时，导数 $g(x)=f'(x)$ 由正变到 0 再变到负，在 0 之前以及之后都是减少，$g(x)$ 的导数 $g'(x)$ 在 $x=0$ 之前与之后都为负。

假如 $g'(x)$ 在 0 的值 $g'(0)<0$，则 $x=0$ 附近（0 之前与之后）都为负。计算 $g(x)=f'(x)$ 及 $g'(x)$ 得

$$g(x)=f'(x)=(2+x+ax^2)[\ln(1+x)]'+(2+x+ax^2)'\ln(1+x)-2$$

$$=(2+x+ax^2)\cdot\frac{1}{1+x}+(1+2ax)\ln(1+x)-2$$

$$=(1+2ax)\ln(1+x)+\frac{ax^2-x}{1+x}。$$

确实 $g(0)=f'(0)=0$。

$$g'(x)=\left[2a\ln(1+x)+\frac{1+2ax}{1+x}\right]+\left[\frac{2ax-1}{1+x}-\frac{ax^2-x}{(1+x)^2}\right]$$

$$=2a\ln(1+x)+\frac{(4a+1)x+3ax^2}{(1+x)^2}\text{。}$$

却有 $g'(0)=0$。

$g(x)=f'(x)$ 是 $f(x)$ 的导数,$g'(x)$ 是 $f(x)$ 的导数的导数,就是二阶导数 $f''(x)$。这里为什么不用二阶导数 $f''(x)$ 的符号而要换一个 $g'(x)$,是因为担心中学生不熟悉二阶导数,见了两撇就害怕。因此用 $g(x)=f'(x)$ 把前一撇藏起来,二阶导数 $f''(x)$ 就变成 $g'(x)$,只看见一撇,减少心理恐惧。

现在的情况却是:$g'(0)=0$,但 $x=0$ 的左邻右舍 $x<0$ 与 $x>0$ 仍然都应该为负。再换一个符号记 $h(x)=g'(x)$,就是说 $h(0)=0$,但在 $x=0$ 的左邻右舍 $x<0$ 与 $x>0$ 仍然都有 $h(x)<0$,于是 $h(x)$ 在 $x=0$ 有极大值。因此又应该把前面对 $f(x)$ 的讨论结果再用一遍:证明 $h'(0)=0$,但 $h''(0)<0$。假如不用 $h(x)=f''(x)$ 的两撇藏起来,现在应该证明的就是 $f'''(0)=0$ 且 $f^{(4)}(0)<0$。学生的心理恐怕会崩溃:一次又一次求导,什么时候才会在 $x=0$ 遇到不等于 0 的导数?

展开对数函数 假如本题的 $f(x)=a_0+a_1x+a_2x^2+\cdots$ 是多项式或者无穷级数,则 $f(0)=0=f'(0)$ 就是 $a_0=a_1=0$。只要 $f(x)\neq0$,就存在最低次非零项系数 $a_m\neq0=a_{m-1}=\cdots=a_1=a_0$。

于是 $f(x)=a_mx^m+a_{m+1}x^{m+1}+\cdots=x^m(a_m+a_{m+1}x+\cdots)$。

当 $x\to0$,$\lambda(x)=a_m+a_{m+1}x+\cdots\to a_m$。当 $|x|$ 小于足够小的正数 δ 时,$\lambda(x)$ 与 a_m 正负号相同。还可以选择 δ 更小,使 $0<|x|<\delta$ 时 $f(x)<0$。也就是当 $-\delta<x<\delta$ 且 $x\neq0$ 时,$\frac{f(x)}{\lambda(x)}=x^m$ 与 $\frac{f(x)}{a_m}$ 正负号相同,且 $f(x)<0$,于是 x^m 与 a_m 正负号相反。当 $\delta>x>0$ 时,$x^m>0$,因此 $a_m<0$。这迫使 $0>x>-\delta$ 时,x^m 与负数 a_m 异号,$x^m>0$,只能 m 是偶数。

如果 $f(x)$ 是多项式或无穷级数,那么 $f(0)=0$ 是极大值的条件为:最低次非零项是偶次,系数是负数。

$f(x)$ 是多项式与 $\ln(1+x)$ 的乘积。只要将 $\ln(1+x)$ 写成无穷级数,$f(x)$ 就是无穷级数。

$\ln(1+x)$ 的导数 $\dfrac{1}{1+x}$ 是分式,可以展开成无穷级数。上一节例 1 求斐波那契数列的通项公式时反复用过展开式 $\dfrac{1}{1-x}=1+x+x^2+\cdots+x^n+\cdots$,将 x 换成 $-x$ 就得到

$$[\ln(1+x)]'=\frac{1}{1+x}=1-x+x^2-x^3+\cdots+(-1)^n x^n+\cdots。$$

选择无穷级数 $\beta(x)=b_0+b_1 x+b_2 x^2+\cdots+b_n x^n+\cdots$ 的待定系数使它与 $\ln(1+x)$ 的导数相等:

$$\beta'(x)=b_1+2b_2 x+3b_3 x^2+\cdots+nb_n x^{n-1}+\cdots=[\ln(1+x)]'$$
$$=\frac{1}{1+x}=1-x+x^2-\cdots+(-1)^{n-1}x^{n-1}+\cdots,$$

比较同类项系数得 $nb_n=(-1)^{n-1}$,即 $b_n=\dfrac{(-1)^{n-1}}{n}$ 对 $n\geqslant 1$ 成立。

于是 $\beta(x)=b_0+1x-\dfrac{1}{2}x^2+\dfrac{1}{3}x^3-\cdots+\dfrac{(-1)^{n-1}}{n}x^n+\cdots。$

为了 $\beta(x)=b_0+x-\dfrac{1}{2}x^2+\cdots=\ln(1+x)$,还需 $\beta(0)=b_0=\ln(1+0)=\ln 1=0$。

由此得到 $\ln(1+x)=x-\dfrac{1}{2}x^2+\dfrac{1}{3}x^3-\cdots+\dfrac{(-1)^{n-1}}{n}x^n+\cdots。$

这称为对数函数 $\ln(1+x)$ 的**泰勒展开式**。根据 $[\ln(1+x)]'=\dfrac{1}{1+x}=1-x+x^2-\cdots+(-1)^n x^n+\cdots$ 及 $\ln 1=0$ 不难把它推出并记熟。把这个泰勒展开式代入例 6 的函数得

$$f(x) = (2+x+ax^2)\left(x - \frac{1}{2}x^2 + \frac{1}{3}x^3 - \frac{1}{4}x^4 + \cdots\right) - 2x$$

$$= (2-2)x + \left(1 - 2 \times \frac{1}{2}\right)x^2 + \left(a - \frac{1}{2} + \frac{2}{3}\right)x^3$$

$$+ \left(-\frac{a}{2} - \frac{1}{6}\right)x^4 + \cdots \tag{1}$$

$$= \left(a + \frac{1}{6}\right)x^3 + \left(-\frac{a}{2} - \frac{1}{6}\right)x^4 + \cdots。$$

要使 $f(0)=0$ 为极大值,最低次项必须是偶次,不能是三次。必须让三次项系数 $a + \frac{1}{6} = 0$,得 $a = -\frac{1}{6}$。此时 $f(x)$ 的 4 次项 $\left(-\frac{a}{2} - \frac{1}{6}\right)x^4 = \left[\left(-\frac{1}{2}\right)\left(-\frac{1}{6}\right) - \frac{1}{6}\right]x^4 = -\frac{1}{12}x^4$,系数 $-\frac{1}{12} < 0$,次数 4 为偶数。

当 $a = -\frac{1}{6}$ 时,$f(x) = -\frac{1}{12}x^4 + \cdots$ 在 $x = 0$ 取极大值 $f(0) = 0$,符合要求。

中学生不难背出或推出泰勒展开式 $\ln(1+x) = x - \frac{x^2}{2} + \frac{x^3}{3} - \cdots + \frac{(-1)^{n-1}}{n}x^n + \cdots$,代入 $f(x)$ 就能将 $f(x)$ 化成无穷级数,根据最低次非零项的次数和正负号作出正确判断。但因为中学生没学过泰勒展开,他不能把泰勒展开写到考卷上。不过这不要紧,他在考卷上只字不提泰勒展开,只是死算导数,不过他其实早就知道算出来是什么结果,需要算多少阶。他已经预先知道 $f(x)$ 展开成无穷级数的三次以下各项系数都等于 0,因此早就能预见 $f(0) = f'(0) = f''(0) = 0$,并且知道 $f'''(0)$ 依赖于 a,解方程求出 a 的值就可以让 $f'''(0) = 0$,而且预先知道方程的解 $a = -\frac{1}{6}$,还知道下一阶导数 $f^{(4)}(0) = -\frac{1}{12} < 0$。

不过,对 $f(x)$ 连求 4 次导数毕竟太繁琐。能不能只求一次?之所以需要求 4 阶导数,是因为 $f(x) = (2+x+ax^2)\ln(1+x) - 2x$ 中含有我们不熟悉

的对数函数 $\ln(1+x)$，当 $x \neq 0$ 时我们不知道它与多项式怎样比较大小。我们只会依赖于 $f(x)$ 的各阶导数在 $x=0$ 的值的正负号来比较大小。前几阶导数在 $x=0$ 的值 $f(0)=f'(0)=f''(0)=0$ 都是 0，没法比较大小，所以必须求导到 3 阶 4 阶。如果只求一阶导数就把对数 $\ln(1+x)$ 灭掉，那就可以直接比较大小，不需要再求导数。本来 $\ln(1+x)$ 求导一次就是分式 $\dfrac{1}{1+x}$，就灭掉了 $\ln(1+x)$，但 $\ln(1+x)$ 前面乘了个二次多项式 $2+x+ax^2$，每求一次导数只能把它的次数降一次，求导两次能把二次多项式降到常数，再求一次才能把对数灭掉。不过，既然我们需要的极大值条件只是要求 $f(x)$ 在 $x=0$ 附近的值都小于 0，将 $f(x)$ 除以一个正数 $2+x+ax^2$ 不改变 $x=0$ 附近 $f(x)$ 取值的正负号，因此可以先把它除掉，然后通过一次求导就可以完成任务。由此得到例 6 的解答如下：

解　当 $x \to 0$，$2+x+ax^2 \to 2 > 0$。在 0 附近的足够小区间 $(-d, d)$ 内，$2+x+ax^2$ 足够接近 2，取值 $2+x+a^2 > 0$ 为正数。$f(x)$ 在区间 $(-d, d)$ 内的正负号与

$$q(x) = \frac{f(x)}{2+x+ax^2} = \ln(1+x) - \frac{2x}{2+x+ax^2}$$

相同。$f(0)$ 是极大值 $\Leftrightarrow 0 \neq x \in (-d, d)$ 时，$f(x) < 0 \Leftrightarrow 0 \neq x \in (-d, d)$ 时，$q(x) < 0 \Leftrightarrow q(0)$ 是极大值 $\Leftrightarrow$ 在某区间 $(-h, 0] \subseteq (-d, 0]$ 内 $q(x)$ 由负增到 0，$q'(x) > 0$；在 $[0, h) \subseteq [0, d)$ 内 $q(x)$ 由 0 降到负，$q'(x) < 0$。

$$q'(x) = \frac{1}{1+x} - \frac{2}{2+x+ax^2} + \frac{2x(1+2ax)}{(2+x+ax^2)^2} = \frac{1}{1+x} + \frac{-4+2ax^2}{(2+x+ax^2)^2}$$

$$= \frac{(2+x+ax^2)^2 + (1+x)(-4+2ax^2)}{(1+x)(2+x+ax^2)^2} = \frac{(6a+1)x^2 + 4ax^3 + a^2x^4}{(1+x)(2+x+ax^2)^2},$$

在 0 附近的区间 $(-h, h)$ 内，$q'(x)$ 的分母 $(1+x)(2+a+ax^2) > 0$。

$q'(x)$ 的正负号与分子相同，分子的正负号与最低次非零项的正负号相同。

如果 $6a+1 \neq 0$，那么 $q'(x)$ 的分子的正负号与二次项 $(6a+1)x^2$ 相同，

无论 $x < 0$ 还是 > 0，$x^2 > 0$ 都是正，$q'(x)$ 正负号与 $6a + 1$ 相同，不可能当 $x < 0$ 时为正，当 $x > 0$ 时为负。

因此必须 $6a + 1 = 0$，即 $a = -\dfrac{1}{6}$，此时 $q'(x)$ 的分子为 $4 \times \left(-\dfrac{1}{6}\right) x^3 + \left(-\dfrac{1}{6}\right)^2 x^4 = -\dfrac{2}{3} x^3 + \dfrac{1}{36} x^4$。

$q'(x)$ 的正负号与分子的最低次项 $-\dfrac{2}{3} x^3$ 相同，当 $x < 0$ 时为正，当 $x > 0$ 时为负。

当 x 在区间 $(-h, h)$ 内从 $-h$ 递增到 0 再到 h，$q(x)$ 在区间 $(-h, 0]$ 内递增到 $q(0) = 0$，在区间 $[0, h)$ 内从 $q(0) = 0$ 递减。当 $x \neq 0$ 时，取值 $q(x) < 0$ 都为负。

$f(x)$ 与 $q(x)$ 同号，当 $x \neq 0$ 时都是负数。因此 $f(0) = 0$ 是极大值。

答案：当 $a = -\dfrac{1}{6}$ 时，$f(0)$ 是极大值。

牛顿二项式定理的推广。

例 7　笔算求 $\sqrt[5]{30}$ 的近似值。

分析　我们知道 $2^5 = 32$ 接近 30。因此 $\sqrt[5]{30} \approx 2$。

怎么求误差更小的近似值呢？

$$\sqrt[5]{30} = \sqrt[5]{2^5 - 2} = 2\sqrt[5]{1 - \frac{2}{32}} = 2\left(1 - \frac{1}{16}\right)^{\frac{1}{5}}。$$

牛顿二项式定理：

$$(1 + x)^n = 1 + nx + \frac{n(n-1)}{2!} x^2 + \frac{n(n-1)(n-2)}{3!} x^3 + \cdots$$

$$+ \frac{n(n-1)\cdots(n-k+1)}{k!} x^k + \cdots,$$

不仅适用于正整数指数 n，也适用于任意实数指数 n，包括负整数、分数，可用于展开公式、根式。例如

$$\frac{1}{1+x}=(1+x)^{-1}$$

$$=1+(-1)x+\frac{(-1)(-2)}{2!}x^2+\cdots+\frac{(-1)(-2)\cdots(-k)}{k!}x^k+\cdots$$

$$=1-x+x^2-\cdots+(-1)^k x^k+\cdots,$$

$$\frac{1}{(1+x)^2}=(1+x)^{-2}$$

$$=1+(-2)x+\frac{(-2)(-3)}{2!}x^2+\cdots+\frac{(-2)(-3)\cdots(-2-k+1)}{k!}x^k+\cdots$$

$$=1-2x+3x^2+\cdots+(-1)^k(k+1)x^k+\cdots,$$

$$\sqrt[n]{1+x}=(1+x)^{\frac{1}{n}}$$

$$=1+\frac{1}{n}x+\frac{\frac{1}{n}\left(\frac{1}{n}-1\right)}{2!}x^2+\cdots+\frac{\frac{1}{n}\left(\frac{1}{n}-1\right)\cdots\left(\frac{1}{n}-k+1\right)}{k!}x^k+\cdots。$$

我们已经用过 $\frac{1}{1-x}$、$\frac{1}{(1-x)^2}$，本题可用 $(1-x)^{\frac{1}{5}}$。

解 $\sqrt[5]{30}=\sqrt[5]{2^5-2}=2\left(1-\frac{1}{16}\right)^{\frac{1}{5}}$

$$\approx 2\left[1-\frac{1}{5}\times\frac{1}{16}+\frac{\frac{1}{5}\left(\frac{1}{5}-1\right)}{2}\times\frac{1}{16^2}\right.$$

$$\left.-\frac{\frac{1}{5}\left(\frac{1}{5}-1\right)\left(\frac{1}{5}-2\right)}{3!}\frac{1}{16^3}\right]$$

$$\approx 1.9744。$$

怎样算圆周率？

一提到算圆周率，就想起算圆周长。单位圆内接正六边形的周长为 6，与圆直径 2 之比为 3，作为圆周率 π 的第一个近似值。再用勾股定理算正 12 边

形、正 24 边形、…、正 6×2^n 边形的周长,得到越来越精确的近似值。不过,真要去计算,每次都需要开平方,计算起来都很麻烦。

用泰勒展开算 π,不需要开方,只要算乘方、乘法与加减法。

哪一个泰勒展开式可以算 π? $45°$ 的正切 $\tan 45° = 1$。由正切值 $x = \tan\alpha$ 求角 α 的函数称为**反正切**,记为 $\alpha = \arctan x$,而且求出的角 α 不是角度而是弧度。$\alpha = \arctan 1$ 就是满足 $\tan\alpha = 1$ 的角 α 的弧度,也就是 $45°$ 角的弧度值,就是 $\dfrac{\pi}{4}$。由 $\arctan 1$ 算出了 $\dfrac{\pi}{4}$,再乘 4 就得到 π。

对数函数 $\ln(1+x)$ 的导数 $[\ln(1+x)]' = \dfrac{1}{1+x} = 1 - x + x^2 - x^3 + \cdots + (-1)^n x^n + \cdots$ 是分式,可以展开为无穷级数,我们用待定系数法找了一个无穷级数的导数也等于 $\dfrac{1}{1+x}$,把对数函数展开成了无穷级数。非常便于用来研究对数函数的性质。

反正切函数 $\arctan x$ 的导数 $(\arctan x)' = \dfrac{1}{1+x^2}$ 也是分式,也可以展开成无穷级数:

$$(\arctan x)' = \frac{1}{1+x^2} = 1 - x^2 + x^4 - \cdots + (-1)^n x^{2n} + \cdots, \quad (1)$$

也可以用待定系数法求无穷级数 $\sigma(x) = c_1 x + c_3 x^3 + \cdots + c_{2n+1} x^{2n+1} + \cdots$ 使它的导数

$$\sigma'(x) = c_1 + 3c_3 x^2 + \cdots + (2n+1)c_{2n+1} x^{2n} + \cdots = \frac{1}{1+x^2}。 \quad (2)$$

由于 $\tan x$ 是奇函数,$\tan(-x) = -\tan x$,它的泰勒展开式也是奇函数,只能有奇次项没有偶次项,所以我们只待定奇次项系数,不设偶次项。比较等式 (1),(2) 的同类项系数得

$$c_1 = 1,\ 3c_3 = -1,\ \cdots,\ (2n+1)c_{2n+1} = (-1)^n,\ \cdots,$$

因此 $c_{2n+1} = \dfrac{(-1)^n}{2n+1}$。

于是 $\arctan x = x - \dfrac{x^3}{3} + \dfrac{x^5}{5} - \cdots + \dfrac{(-1)^n x^{2n+1}}{2n+1} + \cdots$，这就是反正切函数的泰勒展开式。

特别地，$\dfrac{\pi}{4} = \arctan 1 = 1 - \dfrac{1}{3} + \dfrac{1}{5} - \cdots + \dfrac{(-1)^n}{2n+1} + \cdots$。

不过，用这个公式很难算 π。因为凭 $\dfrac{(-1)^n}{2n+1}$ 的分母以等差数列缓慢增加造成的分数值的缩小很缓慢。需要将 x 取一个绝对值比 1 小很多的值，靠它的幂指数的增加才能使幂快速减少。国际象棋发明者向国王索要奖赏的故事中，发明者索要的麦粒总数 $2^{64} - 1$ 就是一个非常大的数，反过来，$\left(\dfrac{1}{2}\right)^{64} = \dfrac{1}{2^{64}}$ 就是这个非常大的数的倒数，当然就非常小。

将角 $\dfrac{\pi}{4} = \alpha + \beta$ 分成两个较小的角的和，则 $\tan\alpha = x$ 与 $\tan\beta = y$ 都小于 1，很快就可以由

$$\alpha = \arctan x = x - \dfrac{x^3}{3} + \dfrac{x^5}{5} - \cdots,\ \beta = \arctan y = y - \dfrac{y^3}{3} + \dfrac{y^5}{5} - \cdots,$$

求出 α、β，从而求出 $\dfrac{\pi}{4} = \alpha + \beta = \arctan x + \arctan y$。

例如，取 $\tan\alpha = x = \dfrac{1}{2}$，则

$$\tan\beta = \tan\left(\dfrac{\pi}{4} - \alpha\right) = \dfrac{\tan\dfrac{\pi}{4} - \tan\alpha}{1 + \tan\dfrac{\pi}{4}\tan\alpha} = \dfrac{1 - \dfrac{1}{2}}{1 + 1 \times \dfrac{1}{2}} = \dfrac{2-1}{2+1} = \dfrac{1}{3}。$$

由此得到

$$\frac{\pi}{4}=\arctan\frac{1}{2}+\arctan\frac{1}{3}, \quad \pi=4\left(\arctan\frac{1}{2}+\arctan\frac{1}{3}\right)。$$

初中数学有个习题,利用相似三角形证明了这个结论。图 3-6-2 由边长为 1 的三个正方形拼成,由两边对应成比例、夹角相等判定 $\triangle AMC \backsim \triangle MBC$,于是 $\alpha=\angle BMC$,$\alpha+\beta=\angle BMC+\beta=\angle DCM=45°$。

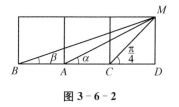

图 3-6-2

由 $\tan\alpha=\dfrac{MD}{AD}=\dfrac{1}{2}$,$\tan\beta=\dfrac{MD}{BD}=\dfrac{1}{3}$,得

$$\arctan\frac{1}{2}+\arctan\frac{1}{3}=\alpha+\beta=\frac{\pi}{4}。$$

利用泰勒展开算出 $\arctan\dfrac{1}{2}$ 和 $\arctan\dfrac{1}{3}$,再相加,再乘 4,就得出 π 的近似值。用计算机编程很容易由此算出 π 的几百几千位数字。用计算器的 $m+$ 和 $m-$ 功能耐心算一下也可以达到祖冲之水平。

不过,$\dfrac{1}{2}$、$\dfrac{1}{3}$ 还不够小,还可以将 $\dfrac{\pi}{4}$ 分解为更小的角之和,利用它们的正切算出这些角,再相加得出 π。其中一个方案就是用 $\alpha=\arctan\dfrac{1}{5}=0.2-\dfrac{0.2^3}{3}+\dfrac{0.2^5}{5}+\cdots$ 的若干倍去接近 $\dfrac{\pi}{4}$。

例 8 求 $\alpha=\arctan\dfrac{1}{5}$ 的若干倍 $n\alpha$ 尽量接近 $\dfrac{\pi}{4}$,再加上很小的 $\beta=\dfrac{\pi}{4}-n\alpha$ 得到 $\dfrac{\pi}{4}$。

解　$\tan\alpha=\dfrac{1}{5}$,$\tan2\alpha=\dfrac{2\tan\alpha}{1-\tan^2\alpha}=\dfrac{2\times\frac{1}{5}}{1-\left(\frac{1}{5}\right)^2}=\dfrac{2\times\frac{1}{5}\times5^2}{5^2-1}=\dfrac{10}{24}=\dfrac{5}{12}$,

$$\tan 4\alpha = \tan 2(2\alpha) = \frac{2\tan 2\alpha}{1 - \tan^2(2\alpha)} = \frac{2 \times \dfrac{5}{12}}{1 - \left(\dfrac{5}{12}\right)^2} = \frac{2 \times 5 \times 12}{12^2 - 5^2} = \frac{120}{119},$$

很接近 $\tan \dfrac{\pi}{4} = 1$。

已知 $\beta = 4\alpha - \dfrac{\pi}{4}$ 很小，

$$\tan \beta = \frac{\tan 4\alpha - \tan \dfrac{\pi}{4}}{1 + \tan 4\alpha \tan \dfrac{\pi}{4}} = \frac{\dfrac{120}{119} - 1}{1 + \dfrac{120}{119} \times 1} = \frac{120 - 119}{120 + 119} = \frac{1}{239}。$$

因为 $\dfrac{\pi}{4} = 4\alpha - \beta = 4\arctan \dfrac{1}{5} - \arctan \dfrac{1}{239}$，所以

$$\pi = 16\arctan \dfrac{1}{5} - 4\arctan \dfrac{1}{239} \text{（马青公式）。}$$

利用马青公式计算 π：

$$\arctan \dfrac{1}{5} \approx 0.2 + \frac{0.2^5}{5} + \frac{0.2^9}{9} - \left(\frac{0.2^3}{3} + \frac{0.2^7}{7} + \frac{0.2^{11}}{11}\right)$$

$$\approx (0.2 + 0.000\,064 + 0.000\,000\,056\,9) - (0.002\,666\,666\,7$$

$$+ 0.000\,001\,828\,6 + 0.000\,000\,001\,9)$$

$$\approx 0.200\,064\,056\,9 - 0.002\,668\,497\,2 \approx 0.197\,395\,559\,7,$$

$$\arctan \dfrac{1}{239} \approx \frac{1}{239} - \frac{1}{3} \times \frac{1}{239^3} \approx 0.004\,184\,100\,4 - 0.000\,000\,024\,4$$

$$= 0.004\,184\,076,$$

$$\pi \approx 16\arctan \dfrac{1}{5} - 4\arctan \dfrac{1}{239}$$

$$\approx 0.197\,395\,559\,7 \times 16 - 0.004\,184\,076 \times 4$$

$$\approx 3.141\,592\,65。$$

例9　求 e^x，$\sin x$，$\cos x$ 的泰勒展开式。

分析　根据导数公式 $(e^x)' = e^x$，$(\sin x)' = \cos x$，$(\cos x)' = -\sin x$，用待定系数法求泰勒展开式。

解　(1) 设 $e^x = a_0 + a_1 x + a_2 x^2 + \cdots + a_{n-1} x^{n-1} + a_n x^n + \cdots$，等式两边取 $x = 0$ 得 $a_0 = e^0 = 1$，且有

$$(e^x)' = a_1 + 2a_2 x + \cdots + na_n x^{n-1} + \cdots$$
$$= e^x = a_0 + a_1 x + \cdots + a_{n-1} x^{n-1} + \cdots,$$

比较两边同类项系数得 $na_n = a_{n-1}$，于是

$$a_n = \frac{1}{n} a_{n-1} = \frac{1}{n}\left(\frac{1}{n-1} a_{n-2}\right) = \frac{1}{n(n-1)}\left(\frac{1}{n-2} a_{n-3}\right) = \cdots$$
$$= \frac{1}{n(n-1)\cdots \times 2 \times 1} a_0 = \frac{1}{n!} \times 1 = \frac{1}{n!},$$
$$e^x = 1 + x + \frac{x^2}{2!} + \cdots + \frac{x^n}{n!} + \cdots。$$

(2) 设 $\sin x = b_0 + b_1 x + b_2 x^2 + \cdots + b_n x^n + \cdots$。

根据等式 $\sin(-x) = b_0 - b_1 x + b_2 x^2 - \cdots + b_n(-1)^n x^n + \cdots$

$$= -\sin x = -b_0 - b_1 x - b_2 x - \cdots - b_n x^n - \cdots,$$

比较两边同类项系数得 $b_n(-1)^n = -b_n$。当 $n = 2m$ 是偶数得 $b_{2m} = -b_{2m}$，于是 $2b_{2m} = 0$，$b_{2m} = 0$。

因此 $\sin x = b_1 x + b_3 x^3 + \cdots + b_{2m+1} x^{2m+1} + \cdots$ 是奇次项之和，求导得

$$\cos x = (\sin x)' = b_1 + 3b_3 x^2 + \cdots + (2m+1)b_{2m+1} x^{2m} + \cdots, \quad (1)$$

对(1)求导得

$$(\cos x)' = (3 \times 2)b_3 x + \cdots + (2m+1)(2m)b_{2m+1} x^{2m-1} + \cdots。 \quad (2)$$

另一方面 $(\cos x)' = -\sin x = -b_1 x - b_3 x^3 + \cdots - b_{2m-1} x^{2m-1} - \cdots$。

$$(3)$$

比较 $(\cos x)'$ 的两个表达式 (2)(3) 的同类项系数得 $-b_{2m-1} = (2m+1)(2m)b_{2m+1}$，从而

$$b_{2m+1} = \frac{-1}{(2m+1)(2m)} b_{2m-1}$$

$$= \frac{(-1)^2}{(2m+1)(2m)(2m-1)(2m-3)} b_{2m-3}$$

$$= \cdots$$

$$= \frac{(-1)^m}{(2m+1)!} b_1。$$

将 $b_1 = 1$ 代入得 $b_{2m+1} = \dfrac{(-1)^m}{(2m+1)!}$。 由此得到

$$\sin x = x - \frac{x^3}{3!} + \frac{x^5}{5!} - \cdots + \frac{(-1)^m x^{2m+1}}{(2m+1)!} + \cdots,$$

$$\cos x = (\sin x)' = 1 - \frac{x^2}{2!} + \frac{x^4}{4!} - \cdots + \frac{(-1)^m x^{2m}}{(2m)!} + \cdots。$$

$\sin x$、$\cos x$ 的泰勒展开可由指数函数的泰勒展开 $e^x = 1 + x + \dfrac{x^2}{2!} + \cdots + \dfrac{x^n}{n!} + \cdots$ 将 x 换成 $\mathrm{i}x$ 得到:

$$e^{\mathrm{i}x} = 1 + \mathrm{i}x - \frac{x^2}{2!} - \mathrm{i}\frac{x^3}{3!} + \cdots + \frac{(-1)^m x^{2m}}{(2m)!} + \mathrm{i}\frac{(-1)^m x^{2m+1}}{(2m+1)!} + \cdots$$

$$= \left[1 - \frac{x^2}{2!} + \cdots + \frac{(-1)^m x^{2m}}{(2m)!} + \cdots\right] + \mathrm{i}\left[x - \frac{x^3}{3!} + \cdots + \frac{(-1)^m x^{2m+1}}{(2m+1)!} + \cdots\right],$$

与 $e^{\mathrm{i}x} = \cos x + \mathrm{i}\sin x$ 分别比较实部与虚部就得到 $\cos x$、$\sin x$ 的泰勒展开。

以上的计算都建立在一个基本假设上:我们所讨论的幂函数 $(1+x)^\alpha$，对数函数 $\ln(1+x)$，指数函数 e^x，三角函数 $\sin x$、$\cos x$，反正切函数 $\arctan x$ 都

能够展开成无穷级数。为什么能展开？在大学数学中会有详细的证明，这里只是用尽量容易被中学师生接受的方式和例子给了一些普及，展示了泰勒展开对于研究函数性质及计算函数值的巨大威力。

在大学数学教材中，求泰勒展开 $f(x) = a_0 + a_1 x + \cdots + a_n x^n + \cdots$ 的待定系数 a_n 的一般方法是等式两边同时求 n 阶导数，将低次项全部变成 0，将 n 次项变成常数：

$$f^{(n)}(x) = (n!)a_n + (\cdots)x,$$

取 $x = 0$ 就可将高次项消掉，得到 $f^{(n)}(0) = (n!)a_n$，$a_n = \dfrac{f^{(n)}(0)}{n!}$。由此得到一般公式

$$f(x) = f(0) + f'(0)x + \frac{f''(0)}{2!}x^2 + \cdots + \frac{f^{(n)}(0)}{n!}x^n + \cdots。$$

特别地，指数函数的导数 $(e^x)' = e^x$ 等于自身，任意阶导数 $(e^x)^{(n)} = e^x$ 都等于自身，一般公式中所有的 $f^{(n)}(0) = e^0 = 1$ 都是 1，按一般公式就得到 $e^x = 1 + x + \dfrac{x^2}{2!} + \cdots + \dfrac{x^n}{n!} + \cdots。$

由于中学生不熟悉高阶导数，因此本书介绍时尽量避免出现高阶导数，减少中学生理解的困难。

3.7 不等式

一、减法判定大小

等式 $a = b$ 由 $a - b = 0$ 来判定。

0 满足性质：(1) $0 + 0 = 0$，因而 $-0 = 0$；(2) $a \cdot 0 = 0$。

由此推出**等式的性质**。比如：

(1) 当 $a=b$,由 $b-a=-(a-b)=-0=0$,得 $b=a$。 这叫**对称性**。

(2) 当 $a=b$ 且 $b=c$,由 $a-c=(a-b)+(b-c)=0+0=0$,得 $a=c$。这叫**传递性**。

(3) 当 $a=b$ 且 $c=d$,由 $a=b+0$, $c=d+0$,得到

$$a+c=(b+0)+(d+0)=(b+d)+(0+0)=b+d+0=b+d;$$

$$ac=(b+0)(d+0)=bd+b0+0(d+0)=bd+0+0=bd+0=bd。$$

整数环 **Z** 中任何一个整数 b 的全体倍数的集合 M,多项式环中任何一个多项式 $g(x)$ 的全体倍式的集合 M,都满足与 0 同样的性质 $M+M=M$,$aM=M$,因此也都可以看成 0,可以用来定义等式,满足等式的性质。即使没有用等号表示为 $a=b$,而是用同余号表示为 $a\equiv b$,但仍具有与等号同样的性质:

(1) $a\equiv b$ 则 $b\equiv a$;

(2) $a\equiv b$ 且 $b\equiv c$,则 $a\equiv c$;

(3) $a\equiv b$ 且 $c\equiv d$,则 $a\pm c\equiv b\equiv d$ 且 $ac\equiv bd$。

类似地,**不等式** $a>b$ 由 $a-b$ 是**正数**来判定;$a<b$ 由 $a-b$ 是**负数**来判定。

由此立即得出:正数 $a>0$,这是因为 $a-0=a$ 是正数。负数 $-a<0$,因为 $-a-0=-a$ 是负数。

正数的相反数是负数。负数的相反数是正数。每个非零实数 a 与它的相反数 $-a$ 二者之中必有一个是正数,另一个是负数。因此,两个不相等的实数 a、b 之差 $a-b$ 与它的相反数 $b-a$ 二者之中必有一个是正数,$a>b$ 与 $b>a$ 必有一个成立。

正数的运算性质:

(1) 正数＋正数＝正数; (2) 正数×正数＝正数。

每个负数都是某个正数的相反数:负数＝(-1)正数。 由此得到负数的乘法性质:

(i) 正数×负数＝正数×(-1)正数＝(-1)正数＝负数;

(ii) 负数 × 负数 ＝(−1) 正数 ×(−1) 正数 ＝(−1)² 正数 ＝正数。

例 1　证明不等式的性质：

(1) 反对称性：如果 $a > b$,那么 $b < a$。

(2) 传递性：如果 $a > b$ 且 $b > c$,那么 $a > c$。

(3) 不等式 $a > b$ 两边同加一数 c,得到的不等式 $a + c > b + c$ 仍成立。

(4) 不等式 $a > b$ 两边同乘正数 c,得到的不等式 $ca > cb$ 仍成立。

(5) 不等式 $a > b$ 两边同乘负数 c,得到的反向不等式 $ca < cb$ 成立。

(6) 同向不等式 $a > b$ 与 $c > d$ 相加,得到的同向不等式 $a + c > b + d$ 成立。

(7) 如果两个正数 a、b 之比 $\dfrac{a}{b} > 1$,那么 $a > b$。

(8) 正数的同向不等式 $a > b > 0$, $c > d > 0$ 相乘,得到的同向不等式 $ac > bd$ 成立。

(9) 正数的不等式 $a > b > 0$ 取倒数,得到的反向不等式 $\dfrac{1}{a} < \dfrac{1}{b}$ 成立。

证明　(1) 因为 $a > b$,所以 $a − b$ 是正数,它的相反数 $b − a = −(a − b)$ 是负数,因此 $b < a$。

(2) 因为 $a > b$ 且 $b > c$,所以 $a − c = (a − b) + (b − c)$ 是两个正数之和,仍是正数,因此 $a > c$。

(3) 因为 $a > b$,所以 $(a + c) − (b + c) = a − b > 0$ 是正数,因此 $a + c > b + c$。

(4) 因为 $a > b$ 且 $c > 0$,所以 $ac − bc = (a − b)c$ 是两个正数 $a − b$ 与 c 之积,仍是正数,因此 $ac > bc$。

(5) 因为 $a > b$ 且 $c < 0$,所以 $ac − bc = (a − b)c$ 是正数 $a − b$ 与负数 c

之积,是负数,因此 $ac < bc$。

(6) 因为 $a > b$ 且 $c > d$,所以 $(a+c) - (b+d) = (a-b) + (c-d)$ 是两个正数之和,仍是正数,因此 $a+c > b+d$。

(7) $a - b = \left(\dfrac{a}{b} - 1\right) b$ 是两个正数 $\dfrac{a}{b} - 1$ 与 b 之积,仍为正数,因此 $a > b$。

(8) 由 $a > b$ 及 $c > 0$ 得 $ac > bc$,由 $b > 0$ 及 $c > d$ 得 $bc > bd$,于是 $ac > bd$。

(9) $\dfrac{1}{b} - \dfrac{1}{a} = \dfrac{a-b}{ab} = (a-b) \cdot \dfrac{1}{ab}$ 是两个正数 $a-b$ 与 $\dfrac{1}{ab}$ 的乘积,仍是正数,因此 $\dfrac{1}{a} < \dfrac{1}{b}$。

探与究 有的教材教学生举例来证明不等式的性质。比如 $5 > 3$ 两边同加 2 得 $5+2=7 > 3+2=5$ 成立,$5-2=3 > 3-2=1$,然后就"我们发现":如果 $a > b$,那么 $a+c > b+c$。

还可以举例:$1 > -2$ 与 $2 > -3$ 两边相乘得左边 $= 1 \times 2 = 2$,右边 $= (-2)(-3) = 6$,左边 $<$ 右边,我们发现:同向不等式 $a > b$,$c > d$ 相乘,得到 $ac < bd$,不等式反向。

如果你再举一个例子:$2 > 1$,$3 > 2$ 相乘得 $2 \times 3 = 6 > 1 \times 2 = 2$,你会发现相乘之后得到的不等式同向。

到底是同向还是反向?也许这个问题比较复杂,你暂时搞不清楚。但是有件事情却已经清楚:不能仅靠举几个例子就得出结论。就好比不能像"守株待兔"里的那个农夫那样,只看见一只兔子撞死在树上就"探究出一个定理:下一只兔子还会撞死在这棵树上"。

你也许会有另一个疑惑:教材教我们举例就能发现的呀? 难道教材会错吗?

那就恭喜你发现了另一个定理:教材确实可能错!

教材出现错误,岂不是误人子弟? 教材如果有错误,确实应该改正,但有时候需要一定的时间。正确的选择是:不要盲目相信教材,只相信道理。用教材教的道理来检验教材的结论是否正确,比如教你举几个例子就探究出一个结论,这种探究对不对? 你可以研究一下。不信教材,信什么呢? 信人类几千年探究出来的最简单的道理。比如,判定不等式是否成立的简单道理就是做减法:$a-b>0$ 就证明了 $a>b$。这条道理很简单,可以相信吧? 相信了它,就把关于不等式的问题都用这个简单道理去判定。不敢保证能够判定全部,但一定可以判定很多。

比如,$a>b$ 能不能推出 $a+c>b+c$,先不要举例,而是先做减法,$a>b$ 就是 $a-b$ 为正,再做减法 $(a+c)-(b+c)=a-b$,差相等,当然还是正,就大功告成了。很简单嘛!

同样地可以检验 $a>b$,$c>d$ 的时候是否有 $ac>bd$。也做减法 $ac-bd$,里面没有出现 $a-b$ 与 $c-d$,没法用 $a-b$、$c-d$ 是正数的已知条件,中间插两项 $-bc+bc$,提取公因式后 $a-b$ 与 $c-d$ 就都有了:

$$ac-bd=ac-bc+bc-bd=c(a-b)+b(c-d),$$

其中 $a-b$、$c-d$ 都是正数,差 $ac-bd$ 是正数吗? 不一定,还要看 c、b 的正负。如果这两个数都正,那么结果确实是正数。因此,如果 4 个数 a、b、c、d 都是正数,那么同向不等式 $a>b$,$c>d$ 相乘得到的同向不等式 $ac>bd$ 仍成立;如果 b、c 是负数,那么反向不等式成立;如果有正有负,就不一定了。只靠具体数值来“探究”,像瞎猫碰到死耗子那样“探究”,一万个数值也猜不出这个结论;而按照简单规律做减法,规律就清楚显现了。

正数的重要性质:

(1)**非零实数的平方是正数。**这是因为:正数×正数 = 正数,负数×负数 = 正数。非零实数 $x\neq 0$ 无论正负,它的平方 $x^2>0$ 都是正数。

(2)**整体 > 部分。**整体 = 各部分之和,每部分都是正数,整体 - 部分 = 另一部分 > 0,因此整体 > 部分。

例如:当线段(或面积、角、体积)a 包含 b,则 $a\geqslant b$。

(3)**复数不能比较大小。**这不是人为规定的,而是逻辑规定的。

复数可以定义顺序。例如,可以将 $z=a+bi$ 与 $w=c+di$ 先比较实部,再比较虚部:当 $a>c$ 时,$a+bi>c+di$;当 $a=c$ 时,若 $b>d$,则 $a+bi>a+$

$d\mathrm{i}$。也就是当 $a>0$ 时，$a+b\mathrm{i}>0$，$a\mathrm{i}>0$。

还可以按模与辐角比较 $z=r(\cos\alpha+\mathrm{i}\sin\alpha)$ 与 $w=s(\cos\beta+\mathrm{i}\sin\beta)$：当 $r>s$ 时，$z>w$；当 $r=s$ 且 $\alpha>\beta$ 时，$z>w$。

这样的规定可以满足传递性，却不能满足"正数×正数＝正数"及"负数＝（－正数）<0"的运算规律。按照"正数×正数＝正数"的运算规律，非零数的平方都是正数，它们的相反数都是负数。但所有的复数都是平方，非零复数都是非零数的平方，因此都是正数。但这些正数的相反数也是非零数的平方，也都是正数。例如 $\mathrm{i}^2=-1$ 是正数，$1^2=1$ 也是正数，但－1 与 1 是相反数，不可能都是正数，这就矛盾了。

例 2　求证：三角形中长边对大角，大角对长边。

(1) 如图 3-7-1，已知△ABC 的边长 $AB>AC$，求证：$\angle ACB>\angle B$。

(2) 已知△ABC 的 $\angle ACB>\angle B$，求证：边长 $AB>AC$。

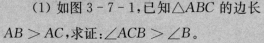

图 3-7-1

证明　(1) 在射线 AB 上截取 $AP=AC$，连接 CP。

由 $AB>AC=AP$，知 AP 被 AB 包含，点 P 被线段 AB 包含，CP 被△ABC 包含，等腰三角形 APC 的底角 $\angle APC=\angle 3=\angle 2=\angle ACP$ 被△ABC 的 $\angle ACB$ 包含，因而 $\angle ACB>\angle ACP=\angle 2=\angle 3=\angle B+\angle 1>\angle B$。（$\angle 3$ 是△BPC 的外角，等于不相邻两个内角 $\angle B$ 与 $\angle 1$ 之和，大于其中的 $\angle B$。）

(2) 仍如图 3-7-1，在射线 AB 上截取 $AP=AC$，连接 CP 得到等腰三角形 APC。

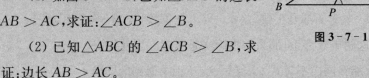

底角 $\angle 2=\angle 3=\dfrac{180°-\angle A}{2}$，由于 $\angle ACB-\angle 2=\angle ACB-\dfrac{180°-\angle A}{2}=\angle ACB-\dfrac{\angle ACB+\angle B}{2}=\dfrac{\angle ACB-\angle B}{2}>0$，因此 $\angle ACB>\angle 2=\angle ACP$。

于是∠ACB 包含∠ACP，从而包含∠ACP 的边 CP。

CP 在△ABC 内部，与线段 AB 交于一点 P，因而 AB > AP = AC。

> **例 3**　证明：(1) 直线外一点到直线的垂线段比斜线段更短。
>
> 　　　　(2) 三角形两边之和大于第三边，两边之差小于第三边。

证明　(1) 如图 3 - 7 - 2，已知 $AD \perp BC$，求证：
$AB > AD$。

由勾股定理知 $AB^2 - AD^2 = BD^2 > 0$，于是

$$AB - AD = \frac{AB^2 - AD^2}{AB + AD} = \frac{BD^2}{AB + AD} > 0。$$

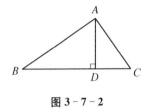

图 3 - 7 - 2

因而斜线段长 AB > 垂线段长 AD。

(2) 如图 3 - 7 - 2，设 BC 是△ABC 的最长边，它本身就不短于第三边，它与第二边之和当然大于第三边。

由 $BC \geqslant BA$，得 $BC + CA > BA$。

由 $BC \geqslant CA$，得 $BC + BA > CA$。

只需证明较短两边之和大于最长边，即证明 $BA + CA > BC$。

由 BC 所对顶点 A 向 BC 作垂线 AD，垂足为 D，则 BD 是 B 向 AD 所作的垂线段，比斜线段 BA 更短，即 $BD < BA \leqslant BC$。

同理 $CD < CA \leqslant CB$。

由 D 在 BC 上，得 $BC = BD + CD < BA + CA$，即两边 BA、CA 之和大于第三边 BC。

> **例 4**　求证如下不等式成立，并求出等号成立的条件。
>
> 　　(1) 任意实数 a、b、x、y 满足不等式
>
> $$(a^2 + b^2)(x^2 + y^2) \geqslant (ax + by)^2。$$
>
> 　　(2) 任意正数 a、b 满足不等式 $\dfrac{a+b}{2} \geqslant \sqrt{ab}$。

证明 （1）左边－右边

$$=(a^2+b^2)(x^2+y^2)-(ax+by)^2$$

$$=a^2x^2+a^2y^2+b^2x^2+b^2y^2-(a^2x^2+2abxy+b^2y^2)$$

$$=a^2y^2-2aybx+b^2x^2$$

$$=(ay-bx)^2 \geqslant 0,$$

因此，原不等式 $(a^2+b^2)(x^2+y^2) \geqslant (ax+by)^2$ 成立。

等号成立的条件是 左边－右边 $=0$，即 $ay=bx$，亦即 (a,b) 与 (x,y) 成比例。

（2）左边－右边 $=\dfrac{(\sqrt{a})^2+(\sqrt{b})^2-2(\sqrt{a})(\sqrt{b})}{2}=\dfrac{(\sqrt{a}-\sqrt{b})^2}{2} \geqslant 0$，因此原不等式 $\dfrac{a+b}{2} \geqslant \sqrt{ab}$ 成立。

等号成立的条件是 $\sqrt{a}-\sqrt{b}=0$，即 $a=b$。

探与究 本题（1）就是柯西不等式，（2）是平均不等式，在本书第 2.6 节"代数几何共寻优"中都用另外的思路讲过，这里的思路更简单，用的知识更少：做减法，差配成完全平方，当然大于或等于 0，不等式就成立了。

例5 设 A、B、C 是某个三角形的三个内角，x、y、z 是任意三个实数，求证：

$$x^2+y^2+z^2 \geqslant 2xy\cos A+2yz\cos B+2zx\cos C。$$

证明 左边－右边

$$=x^2+y^2+z^2-2xy\cos A-2yz\cos B-2zx\cos C$$

$$=x^2-2x(y\cos A+z\cos C)+y^2-2yz\cos[180°-(A+C)]+z^2$$

$$=(x-y\cos A-z\cos C)^2-(y\cos A+z\cos C)^2$$

$$\quad +y^2+2yz\cos(A+C)+z^2 \tag{1}$$

$$=(x-y\cos A-z\cos C)^2-y^2\cos^2 A-2yz\cos A\cos C$$

$$\quad -z^2\cos^2 C+y^2+2yz(\cos A\cos C-\sin A\sin C)+z^2$$

$$= (x - y\cos A - z\cos C)^2 + y^2(1 - \cos^2 A)$$

$$\quad - 2yz\sin A\sin C + z^2(1 - \cos^2 C)$$

$$= (x - y\cos A - z\cos C)^2 + y^2\sin^2 A - 2yz\sin A\cos C$$

$$\quad + z^2\sin^2 C \tag{2}$$

$$= (x - y\cos A - z\cos C)^2 + (y\sin A - z\sin C)^2 \geqslant 0。$$

常量与变量。 例 5 与例 4 的思路相同,都是把要证明的不等式两边相减,将差配平方。例 4 比较简单,直接用完全平方公式配成平方。例 5 看起来很复杂,是 6 个字母 x、y、z、A、B、C 的多元函数,还有三角函数。不过只要两念之差就可以化简:第一念把 $\cos A$、$\cos B$、$\sin C$ 都看成常数,就是三个变量 x、y、z 的二次多项式,每一项都是二次项,也就没有三角函数了。在大学线性代数中,每一项都是二次项的多元多项式称为**二次型**。所以,例 5 既是招收研究生的入学试题,也是中学生的数学竞赛题。招收研究生是考线性代数的二次型,中学生数学竞赛是考二次三项式的配方。

中学生只学过二次三项式 $ax^2 + bx + c$ 的配方,其中 a、b、c 是常数,只有一个变量 x。这个式子有 6 项,6 个字母,怎么能够配方? 这就涉及一个问题:什么是变量? 什么是常量? 中学老师中流传一些固有观念:x、y、z 是变量,a、b、c 是常量。那么,物理公式,比如匀速运动的 $s = vt$,匀加速运动的 $s = v_0 t + \frac{1}{2}at^2$,其中,谁是变量? 谁是常量? 原则上,凡是字母表示的都是变量,(只有少数特别的常量用字母表示,如:圆周率 $\pi = 3.141\,59\cdots$,自然对数的底 $\mathrm{e} = 2.718\,28\cdots$),上述运动公式中的路程 s,时间 t,速度 v,加速度 a 都可以取不同的值,都是变量。但是,在某一个具体过程和具体问题中,某些字母先取值并且保持不变,它们就是常量,在它们不变的情况下其他字母的取值在变化,就是变量。例如,在匀速运动公式中,速度 v 是常量,路程 $s = vt$ 与时间 t 是变量。在匀加速运动中,初速度 v_0 与加速度 a 是常量,路程 $s = v_0 t + \frac{1}{2}at^2$ 是变量。有时候,时间 t 与路程 s 容易测定,速度 v 和加速度 a 不容易测定,就需要根据测定的路程 s 与时间 t 计算速度 v,初速度 v_0,加速度 a,这时 s、t 就是常量,v、v_0、a 就是变量了。

　　简而言之,在不同情况下,不同字母取值的先后次序不同,先取值并确定不变的是常量,后取值并随某些量变化的是变量。

　　例5不是物理问题,不需要测量,只需要计算。为了计算方便,计算顺序可以由我们自由选择。我们就可以让 x 最后取值 A、B、C,y、z 先取值成为常量。所谓"取值",不需要说它们等于3还是等于5,只说 A 取了一个值还是称为 A,当 x 变化的时候它不变,就行了。正如二次三项式 ax^2+bx+c 配方,a、b、c 先取了值,不再变动,只让 x 变动,就可以配方。

　　现在也一样,A、B、C、y、z 都不动,都是常量,例5的6项就变成3项:二次项 x^2,两个一次项 $2xy\cos A$、$2xz\cos C$ 合并同类项变成一个一次项 $2x(y\cos\alpha+z\cos C)$,三个常数项 $y^2+z^2-2yz\cos B$ 不需合并,直接看成一项,看成一个"常数"。这些都是一念之差。以不变应万变,与 x^2+2x+3 的配方一样,与 ax^2+bx+c 以及例5的6项组成的式子的配方也一样,只不过各项系数不同而已。不同系数的计算也不会有多大困难,无非是加减乘除。如果有困难,那就是错误地认为 y、z 是变量,不能充当常量,给你造成心理障碍。那就先暂停一下学习,努力把这种错误的认识忘掉,把 y、z、$\cos A$、$\cos B$、$\sin C$ 这些字母和算式看成与 a、b、c、1、2、3同样的常数,就没有困难了,就可以得出例5的算式(1):前面是 x 的一次多项式的平方,后面那一大堆式子都不含 x,只含 y、z、$\cos A$、$\cos B$、$\cos C$,都是常数。前面那个平方我们都知道它大于或者等于0,后面那一大堆"常数"不知道它们的正负,需要进行整理。怎么整理? 山中无老虎,猴子称大王。后面的式子没有 x 这个"老虎",就找一只"猴子"代替老虎称"大王"。将 y 看成变量,z、$\cos A$、$\cos B$、$\cos C$ 看成常数,后面这一堆又只有三项:y 的二次项、一次项、常数项,将它们分别合并同类项。合并过程中需要用到三角形内角和 $A+B+C=180°$,从而 $B=180°-A-C$,用到三角形函数的各种公式:$\cos[180°-(A+C)]=-\cos(A+C)=-(\cos A\cos C-\sin A\sin C)$,$1-\cos^2 A=\sin^2 A$,$1-\cos^2 C=\sin^2 C$,等等。这些都是中学生学过的旧知识,不需要重新"探究"和"发现",只需要照章运用。合并完了得到等式(2),就可以再配出 y 的一次多项式的平方,按本题的数据,没有式子剩下,本题左右两边之差就配成两个平方之和,大于或等于

0,不等式就成立了。假如算式(2)配完了 y 的一次多项式的平方之后还有剩余的项,那就一定是 z^2 的常数倍,不需要再配方,只要看 z^2 的系数是否一定是正数。如果是正数,仍能保证不等式成立。

大学线性代数课程教的二次型化成标准型的方法是用对称方阵的相合运算,但也可以采用中学的配方法,一个一个字母配下去,化成若干个一次多项式的平方的实数倍之和。只要这些系数都非负,仍然可以证明总和大于或等于 0;如果所有的系数都非正,总和小于或等于 0;如果系数有正有负,就可以取遍负无穷到正无穷的全部实数值。

二、不等式定义无穷小数

例6　将 $\dfrac{1}{3}$ 展开成小数,并检验所得结果的正确性。

解法一

$$
\begin{array}{r}
0.\ 3\ 3\ 3\cdots \\
3\overline{)1.\ 0\quad\quad} \\
-)\quad 9\quad\quad\quad \\
\hline
1\ 0\quad\quad \\
\cdots\quad\quad
\end{array}
$$

$\dfrac{1}{3}=0.333\cdots=0.\dot{3}$ 是以 3 为循环节的无限循环小数。

解法二　$\dfrac{1}{3}=\dfrac{\overbrace{0.9\cdots9}^{n\text{个}9}+\overbrace{0.0\cdots01}^{n-1\text{个}0}}{3}=\overbrace{0.3\cdots3}^{n\text{个}3}+\dfrac{0.1^n}{3}=0.333\cdots$ 是以 3 为循环节的无限循环小数。

$\dfrac{0.1^n}{3}<0.1^n$,小数点后面 n 位全是 0,不改变 $a_n=\overbrace{0.3\cdots3}^{n\text{个}3}$ 小数点后面的 n 个 3,所以 $\dfrac{1}{3}=a_n+\dfrac{0.1^n}{3}$ 的小数点后面 n 位与 a_n 相同,都是 3。又 n 可以任意

大，所以 $\frac{1}{3}=0.333\cdots$ 小数点后面所有的数字都是 3。

不等式决定无穷小数。

无穷小数 $x=0.333\cdots$ 由无穷多个数字组成，不可能将无穷多个数字全部写出来算它等于多少，但可以通过它满足的不等式刻画它等于多少。

无穷小数 $x=0.333\cdots$ 前 n 个有效数字组成不足近似值 $a_n=0.\overset{n\text{个}3}{3\cdots3}$，误差为

$$0<\varepsilon_n=x-a_n=0.\overset{n\text{个}0}{0\cdots003}\cdots<0.\overset{n\text{个数字}}{0\cdots01}=0.1^n,$$

前 n 个数字为 0，满足不等式 $0<\varepsilon_n<0.1^n$。当 n 取遍所有正整数就有无穷多个不等式时，唯一确定 x。

一般地，设 a_n 是无穷小数 x 的整数部分及小数点后前 n 个数字组成的不足近似值，则误差 $\varepsilon_n=x-a_n$ 满足不等式 $0<\varepsilon_n\leqslant0.1^n$。$n$ 取遍全体正整数得到的无穷多个不等式唯一确定了 x。

为什么满足所有不等式 $0<\varepsilon_n=x-a_n\leqslant0.1^n$ 的实数 x 唯一？假如有两个实数 x、y 同时满足所有这些不等式，则 $x-a_n$，$y-a_n$ 属于同一个区间 $(0,0.1^n]$，它们的差距 $d=|(x-a_n)-(y-a_n)|$ 小于等于区间长度 0.1^n。当 n 无限增大时，0.1^n 可以小于每个正数，因此为使 d 小于每个正数，只能 $d=0$。因此 $|x-y|=|(x-a_n)-(y-a_n)|=d=0$，$x=y$。

以上条件 $0<x-a_n\leqslant0.1^n$ 也就是 $a_n<x\leqslant a_n+0.1^n=a_n'$，就是说 x 含于无穷多个依次包含的闭区间 $[a_1,a_1']\supset[a_2,a_2']\supset\cdots\supset[a_n,a_n']\supset[a_{n+1},a_{n+1}']$，区间 $[a_n,a_n']$ 的长度 $d_n=a_n'-a_n=0.1^n$ 单调递减，如果区间长度 d_n 可以减少到小于任意正数，则所有区间有唯一公共点 x。这是大学数学中的闭区间套定理。

闭区间套定理   无穷多个依次包含的闭区间

$$[a_1,a_1']\supset[a_2,a_2']\supset\cdots\supset[a_n,a_n']\supset\cdots$$

的区间长度 $d_n=a_n'-a_n$ 单调递减 $d_1>d_2>\cdots>d_n>d_{n+1}>\cdots$ 的过程中，

如果可以小于任何一个正数,那么所有的区间包含唯一实数。

闭区间套定理中的区间端点 a_n、a_n' 可以是任意实数。我们用来刻画无穷小数就取它们为有限小数,也就是分母为 10 的自然数次幂的分数,这是闭区间套定理的特例。

前面证明了 $\dfrac{1}{3} = 0.333\cdots$,因此 $3 \times 0.333\cdots = 0.999\cdots = 1$。但 $0.999\cdots$ 是无穷小数,它等于 1 吗?

例 7　求 $x = 0.999\cdots$。

解　无穷小数 x 前 n 个有效数字组成不足近似值

$$a_n = 0.\underbrace{9\cdots9}_{n \text{个} 9} = 1 - 0.1^n,$$

误差 $\varepsilon_n = x - a_n$ 满足不等式 $0 < x - a_n \leqslant 0.1^n$,所以 $a_n < x \leqslant a_n + 0.1^n = 1$。因此 x 含于无穷多个依次包含的闭区间

$$[0.9, 1] \supset [0.99, 1] \supset \cdots \supset [0.99\cdots9, 1] \supset \cdots,$$

区间长度 $1 - (1 - 0.1^n) = 0.1^n$ 可小于任意正数。1 是所有这些闭区间的公共右端点,含于所有这些区间。

1 与无穷小数 $x = 0.999\cdots$ 都是所有这些区间的公共点,它们的差距 $1 - 0.999\cdots$ 小于所有的区间长度 0.1^n,只能 $1 - 0.999\cdots = 0$,因此 $0.999\cdots = 1$。

虽然 1 减去所有的不足近似值 $a_n = 0.99\cdots9$ 的差 0.1^n 都是正数,但无穷小数 $x = 0.999\cdots$ 大于所有这些有限小数 a_n,因此 $1 - x > 1 - a_n = 0.1^n$ 小于所有的 0.1^n,只能为 0。

例 8　计算:(1) $0.01\dot{3} + 0.\dot{9}$;　(2) $1 - 0.\dot{9}$。

注 $0.0\dot{1}\dot{3} = 0.013\,013\cdots$ 是以 013 为循环节的无限循环小数，$0.\dot{9} = 0.999\cdots$ 是以 9 为循环节的无限循环小数。

解 (1)

$$
\begin{array}{r}
0.013013\cdots \\
+)\ 0.999999\cdots \\
\hline
1.013013\cdots
\end{array}
$$

(2)

$$
\begin{array}{r}
1.00\cdots0\cdots \\
-)\ 0.99\cdots9\cdots \\
\hline
0.00\cdots0\cdots
\end{array}
$$

答 (1) $0.0\dot{1}\dot{3} + 0.\dot{9} = 1.0\dot{1}\dot{3}$； (2) $1 - 0.\dot{9} = 0$。

无穷小数的加减乘除。

我们不可能将无穷小数的无穷多个数字全部写出来计算，但两个无穷小数做加减乘除时，和差积商的每一位数字都只由有限多个数字算出来，每一位数字都算出来了，无穷小数的加减乘除也就算出来了。例如，以上做加减法时，只考虑到本位为止的有限小数的加减，以及后一位是否进位或借位，不需要考虑无穷多位数字。

$1 - 0.999\cdots$ 的被减数小数部分每一位都是 0，需要从前一位借 1 当 10 来减去减数的 9 得到 $10 - 9 = 1$。但下一位把这个 1 借走了，这一位剩 0，每一位都剩 0，整个的差为 0。这再次证明了 $1 = 0.999\cdots$。

有限小数写成无穷小数。

$x = 1$，可以写成无穷小数 $0.999\cdots$，表示它是对所有正整数 n 满足 $a_n = 0.99\cdots9 = 1 - 0.1^n \leqslant x \leqslant a_n' = 1$ 的唯一实数，$a_n = 0.99\cdots9 = 1 - 0.1^n$ 是不足近似值，$a_n' = 1$ 是过剩近似值。

$x = 1$，也可以将小数点后添无穷多个 0，写成"无穷小数" $1.000\cdots$，表示它是对所有正整数 n 满足 $a_n = 1.\underbrace{0\cdots0}_{n \text{个} 0} \leqslant x \leqslant a_n' = a_n$ 的唯一实数。这是因为 1 是整数，既可以看成 $a_n = 1 \leqslant 1$ 充当自己的"不足近似值"，也可以看成 $a_n' = 1 \geqslant 1$ 充当"过剩近似值"。无穷小数 $1.000\cdots$，既充当"不足近似值"，也充当"过剩近似值"，含于长度为 0 的区间 $[1, 1]$。无穷小数 $0.999\cdots$，则只充当"过剩近似值" $a_n' \geqslant 1$，不充当"不足近似值"，在小于 1 的有限小数中另外选取位数相同的不足近似值，就只能选 $a_1 = 0.9$，$a_2 = 0.99$，$\cdots$，$a_n = 1 - 0.1^n$，仍然得到无穷多个闭区间 $[0.99\cdots9, 1]$ 共同包含唯一实数 1。

所有的有限小数都可以按这种方式写成无穷小数。例如 $3.14 = 3.13999\cdots$。无穷小数的末尾无穷多个数字,如果全是 9,可以进位到前一位变成 1,那么无穷小数变成有限小数,数值大小不变,如 $3.14\dot{9} = 3.15$。

小数点后面有 n 个 0 的小数 $\varepsilon_n = 0.\underbrace{0\cdots0}_{n\uparrow0}\cdots$ 满足的不等式为 $0 \leqslant \varepsilon_n \leqslant 0.1^n$。若 n 个 0 后面的数字全是最小数字 0,则 $\varepsilon_n = 0$;若全是最大数字 9,则 $\varepsilon_n = 0.1^n$。

如果 x 不是有限小数,它的不足近似值与过剩近似值又必须是有限小数,所有的不足近似值 a_n 必须小于 x,过剩近似值 a_n' 必须大于 x,就不存在哪个不足近似值 a_n 可以充当过剩近似值,相同位数的最大不足近似值 a_n 就都是唯一的,组成的无穷小数也就是唯一的,不同的无穷小数的数值一定不相同。

两个不同的小数 $0.999\cdots$ 与 1 表示同一个实数,这并不奇怪。1 表示成分数 $\dfrac{1}{1} = \dfrac{2}{2} = \dfrac{3}{3} = \cdots$,也有无穷多种不同的表示法,当然要约成最简分数 1 才是标准的表示法。但最简分数加减乘除得到的很可能不是最简,需要再约分化成最简,例如 $3 \times \dfrac{1}{3} = \dfrac{3}{3} = 1$,$\dfrac{1}{3} + \dfrac{2}{3} = \dfrac{3}{3} = 1$ 等。1 的标准表示当然不是 $0.999\cdots$ 而是 1,但 $\dfrac{1}{3} = 0.333\cdots$ 是标准表示,它的运算结果 $3 \times 0.333\cdots = 0.999\cdots = 1$,$0.333\cdots + 0.666\cdots = 0.999\cdots = 1$ 都产生了 $0.999\cdots$,需要把它再化成 1。

中国古代学者庄子说过:一尺之棰,日取其半,万世不竭。就是说 1 尺长的棍棒,每天截取它的一半,永远截不完。用算式表示,就是

$$0 < 1 - \frac{1}{2} - \frac{1}{2^2} - \frac{1}{2^3} - \cdots - \frac{1}{2^n} = \frac{1}{2^n} \to 0,$$

$$1 = \frac{1}{2} + \frac{1}{2^2} + \cdots + \frac{1}{2^n} + \cdots.$$

万世不竭就是剩下一段 $\dfrac{1}{2^n}$ 永远大于 0,并且无限缩小,可以小于任意正数。

$\dfrac{1}{2}+\dfrac{1}{2^2}+\cdots+\dfrac{1}{2^n}+\cdots=1$ 的意思就是说有限和 $a_n=\dfrac{1}{2}+\dfrac{1}{2^2}+\cdots+\dfrac{1}{2^n}$ 与常数 1 的差可以小于任意正数,但不是说差要等于 0。如果你老是觉得无限和永远达不到的地方虚无缥缈,庄子这句话可以帮助你理解:一尺之棰很具体,并不虚无缥缈,日取其半就把它分解为无穷数列之和。不是 1 遥不可及,而是让你的脚步无限缩小,每次都不把剩下一点距离走完,只走一半,剩下一半,永远不踩终点线。如果采用二进位制,$\dfrac{1}{2}$ 就是 0.1,$\dfrac{1}{2^2}$ 就是 0.01,$1=\dfrac{1}{2}+\dfrac{1}{2^2}+\cdots+\dfrac{1}{2^n}+\cdots$ 就是 0.111…,将 1 写成了无限循环小数。如果将"日取其半"改为"日取九成",每天截掉 90%,剩下 10%,比一半更少,但仍然是万世不竭。此时,分解式变成

$$1=\dfrac{9}{10}+\dfrac{9}{10^2}+\cdots+\dfrac{9}{10^n}+\cdots=0.999\cdots。$$

三、循环小数化分数

例 9　分数化无穷小数:(1) $\dfrac{1}{3}$;　(2) $\dfrac{1}{11}$。

解　(1) $\dfrac{1}{3}=\dfrac{0.\dot{9}}{3}=0.\dot{3}$。

注　$1=0.999\cdots$ 写成以 9 为循环节的循环小数,记为 $0.\dot{9}$,它除以 3,只要把每个循环节 9 除以 3,得到的 3 就是商的循环节。$0.\dot{3}=0.333\cdots$ 表示 3 为循环节的循环小数。

(2) $\dfrac{1}{11}=\dfrac{0.\dot{9}\dot{9}}{11}=0.\dot{0}\dot{9}=0.0909\cdots$。

注　$1=0.\dot{9}$ 的循环节 9 不被 11 整除,两个循环节连起来,99 也是循环节,循环节为两位或更多位,在首尾两个数字上方各加一点表示,记为 $1=$

$0.\dot{9}\dot{9}$,除以 11 得到 $\dfrac{1}{11}$ 的循环节为 09。

如果两个 9 也不能被分母整除,怎么办? 更多的 9 总能整除。例如

$$\frac{1}{7}=\frac{0.\dot{9}99\,99\dot{9}}{7}=0.\dot{1}4285\dot{7};$$

$$\frac{1}{13}=\frac{0.\dot{9}99\,99\dot{9}}{13}=0.\dot{0}7692\dot{3}。$$

一般地,设循环节 10^n-1 由 n 个 9 组成。要使分母 p 整除 10^n-1,就是要求 10^n 除以 p 余 1。当 p 为 2、5 之外的素数时, 10^n 一定不被 p 整除, 10^n 除以 p 的余数不能为 0,除了 0 之外,共有 $p-1$ 个不同余数。当 $n=1,2,\cdots$ 时, $p-1$ 取了 $p-1$ 个不同的正整数值,如果 10^n 除以 p 的余数还没有重复,每个余数都会出现,那么 1 也就出现了;如果余数重复,10 的两个不同幂 10^m 与 10^n 的余数相同, $1\leqslant m<n\leqslant p-1$,那么 10^{n-m} 的余数为 1。总之,循环节长度不超过 $p-1$,而且是 $p-1$ 的因子,比如 $\dfrac{1}{7}$ 的循环节长度 $6=p-1=7-1$, $\dfrac{1}{13}$ 的循环节长度 6 是 $p-1=13-1=12$ 的因子,这叫做费马小定理。这里就不多叙述了,可以做竖式除法求循环节,余数重复了,商的数字就开始循环。

例 10　**无限循环小数化成分数**:(1) $0.\dot{9}$;　　(2) $0.\dot{4}$;
(3) $0.\dot{1}4285\dot{7}$;　(4) $0.12\dot{3}\,4\dot{5}$。

解法一　列方程,解方程。

(1) 设 $x=0.\dot{9}=0.999\cdots$,则 $10x=9.\dot{9}$。由 $10x-x=9.\dot{9}-0.\dot{9}=9$,解方程得 $9x=9$, $x=1$。

(2) 设 $x=0.\dot{4}=0.444\cdots$,则 $10x=4.\dot{4}$。由 $10x-x=4.\dot{4}-0.\dot{4}=4$,解得 $9x=4$, $x=\dfrac{4}{9}$。

(3) 设 $x=0.\dot{1}4285\dot{7}=0.142\,857\,142\,857\cdots$,乘 10^6 将小数点右移 6 位得 $10^6x=142\,857.\dot{1}4285\dot{7}$。

由 $10^6 x - x = 142\,857$，解得 $999\,999x = 142\,857$，$x = \dfrac{142\,857}{999\,999} = \dfrac{1}{7}$。

（4）乘 100 将非循环部分移到整数部分：$100x = 12.\dot{3}4\dot{5}$；

再乘 10^3 将第一个循环节移到整数部分：$100\,000x = 12\,345.\dot{3}4\dot{5}$。

相减得 $99\,900x = 12\,333$，解得 $x = \dfrac{12\,333}{99\,900} = \dfrac{4\,111}{33\,300}$。

探与究　很多人都能将 $x = 0.999\cdots$ 乘 10 得 $10x = 9.999\cdots$ 相减列出方程：$10x - x = 9.999\cdots - 0.999\cdots = 9$，容易解出 $x = 1$。

但是也有不少人不相信解方程的结果，宁肯相信他们的直观认为 $1 > 0.999\cdots$。

还有人列方程求 $x = 1 + 2 + 4 + \cdots$，得 $2x = 2 + 4 + \cdots$，再相减得 $2x - x = -1$，$x = -1$。结果很荒唐。于是不相信解方程。

解方程用的是运算律，运算律只适用于存在的数。

$0.999\cdots = 0.9 + 0.09 + 0.009 + \cdots$，省略号代表越来越小的数，可以小于任意正数，趋近于 0。$0.999\cdots \leqslant 1$ 有上界，这个数存在，所以满足运算律。

$x = 1 + 2 + 4 + 8 + \cdots$，省略号代表的是无穷多个越来越大的数相加，越加越大超过所有的正数，没有上界，这个数根本不存在，因此方程解出错误结果。

假如限制 $x = 1 + 2 + 4 + \cdots + 2^n$ 是有限和，不是无限和，同样乘 2 得 $2x = 2 + 4 + \cdots + 2^{n+1}$，同样相减得 $2x - x = (2 + 4 + \cdots + 2^n + 2^{n+1}) - (1 + 2 + 4 + \cdots + 2^n) = 2^{n+1} - 1$，解得 $x = 2^{n+1} - 1$。

而将 $x = 1 + 2 + 4 + \cdots$ 乘 2，得到 $2x = 2 + 4 + 8 + \cdots$，相减得 $x = (2 + 4 + 8 + \cdots) - (1 + 2 + 4 + \cdots) = -1$。等式右边相减时以为第一个括号内比第二个括号内少一项 1，相减得 -1，殊不知第一个括号内的省略号中比第二个括号内多了一项 2^{n+1} 被扔掉了，比 1 大得多。

当 n 无限增大时，$x = 2^{n+1} - 1$ 的最大的部分 2^{n+1}，趋于无穷大，怎么能扔掉 2^{n+1} 只剩 -1？

再来看 $x = 0.\underbrace{99\cdots99}_{n\text{个}9}$ 乘 10 得到的 $10x = 9.\underbrace{99\cdots9}_{n-1\text{个}9}$，相减得到

$$10x - x = 9 - 0.\underbrace{00\cdots09}_{n-1\text{个}0} = 9 - 9 \times 0.1^n,$$

$$9x = 9 - 9 \times 0.1^n, \quad x = 1 - 0.1^n。$$

当 n 无限增大时，0.1^n 可以小于所有的正数，无限接近于 0，$x = 1$ 理所当然。

由 $x = 0.999\cdots$ 列出的 $10x - x = 9$，由 $x = 1 + 2 + 4 + \cdots$ 列出的 $x - 2x = 1$ 都是无穷递缩等比数列求和公式 $a + aq + aq^2 + \cdots = \dfrac{a}{1-q}$ 的翻版，来自求等比数列前 n 项和的公式：

$$S_n = a + aq + aq^2 + \cdots + aq^{n-1},$$

$$S_n - qS_n = (a + aq + aq^2 + \cdots + aq^{n-1}) - (aq + aq^2 + \cdots + aq^{n-1} + aq^n)$$

$$= a(1 - q^n),$$

$$S_n = \frac{a(1 - q^n)}{1 - q}。$$

当 $|q| < 1$，n 趋于无穷大时，$q^n \to 0$，$S_n = \dfrac{a}{1-q}$。$0.999\cdots = \dfrac{0.9}{1 - 0.1} = 1$ 是 $|q| = |0.1| < 1$ 的情况。

$1 + 2 + 4 + \cdots$ 中 $q = 2$，当 $n \to \infty$ 时，$q^n = 2^n \to \infty$，不趋于 0，反而趋于无穷大，怎么能把它扔掉呢？

当 x 表示数列的移位时，公式 $1 + x + x^2 + \cdots = \dfrac{1}{1-x}$ 也成立。x 既然是移位，就不能 $1 - 2 = -1$ 变成一个数。无穷"递缩"需要 $|q| < 1$ 才能递缩，才能计算无穷。$q = 2$ 不是递缩，张冠李戴当然算错。

解法二　每个循环小数乘适当分数，将循环节数字全变成 9，循环小数变成 $0.999\cdots = 1$。

(1) $0.\dot{9} = 0.999\cdots = 1$。

(2) $0.\dot{4} = 0.444\cdots = 4 \times \dfrac{0.999\cdots}{9} = 4 \times \dfrac{1}{9} = \dfrac{4}{9}$。

(3) $0.\dot{1}42857\dot{7} = 142857 \times \dfrac{0.\dot{9}99999\dot{9}}{999999} = \dfrac{142857 \times 1}{999999} = \dfrac{1}{7}$。

(4) $0.12\dot{3}4\dot{5} = \dfrac{1}{100}(12 + 0.345\,345\cdots)$

$$= \dfrac{1}{100}\left(12 + 345 \times \dfrac{0.999\cdots}{999}\right) = \dfrac{1}{100}\left(12 + \dfrac{345 \times 1}{999}\right)$$

$$= \dfrac{1}{100} \times \dfrac{12 \times (1\,000 - 1) + 345}{999} = \dfrac{12\,333}{99\,900} = \dfrac{4\,111}{33\,300}\text{。}$$

四、数轴上的有理数点：极稠密，极稀疏

例 11 每条直线上都可以建立数轴，每个点代表一个实数，其中代表有理数的点称为有理点。求证：

(1) 数轴上无论多么接近的两点 A、B 之间都有无穷多个有理点；

(2) 数轴上的有理点的总长度是 0。

证明 (1) 如图 3-7-3，要证明在 A、B 之间存在无穷多个不同的有理点 P、Q。

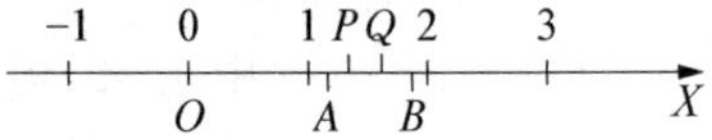

无论 A、B 的距离 AB 多么小，总存在

图 3-7-3

$0.1^n < \dfrac{1}{2}AB$。0.1^n 的全体整数倍就是小数部分不超过 n 位数字的全体有限小数，它们在数轴上对应的有理点把数轴分成无穷多个长度为 0.1^n 的区间，A 属于其中一个区间 $[a_1, a_2)$，它与下一个区间 $[a_2, a_3)$ 的并集 $[a_1, a_3)$ 的长度 $2 \times 0.1^n < AB$，因此区间 (a_2, a_3) 两个端点 P、Q 都在 A、B 之间。当 m 取遍无穷多个正整数时，得到无穷多个有理数 $a_2 + 0.1^{n+m}$ 都在区间 $(a_2, a_3) = (a_2, a_2 + 0.1^n)$ 内，它们对应的无穷多个有理点都在 A、B 之间。

(2) 先证明全体有理数可以全部排进一个无穷数列 $a_1, a_2, \cdots, a_n, \cdots$，对应的全体有理点也排成一个无穷序列 $P_1, P_2, \cdots, P_n, \cdots$。将各个点依次

用长度为 $\frac{\varepsilon}{2}$，$\frac{\varepsilon}{4}$，$\cdots$，$\frac{\varepsilon}{2^n}$，$\cdots$ 的区间遮盖，其中 $\varepsilon > 0$ 是任意小的正数，则全体

有理点的总长度 d 小于所有区间的总长度 $\frac{\varepsilon}{2} + \frac{\varepsilon}{4} + \cdots + \frac{\varepsilon}{2^n} + \cdots = \varepsilon$，也就是

d 小于任意正数，只能 $d = 0$。

　　怎样把全体有理数排进一个无穷数列？全体有理数都可以写成分数，并

且约分化为最简分数 $\pm \dfrac{p}{q}$，使 p、q 的最大公约数为 1。无论按什么顺序，必须

保证每个数前面都只有有限多个数，才能把每个数都排进去。如果先排完正

数再排负数，那么无穷多个正数永远排不完，负数永远等不到排进去。因此，

每个正数之后排它的相反数，正数排完了，负数也就排完了。如果按分母从小

到大的顺序，把每个分母的全体分数排完了再排下一个分母，那么分母为 1 的

无穷多个整数永远排不完，分母为 2 的就永远等不到排进去。因此，每个分数

是分子小于分母的真分数，只有有限个，然后排它的倒数，分母小于分子。

　　具体方案如下：按每个最简分数的分子分母最大值从小到大的顺序排列。

每个分数前面是分子分母的最大值比它小的分数，只有有限个。所有分数都

能排进去。先排分子分母最大值为 1 的，首先是 $\dfrac{0}{1}$，然后 $\dfrac{1}{1}$ 及其相反数 $-\dfrac{1}{1}$；

以后依次是每个分母的真分数及其相反数，它的倒数及其相反数。前几个顺

序如下：

$$\frac{0}{1}, \frac{1}{1}, -\frac{1}{1}, \frac{1}{2}, -\frac{1}{2}, \frac{2}{1}, -\frac{2}{1}, \frac{1}{3}, -\frac{1}{3}, \frac{2}{3}, -\frac{2}{3}, \frac{3}{2}, -\frac{3}{2}, \cdots$$

　　能够排成无穷序列的点虽然有无穷多，但其实是元素最少的无穷，它的总

长度注定了小于任意正数 ε。因为 ε 可以分解为无穷递缩等比数列的和 $\dfrac{\varepsilon}{2} +$

$\dfrac{\varepsilon}{4} + \cdots + \dfrac{\varepsilon}{2^n} + \cdots$，其中每项 $\dfrac{\varepsilon}{2^n}$ 不论多小都是正数，以它为长度的区间足够覆盖

一个点，无穷多个区间覆盖无穷多个点，这些点的总长度小于任意 $\varepsilon > 0$，只能

为 0。

可列无穷。有理数无穷多,而且在数轴上处处稠密:任何一个小区间里都有无穷多个有理点,稠密得难以想象。如此稠密的有理点是不是就把数轴填满了呢?别说把整个数轴填满,把整个数轴上全体有理点堆到任何一个小区间都填不满,再小的区间长度也是一个正数,有理数的总长度却小于任何正数,不但没填满,连百分之一、千分之一、万分之一都不到,填进去如石沉大海,等于没填。

有理数能够排成无穷数列。能够排成无穷数列的数称为**可列无穷**,可列就是可以排成一列,也称为**可数无穷**。数数 1,2,3,…是把需要数的对象按照某种顺序排出先后顺序来数,第一个数 1,下一个数 2,再后面依次 3,4,5,…。所以,可数也是可列。生活中的可数只能数清楚有限个,可列这种可数是数无穷个,虽然是无穷,但能排成一列的无穷是最少的无穷。

实数能不能也排成一列?比如,先数整数部分为 0 的,再数整数部分为 1 的。整数部分为 0 的小数就有无穷多个,永远也数不完,永远也不能等把它们数完了再数整数为 1 的,1 永远也等不到把前面数完再数自己。更何况,整数部分为 0 的按什么顺序?假如按从小到大,比 0 大的下一个数是谁?没法说。假如先数完十分位为 0 的 0.0…,再数十分位为 1 的 0.1…,前面的 0.0…也有无穷多,永远也轮不上数 0.1…。

即使数有理数,如果没把顺序排好,也数不完。比如,整数分数都是有理数,你先数正整数 1,2,3,…,再数分母为 2 的分数。正整数也有无穷多,永远数不完,永远轮不上数 $\frac{1}{2}$。

既然我们已经确凿证明了凡是能够排成无穷数列的点的总长度是 0,而数轴上任何两个不同点之间的区间长度都大于 0,就应该相信这个结论。下一个问题的答案就让你惊讶了:实数由有理数和无理数组成,有理数与无理数各占百分之几?有理数与无理数都是无穷多,不能数它们有多少个来比较,但可以量总长度来比较。到处密密麻麻的有理点的总长度竟然是 0,数轴的总长度当然不是 0 而是无穷大 ∞。有理数占的百分比可以用总长度比来衡量,$0 \div \infty = 0$。只能说有理数占 0%,剩下的无理数占 100%。

　　教材证明无理数的存在是举出一个例子:边长为 1 的正方形的对角线长度 x 是客观存在的,根据勾股定理得到 x 满足的方程是 $x^2 = 1^2 + 1^2 = 2$,然而分数的平方不可能等于 2,这说明 x 不是分数,不是有理数,称为无理数。不过,费了很大劲才举出一个例子,这可能造成一种印象:无理数很少,有理数才是大量的。教材上遇到的数,似乎大多是有理数,无理数不多。有人还认为整系数一元二次方程的根大多数是有理数,少数例外情况才是无理数。如果不动脑筋随机产生三个整数作为一元二次方程的系数,统计一下到底有理根多还是无理根多? 谁是例外谁是"例内"? 其实,大多数情况是有理数是人为选择的,不是真正的规律。我们这里没有具体制造无理数,而是统计数轴上有理点的多少。不能数个数,就量"长度"。当然不可能把有理点挤成一条线段量长度,而是分别量了再加起来。没有加出等号,而是加出了不等式:小于任意正数,小于任意正数就只能是 0。这都是长度的性质。我们不可能把所有的有理点挤成一条线段再用尺子量长度,不用尺子量长度,而用推理量长度。推理的基本出发点是:

　　直线上的图形(直线的子集),如果是若干个两两不相交的子集之并,那么总长度是各个子集的长度之和。

　　由此得出推论:图形的长度不小于它的子集的长度。

　　我们无法讨论长度为 $\dfrac{\varepsilon}{2}$, $\dfrac{\varepsilon}{4}$, $\cdots$, $\dfrac{\varepsilon}{2^n}$, $\cdots$ 的区间是否两两不交,也不需要讨论。如果相交,并集长度就会小于各子集长度之和,我们需要的不是等于 ε,而是小于任意 $\varepsilon > 0$,这个结论不受影响。

　　这种讨论不仅适用于长度,也适用于面积、体积、概率,大学数学把它们总称为**测度**。不见得真的用尺子去量,而是尺子加上推理。

　　有理数扩充到实数。数轴上每一点 P 附近无论多小的区间内都有无穷多个有理点,这说明有理点在数轴上是多么稠密,我们称有理点在数轴上处处稠密。反过来,我们也证明了整个数轴上的全体有理点的"总长度"是 0。而数轴的总长度是无穷大,按这个度量,有理点在数轴上占 0%。每点 P 附近任何一个小区间的长度都大于 0,不但其中有理点的总长度是 0,整个数轴上全体有理点的总长度都是 0，将全部有理点都挤到这个小区域内，占的比例仍是 0。可见有理点是多么少，多么稀疏。

数轴上的有理点由分数表示。对于每个正整数 n，分母是 10 的正整数次幂 10^n 的全体分数就是小数部分不超过 n 位数字的全体有限小数，数轴上代表这些有限小数的点把数轴分成长度为 0.1^n 的无穷多个区间，数轴上每个点 P 属于其中一个区间 $[a_n, a_n']$，$a_n' = a_n + 0.1^n$。P 是无穷多个依次包含的区间套 $[a_1, a_1'] \supset [a_2, a_2'] \supset \cdots \supset [a_n, a_n'] \supset [a_{n+1}, a_{n+1}'] \supset \cdots$ 共同包含的唯一点。如果 P 不是有理点，它就与所有的区间端点都不重合，就由无穷小数 x 表示，x 的整数部分与前 n 位小数由 a_n 提供，以后的每个 a_{n+1}，a_{n+2}，$\cdots$ 多提供一位小数数字。

3.8 分数逼近无理数

一、最佳分数近似值

> **例 1** 求 $\sqrt{2}$ 的分数近似值。

分析 由 $1^2 = 1 < 2 < 2^2 = 4$，知 $A = \sqrt{2} = 1.\cdots$ 的整数部分为 1。

由 $1.4^2 = 1.96 < 2 < 1.5^2 = 2.25$，得 $\sqrt{2} = 1.4\cdots$。$1.41^2 = 1.9881 < 2 < 2.0164$，得 $\sqrt{2} = 1.41\cdots$。不过这个方法进展很慢。

取 $A = \sqrt{2} = a_1 + x_1$ 的整数部分 $a_1 = 1 = \frac{1}{1}$ 为第一个分数近似值，满足 $0 < x_1 = A - a_1 < 1$。小数部分 $x_1 = \sqrt{2} - 1$ 的倒数 $A_2 = \frac{1}{x_1} > 1$。取 $A_2 = a_2 + x_2$ 的整数部分 a_2 为 A_2 的分数近似值，满足 $0 < x_2 = A_2 - a_2 < 1$，则 $A = a_1 + x_1 = a_1 + \frac{1}{A_2} \approx a_1 + \frac{1}{a_2}$ 为 A 的第二个分数近似值。

重复刚才的过程,取 $\dfrac{1}{x_2}=A_3=a_3+x_3\approx a_3$ 的整数部分 a_3 为近似值,则

$$x_2\approx\dfrac{1}{a_3},\ A_2\approx a_2+\dfrac{1}{a_3},\ A=a_1+\dfrac{1}{A_2}\approx a_1+\dfrac{1}{a_2+\dfrac{1}{a_3}}。$$

再求 A_1 的小数部分 $x_2=A_1-a_2$ 的倒数 $A_3=\dfrac{1}{x_2}>1$ 的整数部分 $a_3\geqslant$

1,使 $0<x_3=A-a_3<1$,$0<x_2<1$。取 $a_2\approx A_2$ 为 A_2 的整数近似值,则

$$x_1=\dfrac{1}{a_2+x_2}\approx\dfrac{1}{a_2},\ A=a_1+\dfrac{1}{a_2}\ 为第二个分数近似值。$$

同理,求 $A_3=\dfrac{1}{x_2}=a_3+x_3$ 的整数近似值 a_3,得 $x_2\approx\dfrac{1}{a_3}$,$A_2=a_2+x_2$

$$\approx a_2+\dfrac{1}{a_3}。$$

$$x_1=\dfrac{1}{A_2}\approx\dfrac{1}{a_2+\dfrac{1}{a_3}},\ \sqrt{2}=a_1+x_1=a_1+\dfrac{1}{a_2+\dfrac{1}{a_3}}。$$

依次类推可以不断得到精确度更高的分数近似值。

解　$\sqrt{2}=1+x_1$,$0<x=\sqrt{2}-1<1$。

由 $\dfrac{1}{x_1}=\dfrac{1}{\sqrt{2}-1}=\dfrac{\sqrt{2}+1}{(\sqrt{2}-1)(\sqrt{2}+1)}=\sqrt{2}+1=2+(\sqrt{2}-1)=2+x_1$,得

$x_1=\dfrac{1}{2+x_1}$。

不断地将等式 $x_1=\dfrac{1}{2+x_1}$ 右边分母中的 x_1 换成 $\dfrac{1}{2+x_1}$,得

$$x_1=\dfrac{1}{2+x_1}=\dfrac{1}{2+\dfrac{1}{2+x_1}}=\dfrac{1}{2+\dfrac{1}{2+\dfrac{1}{2+\cdots}}},\ \sqrt{2}=1+x_1=\dfrac{1}{2+\dfrac{1}{2+\dfrac{1}{2+\cdots}}}。$$

先计算 $x_1=\sqrt{2}-1$ 的分数近似值,再加1就得到 $\sqrt{2}$ 的分数近似值。

取 x_1 的第一个近似值 $u_1 = 0$，每个近似值 $x_1 \approx u_n$ 代入 $x_1 = \dfrac{1}{2 + x_1}$ 右边，

得到下一个 $u_{n+1} = \dfrac{1}{2 + u_n}$。

$$u_1 = 0; \quad u_2 = \frac{1}{2+0} = \frac{1}{2}; \quad u_3 = \frac{1}{2 + \frac{1}{2}} = \frac{2}{5}; \quad \cdots$$

为了简化运算，研究 $u_n = \dfrac{p_n}{q_n}$ 到 $u_{n+1} = \dfrac{p_{n+1}}{q_{n+1}} = \dfrac{1}{2 + \dfrac{p_n}{q_n}} = \dfrac{q_n}{2q_n + p_n}$ 的分子、

分母的变化。

发现每个 u_n 的分母 $q_n = p_{n+1}$ 是下一个 u_{n+1} 的分子。

u_{n+1} 的分母 $q_{n+1} = 2q_n + p_n = 2p_{n+1} + p_n = p_{n+2}$ 是再下一个 u_{n+2} 的分子。

只需从前两个分数 $u_1 = \dfrac{0}{1}$，$u_2 = \dfrac{1}{2}$ 的分子 $p_1 = 0$，$p_2 = 1$ 开始，按递推关

系式 $p_{n+2} = 2p_{n+1} + p_n$ 依次算出各分数的分子 p_n，相邻两个分子 p_n、p_{n+1} 相

除就得到各个分数 $u_n = \dfrac{p_n}{p_{n+1}}$。

算出各分子 p_1，p_2，$\cdots$，p_n，$\cdots$，依次为：

0，1，2，5，12，29，70，169，408，985，2 378，5 741，$\cdots$。

由上述两个分子 $p_{11} = 2\,378$，$p_{12} = 5\,741$，算出

$$\sqrt{2} = 1 + x_1 \approx 1 + \frac{p_{11}}{p_{12}} = 1 + \frac{2\,378}{5\,741} = 1.414\,213\,551\,623\cdots,$$

与准确值 $\sqrt{2} = 1.414\,213\,562\cdots$ 比较，误差约为 $0.000\,000\,01 = 0.1^8$。

每个分母 n 都能将 $\sqrt{2}\,n$ 四舍五入得到一个整数近似值 m，使误差

$\left| \sqrt{2}\,n - m \right| < \dfrac{1}{2}$，因而得到 $\sqrt{2}$ 的近似值 $\dfrac{m}{n}$，误差 $\left| \sqrt{2} - \dfrac{m}{n} \right| < \dfrac{1}{2n}$。根据这个

道理，分母为 5 741 的分数近似值的误差可以小于 $\dfrac{1}{2 \times 5\,741} < \dfrac{1}{10\,000} = 0.1^4$，

实际上却达到了 0.1^8，大大超过预期。这是为什么？

由 $u_{n+1}=\dfrac{1}{2+u_n}$ 知道：当 $1+u_n<\sqrt{2}$ 时，$2+u_n<\sqrt{2}+1$，$1+u_{n+1}=1+$

$\dfrac{1}{2+u_n}>1+\dfrac{1}{\sqrt{2}+1}=\sqrt{2}$。

同理可得：当 $1+u_n>\sqrt{2}$ 时，$1+u_{n+1}<\sqrt{2}$。因此，$\sqrt{2}$ 的准确值夹在相

邻两个分数近似值 $1+u_n$、$1+u_{n+1}$ 之间，误差 $\varepsilon_n=\left|\sqrt{2}-(1+u_n)\right|<$

$\left|(1+u_{n+1})-(1+u_n)\right|=|u_{n+1}-u_n|=\left|\dfrac{p_{n+1}}{p_{n+2}}-\dfrac{p_n}{p_{n+1}}\right|=\dfrac{|p_{n+1}^2-p_np_{n+2}|}{p_np_{n+1}}$。

我们证明所有的 $d_n=|p_{n+1}^2-p_np_{n+2}|=1$，从而 $\varepsilon_n<\dfrac{1}{p_np_{n+1}}$。

例如 $\varepsilon_{11}<\dfrac{1}{q_{11}q_{12}}=\dfrac{1}{2\,378\times 5\,741}<0.000\,000\,08<0.1^7$，实际接近 0.1^8

就不奇怪了。

$d_n=1$ 是否成立呢？我们需要的 $d_{10}=|q_{11}^2-q_{10}q_{12}|$ 中的 q_{12} 并没有算出

来，还需要由递推关系 $q_{12}=2q_{11}+q_{10}$ 来计算。不过

$$d_9=|q_{10}^2-q_9q_{11}|=|2\,378^2-985\times 5\,741|$$
$$=|5\,654\,884-5\,654\,885|=|-1|=1,$$

确实等于 1。既然 q_{12} 能由 q_{11}、q_{10} 算出来，d_{10} 也能由 d_9 算出来，那么我们尝

试将 d_n 由 d_{n-1} 算出来：

$$d_n=|q_{n+1}^2-q_nq_{n+2}|=|q_{n+1}^2-q_n(2q_{n+1}+q_n)|=|q_{n+1}^2-2q_nq_{n+1}-q_n^2|$$
$$=|q_{n+1}(q_{n+1}-2q_n)-q_n^2|=|q_{n+1}(2q_n+q_{n-1}-2q_n)-q_n^2|$$
$$=|q_{n+1}q_{n-1}-q_n^2|=|q_n^2-q_{n-1}q_{n+1}|=d_{n-1}=d_{n-2}=\cdots$$
$$=d_1=|q_2^2-q_1q_3|=|2^2-1\times 5|=1。$$

既然 $d_n=d_{n-1}$ 对所有 $n\geqslant 2$ 成立，所有的 d_n 就都相等，就不必算 $d_9=$

$|2\,378^2-985\times 5\,741|$ 这么大的数来得 d_{10}，只要算最小的 $d_1=\left|2^2-1\times 5\right|$

就得到无穷多个 $d_n=1$。 这是逻辑推理和字母运算的力量。

每个实数 A 都能写成 $A = a_1 + \cfrac{1}{a_2 + \cfrac{1}{a_3 + \cfrac{1}{\ddots}}}$ 的形式,其中 a_1 是 $A = a_1 +$

x_1 的整数部分,a_2 是 $\dfrac{1}{x_1} = a_2 + x_2$ 的整数部分,a_3 是 $\dfrac{1}{x_2} = a_3 + x_3$ 的整数部分,

这样的形式称为**连分数**。如果 A 是有理数,就会有某个 $\dfrac{1}{x_{n-1}} = a_n$ 是正整数,

$x_n = 0$,连分数就是有限的,可以化成分数。如果 A 是无理数,那么这个过程

永远不停止,得到无穷连分数,每一个小数部分 x_n 都可以舍去变成 0,变成有

限连分数,化成分数 $u_n = \dfrac{p_n}{q_n}$ 作为 A 的近似值,称为渐近分数。分母为 n 的分

数近似值误差能够小于 $\dfrac{1}{2n}$,但连分数得到的渐近分数 $\dfrac{p_n}{q_n}$ 的误差却能小于

$\dfrac{1}{q_n q_{n+1}} < \dfrac{1}{q_n^2}$,其中 q_{n+1} 是下一个渐近分数的更大的分母,分母比它小的分数

近似值的误差都比它大,这样的分数近似值称为最佳分数近似值。

例 2 求 $\sqrt{3}$ 的分数近似值,使它的误差尽量小。

解 $\sqrt{3} = 1 + x_1$ 的整数部分是 1,$0 < x_1 = \sqrt{3} - 1 < 1$。

$$\frac{1}{x_1} = \frac{1}{\sqrt{3} - 1} = \frac{\sqrt{3} + 1}{(\sqrt{3} - 1)(\sqrt{3} + 1)} = \frac{\sqrt{3} + 1}{2} = 1 + \frac{\sqrt{3} - 1}{2} = 1 + \frac{1}{2} x_1,$$

$$x_1 = \frac{1}{1 + \frac{1}{2} x_1} = \frac{1}{1 + \frac{1}{2} \cdot \cfrac{1}{1 + \frac{1}{2} x_1}} = \frac{1}{1 + \cfrac{1}{2 + x_1}} = \frac{2 + x_1}{(2 + x_1) + 1} = \frac{2 + x_1}{3 + x_1},$$

$$\sqrt{3} = 1 + x_1 = 1 + \cfrac{1}{1 + \cfrac{1}{2 + \cfrac{1}{1 + \cfrac{1}{2 + \cfrac{1}{\ddots}}}}}。$$

从 $x_1 = \sqrt{3} - 1$ 的第一个近似值 $u_1 = 0$ 开始,将每个分数近似值 $u_n = \dfrac{p_n}{q_n} \approx$

x_1 代入公式 $x_1 = \dfrac{2+x_1}{3+x_1}$ 右边,得到 x_1 的下一个分数近似值,从而得到 $\sqrt{3} =$

$1 + x_1$ 的近似值 $1 + u_n$。

$$u_{n+1} = \frac{p_{n+1}}{q_{n+1}} = \frac{2 + \dfrac{p_n}{q_n}}{3 + \dfrac{p_n}{q_n}} = \frac{2q_n + p_n}{3q_n + p_n} \Rightarrow \begin{cases} p_{n+1} = 2q_n + p_n, \\ q_{n+1} = 3q_n + p_n。 \end{cases} \tag{1}$$

经计算:$u_1 = \dfrac{0}{1}$; $u_2 = \dfrac{2 \times 1 + 0}{3 \times 1 + 0} = \dfrac{2}{3}$; $u_3 = \dfrac{2 \times 3 + 2}{3 \times 3 + 2} = \dfrac{8}{11}$; $u_4 =$

$\dfrac{2 \times 11 + 8}{3 \times 11 + 8} = \dfrac{30}{41}$; $u_5 = \dfrac{112}{153}$; $u_6 = \dfrac{418}{571}$; $u_7 = \dfrac{1\,560}{2\,131}$; $u_8 = \dfrac{5\,822}{7\,953}$。

$\sqrt{3} \approx 1 + u_5 = 1 + \dfrac{112}{153} = 1.732\,02\cdots$, $\sqrt{3} \approx 1 + u_8 = 1 + \dfrac{5\,822}{7\,953} =$

$1.732\,050\,798\cdots$ 与准确值 $\sqrt{3} = 1.732\,050\,807\cdots$ 比较,误差分别小于

0.1^4, 0.1^8。

例3 求 $\pi = 3.141\,592\,65\cdots$ 的最佳分数近似值。

解 $\pi = 3 + x_1$, $0 < x_1 = \pi - 3 < 1$。$\dfrac{1}{x_1} = 7.062\,513\,3\cdots = 7 + x_2$。

取 $x_2 \approx 0$,则 $x_1 \approx \dfrac{1}{7}$,得到近似值 $\pi \approx 3 + \dfrac{1}{7} = \dfrac{22}{7} = 3.142\,8\cdots$,祖冲之

称此为**约率**。

取 $\dfrac{1}{x_2} = 15.996\,6\cdots \approx 16$, $x_2 \approx \dfrac{1}{16}$,则 $\dfrac{1}{x_1} \approx 7 + \dfrac{1}{16} = \dfrac{113}{16}$。

$\pi = 3 + x_1 \approx 3 + \dfrac{16}{113} = \dfrac{355}{113} = 3.141\,592\,9\cdots$,祖冲之称此为**密率**,前 7 位

数字与准确值吻合。

探与究 $\pi = 3 + x_1 \approx 3 + \dfrac{1}{7 + \dfrac{1}{16}} = \dfrac{355}{113}$ 就是祖冲之的密率。

如果要将 π 继续展开成连分数,那么 $\dfrac{1}{x_2} = 15.996594\cdots = 15 + x_3$ 的整数部分应该是 15。

$$\frac{1}{x_3} = \frac{1}{0.996594\cdots} = 1.003417\cdots = 1 + x_4,$$

$$\frac{1}{x_4} = 292.63459\cdots = 292 + x_5。$$

$$\pi = 3 + \cfrac{1}{7 + \cfrac{1}{15 + \cfrac{1}{1 + \cfrac{1}{292 + \cfrac{1}{\ddots}}}}}$$

前几个渐近分数依次为:$\dfrac{3}{1}$,$\dfrac{22}{7}$,$\dfrac{333}{106}$,$\dfrac{335}{113}$,$\dfrac{103\,993}{33\,102} = 3.141\,592\,653\,01\cdots$。

以上最后一个渐近分数与 $\pi = 3.141\,592\,653\,5\cdots$ 前 10 个数字吻合,精确度比祖冲之的密率 $\dfrac{355}{113}$ 更高,不过分母也大得多。

分数近似值的分母与误差的关系,类似于产品价格与质量的关系。一般来说,便宜无好货,价钱高,产品质量也高。但实际上并非完全如此,有的价廉物美,有的价高质次,性能价格比有高有低。分母为 n 的分数近似值可以让误差小于 $\dfrac{1}{2n}$,增大分母 n 总可以降低最大误差 $\dfrac{1}{2n}$。但是,连分数的渐近分数的分母如果为 q_n,误差 $< \dfrac{1}{q_n q_{n+1}}$ 比 $\dfrac{1}{2q_n}$ 小得多,其中 q_{n+1} 是下一个渐近分数的分母,肯定大于 q_n,因此误差肯定小于 $\dfrac{1}{q_n^2}$。按这个算法,祖冲之的密率 $\dfrac{355}{113} = 3.141\,592\,6\cdots$ 的误差可以小于 $\dfrac{1}{113^2} < \dfrac{1}{10\,000} = 10^{-4}$。实际上,它与 π 准确值

3. 141 592 9…的误差小于 0. 000 000 266 7…，大大低于 10^{-4}。这里的奥妙在于：q_{n+1} 不但大于 q_n，而且大于 q_n 的 a_{n+1} 倍，a_{n+1} 是连分数中的下一个整数部分。π 的渐近分数 $\frac{335}{113}$ 的下一个渐近分数是 $\frac{103\,993}{33\,102}$，它的分母 33 102 非常大，准确值夹在这两个渐近分数之间，误差应该小于 $\frac{1}{113 \times 33\,102} =$ 0. 000 000 267 3…，实际误差只比这个上界小很少一点点。这个渐近分数的分母为什么这么大？它是由前两个渐近分数 $\frac{333}{106}$、$\frac{335}{113}$ 的分母算出来的：

$$292 \times 113 + 106 = 33\,102,$$

其中 292 是 π 的连分数展开式

$$\pi = 3 + \cfrac{1}{7 + \cfrac{1}{15 + \cfrac{1}{1 + \cfrac{1}{292 + \cfrac{1}{\ddots}}}}}$$

中的下一个整数部分 $a_5 = 292$，是上一个小数部分 $x_4 = 0. 003\,417\cdots$ 的倒数 $\frac{1}{x_4} = 292. 63\cdots$ 的整数部分。之所以很大，是因为 $\frac{1}{x_2} = 15. 996\,594\cdots = 15 + x_3$ 太接近整数 16，它的小数部分 $x_3 = 0. 996\,594\cdots$ 太接近整数 1，因此 $\frac{1}{x_3} =$ 1. 003 417…$= 1 + x_4$ 的小数部分 x_4 太接近 0，它的倒数当然就很大。因此祖冲之的密率 $\frac{355}{113}$ 是一个极其优秀的分数近似值。祖冲之的约率 $\frac{22}{7}$ 的分母 7 很小，但连分数展开式中的下一个整数部分 15 也很大，下一个渐近分数 $\frac{333}{106}$ 也就很大，所以 $\frac{22}{7}$ 的误差上限 $\frac{1}{7 \times 106}$ 比 $\frac{1}{7^2}$ 小得多，也是相当优秀的分数近似值。相比而言，$\frac{333}{106}$ 的下一个整数部分 1 很小，误差上限 $\frac{1}{106 \times 113}$ 不够小，这个近

似值比较平庸,祖冲之没有把它作为密率,直接跳过它,用了 $\dfrac{335}{113}$ 这个超级优秀的分数近似值作为密率。

二、音乐:为什么只有五声音阶与十二音阶

音乐由 1(do)、2(re)、3(mi)、4(fa)、5(sol)、6(la)、7(si)七个音以及比它们高八度的 $\dot{1}$、$\dot{2}$、$\dot{3}$、$\dot{4}$、$\dot{5}$、$\dot{6}$、$\dot{7}$ 以及高若干个八度或低若干个八度的音。钢琴上还有黑键白键,相邻两个琴键发出的音相差半音,两个半音构成一个全音。升高 12 个半音就是升高八度。

声音是由振动产生的。声音的高低由振动的快慢决定。振动快慢由振动频率来度量。度量单位是赫兹,记为 Hz,人耳朵听得见的声音的频率大体上在 20—20 000 Hz 范围内。

人耳朵对声音高低差别的感知是按频率比而不是频率差。频率比为 2 就是相差八度。钢琴上从 1 到 $\dot{1}$ 共有 13 个键(包括黑键白键),12 个间隔,各个键的音的频率乘等比数列,相邻两个键声音的频率比相等,都等于 $q = 2^{\frac{1}{12}} = \sqrt[12]{2}$,这就是相差半音。相差全音就是两个半音,频率比为 q^2。

从 1 到 $\dot{1}$ 的各个音 1、2、3、4、5、6、7、$\dot{1}$ 之间的间隔不相同,3、4 之间相差半音,7、$\dot{1}$ 之间相差半音,频率比为 $q = 2^{\frac{1}{12}}$,其余各相邻音之间相差两个半音,频率比是 q^2。钢琴上的 C 调的 1、2、3、4、5、6、7、$\dot{1}$ 都是弹白键,1、2、3 之间都相隔一个黑键,4、5、6、7 之间也相隔黑键,3、4 之间没有黑键,7、$\dot{1}$ 之间也没有黑键。

1、2、3、4、5、6、7、$\dot{1}$ 各音频率与 1 的频率比依次为

$$1,\ q^2 \approx 1.122\,5,\ q^4 \approx 1.259\,9,\ q^5 \approx 1.334\,8,\ q^7 \approx 1.498\,3,$$
$$q^9 \approx 1.681\,8,\ q^{11} \approx 1.887\,8,\ q^{12} = 2,$$

这个方案叫做**十二平均律**。但音乐还需要听起来和谐。和谐就要求各音的频率比是简单分数,分子分母越小,听起来越和谐。这是因为每个音都不是单一

的频率,而是若干个不同频率的音合成起来的。它的频率其实是最低频率,称为**基音**。除此之外,还包含了基音频率整数倍的其他频率,叫做**泛音**。两个音的频率比如果是简单分数,频率的公共整数倍就多,公共泛音就多,听起来就和谐。但十二平均律的频率比都是无理数 $2^{\frac{1}{12}}$ 的整数幂,不是有理数,影响和谐。因此就有另外的方案。但是十二平均律的优点是完全的等比数列,相邻音的频率比严格相等。换成简单分数不能造成相邻音的频率比差距太大。因此,应该兼顾频率比尽量接近已经分母尽量小这两个相互矛盾的要求。连分数的渐近分数就是满足这种要求的有利武器。

> **例 4**　用分母不超过 10 的简单分数代替十二平均律中的 1、2、3、4、
> 5、6、7、i 各音与 1 的频率比。

解　$q^2 \approx 1.1225$,小数部分求倒数,得 $\dfrac{1}{0.1225} \approx 8.1632 \approx 8$, $q^2 \approx 1+$

$\dfrac{1}{8} = \dfrac{9}{8}$。

$q^4 \approx 1.2599$, $\dfrac{1}{0.2599} \approx 3.8476 \approx 4$, $q^4 \approx 1+\dfrac{1}{4} = \dfrac{5}{4}$。

$q^5 \approx 1.338$, $\dfrac{1}{0.338} = 2.96 \approx 3$, $q^5 \approx 1+\dfrac{1}{3} = \dfrac{4}{3}$。

$q^7 \approx 1.4983$, $\dfrac{1}{0.4983} \approx 2.0068 \approx 2$, $q^7 \approx 1+\dfrac{1}{2} = \dfrac{3}{2}$。

$q^9 \approx 1.6878$, $\dfrac{1}{0.6878} \approx 1.4539$, $\dfrac{1}{0.4539} \approx 2.203 \approx 2$, $q^9 \approx 1+$

$\dfrac{1}{1+\dfrac{1}{2}} = 1+\dfrac{2}{3} = \dfrac{5}{3}$。

$q^{11} \approx 1.8877$, $\dfrac{1}{0.8877} = 1.1264$, $\dfrac{1}{0.1264} = 7.9 \approx 8$, $q^{11} \approx 1+\dfrac{1}{1+\dfrac{1}{8}} =$

$$1+\frac{8}{9}=\frac{17}{9}。$$

探与究 在音乐界广泛采用的另一种方案的 1、2、3、4、5、6、7 与 1 的频率比就是简单分数

$$1、\frac{9}{8}、\frac{5}{4}、\frac{4}{3}、\frac{3}{2}、\frac{5}{3}、\frac{15}{8}。$$

这个方案叫做**纯律**。它的其它比例与我们用连分数算出来的完全相同，只有最后一个 $\frac{15}{8}$ 与我们的 $\frac{17}{9}$ 不同，也非常接近：$\frac{17}{9}-\frac{15}{8}=\left(2-\frac{1}{9}\right)-\left(2-\frac{1}{8}\right)=$ $\frac{1}{8}-\frac{1}{9}=\frac{1}{72}$。不过，用连分数计算只要求各个音与 1 的频率比的分母尽量小，但没有考虑这些音两两的相互比。纯律则是由三个简单分数 $\frac{2}{1}$、$\frac{3}{2}$、$\frac{5}{4}$ 做乘法产生频率比，频率比约分的可能性大，不会太大。如果让 $\frac{17}{9}$ 进来，分子 17 与谁都不能约分，造成频率比增大。比如 7 与 6 的频率比，如果 7 采用 $\frac{17}{9}$，就是 $\frac{17}{9}\div\frac{5}{3}=\frac{17}{15}$，而 7 采用 $\frac{15}{8}$ 则是 $\frac{15}{8}\div\frac{5}{3}=\frac{9}{8}$。纯律的各分数的分子分母的素因子只有 2、3、5，确实不宜有另外的素因子进入。

更何况，创立音律的时候，人类并不会开方，更不会开 12 次方。但会做乘法。所以，最早的音律都是做乘法乘出来的，不是开方开出来的。这里就有另一个问题，如果做等比数列，无论开多少方都是可以的，为什么要采用 12 音阶，开 12 次方？不开别的 n 次方？最简单的答案可以到刚才计算连分数的结果中去找：q 的正整数次幂都是无理数，但其中有一个特别接近有理数，那就是 $q^7=1.4983$ 特别接近 $1.5=\frac{3}{2}$，这个音是 5(sol)。与 1(do) 相差五度。相差五度的两个音，高五度的就是低音的 $\frac{3}{2}$ 倍，$\frac{3}{2}$ 是除了 $\frac{2}{1}$ 之外分子分母最小的分数。相差五度的频率比 $\frac{3}{2}$，和谐程度仅次于相差八度的频率比 $\frac{2}{1}$。仅次于 $\frac{2}{1}$

并不是说它不好,而是它更好。相差八度,和谐程度太高了,太单调了,都成了一个音,就不能形成音乐了。要靠 $\frac{3}{2}$,稍微降低一点和谐程度,才能让各个音既有差别而又不失和谐,组成多姿多彩的音乐世界。为什么要开 12 次方? 就是因为 12 次方根的正整数次幂才能与 $\frac{3}{2}$ 如此接近。其实就是因为 $\frac{3}{2}$ 的 12 次幂非常接近 2 的幂:$\left(\frac{3}{2}\right)^{12} = 1.5^{12} = 129.746\cdots$ 与 $2^7 = 128$ 之比等于 $\frac{3^{12}}{2^{19}} \approx$ 1.013 6 非常接近 1,多 1%。前一个接近 1 的比是 $\left(\frac{3}{2}\right)^5 \approx 7.59$ 与 $2^3 = 8$ 很接近,二者之比等于 $\frac{3^5}{2^8} \approx 0.95$,少 5%。因为 $\left(\frac{3}{2}\right)^{12}$ 接近 2 的幂,所以采用 12 音阶。因为 $\left(\frac{3}{2}\right)^5$ 接近 2 的幂,所以中国古代采用五声音阶,由五个音宫、商、角、徵、羽组成乐曲,相当于现在的 1(do)、2(re)、3(mi)、5(sol)、6(la)。从古至今使用了两千多年。至今很多大众歌曲中没有 4(fa)、7(si) 这两个音,还是五声音阶。别嫌五声音阶低档,它比 12 音阶更和谐,但不如 12 音阶丰富。所以大众歌曲多采用五声音阶,阳春白雪采用 12 音阶。为什么只有 5 与 12? 完全是因为数学:因为 3 的 5 次与 12 次幂接近 2 的幂,其他幂不接近。如果要更接近,至少需要 41 次幂。

相差五度的音在音乐中非常重要,两个人合唱卡拉 OK,如果相差八度,听起来完全一样。但如果相差五度,一个是 1(do) 另一个是 5(sol),或者一个是 2(re) 另一个是 6(la),等等,听起来不完全一样,但特别和谐,比完全一样还更悦耳,因为相差八度过分和谐,太单调了。相差五度,仍不失和谐,但又更丰富。拉二胡之前要把两根弦的音调准,内弦如果是 1,外弦就要调成 5(sol),就是差五度,频率比是 $\frac{3}{2} = 1.5$。 小提琴四根弦,从低到高发音依次为 5、2、6、$\overset{\cdot}{3}$,依次升高五度,频率乘 $\frac{3}{2}$。

哪个音叫做 1(do) 是相对的,不同的调的 1(do) 的高低不同。弹一根绷紧的弦发出声音,可以叫做 1。按住弦的中点,弹任意一半,产生的音的频率就是 2 倍,就是高八度的 $\dot{1}$。按住弦长的一半的一半,弹空弦的 $\frac{1}{4}$,声音频率就是 4 倍,就是高两个八度的 $\ddot{1}$。频率不断乘 2 或除以 2,声音升高或降低若干个八度。产生的音最和谐,和谐得可以认为是同一个音。所以,数字用同一个 1,唱名同样叫做 do。就是把相差八度的看成同一个音。不是主观规定,而是客观感觉。两人合唱卡拉 OK,如果相差八度,听起来是同一个音。如果只有相差八度的音,实质上只有一个音,过分单调,不能产生音乐。

因此需要另一个既简单又不是 2 的幂的分数来产生新的音,那就是 $\frac{3}{2}$。按住空弦的三等分点,弹空弦长度 $\frac{2}{3}$ 的那一段,频率就是空弦频率的 $\frac{3}{2}$ 倍,发音就是 5(sol)。频率不断升高 $\frac{3}{2}$ 倍,产生新音的频率就是 1 的频率的 $\frac{3}{2}$ 的正整数次幂 $\left(\frac{3}{2}\right)^n$。相差八度的音看成同一个音,因此可以将超过 2 倍的 $\left(\frac{3}{2}\right)^n$ 除以 2 幂将音降若干个八度变回,还是同一个音。但如果某个幂 $\left(\frac{3}{2}\right)^n$ 非常接近 2 的某个幂 2^m,除以 2^m 得到的商 $\left(\frac{3}{2}\right)^n \div 2^m = \frac{3^n}{2^{n+m}} \approx 1$ 非常接近 1,这个音就与 1 重复了。频率 $\left(\frac{3}{2}\right)^n$ 不接近 2 的幂的才是新的音。某个幂 $\left(\frac{3}{2}\right)^n$ 如果接近 2 的幂,不但这个音是高若干个八度的 1,以后的音也都与以前的重复,不再有新的音。

$\left(\frac{3}{2}\right)^n = \frac{3^n}{2^n}$ 接近 2 的幂 2^m,也就是 3 的幂 3^n 接近 2^{n+m}。最原始的办法是依次将 3 的各次幂 3^n 除以 2 的适当次幂降到区间 $[1, 2)$ 中,只要它们不重复,就是新的音。

简谱音(唱名)	1(do)	5(sol)	2(re)	6(la)	3(mi)	7(si)
分数频率	1	3/2	$3^2/2^3$	$3^3/2^4$	$3^4/2^6$	$3^5/2^7$
小数频率	1	1.5	1.125	1.6875	1.265625	1.898

以上的频率是用这个音的频率与 1(do) 音的频率比来计算。列出小数值是为了观察频率比是否接近 1 或 2。对 $n=1$、2、3、4、5 依次计算了 $1 \leqslant \dfrac{3^n}{2^k} < 2$ 的小数值。发现 $\dfrac{3^5}{2^7} \approx 1.9$ 接近 2。古人认为这个音接近 $\dot{1}$，重复了。用 $n=0$、1、2、3、4 的五个音 1、5、2、6、3 组成音阶。按中音频率从小到大排列为 1、2、3、5、6，古代叫做宫、商、角、徵、羽。这种方案称为五声音阶。

例 5　求正整数 n、m，使 $\dfrac{3^n}{2^m}$ 尽量接近 1。

解　从 $u_1 = 2$ 开始。寻找 $\dfrac{3^n}{2^m} > 1$ 且比以前更接近 1。

$$1 < u_2 = \frac{3}{2} = 1.5 < u_1。$$

由 $1.5 < 2 < 1.5^2$ 知 $1 < u_3 = \dfrac{u_1}{u_2} < u_2$，$u_3 = 2 \times \dfrac{2}{3} = \dfrac{2^2}{3} = 1.333$。

由 $1.333 < 1.5 < 1.333^2$ 知 $1 < u_4 = \dfrac{u_2}{u_3} < u_3$，$u_4 = \dfrac{3}{2} \times \dfrac{3}{2^2} = \dfrac{3^2}{2^3} = 1.125$。

由 $1.125^2 < 1.333 < 1.125^3$ 知 $1 < u_5 = \dfrac{u_3}{u_4^2} < u_4$，$u_5 = \dfrac{2^2}{3} \times \left(\dfrac{2^3}{3^2}\right)^2 = \dfrac{2^8}{3^5} \approx 1.053$。

这证明 3^5 接近 2^8，是五声音阶的理论基础。

由 $1.053^2 < 1.125 < 1.053^3$，知 $1 < u_6 = \dfrac{u_4}{u_5^2} < u_5$，$u_6 = \dfrac{3^2}{2^3} \times \left(\dfrac{3^5}{2^8}\right)^2 = \dfrac{3^{12}}{2^{19}} = 1.0136$。

这证明 3^{12} 更接近 2^{19}，是 12 声音阶的理论基础。

由 $1.0136^3 < 1.053 < 1.0136^4$，知 $1 < u_7 = \dfrac{u_5}{u_6^3} = \dfrac{2^8}{3^5} \times \left(\dfrac{2^{19}}{3^{12}}\right)^3 = \dfrac{2^{65}}{3^{41}} \approx 1.0112$。

为什么不用 41 音阶。 u_7 比 u_6 只小一点点，改进不多。如果以它为理论基础改成 41 音阶，十个手指无法弹 41 个音，费力很多，收获很小，得不偿失。

由 $1.0112 < 1.0136 < 1.0112^2$ 知 $1 < u_8 = \dfrac{u_6}{u_7} = \dfrac{3^{12}}{2^{19}} \times \dfrac{3^{41}}{2^{65}} = \dfrac{3^{53}}{2^{84}} \approx 1.002$。

为什么不用 53 音阶。 从 12 音阶的 1% 的差别到 53 音阶的千分之二的差别，改进很大。但是人的耳朵根本分辨不出千分之二的频率差别，"改进"了也毫无用处。更何况十个手指根本弹不出 53 个不同琴键。

所以，音阶就只有五声音阶与十二音阶两种。到此为止。至于十二音阶是严格按等比数列平均分配还是照顾和谐采用分数频率，那就由音乐界人士根据他们的音乐审美观念来决定了。

我本来很迷惑：音乐界人士肯定不计算频率是无理数还是简单分数，他们是怎么处理这个问题的？是采用等比数列，还是简单分数？直到有一位会弹钢琴的人士告诉我：钢琴使用了一定时间之后，音就不太准了，需要由调音师重新调音。调音师为了让它更好听，故意让它不太准。这句话听起来有点荒唐：怎么会"不太准"才好听，"太准"反而不好听？但我马上就明白了：太准就是更接近十二平均律的等比数列，频率比都是 $\sqrt[12]{2}$ 的幂，大量的是无理数。听起来不和谐。"不太准"就是把它们略加改变变成简单分数，听起来和谐，但也不能"太不准"，与等比数列不能偏离太远。这正好就是简单分数逼近无理数的要求：分母尽量小，使它和谐，误差也要小，使它尽量准。调音师不会算无理数化连分数，但他能够靠耳朵听出来它偏离等比数列多远，也能听出它的分母多小。

探与究   例 5 寻找 3 与 2 的正整数次幂之比 $\dfrac{3^n}{2^m}$ 尽量接近 1 的原理是：3 与 2 的正整数幂之比的集合对乘除法封闭。其中任意两个比 $u_{k-1} = \dfrac{3^n}{2^m}$ 与 $u_k = \dfrac{3^r}{2^s}$

的正整数次幂相除仍在这个集合中。

由此得算法：当 $u_{k-1}>u_k>1$，取 u_k 的最大整数次幂 $u_k^q<u_{k-1}<u_k^{q+1}$，得 $1<u_{k+1}=\dfrac{u_{k-1}}{u_k^q}<u_k$。

这个算法与原理类似于例 1～例 4 求实数 α 的最佳分数近似值 $\dfrac{m}{n}$ 的算法。那里是求 α 与 1 的正整数倍之差 $n\alpha-m$ 尽量接近 0。同样的原理是：α、1 的整数倍之差对加减法封闭。设两个差 $u_{k-1}=n\alpha-m>u_k=r\alpha-s>0$，取 u_k 的最大正整数倍 $qu_k<u_{k-1}<(q+1)u_k$，则 $0<u_{k+1}=u_{k-1}-qu_k<u_k$。

例如，例 3 求 π 的最佳分数近似值。取最大正整数 $3<\pi<4$ 得 $0<x_1=\pi-3=0.141\,592\,65\cdots<1$。

取最大正整数 $7<\dfrac{1}{x_1}=7.062\,513\,3\cdots<8$，得

$$0<x_2=\frac{1}{x_1}-7=0.062\,513\,3\cdots。$$

就是

$$0<u_2=x_1x_2=1-7x_1=0.062\,513\,3\cdots<x_1,$$
$$u_2=1-7(\pi-3)=22-7\pi。$$

再取 $16>\dfrac{1}{x_2}=15.996\,59\cdots>15$，得

$$0<x_3=16-\frac{1}{x_2}=16-15.996\,59<0.004。$$
$$0<x_2x_3=16x_2-1<x_2,$$
$$0<u_3=x_1x_2x_3=16x_1x_2-x_1<x_1x_2=u_2。$$
$$u_3=16u_2-x_1=16(22-7\pi)-(\pi-3)=355-113\pi。$$
$$0<u_3=x_1x_2x_3<0.15\times0.063\times0.004<0.000\,038,$$
$$0<\frac{355}{113}-\pi<\frac{u_3}{113}<\frac{0.000\,038}{113}<0.000\,000\,34。$$

π 的过剩近似值 $\dfrac{355}{113} = 3.141\,692\,9$ 减准确值 $3.141\,592\,65\cdots$ 的差小于 $0.000\,000\,27$。

这个例子可以帮你体会例 1 到例 3 与例 5 的类似之处。

五度相生算定调

钢琴、风琴、手风琴、电子琴是键盘乐器，琴键排列如图 3-8-1。

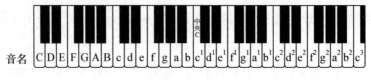

$$\text{音名} \quad C\,D\,E\,F\,G\,A\,B\,c\,d\,e\,f\,g\,a\,b\,c^1\,d^1\,e^1\,f^1\,g^1\,a^1\,b^1\,c^2\,d^2\,e^2\,f^2\,g^2\,a^2\,b^2\,c^3$$

图 3-8-1

不分白键黑键，从左到右各键发音依次升高，相邻两音的升高幅度相同，频率比都等于 $q = \sqrt[12]{2}$，称为"升高半音"。

白键依次命名为 C、D、E、F、G、A、B，发音就是 C 调的 1、2、3、4、5、6、7。黑键没有另外命名，用它们左侧相邻白键名称标注升音号 ♯ 升半音命名为 ♯C、♯D、♯F、♯G、♯A。

相差若干个八度的音，频率比为 2 的整数次幂，这样的音太和谐，看成同一个音，用同一个字母表示。简谱用同一个数字，唱名也用同一个。比如 C 调的 1 与 i 都是 C，唱名都是"哆"。数字都是 1，只是上下加点来区别高八度与低八度。因此可以将所有的音升降若干个八度变成中音来代表。只有 12 个不同中音，12 个琴键名循环使用，如图 3-8-2，其中每个小于号"<"表示相邻音上升幅度，都是半音。

$$C < {}^\sharp C < D < {}^\sharp D < E < F < {}^\sharp F < G < {}^\sharp G < A$$
$$< {}^\sharp A < B < C < {}^\sharp C < D < {}^\sharp D < E < F < {}^\sharp F < G$$

C 调：　　　　　$1 << 2 << 3 < 4 << 5 << 6 << 7 < i$
D 调：　　　　　　$1 << 2 << 3 < 4 << 5 << 6 << 7 < i$
E 调：　　　　　　　$1 << 2 << 3 < 4 << 5 << 6 << 7 < i$

图 3-8-2

12 个不同的音在乐曲中的使用机会不平等，每个乐曲主要由 7 个音 1、2、

3、4、5、6、7 组成,称为基本音,其余 5 个音使用得少。

键盘乐器上每个琴键的名称固定不变,不同乐器同一名称的琴键发音频率相同。但哪个键发音为 1 却可以任意选择,不同的 1 就称为不同的调。如果选择 C 键发音为 1,就称为 C 调。简谱乐曲开始时写 1=C 就是指定 C 键发音为 1。C 键以后各白键 D、E、F、G、A、B 发音依次为 2、3、4、5、6、7,注意 C、D、F、G、A 这 5 个白键右侧各有一个黑键,白键 E、B 右侧没有黑键。C 调基本音把 C、D、F、G、A 右侧的黑键搁置不用,用括号表示如下:C<($\sharp$C)<D<($\sharp$D)<E<F<($\sharp$F)<G<($\sharp$G)<A<($\sharp$A)<B<C,剩下的基本音 C<<D<<E<F<<G<<A<<B<C,其中五个间隔<<就是两步并作一步,是两个半音连成的大间隔,称为全音。还有两个白键 E、B 后面没有黑键,直接与下一个白键相邻,在基本音中仍然是原来的小间隔 E<F,B<C,仍是半音。七个白键发出的基本音 1<<2<<3<4<<5<<6<<7<i 的 7 个间隔仍然是 5 个大间隔(全音)分别在 1、2、4、5、6 后面,两个小间隔(半音)在 3、7 后面。

不管换成哪个键发音 1,大间隔与小间隔的排列顺序不变:1、2、4、5、6 后面是全音,3、7 后面是半音。

例 6　列出 D 调与 E 调弹奏基本音的各键,其中各有几个黑键?

解　图 3-8-2 第三行以 D 为 1,在 1、2、4、5、6 后面各删去 $\sharp$D、F、$\sharp$G、$\sharp$A、C,剩下 D<<E<<$\sharp$F<G<A<<B<$\sharp$C<D 弹奏基本音,其中有两个黑键 $\sharp$F、$\sharp$C。

图 3-8-2 第四行以 E 为 1,在 1、2、4、5、6 后面各删去 F、G、$\sharp$A、C、D,剩下 E<<$\sharp$F<<$\sharp$G<A<<B<<$\sharp$C<<$\sharp$D<E 弹奏基本音,其中有 4 个黑键 $\sharp$F、$\sharp$G、$\sharp$C、$\sharp$D。

为什么需要知道哪些黑键发基本音? 比如,键盘乐器的弹奏者需要知道哪些音需要弹黑键,需要在五线谱上标出来。

例7   图 3-8-3 所示的是用五线谱写的
三个乐曲的开头。它们各是什么调?

(1)   (2)   (3)

图 3-8-3

分析   五线谱用由下到上五条线的不同位置表示由低到高的不同音。由
下往上各条线依次称为第一线,第二线,…,第五线,相邻两线的四个空格依次
称为第一间,第二间,…,第四间。根据需要,还可以在第一线下方临时增画一
条短线叫下加一线,产生下加一间;在第五线上方增画上加一线,上加二线,产
生上加一间,上加二间。五线谱只为白键发音指定了位置。下加一线往上到
上加一间各位置依次表示 C 调的 1, 2, 3, …, $\dot{1}$, $\dot{2}$, …, 5,其中第三间是 $\dot{1}$=
C,第五线是 4=F。如果需要用黑键音,就在相邻的白键位置标注升音号♯或
降音号♭把白键音升降半音来表示。

解   图(1)没有升降号,基本音全部弹白键,是 C 调。

图(2)有两个升号♯。图 3-8-2 的 D 调需要两个黑键♯F、♯C。白键 F、
D 分别由第五线与第三间表示。图(2)的两个升号♯就在这两个位置,因此是
D 调。

图(3)有四个升号♯。图 3-8-2 的 E 调需要 4 个黑键♯F、♯G、♯C、
♯D。白键 F、G、C、D 分别由第五线、上加一间、第三间、第四线表示。图(3)
的四个升号♯就表在这 4 个位置,因此是 E 调。

例 6 算出了弹奏 D 调、E 调基本音各有两个升号、四个升号,例 7 就利用
这个结果判定了有两个升号的是 D 调,有四个升号的是 E 调。但其实不能断
定是不是还有别的调也有两个或四个升号。例 6 的算法是一个一个去凑,没
有什么规律,也就很难记住答案。没算过的更无法猜出答案。因此,例 7 方法
没法用,例 6 的方法也不好。最好能够有一个妙方,不需要算答案记答案,一
眼就能看出答案。

真有这样的妙方:只要将 12 个音按五度相生排列,一眼就能看出答案。

12 音阶是不断升五度与降八度造出来的。频率乘 $\frac{3}{2}$ 就是升五度,频率降以 2 降八度。相差八度的音太和谐,看成同一个音。靠升降产生新音。由于 $\left(\frac{3}{2}\right)^{12} \approx 2^7$,连升 12 个五度回到原来的音,总共只有 12 个不同的音,且 $\frac{3}{2} \approx (\sqrt[12]{2})^7 = q^7$,其中 $q = \sqrt[12]{2}$。频率乘 q 称为升半音。升全音,频率乘 q^2。升五度,频率乘 q^7,升 7 个半音。降八度,频率除以 q^{12},降 12 个半音。

任取一个频率 f 的音为 1,频率乘 q^7 升五度;当频率超过 $2f = q^{12}f$ 时,除以 q^{12} 降八度。重复这个过程得到:

$$f 、q^7 f 、q^2 f 、q^9 f 、q^4 f 、q^{11} f 、q^6 f 、qf 、q^8 f 、q^3 f 、q^{10} f 、q^5 f,$$

就是 1、5、2、6、3、7、$^\sharp$4、$^\sharp$1、$^\sharp$5、$^\sharp$2、$^\sharp$6、4。序列是循环的:$q^5 f$ 再乘 q^7 升五度并降八度得 $q^{12} f \div q^{12} = f$,回到第一个音。把序列改为从 $q^5 f$ 开始,得

$$4、1、5、2、6、3、7、{}^\sharp 4、{}^\sharp 1、{}^\sharp 5、{}^\sharp 2、{}^\sharp 6。$$

升五度将音的频率乘 q^7,就是升 7 个半音,3.5 个全音。降八度将频率除以 q^{12} 就是降 12 个半音,6 个全音。更简单的算法是用简谱各音的数字做加减法来实现升降:升五度加 4,降八度减 7。从 4 开始算出 7 个基本音:

$$4 \xrightarrow{+4-7} 1 \xrightarrow{+4} 5 \xrightarrow{+4-7} 2 \xrightarrow{+4} 6 \xrightarrow{+4-7} 3 \xrightarrow{+4} 7。$$

为什么用这个简单方法计算的结果是正确的? 将简谱数字加 4 就是连升 4 个音,只要这 4 次上升是三个全音一个半音,就是升五度。连续全音最多只能有 3 个,连升 4 音至少有一个是半音。如果其中有两个半音,唯一可能是 7 $\xrightarrow{+0.5} 1 \xrightarrow{+1} 2 \xrightarrow{+1} 3 \xrightarrow{+0.5} 4$。因此,只要不从 7 出发,连升 4 音必然是一个半音三个全音,确实是升五度。于是从 4 出发算出 6 个音都正确。

下一步,从 7 出发不能用加 4 减 7 计算升五度,但可以从第一个基本音 4 前进 7 步,升 7 个五度再降若干个八度得到 7 下一步的音。升五度就是升 7 个半音,升 7 个五度就是升 $7 \times 7 = 49$ 个半音;再降 4 个八度,降 $12 \times 4 = 48$ 个

半音,总共升 $49-48=1$ 个半音。每个音在五度相生序列中前进 7 步都是升半音。前 7 个基本音全部前进 7 步,全部升半音,依次排列在七个基本音之后,得到 14 个音

$$4、1、5、2、6、3、7、{}^{\#}4、{}^{\#}1、{}^{\#}5、{}^{\#}2、{}^{\#}6、{}^{\#}3、{}^{\#}7,$$

其中最后两个 ${}^{\#}3$, ${}^{\#}7$ 就是 4,i,与最初两音 4,1 重复。略去重复得到 12个音

$$4、1、5、2、6、3、7、{}^{\#}4、{}^{\#}1、{}^{\#}5、{}^{\#}2、{}^{\#}6$$

组成五度相生循环序列的一个周期。

　　每个音往右前进 7 步是升半音,往左移动 7 步就是降半音。因此可以将最后 5 个基本音 5,2,6,3,7 降半音再左移 7 步到 7 个基本音之前,也是一个周期

$${}^{\flat}5、{}^{\flat}2、{}^{\flat}6、{}^{\flat}3、{}^{\flat}7、4、1、5、2、6、3、7。$$

　　假定其中 1=C,则 1、2、3、4、5、6、7 依次由白键 C、D、E、F、G、A、B 弹奏,则序列为

F、C、G、D、A、E、B、 ${}^{\#}$F、 ${}^{\#}$C、 ${}^{\#}$G、 ${}^{\#}$D、 ${}^{\#}$A　(五度相生琴键升号序列)

或 ${}^{\flat}$G、 ${}^{\flat}$D、 ${}^{\flat}$A、 ${}^{\flat}$E、 ${}^{\flat}$B、F、C、G、D、A、E、B。(五度相生琴键降号序列)

　　序列中 7 个白键依次弹奏 C 调的 4,1,5,2,6,3,7。当黑键写在白键右边时,都写升号;当黑键写在白键左边时,都写降号。

　　其他调的基本音 4、1、5、2、6、3、7 就由序列中另外 7 个连续排列的琴键弹奏。

例 8　列出 D、E、G 各调弹奏基本音的各键,在五线谱中标出黑键位置。

　　解　(1) 五度相生琴键序列中,从 D 前面 G 往右连续 7 键 G、D、A、E、

B、♯F、♯C 弹奏基本音 4、1、5、2、6、3、7,其中第二键 D 弹奏 1,因此是 D 调。有两个黑键♯F、♯C,在 F,C 所在位置第四线,第三间标记升号♯,如图 3-8-4(1)。

图 3-8-4

探与究　在序列中找 7 个连续琴键使其中第二键是 D,就找到了弹基本音的琴键中有哪几个黑键。比用升半音序列方便多了。不过,还可以更方便。不需要把 7 个连续琴键找到了再去数它们有多少黑键,只要与 C 调比较就行了。C 调是 7 个连续白键,D 调是另外 7 个连续琴键,可以由 C 调的 7 个白键移动过来。移动多少位? 只要看 C 键到 D 键移动多少位。C 到 D 是右移两位。7 个白键右移两位,必然是右端有两个白键移进黑键区,占据前两个黑键的位置。

C 到 D 移了几位,就占据左端几个黑键位置,需要几个升号标注这些位置。

(2) C 右移 4 位到 E。因此 E 调需要 4 个升号标注白键右侧前 4 个黑键♯F、♯C、♯G、♯D,在白键 F、C、G、D 的位置第五线、第三间、上加一间、第四线标♯,如图 3-8-4(2)。

(3) C 右移 1 位到 G。因此 G 调需要 1 个升号标注黑键区第一个黑键♯F,在白键 F 的位置第五线标♯,如图 3-8-4(3)。

例 9　图 3-8-5 中的乐曲各是什么调?

图 3-8-5

解　按五度相生的琴键序列 F、C、G、D、A、E、B、♯F、♯C、♯G、♯D、♯A 来判断。

（1）图 3-8-5（1）有 1 个升号，C 在五度相生序列中右移 1 位到 G，是 G 调。

（2）图 3-8-5（2）有 2 个升号，C 在五度相生序列中右移 2 位到 D，是 D 调。

（3）图 3-8-5（3）有 5 个升号，C 右移 5 位到 B，是 B 调。

（4）图 3-8-5（4）有 6 个升号♯，C 右移 6 位到♯F，是♯F 调。

（5）图 3-8-5（5）有 1 个降号♭，C 左移 1 位到 F，是 F 调。

（6）图 3-8-5（6）有 2 个降号♭，C 在降号序列♭G、♭D、♭A、♭E、♭B、F、C、G、D、A、E、B 中左移两位到♭B，是♭B 调。

探与究　图 3-8-5（5）与（6）中标注的是降号，要把 7 个白键在五度相生序列♭G、♭D、♭A、♭E、♭B、F、C、G、D、A、E、B 中往左移。为什么其中的黑键都写成降号？能不能把♭B 写成升号♯A？

弹奏 F 调七个基本音 4、1、5、2、6、3、7 的 7 个琴键是 7 个白键往左移一位的新位置♭B、F、C、G、D、A、E，七个字母 B、F、C、G、D、A、E 各出现一次，将 B 降半音对其余六个音没有影响。假如♭B 改为♯A，成为♯A、F、C、G、D、A、E，其中 A 出现两次：♯A 弹 4 音，A 弹 3 音。在钢琴上这是两个不同的键，各司其职没有冲突。在五线谱中♯A 与 A 共用同一个位置（第二间）。如果标注升号弹黑键音♯A 充当 4，在同一乐曲中就不能再表示白键音 A 充当 3。所以，在五度相生的琴键序列中，任何位置的连续七键必须是 7 个字母各不相同，不能同一个字母出现两次。白键右方的黑键都写成升号，由前五个白键升半音同时右移 7 位得到，白键左方的黑键由后五个白键降半音同时左移 7 位得到，都不会发生重复。改动了就会重复。

另一个问题是图 3-8-5（4）标注了 6 个升号，把 6 个白键升了半音。但不可能 6 个白键都变成黑键，因为只有 5 个黑键没有 6 个黑键，其中必有一个白键升半音仍是白键。既然都是白键，为什么还要用升号？我们看它是哪 6 个白键升成哪 6 个键。序列 F、C、G、D、A、E、B、♯F、♯C、♯G、♯D、♯A，F 左端 7 个白键右移 6 位变成 B、♯F、♯C、♯G、♯D、♯A、F 分别弹奏 4、1、5、2、6、3、7。把 5 个黑键位♯F、♯C、♯G、♯D、♯A 全部占满还不够，继续往右延一位又回到了白键区的 F。6 个升号就是将前 6 个白键 F、C、G、D、A、E 全部升半音再弹奏。前 5 个白键升半音就是 5 个黑键,第 6 个白键 E 升半音变成白键 F,用来发音 7。为什么要由 E 升半音变成 F,而不是白键 F 自己发音?

同样的道理,7 个基本音的发音键 B、$^{\sharp}$F、$^{\sharp}$C、$^{\sharp}$G、$^{\sharp}$D、$^{\sharp}$A、F 中的字母不能重复。但其中的 $^{\sharp}$F 与 F 同时出现,F 在五线谱中的位置只能标注升号 $\sharp$ 表示黑键音 $^{\sharp}$F 充当 1,不能再表示白键音 F 充当 7。但 E 没有用过,写成 B、$^{\sharp}$F、$^{\sharp}$C、$^{\sharp}$G、$^{\sharp}$D、$^{\sharp}$A、$^{\sharp}$E 正好是 7 个字母各出现一次,让 E 升半音来表示 F。

三、怎样编对数表

虽然现在有了计算机和计算器,做加减乘除乘方开方甚至三角函数都只要按计算器就行了。但在几十年前还没有计算器。需要自己笔算或借助于算盘计算。加减法还容易一点,乘除乘方就比较难了,开方几乎没法算。

历史上发明对数是为了简化运算,把繁琐的乘、除、乘方、开方化为加、减、乘、除。

做正数 M、N 的乘、除、乘方、开方。先将 M、N 写成同底数的幂 $M = 10^a$,$N = 10^b$,则

$$MN = 10^a \cdot 10^b = 10^{a+b},\ \frac{M}{N} = 10^{a-b},\ M^n = 10^{na},\ \sqrt[n]{M} = 10^{\frac{a}{n}}。$$

为此,就需要先编写对数表,求每个正数 M 写成幂 $M = 10^a$ 的指数 a,记为 $\lg M$。

查表由 M,N 求 $a = \lg M$,$b = \lg N$。

计算出 $\lg(MN) = \lg M + \lg N$,$\lg\left(\dfrac{M}{N}\right) = \lg M - \lg N$,$\lg(M^n) = n\ln M$,

$\lg\sqrt[n]{M} = \dfrac{1}{n}\lg M$。

再由积、商、幂、根的对数查表得到它们的真数。

但就需要有人编出对数表。假如叫你编对数表？你怎么编？比如，$\lg 2$ 怎么求？

例 10 求 $\lg 2$ 的近似值。

分析 求 $\lg 2 = x$，就是求 $10^x = 2$。假如求出 2^n 与 10^m 非常接近：$2^n \approx 10^m$，则 $2 \approx 10^{\frac{m}{n}}$，$\frac{m}{n} \approx \lg 2$，得到了 $\lg 2$ 的分数近似值 $\frac{m}{n}$。再把它化成小数。

你可以依次求 2 的正整数次幂 2^n，取 $n = 1, 2, 3, \cdots$ 得 $2, 4, 8, 16, 32, 64, 128, 256, 512, 1\,024$。

$$2^{10} = 1\,024 \approx 1\,000 = 10^3 \Rightarrow 2 \approx 10^{\frac{3}{10}} = 10^{0.3} \Rightarrow \lg 2 \approx 0.3。$$

你还能找出 2 的下一个幂正整数次幂 $2^n \approx 10^m$ 更接近 10 的幂吗？

想想例 5 怎么找 3^n 接近 2^m？

解 由 $2^3 = 8 < 10 < 2^4 = 16$ 得 $1 < u_1 = \dfrac{10}{2^3} = 1.25 < 2$。

由 $1.25^3 < 2 < 1.25^4$ 得 $1 < u_2 = \dfrac{2}{u_1^3} = 1.024 < u_1$，$u_2 = 2 \times \left(\dfrac{2^3}{10}\right)^3 = \dfrac{2^{10}}{10^3}$。

由 $1.024^9 < 1.25 < 1.024^{10}$ 得 $1 < u_3 = \dfrac{u_1}{u_2^9} = 1.009\,74 < u_2$。$u_3 = \dfrac{10}{2^3} \times \left(\dfrac{10^3}{2^{10}}\right)^9 = \dfrac{10^{28}}{2^{93}}$。

由 $1.009\,74^2 < 1.024 < 1.009\,74^3$ 得 $1 < u_4 = \dfrac{u_2}{u_3^2} = 1.004\,34 < u_3$。$u_4 = \dfrac{2^{10}}{10^3} \times \left(\dfrac{2^{93}}{10^{28}}\right)^2 = \dfrac{2^{196}}{10^{59}}$。

由 $1.004\,34^2 < 1.009\,74 < 1.004\,34^3$ 得 $1 < u_5 = \dfrac{u_3}{u_4^2} = 1.001\,032 < u_4$。

$u_5 = \dfrac{10^{28}}{2^{93}} \times \left(\dfrac{10^{59}}{2^{196}}\right)^2 = \dfrac{10^{146}}{2^{485}}$。

$$10^{146} \approx 2^{485} \Rightarrow 10^{\frac{146}{485}} \approx 2 \Rightarrow \lg 2 \approx \frac{146}{485} \approx 0.301\,030\,93。$$ 与准确值

$0.301\,029\,99\cdots$ 误差 $< 0.000\,001$。

例 11 尝试编对数表。

分析 按照例 10 的方法可以找到任意底数 a 和真数 N 的正整数次幂之

比 $\dfrac{a^n}{N^m}$ 任意接近 1，得到 $a^n \approx N^m$，$a^{\frac{n}{m}} = N$，从而得到对数 $\log_a N \approx \dfrac{n}{m}$ 的分数

近似值。

但是，对数表需要算出许许多多的真数的对数值供应用。按照例 4 的办法一个一个计算，太费时间。最简单快捷的方法是找一个底数 a 不断自乘算出各次幂，幂的指数就是对数。例如：

$N = a^n$	1	10	100	1 000	10 000
$\log_a N = n$	0	1	2	3	4

真数 $N = 1$ 下一个值就是 10，两者之间的 2，3，$\cdots$，9 全都跳过去了。更没有 1.1，1.2，$\cdots$ 这是因为底 $a = 10$ 太大，每次乘 10，从 1 跳到 10 很远，下一步 10 到 100 更远，以后越来越远。如果要把 1 到 10 的间隔分成 10 份，就是把 0 到 1 的指数间隔分成 10 份，每次增加 0.1。指数分成 10 份，幂 10 就要开 10 次方，这就太难了。

想 10 开方的目的是把 1 到 10 的间隔变小，最好是把 10 开 10 000 次方变成 1.000 1，1 到 1.000 1 这一步就很小。再不断乘 1.000 1，依次得到 1.000 1 的各个正整数次幂 $1.000\,1^n$，相邻两个幂之比为 1.000 1，差别很小。这些幂不见得刚好等于 2，3，4，5，6，$\cdots$，但都能非常靠近它们，也能靠近我们需要的任何一个数。你可能觉得这个想法很荒唐：怎么可能将 10 开 1 万次方呢？即使能开方，它的一万次方根 $10^{0.000\,1}$ 不见得刚好等于 1.000 1 呀？确实荒唐。稍微修改一点就不荒唐了：不要求 $10^{0.000\,1} = 1.000\,1$，总有某个数 a 满足

$a^{0.0001} = 1.0001$。按照小学思维，只会由已知数算未知数。初中思维就不在乎它是已知还是未知，待定一个底数 a，要求它满足 $a^{0.0001} = 1.0001$，以这个 a 为底制作对数表。再解方程求 a。开一万次方很难。未知数 a 开一万次方就更难。未知数开一万次方 $a^{0.0001} = 1.0001$ 等于已知数 1.0001 更是难上加难再加难。物极必反，难到了极点就变容易了：从已知数 1.0001 反过来求未知数，未知数开一万次方变成已知数 1.0001 就变成已知数 1.0001 乘方一万次得到未知数 $a = 1.0001^{10000}$。乘方一万次不难：只要从 1 开始不断乘 1.0001，连乘一万个就得到 a，还能得到 $2，3，\cdots，10$。也就能算出 10 的多少次方等于 $2，3$。计算结果如下：

m	0	1	6 932	10 000	10 987	23 027
$N = 1.0001^m = a^n$	1	1.0001	2.0000	2.7181	3.0001	10.0000
$\log_a N = n = \dfrac{m}{10\,000}$	0	0.0001	0.6932	1	1.0987	2.3027

上表第二行列出 1.0001 的某几个正整数次幂 1.0001^m，各个幂的指数 m 在同一列第一行。

第三行将第一行的 m 除以 10 000 得到 $n = \dfrac{m}{10\,000} = \log_a N$。第二行的那些幂 $1.0001^m = a^n$ 就变成 $a = 1.0001^{10000}$ 的幂，指数 n 就是第二行同一列的真数 N 的对数 $\log_a N$。

表中算出的 $a \approx 2.7181$，$\log_a 2 \approx 0.6932$，$\log_a 3 \approx 1.0987$，$\log_{10} \approx 2.3027$。

设 $x = \log_a N$，则 $N = a^x = (a^{2.3027})^{\frac{x}{2.3027}} \approx 10^{0.43427x}$。

$\lg N = \log_{10} N \approx 0.43427x$。这是由 a 为底的对数 x 求 10 为底的对数的换底公式。

例如，由 $\log_a 2 \approx 0.6932$ 得

$$\lg 2 \approx 0.43427 \times 0.6932 \approx 0.3010。$$

$$\lg 3 \approx 0.43427 \log_a 3 \approx 0.43427 \times 1.0987 \approx 0.4771。$$

一般地，取某个待定常数 b 开高次方 $\sqrt[n]{b}=b^{\frac{1}{n}}=1+\frac{1}{n}$ 得到非常接近 1 的

$1+\frac{1}{n}$。用 $1+\frac{1}{n}$ 自乘得到各个正整数次幂作为各个真数 N 的近似值

$\left(1+\frac{1}{n}\right)^m\approx N$，就得到以 $b=\left(1+\frac{1}{n}\right)^n$ 为底的 N 的对数 $\log_b N\approx\frac{m}{n}$ 的分数

近似值 $\frac{m}{n}$。n 越大，$\left(1+\frac{1}{n}\right)^m$ 越接近 N，误差越小。

依次计算出各个不同 n 得出的 $b=\left(1+\frac{1}{n}\right)^n$ 的值如下表：

n	10	100	1 000	10 000	100 000	1 000 000	10 000 000
$1+\dfrac{1}{n}$	1.1	1.01	1.001	1.000 1	1.000 01	1.000 001	1.000 000 1
$\left(1+\dfrac{1}{n}\right)^n$	2.593 7	2.704 8	2.716 9	2.718 1	2.718 268	2.718 280 4	2.718 281 69

观察发现，当 n 增加，$\left(1+\frac{1}{n}\right)^n$ 增加，增加幅度越来越小，越来越接近一个数

$e=2.718\,28\cdots$。

四、自然对数的底 e

本书第二章第 2.6 节证明了任意个正数 $a_1,\cdots,a_n$ 的算术平均 $A=$

$\dfrac{a_1+\cdots+a_n}{n}\geqslant G=\sqrt[n]{a_1\cdots a_n}$ 不小于几何平均 G。并利用这个不等式证明了

$$\frac{\overbrace{\left(1+\frac{\delta}{n}\right)+\cdots+\left(1+\frac{\delta}{n}\right)}^{n\uparrow\left(1+\frac{\delta}{n}\right)}+1}{n+1}>\sqrt[n+1]{\left(1+\frac{\delta}{n}\right)^n\times 1}=\sqrt[n+1]{\left(1+\frac{\delta}{n}\right)^n},$$

其中 $\delta=\pm 1$。

以上不等式左边 $=\dfrac{n+\delta+1}{n+1}=1+\dfrac{\delta}{n+1}>$ 右边，两边同时乘方 $n+1$ 次，得

$$\left(1+\frac{\delta}{n+1}\right)^{n+1} > \left(1+\frac{\delta}{n}\right)^{n}。$$

当 $\delta = 1$ 得

$$\left(1+\frac{1}{n+1}\right)^{n+1} > \left(1+\frac{1}{n}\right)^{n} > \cdots > \left(1+\frac{1}{2}\right)^{2} > (1+1)^{1} = 2。$$

当 $\delta = -1$ 得 $\left(\frac{n}{n+1}\right)^{n+1} > \left(\frac{n-1}{n}\right)^{n}$。

两边取倒数得 $\left(\frac{n+1}{n}\right)^{n+1} < \left(\frac{n}{n-1}\right)^{n}$。

即 $\left(1+\frac{1}{n}\right)^{n+1} < \left(1+\frac{1}{n-1}\right)^{n} < \cdots < \left(1+\frac{1}{2}\right)^{3} < (1+1)^{2} = 4$。

$a_n = \left(1+\frac{1}{n}\right)^{n}$ 从 $a_1 = 2 < a_2 < \cdots < a_n < a_{n+1} < \cdots$ 单调递增。

$a'_n = \left(1+\frac{1}{n}\right)^{n+1}$ 从 $a'_1 = 4 > a'_2 > \cdots > a'_{n-1} > a'_n > \cdots$ 单调递减。

且 $a'_n - a_n = \left(1+\frac{1}{n}\right) a_n - a_n = \frac{1}{n} a_n > 0$，因此 $a_{n-1} < a_n < a'_n < a'_{n-1}$。

闭区间 $[a_n, a'_n] \subset [a_{n-1}, a'_{n-1}] \subset \cdots \subset [a_2, a'_2] \subset [a_1, a'_1] = [2, 4]$ 依次包含。

区间长度 $d_n = a'_n - a_n = \left(1+\frac{1}{n}\right)^{n+1} - \left(1+\frac{1}{n}\right)^{n} = \left(1+\frac{1}{n}\right) a_n - a_n =$

$\frac{1}{n} a_n < \frac{1}{n} \times 4 = \frac{4}{n}$。

当 n 无限增大时，$\frac{4}{n}$ 可以小于任意正数。所有区间 $[a_n, a'_n]$ 共同包含唯一实数 e 满足 $a_n < \mathrm{e} < a'_n$。即

$$\left(1+\frac{1}{n-1}\right)^{n-1} < \left(1+\frac{1}{n}\right)^{n} < \mathrm{e} < \left(1+\frac{1}{n}\right)^{n+1} < \left(1+\frac{1}{n+1}\right)^{n+2}$$

对所有的 n 成立。

例如，取 $n = 10\,000\,000$ 得

$$a_n = 1.000\,000\,1^{10\,000\,000} = 2.718\,281\,69\cdots < \mathrm{e} < a_n' = 1.000\,000\,1^{10\,000\,001}$$
$$= 2.718\,281\,96\cdots,$$

说明 $\mathrm{e} = 2.718\,281\cdots$ 的前 7 位数字是正确的。

e 的准确值为 $\mathrm{e} = 2.718\,281\,828\,459\,0\cdots$。

以 e 为底的对数 $\log_{\mathrm{e}} N$ 称为**自然对数**，记为 $\ln N$。

由很大的 n 计算 $\left(1+\dfrac{1}{n}\right)^n < \mathrm{e} < \left(1+\dfrac{1}{n}\right)^{n+1}$ 并不容易。

更好的办法是根据牛顿二项式展开

$$\left(1+\frac{1}{n}\right)^n = 1 + n \times \frac{1}{n} + \frac{n(n-1)}{2!}\left(\frac{1}{n}\right)^2 + \cdots$$
$$+ \frac{n(n-1)\cdots(n-k+1)}{k!}\left(\frac{1}{n}\right)^k + \cdots$$
$$= 1 + 1 + \frac{1}{2!}\left(1-\frac{1}{n}\right) + \cdots + \frac{1}{k!}\left(1-\frac{1}{n}\right)\left(1-\frac{2}{n}\right)\cdots$$
$$\left(1-\frac{k-1}{n}\right) + \cdots$$
$$< 1 + 1 + \frac{1}{2!} + \cdots + \frac{1}{k!} + \cdots,$$

对于每个固定的 k 可以证明当 $n \to \infty$ 时，$\left(1+\dfrac{1}{n}\right)^n$ 的极限 $\mathrm{e} > e_k = 1 + 1 + \dfrac{1}{2!} + \cdots + \dfrac{1}{k!}$。

因此 $e_n < \mathrm{e} < 1 + 1 + \dfrac{1}{2!} + \cdots + \dfrac{1}{n!} + \cdots$。用这个公式计算 e 更快。

例如，计算 $e_{10} = 1 + \dfrac{1}{1!} + \dfrac{1}{2!} + \cdots + \dfrac{1}{10!}$ 就很容易：

从 $b_1 = \dfrac{1}{1!} = 1$ 开始。除以 2 得 $b_2 = \dfrac{b_1}{2} = 0.5 = \dfrac{1}{2!}$。

每个 $b_k = \dfrac{1}{k!}$ 除以 $k+1$ 得 $b_{k+1} = \dfrac{b_k}{k+1} = \dfrac{1}{(k+1)!}$。

只算到 $n = 10$ 就得到 $e_{10} = 1 + b_1 + b_2 + \cdots + b_{10} = 2.718\,2818\cdots$ 有 8 位

数字正确。

用 $n=10\,000\,000$ 计算 $\left(1+\dfrac{1}{n}\right)^n$ 得到的 $2.718\,281\,9\cdots$ 只有 7 位数字正确。

而且 $\left(1+\dfrac{1}{n}\right)^n$ 是现在用计算器算的。如果用人工笔算,将 $1.000\,000\,1$ 连乘 $10\,000\,000$ 次,不知道一辈子是否能够完成。但用人工把 1 依次除以 2、3、4、5、6、7、8、9、10,再将各次的商加起来。不到一个小时就能完成。当然也可以用计算器实验:先用 $m+$ 存入两个 1。再将屏幕上显示的 1 除以 2 得到 $\dfrac{1}{2}=0.5$ 用 $m+$ 加入。再除以 3 得到 $\dfrac{1}{3!}$ 加入。依次除以 4、5、6、7、8、9、10,每次的商依次为 $\dfrac{1}{4!}$、$\dfrac{1}{5!}$、$\dfrac{1}{6!}$、$\dfrac{1}{7!}$、$\dfrac{1}{8!}$、$\dfrac{1}{9!}$、$\dfrac{1}{10!}$,再按 mr 调看加法结果就是 e_{10}。如果到了 10 不按 mr 调看加法结果,还可以继续除以 11,12,$\cdots$ 到任意 n 结束,得到你想要的近似值 e_n。不过,有 8 位数字正确的 e_{10} 已经足够应用了。

例 12 比较 2021^{2022} 与 2022^{2021} 的大小。

分析 比较两个数 a、b 的大小的最基本算法是计算 $a-b$ 是正数还是负数。

两个正数 a、b 比较大小,$a-b=b\left(\dfrac{a}{b}-1\right)$。由于 $b>0$,$\dfrac{a}{b}-1$ 的正负就可决定 $a-b$ 的正负。

当 $\dfrac{a}{b}>1$,$a-b>0$,$a>b$。当 $\dfrac{a}{b}<1$,$a<b$。

根据两个正数 a、b 的商 $\dfrac{a}{b}$ 大于还是小于 1,可以判定 a,b 的大小。

解 $q=\dfrac{2022^{2021}}{2021^{2022}}=\dfrac{2022^{2021}}{2021^{2021}}\times\dfrac{1}{2021}=\left(\dfrac{2022}{2021}\right)^{2021}\times\dfrac{1}{2021}$

$=\left(1+\dfrac{1}{2021}\right)^{2021}\times\dfrac{1}{2021}$。

由 $\left(1+\dfrac{1}{2\,021}\right)^{2\,021}<\mathrm{e}=2.718\,28\cdots<2\,021$ 得 $q<\dfrac{\mathrm{e}}{2\,021}<1$。

因此 $2\,022^{2\,021}<2\,021^{2\,022}$。

探与究　由于 $2\,021\times2\,022=2\,022\times2\,021$，本题就是：把 $A=2\,021\times2\,022$ 平均分成 $2\,021$ 份或 $2\,022$ 份，分别求各份的乘积 $2\,022^{2\,021}$ 与 $2\,021^{2\,022}$，哪个乘积更大？

一般地，把一个正数 A 平均分成 n 份与 $n+1$ 份，分别求各份乘积 $p_n=\left(\dfrac{A}{n}\right)^n$ 与 $p_{n+1}=\left(\dfrac{A}{n+1}\right)^{n+1}$，哪个乘积更大？

采用例 12 的方法，将两个乘积相除：

$$
\begin{aligned}
q=\frac{p_n}{p_{n+1}} &=\left(\frac{A}{n}\right)^n\div\left(\frac{A}{n+1}\right)^{n+1}\\
&=\frac{A^n}{n^n}\cdot\frac{(n+1)^n}{A^n}\div\frac{A}{n+1}\\
&=\left(1+\frac{1}{n}\right)^n\div\frac{A}{n+1},
\end{aligned}
$$

只要分得更小的每份 $\dfrac{A}{n+1}>\mathrm{e}>\left(1+\dfrac{1}{n}\right)^n$，一定是 $p_{n+1}>p_n$，每份越小，乘积越大。例 12 每份最小的 $2\,021$ 比 $\mathrm{e}=2.7\cdots$ 大得多，当然是分得越小乘积越大。只要每份大于 2.72，都是分得越小乘积越大。

如果更小的每份 $\dfrac{A}{n+1}<\mathrm{e}$，还不能断定它小于 $\left(1+\dfrac{1}{n}\right)^n$，因为 $\left(1+\dfrac{1}{n}\right)^n$ 也小于 e。不过，此时不要用分得更小的每份 $\dfrac{A}{n+1}$ 去比较，而用分得更大的每份 $\dfrac{A}{n}$ 去比较。我们有

$$
q=\left(1+\frac{1}{n}\right)^n\div\left(\frac{A}{n}\cdot\frac{n}{n+1}\right)=\left(1+\frac{1}{n}\right)^{n+1}\div\frac{A}{n},
$$

只要更大的每份 $\dfrac{A}{n}<\mathrm{e}<\left(1+\dfrac{1}{n}\right)^{n+1}$，则 $q=\dfrac{p_n}{p_{n+1}}>1$。每份更大的乘积更

大：$p_n > p_{n+1}$。

基本结论是：将一个正数分成若干个相同正数之和，每个正数越接近 e，乘积越大。这个问题与对数毫无关系，看起来与 e 也没有关系。但它与 $\left(1+\dfrac{1}{n}\right)^n$ 和 $\left(1+\dfrac{1}{n}\right)^{n+1}$ 有关系，就与 e 密切相关了。哪怕学生不懂 e 的来龙去脉，只要一看到 $\left(1+\dfrac{1}{n}\right)^n$ 就想到不等式 $\left(1+\dfrac{1}{n}\right)^n < e < \left(1+\dfrac{1}{n}\right)^{n+1}$。就已经足够解决比较乘积大小的大量问题了。

3.9　运算律算几何

一、不用坐标的向量运算

几何本来就有计算：同一条直线上的长度加减，同一个顶点的角度加减，底乘高求面积。还可以建立坐标系，点的位置用坐标表示，直线曲线用方程表示，几何图形的各种性质翻译为各种公式来计算，把几何变成数来计算，这就是解析几何。还可以用向量来表示几何图形的关系，仍然可以用坐标来计算。总之，几何图形可以变成数来计算。数的运算有固定算法固定公式，便于掌握。从小学算术到中学代数，老师和学生也比较熟悉算术和代数运算。几何推理灵活多变，没有一定之规，掌握起来更困难。所以，通过解析几何将几何问题翻译为数与方程，利用代数运算公式来解决。这是一个好办法，一个有力武器。

代数运算容易算，这是优点。但也有缺点，缺乏几何直观性，容易算不容易懂。好比一个黑匣子，不知道怎么就算出来了，不容易理解内在规律和机制。因此，如何将直观形象的几何问题转化为代数问题来计算，如何用计算结果恰当地解释几何原理，这是一种需要培养的能力。

其实，不仅数可以做加减乘除运算，任何对象，只要把它自身的规律变成运算律，就可以进行加减乘运算。中学引入了向量，向量就是图形的运算。但课堂和教材中都有一个问题，没有把向量看成独立的运算对象，匆匆忙忙就把它变成坐标运算,变成数的运算。坐标系都是直角坐标系。如果几何图形本来就有很多直角,很容易建立直角坐标系写出各点坐标套用公式运算。但如果已知条件直角很少,就不容易求坐标,直接用向量运算反而更方便。

在运算的时候,向量与数只要用的运算律相同,就没有区别,甚至可以直接将数的运算的现成公式中的字母直接换成有向线段表示的向量,得出几何定理。例如:

(1) 两数差的完全平方公式 $(a-b)^2 = a^2 + b^2 - 2ab$ 中的 a、b 换成 $\triangle ABC$ 的两边表示的向量 $\overrightarrow{CB} = \boldsymbol{a}$,$\overrightarrow{CA} = \boldsymbol{b}$,则第三边 $\overrightarrow{AB} = \boldsymbol{a} - \boldsymbol{b}$,如图 3-9-1。

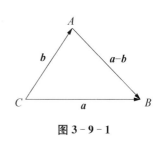

图 3-9-1

完全平方公式成为 $(\boldsymbol{a}-\boldsymbol{b})^2 = \boldsymbol{a}^2 + \boldsymbol{b}^2 - 2\boldsymbol{a} \cdot \boldsymbol{b}$,就是 $|AB|^2 = |CB|^2 + |CA|^2 - 2|CB||CA|\cos\angle BCA$,也就是余弦定理。

(2) 平方差公式 $(a+b)(a-b) = a^2 - b^2$ 中的 a、b 换成菱形的一组邻边表示的向量 $\overrightarrow{AB} = \boldsymbol{a}$,$\overrightarrow{AD} = \boldsymbol{b}$,则两条对角线 $\overrightarrow{AC} = \boldsymbol{a} + \boldsymbol{b}$,$\overrightarrow{DB} = \boldsymbol{a} - \boldsymbol{b}$,如图 3-9-2。

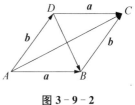

图 3-9-2

菱形的邻边长相等,即 $|\boldsymbol{a}| = |AD| = |AB| = |\boldsymbol{b}|$。平方差公式成为 $(\boldsymbol{a}+\boldsymbol{b}) \cdot (\boldsymbol{a}-\boldsymbol{b}) = \boldsymbol{a}^2 - \boldsymbol{b}^2 = |\boldsymbol{a}|^2 - |\boldsymbol{b}|^2 = 0$,即 $\overrightarrow{AC} \cdot \overrightarrow{DB} = 0$,就是几何定理:菱形的对角线互相垂直。

(3) 三个数和的完全平方公式 $(a+b+c)^2 = a^2 + b^2 + c^2 + 2ab + 2ac + 2bc$ 中,将 a、b、c 换成平行六面体 $ABCD-A'B'C'D'$ 从同一点 A 出发的三条棱表示的向量 $\overrightarrow{AB} = \boldsymbol{a}$,$\overrightarrow{AD} = \boldsymbol{b} = \overrightarrow{BC}$,$\overrightarrow{AA'} = \boldsymbol{c} = \overrightarrow{CC'}$,如图 3-9-3。

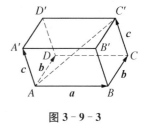

图 3-9-3

三数和的完全平方公式成为 $(\boldsymbol{a}+\boldsymbol{b}+\boldsymbol{c})^2 = \boldsymbol{a}^2 + \boldsymbol{b}^2 + \boldsymbol{c}^2 + 2\boldsymbol{a} \cdot \boldsymbol{b} + 2\boldsymbol{a} \cdot \boldsymbol{c} + 2\boldsymbol{b} \cdot \boldsymbol{c}$,其中 $\boldsymbol{a} + \boldsymbol{b} + \boldsymbol{c} = \overrightarrow{AB} + \overrightarrow{BC} + \overrightarrow{CC'} = \overrightarrow{AC'}$ 就是平行六面体的对角线,它的长度 $|AC'|$ 满足公式

$$|AC'|^2 = |AB|^2 + |AC|^2 + |AA'|^2 + 2|AB||AD|\cos\angle BAD$$
$$+ 2|AB||AA'|\cos\angle BAA' + 2|AD||AA'|\cos\angle DAA'.$$

利用这个公式可以由三条棱长及两两夹角计算对角线长。

例1 如图 $3-9-4$,求证:四边形 $ABCD$ 两组对边平方和相等 $|AB|^2 + |CD|^2 = |BC|^2 + |DA|^2$ 的充分必要条件是:对角线 AC 与 BD 互相垂直。

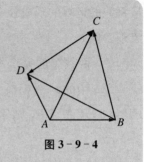

图 $3-9-4$

证明 四点 A、B、C、D 相对位置由向量 $\overrightarrow{AB}$、$\overrightarrow{AC}$、$\overrightarrow{AD}$ 刻画。

四边形另外两边 $\overrightarrow{BC} = \overrightarrow{AC} - \overrightarrow{AB}$, $\overrightarrow{CD} = \overrightarrow{AD} - \overrightarrow{AC}$。

$$0 = |AB|^2 + |CD|^2 - |BC|^2 - |DA|^2$$
$$= \overrightarrow{AB}^2 + (\overrightarrow{AD} - \overrightarrow{AC})^2 - (\overrightarrow{AC} - \overrightarrow{AB})^2 - \overrightarrow{AD}^2$$
$$= \overrightarrow{AB}^2 + \overrightarrow{AD}^2 - 2\overrightarrow{AD} \cdot \overrightarrow{AC} + \overrightarrow{AC}^2 - \overrightarrow{AC}^2 + 2\overrightarrow{AC} \cdot \overrightarrow{AB} - \overrightarrow{AB}^2 - \overrightarrow{AD}^2$$
$$= 2\overrightarrow{AC} \cdot (\overrightarrow{AB} - \overrightarrow{AD}) = 2\overrightarrow{AC} \cdot \overrightarrow{DB} \Leftrightarrow AC \perp DB.$$

探与究 本题的原题没说四边形 $ABCD$ 是平面四边形还是空间四边形。如果用几何方法证明,平面四边形与空间四边形的证明方法肯定不同。先证明了平面四边形,还需要空间四边形投影到平面上来证明。如果用坐标,平面上的二维坐标与空间的三维坐标的繁琐程度也大不相同。

本题曾用来作为中国科学技术大学少年班入学选拔考试题。考题上明文规定 $ABCD$ 是四面体,不是平面四边形。大部分考生用几何方法,将图形投影到平面上,做出来了。当时只有少部分省讲了向量,两个考生用向量做,都用了三维坐标,计算太繁琐,都没做出来。

一旦用向量运算而不是用坐标来做,立即发现平面四边形 $ABCD$ 改成空间四面体之后解法完全相同，每个步骤都适用于空间四面体，这是因为空间向量与平面向量的运算律完全相同。这也显示出把向量与数混为一谈的巨大威力。

讲向量只用坐标不用向量运算，向量教学至少失败了一半。

图 3-9-5

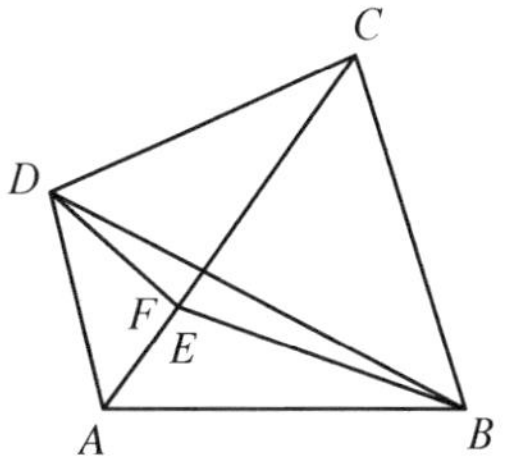

例 1 的向量解法可以翻译成几何解法如下。需要注意的是：向量解法中出现的向量差的平方的展开式翻译为余弦定理。

如图 3-9-5 所示，

$$
\begin{aligned}
d &= AB^2 + CD^2 - (BC^2 + AD^2) \\
&= AB^2 + (AC^2 + AD^2 - 2AC \cdot AD \cdot \cos\angle CAD) \\
&\quad (AB^2 + AC^2 - 2AB \cdot AC \cdot \cos\angle BAC) - AD^2 \\
&= 2AB \cdot AC \cdot \cos\angle BAC - 2AC \cdot AD \cdot \cos\angle CAD \\
&= 2AC(AB \cdot \cos\angle BAC - AD \cdot \cos\angle CAD) = 2AC(AE - AF),
\end{aligned}
$$

其中 E、F 分别是由 B、D 向 AC 所作垂线 BE、DF 的垂足，因此

$$AE = AB \cdot \cos\angle BAC, \ AF = AD \cdot \cos\angle CAD。$$

$$AB^2 + CD^2 = BC^2 + AD^2 \Leftrightarrow d = 0 \Leftrightarrow AE - AF = 0 \Leftrightarrow AE = AF$$

$\Leftrightarrow E$ 与 F 重合 $\Leftrightarrow AC$ 同时垂直于 EB、ED。

当 EB、ED 在同一条直线 BD 上，$AC \perp BD$。

当 EB、ED 不在同一条直线上，它们是平面 EBD 上的两条相交直线，BD 垂直于这两条相交直线，因此垂直于这个平面，就垂直此平面上的 BD。

例 2　如图 3-9-6，$\triangle ABC$ 是等边三角形，边长为 a，P 是空间任意一点。求 $\overrightarrow{PA} \cdot (\overrightarrow{PB} + \overrightarrow{PC})$ 的最小值。

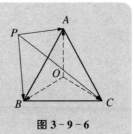

图 3-9-6

解 取等边△ABC 的中心 O。

记 $a = \overrightarrow{OA}$, $b = \overrightarrow{OB}$, $c = \overrightarrow{OC}$, $s = \overrightarrow{OP}$, 则 $a + b + c = \mathbf{0}$。

又 $$\overrightarrow{PA} = \overrightarrow{OA} - \overrightarrow{OP} = a - s,$$

$$\overrightarrow{PB} + \overrightarrow{PC} = (b - s) + (c - s) = b + c - 2s = -a - 2s,$$

所以 $$\overrightarrow{PA} \cdot (\overrightarrow{PB} + \overrightarrow{PC}) = (a - s) \cdot (-a - 2s)$$

$$= 2s^2 - a \cdot s - a^2$$

$$= 2\left(s - \frac{1}{4}a\right)^2 - \frac{9}{8}a^2。$$

当 $\overrightarrow{OP} = s = \frac{1}{4}a$ 时, 上式取最小值 $-\frac{9}{8}a^2$。

等边三角形 ABC 的边长 $a = \sqrt{3}|OA| = \sqrt{3}|a|$, 因此 $|a|^2 = \frac{a^2}{3}$, 于是所

求最小值为 $-\frac{9}{8}|a|^2 = -\frac{9}{8} \cdot \frac{a^2}{3} = -\frac{3a^2}{8}$。

当 P 在线段 OA 上, 且 $|OP| = \frac{1}{4}|OA|$ 时, $\overrightarrow{PA} \cdot (\overrightarrow{PB} + \overrightarrow{PC})$ 取最小值

$-\frac{3a^2}{8}$。

探与究 本题的最精彩点:

(1) 用向量运算不用坐标。本题如果用坐标算, 三维坐标又是拦路虎。直接用向量算, 空间平面的难度没有区别。

(2) 把向量与数混为一谈, 才能想到内积也可以用二次函数配方。

例3 如图 3 - 9 - 7, $ABCD$ 是四面体, $\angle BAC = \angle ACD$, $\angle ABD = \angle BDC$, 求证: $AB = CD$。

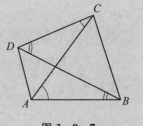

图 3 - 9 - 7

证明 $0 = \cos\angle BAC - \cos\angle ACD$

$$= \frac{\vec{AB} \cdot \vec{AC}}{|AB||AC|} - \frac{\vec{CA} \cdot \vec{CD}}{|CA||CD|}$$

$$= \frac{\vec{AC}}{|AC|} \cdot \left(\frac{\vec{AB}}{|AB|} + \frac{\vec{CD}}{|CD|}\right),$$

$$0 = \cos\angle ABD - \cos\angle BDC$$

$$= \frac{\vec{BA} \cdot \vec{BD}}{|BA||BD|} - \frac{\vec{DB} \cdot \vec{DC}}{|DB||DC|}$$

$$= -\frac{\vec{BD}}{|BD|} \cdot \left(\frac{\vec{AB}}{|AB|} + \frac{\vec{CD}}{|CD|}\right)。$$

因此 $\vec{AC} \cdot \left(\dfrac{\vec{AB}}{|AB|} + \dfrac{\vec{CD}}{|CD|}\right) = 0$ 且 $\vec{BD} \cdot \left(\dfrac{\vec{AB}}{|AB|} + \dfrac{\vec{CD}}{|CD|}\right) = 0$。

两式相减得 $(\vec{AC} - \vec{BD}) \cdot \left(\dfrac{\vec{AB}}{|AB|} + \dfrac{\vec{CD}}{|CD|}\right) = 0$，其中

$$\vec{AC} - \vec{BD} = (\vec{AB} + \vec{BC}) - (\vec{BC} + \vec{CD}) = \vec{AB} - \vec{CD}。$$

因此 $0 = (\vec{AB} - \vec{CD}) \cdot \left(\dfrac{\vec{AB}}{|AB|} + \dfrac{\vec{CD}}{|CD|}\right)$

$$= \frac{|AB|^2}{|AB|} + \frac{\vec{AB} \cdot \vec{CD}}{|CD|} - \frac{\vec{CD} \cdot \vec{AB}}{|AB|} - \frac{|CD|^2}{|CD|}$$

$$= |AB| - |CD| + \frac{\vec{AB} \cdot \vec{CD}}{|AB||CD|}(|AB| - |CD|)$$

$$= (|AB| - |CD|)\left(1 + \frac{\vec{AB} \cdot \vec{CD}}{|AB||CD|}\right),$$

其中 $\dfrac{\vec{AB} \cdot \vec{CD}}{|AB||CD|}$ 等于向量 $\vec{AB}$ 与 $\vec{CD}$ 的夹角 θ 的余弦 $\cos\theta$。

$ABCD$ 是四面体，AB、CD 不在同一个平面内，$\vec{AB}$、$\vec{CD}$ 不可能方向相反，夹角 $\theta \neq 180°$，因此 $\cos\theta \neq -1$，$1 + \dfrac{\vec{AB} \cdot \vec{CD}}{|AB||CD|} = 1 + \cos\theta \neq 0$。

这迫使 $|AB| - |CD| = 0$，即 $|AB| = |CD|$。

探与究 也许本题可以用空间坐标来做，但很可能繁琐得做不出来。用

向量做,也比例1、例2难一些。例1、例2只要把题目中的线段用最基本的向量表示出来,看成与数一样按分配律展开、提取公因子、配方,就能按部就班顺利完成。本题还有另外几个岔路口需要你正确选择走哪条岔路:

(1) 已知条件是角相等。用向量运算表示角相等最自然的选择就是用内积算余弦。因为内积的定义 $a \cdot b = |a||b|\cos\theta$ 中就包含了向量 a 与 b 的夹角 θ 的余弦,因此可以用内积算余弦 $\cos\theta = \dfrac{a \cdot b}{|a||b|}$,角相等用余弦相等来表示。本题进一步用余弦之差等于0来表示,这不见得是必然的选择,但在本题是成功的选择。有了两个等于0的式子,它们乘任何数再相加减仍然等于0。这就要看你乘什么数,加还是减?

(2) 本题成功的关键是 $(\overrightarrow{AC} - \overrightarrow{BD}) \cdot \left(\dfrac{\overrightarrow{AB}}{|AB|} + \dfrac{\overrightarrow{CD}}{|CD|}\right) = 0$,其中的 $\overrightarrow{AC} - \overrightarrow{BD}$ 也可以换成 $\overrightarrow{AC}$ 与 $\overrightarrow{BD}$ 之和,或者它们的任意实数倍之和,仍然成立。但这个式子有四个向量 $\overrightarrow{AC}$、$\overrightarrow{BD}$、$\overrightarrow{AB}$、$\overrightarrow{CD}$,下一步很难把它化简得出所需结论。我们只需要 AB、CD,其他的都应该消掉。如果按照本节例1的思路,本题的 $\overrightarrow{BD}$、$\overrightarrow{CD}$ 都应该用基向量 $\overrightarrow{AB}$、$\overrightarrow{AC}$、$\overrightarrow{AD}$ 表示出来。但本题要求证明的是 $|AB| = |CD|$,因此就应该尽量用 $\overrightarrow{AB}$、$\overrightarrow{CD}$ 表示,因此表示为 $\overrightarrow{AC} = \overrightarrow{AB} + \overrightarrow{BC}$,$\overrightarrow{BD} = \overrightarrow{BC} + \overrightarrow{CD}$,其中 $\overrightarrow{BC}$ 需要消掉,相减就可以消掉。这就是用 $\overrightarrow{AC} - \overrightarrow{BD}$ 的理由。

(3) 本节例1原题也许是要求对平面四边形 $ABCD$ 证明结论。如果用平面几何定理或建立平面直角坐标系来证明,不会联想到它对于空间四边形也正确。但用向量运算证明,立即发现证明过程根本不需要它是平面四边形,对空间四边形仍然成立。平面与空间的区别其实是向量内积的分配律的证明不同,我们在第一章证明过的。向量运算律需要用几何方法证明,然后才能在向量运算中用来解决几何问题。内积分配律证明的要点是内积为0的时候分配律成立,也就是与同一个非零向量 c 垂直的两个向量 a、b 之和仍然与 c 垂直。在平面上这显然成立,因为与 c 垂直的向量都在同一条直线上,相加当然还是在这条直线上,当然与 c 垂直。空间就没有这么简单了。与 c 垂直的向量相加在同一个平面上,这个平面上的线段是不是垂直于 c,就是直线垂直于平面的判定定理。这需要几何证明,不能用向量证明。但是,已经证明了内积对于向量加法的分配律成立,用起来就不需要区别平面与空间了。

但例 3 对于平面与空间有根本的区别。例 3 的结论对于平面四边形不成立,对于空间四边形(四面体的四条棱)却成立。差别在哪里?

如果图 3-9-7 的四边形 $ABCD$ 在平面上,已知条件所要求的就是 AB、CD 与另外两条直线 AC、BD 相交的内错角相等。只要 $AB \parallel CD$,两组内错角就都相等,但 AB、CD 长度却可以不相等,而是梯形的上底与下底。可见例 3 的结论对于平面四边形不成立。

例 3 证明中的如下步骤用到了 $ABCD$ 不是平面图形:等式 $(\mid AB \mid - \mid CD \mid)\left(1 + \dfrac{\overrightarrow{AB} \cdot \overrightarrow{CD}}{\mid AB \mid \mid CD \mid}\right) = 0$ 中的 $\dfrac{\overrightarrow{AB} \cdot \overrightarrow{CD}}{\mid AB \mid \mid CD \mid} = \cos\theta \neq -1$,向量 $\overrightarrow{AB}$ 与 $\overrightarrow{CD}$ 的夹角 $\theta \neq 180°$,这就排除了 $ABCD$ 为梯形的情况,保证了 $\mid AB \mid - \mid CD \mid = 0$,即 $\mid AB \mid = \mid CD \mid$;反过来,如果 $\mid AB \mid \neq \mid CD \mid$,那么 $\angle BAC = \angle ACD$,$\angle ABD = \angle BDC$ 就迫使四边形 $ABCD$ 是梯形。

例 4　取地球半径 $R \approx 6\,400\,\text{km}$,地面附近重力加速度 $g \approx 9.8\,\text{m/s}^2$。要发射人造卫星在地球表面附近绕地球做匀速圆周运动,卫星速度应达到多少?

解　设卫星质量为 m,绕地球作匀速圆周运动的速度大小为 v,向心加速度为 a。使卫星做圆周运动的向心力 ma 由地球引力 mg 提供,因此 $ma = mg$,$a = g$。

如图 3-9-8,卫星在地球表面附近绕地球运动,轨道半径近似等于地球半径 R。

运动一圈的路程为 $2\pi R$,时间 $T = \dfrac{2\pi R}{v}$,卫星在

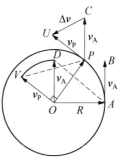

图 3-9-8

轨道每一点 P 的速度向量 $\boldsymbol{v}_P = \overrightarrow{PU}$ 的方向为圆周轨道的切线方向,垂直于半径 OP,速度大小 $|\boldsymbol{v}_P| = |PU| = v$。从地心 O 出发作 $\overrightarrow{OV} = \overrightarrow{PU} = \boldsymbol{v}_P$,长度 $|OV| = |PU| = v$,方向与 $\overrightarrow{PU}$ 相同,垂直于半径 OP,$\angle POV = 90°$。

当卫星在圆周上作匀速圆周运动,直角三角形 OPV 的两条直角边的长度 $|OP| = R$,$|OV| = v$ 不变,夹角 $90°$ 不变,始终保持全等。因此,这个直角三角形就像是铁板制作的三角形那样绕圆心 O 旋转,其上所有各点的角速度 ω 相同,等于各点的线速度除以轨道半径。特别地,点 P 的角速度 $\omega = \dfrac{v}{R}$。速度向量 $\boldsymbol{v}_P = \overrightarrow{OV}$ 终点 V 的线速度 a 就是 P 的加速度,轨道半径 $|OV| = v$ 就是 P 的线速度。由 P 与 V 的角速度相等 $\omega = \dfrac{a}{v} = \dfrac{v}{R}$ 得 $\dfrac{v^2}{R} = a = g$,则 $v^2 = gR$,从而

$$v = \sqrt{gR} \approx \sqrt{9.8 \times 6\,400\,000} \approx 7\,900(\mathrm{m/s}) = 7.9(\mathrm{km/s})。$$

答:卫星速度应达到 $7.9\,\mathrm{km/s}$。

例 4 算出的卫星速度 $7.9\,\mathrm{km/s}$ 称为第一宇宙速度。

探与究 例 4 的关键是计算向心加速度 a。加速度是速度的变化速度。匀速圆周运动的速度 $\boldsymbol{v}_P$ 的大小 v 不变,方向改变。要计算加速度,就需要把两个不同时刻的速度向量 $\boldsymbol{v}_P$ 与 $\boldsymbol{v}_A$ 相减,用得到的差 $\Delta\boldsymbol{v} = \boldsymbol{v}_P - \boldsymbol{v}_A$ 除以时间得到加速度。

图 3-9-8 的两个速度向量 $\boldsymbol{v}_P = \overrightarrow{PU}$ 与 $\boldsymbol{v}_A = \overrightarrow{AB}$ 的起点 P、A 不同,为了做减法,必须将起点搬到同一点。物理教材都是把其中一个向量 $\boldsymbol{v}_A$ 的起点 A 搬到另一个向量的起点 P 变成 $\boldsymbol{v}_A = \overrightarrow{PC}$,得到 $\Delta\boldsymbol{v} = \boldsymbol{v}_P - \boldsymbol{v}_A = \overrightarrow{PU} - \overrightarrow{PC} = \overrightarrow{CU}$,再除以时间 Δt,还必须令 $\Delta t \to 0$,取极限 $\lim\limits_{\Delta t \to 0} \dfrac{\Delta\boldsymbol{v}}{\Delta t} = \lim\limits_{\Delta t \to 0} \dfrac{\overrightarrow{CU}}{\Delta t}$,才能得到在点 A 的加速度向量 $\boldsymbol{a}_A$,它的方向就是当 P 趋近 A 时 $\overrightarrow{CU}$ 趋近的方向,与 $\overrightarrow{AB}$ 垂直,从 A 指向圆心 O 的方向,所以叫向心加速度。

不同起点的有向线段,只要方向相同,长度相等,所表示的向量就相等。

卫星在圆周上运动,速度向量的起点不断变化,需要把两个不同点出发的位置向量搬到同一个出发点才能相减。将图 3-9-8 中速度向量 v_A 的起点 A 搬到 P,点 P 位置仍然不断变化。我们的办法是把卫星在圆周上所有的点的速度向量的起点都搬到不变的圆心 O,当卫星在圆周上运动时,所有的速度向量 v_P 起点固定不动,只有终点变动。由于速度大小 v 不变,终点在半径为 v 的圆周上运动。每一点 P 的速度向量 v_P 与半径 OP 都垂直,因此 v_P 始终比 $\overrightarrow{OP}$ 超前 90°,当 OP 匀速旋转时,$v_P = \overrightarrow{OV}$ 也匀速旋转,终点 V 作匀速圆周运动,求它的运动速度就不必令时间 $\Delta t \to 0$ 求极限,无论哪段时间内的路程除以时间都等于速度。由于速度向量 v_P 与半径 OP 同步旋转,P 转一圈的周期 $T = \dfrac{2\pi R}{v}$ 就是 v_P 转一圈的周期。V 转一圈的周长 $2\pi v$ 除以周期 T 得到 V 的旋转速度 $\dfrac{2\pi v}{T} = \dfrac{2\pi v}{2\pi R / v} = \dfrac{v^2}{R}$ 就是加速度 a。

二、减法算位移

几何图形的基本元素是点与线段。每个点 A 表示一个位置。每条线段 AB 表示从一个位置 A 到另一个位置 B 的变化,称为**位移**,记为 $\overrightarrow{AB} = B - A$,减法 $B - A$ 表示终点 B 与起点 A 的位置差,位置的变化。有向线段 $\overrightarrow{AB}$ 表示从 A 到 B 移动的方向和距离。

既然 $\overrightarrow{AB}$ 表示方向与距离。如果两个位移 $\overrightarrow{AB}$,$\overrightarrow{CD}$ 的方向与距离相等,尽管它们的出发点不同,两段位移 $\overrightarrow{AB} = \overrightarrow{CD}$ 也相等如图 3-9-9,也就是 $B - A = \overrightarrow{AB} = \overrightarrow{CD} = D - C$。

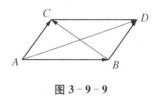

图 3-9-9

$\overrightarrow{AB}$、$\overrightarrow{CD}$ 方向相同,有两种情况:一种是 AB、CD 在同一条直线上,前进方向相同。另一种情况是 AB、CD 不在同一条直线上,那就必须平行:$AB \parallel CD$,而且 AB、CD 在起点连线 AC 的同侧。图 3-9-9 中的 AB、CD 就是这种情况。图 3-9-9 中的 AB 与 DC 也平行,但 AB、DC 在起点连线 AD 的

不同侧,此时 $\overrightarrow{AB}$、$\overrightarrow{DC}$ 方向相反。

将位移 $\overrightarrow{AB}$ 写成终点位置 B 减起点位置 A 之差 $B-A$,就可以用简单的算术等式来表示位移向量,得出很多有用的结果:

$$\overrightarrow{BA}+\overrightarrow{BD}=(B-A)+(D-B)=D-B=\overrightarrow{BD},$$

这是向量加法的三角形法则。

等式 $B-A=D-C$ 两边同加 $C-B$ 得 $(B-A)+(D-C)=(D-C)+(C-B)$,就是 $C-A=D-B$,即 $\overrightarrow{AC}=\overrightarrow{BD}$,亦即 AC、BD 平行且相等。

这就由四边形 $ABDC$ 的一组对边 AB,CD 平行且相等得出另一组对边 AC,BD 平行且相等。两组对边都平行,就是平行四边形,这包含了平行四边形的判定定理。

由点的减法算式 $B-A=\overrightarrow{AB}$ 得出加法算式 $B=A+\overrightarrow{AB}$,几何意义:从起点 A 出发,经过变化过程 $\overrightarrow{AB}$,到达终点 B。

能不能定义两个点 A、B 的加法,将它们相加得到第三个点 $C=A+B$?

这个加法等式可以改成减法等式 $C-A=B$。但 $C-A=\overrightarrow{AC}$ 是位移,位移怎么能等于点 B? 选一个点 O 充当 0,称为**原点**,具有 0 的运算性质 $b-0=b$,也就是 $B=B-O=\overrightarrow{OB}$,点 B 就变成原点 O 到 B 的位移。正如,温度是 $3℃$ 就表示从水结冰的温度 $0℃$ 变到 $3℃$ 需要上升 $3℃$。$3℃$ 既是温度,也是温度变化幅度 $3℃-0℃$。

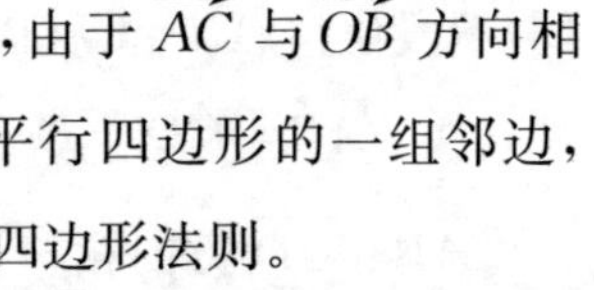

这样就知道 $A+B=C$ 是什么意思了。首先选定原点 O,则 $\overrightarrow{AC}=C-A=B=B-O=\overrightarrow{OB}$,原点 O 到 B 朝什么方向移动了多远,A 朝同样方向

图 3-9-10

移动同样距离,到达的点就作为 C。如图 3-9-10,由于 $\overrightarrow{AC}$ 与 $\overrightarrow{OB}$ 方向相同,长度相等,$OACB$ 是平行四边形。OA、OB 是平行四边形的一组邻边,OC 是对角线,$\overrightarrow{OA}+\overrightarrow{OB}=\overrightarrow{OC}$ 就是向量加法的平行四边形法则。

另一种解释是:$C=A+B=A+(B-O)=A+\overrightarrow{OB}$,$A$ 按 $\overrightarrow{OB}$ 的方向与距离移动到 C。按 $\overrightarrow{OB}$ 的方向不要求从 O 出发,从任意点 A 出发,与 $\overrightarrow{OB}$ 同样方向移动同样距离,到达的点 C 就是 $A+B$,此时 B 不代表一个点,而代表一个位移 $\overrightarrow{OB}$。

由于 $C=A+B=A+\overrightarrow{OB}$ 由 A 经过位移 $\overrightarrow{OB}$ 得到,位移 $\overrightarrow{OB}$ 显然与 O 的位置有关。不同的 O 就导致 A 经过不同的位移 $\overrightarrow{OB}$ 到达不同的 C。比如取 B 为原点 O,则 $A+B=A+O=A$ 仍停留在 A。如果取与 B 相距很远的 O,则 A 到 C 也很远。

但减法 $B-A$ 与原点的选取无关。不管你选哪个位置 O 为原点,不管 $\overrightarrow{OA}=A-O$ 与 $\overrightarrow{OB}=B-O$ 多么不同,做了减法 $\overrightarrow{OB}-\overrightarrow{OA}=(B-O)-(A-O)=B-A$ 都把 O 抵消掉了,与 O 无关。

每个点 $P=P-O=\overrightarrow{OP}$ 代表向量 $\overrightarrow{OP}$,实数 λ 乘 P 也就是乘向量 $\overrightarrow{OP}$,将 OP 的长度乘 $|\lambda|$,方向不变(当 $\lambda>0$)或变到相反(当 $\lambda<0$)。

由此可知:点 A、B 做加减,乘实数,其实就是从原点 O 到 A、B 的位移向量 $\overrightarrow{OA}$、$\overrightarrow{OB}$ 做加减与乘实数。只不过把向量 $\overrightarrow{OA}$、$\overrightarrow{OB}$ 写成点 A、B 更简单明了。

例 5　如图 $3-9-11$,求证:

(1) 平行四边形 $OACB$ 的对角线 OC、AB 互相平分。

(2) 三角形 OAB 三条中线 OM、AP、BN 交于一点。

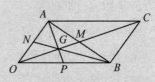

图 $3-9-11$

证明　首先给出三点在同一条直线上的条件。

比如,B、G、N 在同一条直线上的条件为:$\overrightarrow{GB}$、$\overrightarrow{GN}$ 的某两个实数倍 $a\overrightarrow{GB}$、$b\overrightarrow{GN}$ 抵消。

$$a\overrightarrow{GB}+b\overrightarrow{GN}=a(B-G)+b(N-G)=aB+bN-(a+b)G=0。$$

只要 $aB+bN=(a+b)G$,则 $a(B-G)=b(G-N)$,G 分 NB 为两段,长度比为 $\dfrac{a}{b}$。

(1) $C=A+B$。设 M 是 OC 中点,则 $2M=A+B$,即 $M-A=B-M$,

也就是 $\overrightarrow{AM} = \overrightarrow{MB}$。$M$ 也是 AB 的中点。

对角线 OC、AB 互相平分。

(2) 我们有 $2M = A + B = A + 2P = 2N + B$。取 $2M = 3G$。

由 $3G = A + 2P$ 知 $A - G = 2(G - P)$,即 $\overrightarrow{GA} = 2\overrightarrow{PG}$。$G$ 是 AP 的三等分点。

由 $3G = 2N + B$ 知 $G - B = 2(N - G)$,即 $\overrightarrow{BG} = 2\overrightarrow{GN}$。$G$ 是 BN 的三等分点。

又 $G = 2(M - G)$,即 $\overrightarrow{OG} = 2\overrightarrow{GM}$,$G$ 是 OM 的三等分点。

G 是三条中线 OM、AP、BN 的公共点,且三等分三条中线。

三、减法算夹角

角由旋转产生,表示始边方向到终边的方向变化。既然是变化,就等于终边方向减始边方向的差:

终边方向－始边方向＝旋转角,终边方向＝始边方向＋旋转角。

始边与终边方向相同 $\Leftrightarrow$ 终边方向－始边方向＝夹角＝$0°$。

始边与终边方向相反 $\Leftrightarrow$ 终边方向－始边方向＝夹角＝$180°$。

相交直线夹角既不为 $0°$,也不为 $180°$,方向既不相同也不相反。

如果两条直线方向相同或相反,不能相交,只能重合或平行。

如果两条直线不重合,方向相同或相反,一定不相交,只能平行。

每条线段与它的延长线方向相同。AB 与 BA 的方向相反。

两条平行射线,如果在它们起点连线的同侧,则方向相同;如果在起点连线的异侧,则方向相反。

例6 两条直线与第三条直线相交。

(1) 如果同位角相等,或者内错角相等。则两条直线平行。

(2) 如果两条直线平行,则同位角相等,内错角相等。

证明　如图 $3-9-12$,两条直线 AB、CD 与第三条直线 MN 分别相交于 S、T。

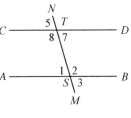

图 $3-9-12$

(1) 设同位角 $\angle 1 = \angle 5$ **相等**。TN 是 ST 的延长线,方向相同。

SA 方向 $= ST$ 方向 $+ \angle 1 = TN$ 方向 $+ \angle 5 = TC$ 方向。

SA 与 TC 方向相同,所在直线不重合,因此 $SA \parallel TC$,即 **$AB \parallel CD$**。

设内错角 $\angle 1 = \angle 7$ **相等**。由 ST 与 TS 方向相反得 ST 方向 $= TS$ 方向 $+ 180°$。

$$SA \text{ 方向} = ST \text{ 方向} + \angle 1 = (TS \text{ 方向} + 180°) + \angle 7$$
$$= (TS \text{ 方向} + \angle 7) + 180° = TD \text{ 方向} + 180°$$
$$= TC \text{ 方向}。$$

$SA \parallel TC$, **$AB \parallel CD$**。

(2) 已知 **$AB \parallel CD$**,且 SA、TC 在 ST 同侧,因此 SA 方向 $= TC$ 方向。又有 ST 方向 $= TN$ 方向,因此 $\angle 1 = SA$ 方向 $- ST$ 方向 $= TC$ 方向 $- TN$ 方向 $= \angle 5$。**同位角相等**。

SA 与 TD 方向相反,ST 与 TS 方向相反。

因此 SA 方向 $= TD$ 方向 $+ 180°$,ST 方向 $= TS$ 方向 $+ 180°$。

$$\angle 1 = SA \text{ 方向} - ST \text{ 方向} = (TD \text{ 方向} + 180°) - (TS \text{ 方向} + 180°)$$
$$= TD \text{ 方向} - TS \text{ 方向} = \angle 7。\text{ **内错角相等**}。$$

例 7　求三角形 ABC 的内角和。

解　如图 $3-9-13$。从边 CA 的中点 S 出发,沿逆时针方向沿三角形三边绕行一圈回到出发点。考察方向改变了多少。

从起点 S 出发沿 CA 方向前进到顶点 A,这一段方向不变。

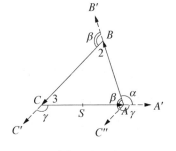

图 $3-9-13$

到顶点 A 进入下一条边 AB，由 CA 的延长线方向 AA' 转到 AB 方向，旋转角 $\angle A'AB = \alpha$，是 $\triangle ABC$ 在顶点 A 的外角。

沿 AB 边方向不变，到顶点 B 进入下一边 BC，方向旋转外角 $\angle B'BC = \beta$。

沿 BC 边方向不变，到顶点 C 进入下一边 CA，方向旋转外角 $\angle C'CA = \gamma$。

回到出发时的方向 CA 继续前进到出发点 S，方向不变。

在每条边上行进时方向都不变，在三个顶点各沿逆时针方向转一个外角 α、β、γ，最后回到原方向，方向改变的总量当然不是 $0°$，而是转一圈回到原方向。总角度 $\alpha + \beta + \gamma = 360°$。

过顶点 A 作对边 BC 的平行线 AC'' 与 BC 方向相同。则 BC、CA 分别保持方向不变搬到从 A 点出发 AC''、AA'。外角 $\beta = \angle B'BC$，$\gamma = \angle C'CA$ 被搬到它们的同位角 $\angle BAC'' = \beta$，$\angle C''AA' = \gamma$。以 A 为顶点的三个角 α、β、γ 之和正好依次填满一圈，和为 $360°$。这就证明了三角形外角和 $\alpha + \beta + \gamma = 360°$。

内角和为 $(180° - \alpha) + (180° - \beta) + (180° - \gamma) = 3 \times 180° - (\alpha + \beta + \gamma) = 3 \times 180° - 360° = 180°$。

探与究 沿凸 n 边形各边走一圈，同样在每个顶点转一个外角，同样是转了一圈回到原方向，同样得到外角和 $360°$，内角和 $n \cdot 180° - 360° = (n-2)180°$。

不计算三角形内角和而计算外角和，这个方案是陈省身提出来的。其实，他的要点不在于算内角还是算外角，而是把角理解为方向的变化，计算绕三角形或多边形各边走一圈导致的方向变化，总变化必定是 $360°$，每个顶点的变化必定是一个外角。陈省身这个方案提出了很多年，却没有在教学中得到采纳。除了因循守旧的思维习惯的阻挠之外，有一个技术性的原因是：每个顶点转一个外角，方向变化总量是不是这些外角之和？也就是：不同顶点的方向变化能不能相加？解决方案很简单：将各个外角的终边保持方向不变移到同一顶点，角也就保持不变移到同一顶点，就可以相加了。终边保持方向不变移到同一顶点就是过这个顶点作平行线,角也保持不变移过来就是同位角相等。用方向差别来理解角,不同顶点的同位角的两边既然方向相同,角度当然相等。平行线的同位角相等的直观意义,就是保持两边方向不变把角平移到新的顶点。凡是需要把不同顶点的角比较大小或者相加相减,都作平行线把角移到同位角。

四、面积算几何

例8 如图 $3-9-14$,跳板 AB 长 $5\,\mathrm{m}$,B 端比 A 端高 $1\,\mathrm{m}$。A 端到跳板上 E 点距离 $3.5\,\mathrm{m}$。E 点比 A 端高多少?

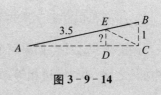

图 $3-9-14$

解 连接 EC。根据三角形面积公式 $\frac{1}{2} \times$ 底 $\times$ 高 计算 $\triangle AEC$ 与 $\triangle ABC$ 的面积比

$$\frac{S_{\triangle AEC}}{S_{\triangle ABC}} = \frac{\frac{1}{2}AC \cdot ED}{\frac{1}{2}AC \cdot BC} = \frac{ED}{BC}。$$

两个三角形底相等,高不同,面积比约掉 $\frac{1}{2}$ 及公共底边长 AC,就等于高之比。

另一方面,这两个三角形的面积可以通过它们另一条底边 AE、AB 与高 h 的乘积的一半来计算。这两条底边 AE、AB 在同一条直线上,高 h 是它们的公共顶点 C 到底边所在直线 AB 的垂线长 h,也是公共的。因此,面积比

$$\frac{S_{\triangle AEC}}{S_{\triangle ABC}} = \frac{\frac{1}{2}AE \cdot h}{\frac{1}{2}AB \cdot h} = \frac{AE}{AB},$$

由此得到 $\dfrac{ED}{BC}=\dfrac{S_{\triangle AEC}}{S_{\triangle ABC}}=\dfrac{AE}{AB}=\dfrac{3.5}{5}=0.7$。

$ED=0.7BC=0.7\times1=0.7(\mathrm{m})$。$E$ 比 A 端高 $0.7\,\mathrm{m}$。

探与究　本题的常规解法是由 $\mathrm{Rt}\triangle AED$ 与 $\mathrm{Rt}\triangle ABC$ 相似得对应边成比例 $\dfrac{ED}{BC}=\dfrac{AE}{AB}$。我们这里却可以假定学生没有学过三角形相似,利用三角形面积比就得到同样的比例。三角形面积公式是小学知识。比例和约分也是小学知识,用小学知识就解决了问题。显然不只用来算本题的特殊数据,而且可以对任意两个有公共角的直角三角形得出同样结论。

三角形面积等于 $\dfrac{1}{2}$ 乘底乘高。两个三角形的面积比,$\dfrac{1}{2}$ 当然要约掉,等于底与高的乘积之比。如果两个三角形高相同,共同的高也约掉,面积比就等于底边长之比;如果底边相等,共同的底边约掉,面积比就等于高之比。这个道理很简单。精彩的是:三角形有三条底边三条高,以这条边为底有可能共边,换成另一条底边又变成共高了。例 8 中的 $\triangle AEC$ 与 $\triangle ABC$,既有公共边 AC,又可以换成以 AE、AB 为边,就有公共高了。相同的面积比有多种表达式,就产生很多方程,解出很多知识。

这不是要否定相似三角形的教学。恰好相反,是用面积比建立相似三角形的知识体系。三角形相似理论的建立很有难度。用小学的面积公式和比例约分却可以让它变容易。

例 9　(平行线截得比例线段定理)如图 3-9-15,三条平行线 $AB /\!/ CD /\!/ EF$ 与两条直线相交,与其中第一条直线分别交于 A、C、E,与第二条直线分别交于 B、D、F。

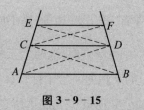

图 3-9-15

求证:$\dfrac{AC}{CE}=\dfrac{BD}{DE}$,$\dfrac{CE}{AE}=\dfrac{DF}{BF}$。

解　连接 AD、BC、CF、DE。

$\triangle ACD$、$\triangle ECD$、$\triangle AED$ 在底边 AC、CE、AE 上共高,面积比等于底边长之比: $\dfrac{S_{\triangle ACD}}{S_{\triangle ECD}} = \dfrac{AC}{CE}$, $\dfrac{S_{\triangle AED}}{S_{\triangle ECD}} = \dfrac{AE}{CE}$。

$\triangle BCD$、$\triangle FCD$、$\triangle BCF$ 在底边 BD、FD、BF 上共高,面积比等于底边长之比: $\dfrac{S_{\triangle BCD}}{S_{\triangle FCD}} = \dfrac{BD}{FD}$, $\dfrac{S_{\triangle BCF}}{S_{\triangle FCD}} = \dfrac{BF}{FD}$。

$\triangle ACD$、$\triangle BCD$ 共同底边 CD 上的高是平行线 AB、CD 之间的相等距离,这两个三角形同底等高,面积相等,即 $S_{\triangle ACD} = S_{\triangle BCD}$。

$\triangle ECD$、$\triangle FCD$ 是平行线 EF、CD 间同底等高三角形,它们的面积相等,即 $S_{\triangle ECD} = S_{\triangle FCD}$。

两个面积等式相加得

$$S_{\triangle AED} = S_{\triangle ACD} + S_{\triangle ECD} = S_{\triangle BCD} + S_{\triangle FCD} = S_{\triangle BCF}.$$

于是 $\dfrac{AC}{CE} = \dfrac{S_{\triangle ACD}}{S_{\triangle ECD}} = \dfrac{S_{\triangle BCD}}{S_{\triangle FCD}} = \dfrac{BD}{FD}$,

$$\dfrac{CE}{AE} = \dfrac{S_{\triangle ECD}}{S_{\triangle AED}} = \dfrac{S_{\triangle FCD}}{S_{\triangle BCF}} = \dfrac{FD}{BF}.$$

以上证明的结论就是**平行线截得比例线段定理**:

两条直线被三条平行线所截,截得的线段成比例。

例 10　(三角形的中位线定理)三角形 OCD 两边 OC、OD 中点 M、N 的连线称为这个三角形的**中位线**。求证:中位线 MN 具有如下性质:

　　(1) $MN \mathbin{/\mkern-6mu/} CD$; (2) $MN = \dfrac{1}{2} CD$。

证明　如图 3 - 9 - 16,连接 CN、DM。$\triangle MCD$ 与 $\triangle OCD$ 在底边 MC、OC 上共高。

面积比 $\dfrac{S_{\triangle MCD}}{S_{\triangle OCD}} = \dfrac{MC}{OC} = \dfrac{1}{2}$，得 $S_{\triangle MCD} =$

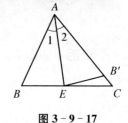

$\dfrac{1}{2}S_{\triangle OCD}$。

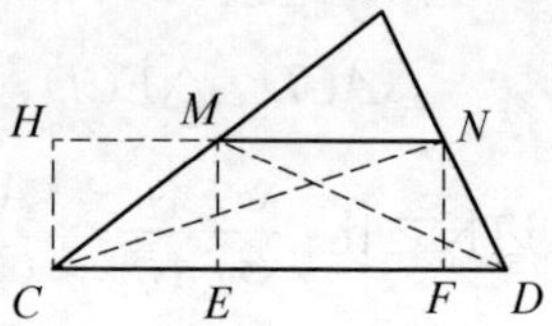

同理，$\dfrac{S_{\triangle NCD}}{S_{\triangle OCD}} = \dfrac{ND}{OD} = \dfrac{1}{2}$，得 $S_{\triangle NCD} =$

图 3-9-16

$\dfrac{1}{2}S_{\triangle OCD} = S_{\triangle MCD}$。

$\triangle MCD$ 与 $\triangle NCD$ 有公共底边 CD，面积比 $\dfrac{S_{\triangle MCD}}{S_{\triangle NCD}} = 1 = \dfrac{ME}{NF}$，等于高之比。

因此高 $ME = NF$ 相等，$MEFN$ 一组对边 ME、NF 平行且相等，是平行四边形。

这证明了 $MN \parallel EF$，也就是 $MN \parallel CD$。

$\triangle CMN$ 与 $\triangle NCD$ 的高 $CH = NF$，面积比 $\dfrac{S_{\triangle CMN}}{S_{\triangle NCD}} = \dfrac{MN}{CD}$，等于底之比。

$\triangle CMN$ 与 $\triangle CON$ 在边 CM、CO 上共高，面积比 $\dfrac{S_{\triangle CMN}}{S_{\triangle CON}} = \dfrac{CM}{CO} = \dfrac{1}{2}$。

$\triangle CON$ 与 $\triangle NCD$ 的底边长 $ON = DN$，高相同，面积相等，即 $S_{\triangle CON} = S_{\triangle NCD}$。

因此 $\dfrac{MN}{CD} = \dfrac{S_{\triangle CMN}}{S_{\triangle NCD}} = \dfrac{1}{2}\dfrac{S_{\triangle CON}}{S_{\triangle CON}} = \dfrac{1}{2}$。

这证明了 $MN = \dfrac{1}{2}CD$。

例 11 （角平分线定理）三角形 $\triangle ABC$ 的角平分线 AE 分对边 BC 为两部分 BE、EC 长度之比 $\dfrac{BE}{EC} = \dfrac{AB}{AC}$ 等于两边之比。

证明 如图 3-9-17，以角平分线 AE 为对称轴将一边 AB 翻折到另一边 AB 上成为 $AB' = AB$，则面积比

图 3-9-17

$$\frac{S_{\triangle ABE}}{S_{\triangle AEC}} = \frac{S_{\triangle AB'E}}{S_{\triangle AEC}} = \frac{AB'}{AC} = \frac{AB}{AC}, \tag{1}$$

等于边长比。

另一方面，$\triangle AEB$、$\triangle AEC$ 在底边 AE、EB 上共高，面积比等于底边长 BE、EC 之比。因此

$$\frac{S_{\triangle ABE}}{S_{\triangle AEC}} = \frac{S_{\triangle AEB}}{S_{\triangle AEC}} = \frac{BE}{EC}。 \tag{2}$$

比较等式(1)、(2)的结果得：$\dfrac{AB}{AC} = \dfrac{BE}{EC}$。

例 12　三角形每个顶点到对边中点的连线称为对边上的中线。

(1) 求证：任意 $\triangle ABC$ 的三条中线交于一点 G；

(2) 确定 G 在每条中线上所处的位置。

分析　设 G 是 $\triangle ABC$ 的两条中线 AM、BN 的交点，如图 $3\text{-}9\text{-}18$，CG 的延长线交 AB 于 P。只需证明 $PA = PB$，则 CP 是 AB 边上的中线，就证明了三条中线 AM、BN、CP 交于点 G。例 5 通过点的减法给出了一个证明，根据三个点 A、G、M 的实数倍满足的加法性质 $aA + bM = (a+b)G$ 来判定这三点共线。

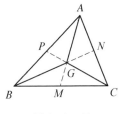

图 3-9-18

现在利用面积比判定 A、M、G 共线。

如图 $3\text{-}9\text{-}19$，$\triangle ABM$ 与 $\triangle ACM$ 在底边 BM、CM 上共高，面积比 $\dfrac{S_{\triangle ABM}}{S_{\triangle ACM}} = \dfrac{BM}{CM}$，等于底边长之比。

$\triangle ABM$ 与 $\triangle ACM$ 还有公共边 AM，面积比 $\dfrac{S_{\triangle ABM}}{S_{\triangle ACM}} = \dfrac{h_1}{h_2}$，等于公共边 AM 上的高之比。

只要 G 在直线 AM 上，把两个三角形 $\triangle ABM$、

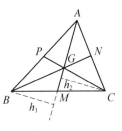

图 3-9-19

△ACM 的公共边 AM 换成 AG,不公共的顶点 B、C 不变,得到的两个三角形 △ABG、△ACG 在新的公共边 AG 上的高仍分别是 h_1、h_2,面积比

$$\frac{S_{\triangle ABG}}{S_{\triangle ACG}}=\frac{h_1}{h_2}=\frac{S_{\triangle ABM}}{S_{\triangle ACM}}=\frac{BM}{CM}。$$

面积比判定三点共线　　$\dfrac{S_{\triangle ABG}}{S_{\triangle ACG}}=\dfrac{BM}{CM}\Leftrightarrow A、M、G$ 同在一条直线上。

本节介绍的用三角形面积比研究线段比的方法,是张景中先生经过多年实践和研究提出的。他还利用单位菱形面积引入了正弦。详细内容可参见张景中著《一线串通的初等数学》,由科学出版社出版。以上这个关于共边三角形 △ABG、△ACG 面积比的结论,在书中称为共边定理,见这本书的第 11 页。

证明　(1) 如图 3 - 9 - 18。已知 AM、BN 是中线,因此 BM = CM, AN = CN。

$$\frac{S_{\triangle ABG}}{S_{\triangle ACG}}=\frac{BM}{CM}=1,\ \frac{S_{\triangle ABG}}{S_{\triangle BCG}}=\frac{AN}{CN}=1$$

$$\Rightarrow S_{\triangle ACG}=S_{\triangle ABG}=S_{\triangle BCG}\Rightarrow\frac{AP}{BP}=\frac{S_{\triangle ACG}}{S_{\triangle BCG}}=1\Rightarrow CP\ 是中线。$$

(2) △ABC、△GBC 有公共边 BC,保持公共边 BC 之外两个顶点 A、G 不变。将公共边 BC 变成同一直线上的 BM,得到的两个三角形△ABM、△GBM 的面积比不变。这两个三角形在另外两边 AM、GM 上共高,面积比等于底边 AM、GM 之比。因此

$$\frac{AM}{GM}=\frac{S_{\triangle ABM}}{S_{\triangle GBM}}=\frac{S_{\triangle ABC}}{S_{\triangle GBC}}=\frac{S_{\triangle ABG}+S_{\triangle ACG}+S_{\triangle GBM}}{S_{\triangle GBM}}=3。$$

G 是三条中线上的三等分点,到各边中点的距离占中线长度的 $\frac{1}{3}$。

例 13　试确定任意△ABC 各顶点向对边所引的直线段 AM、BN、CP 交于一点 G 的条件。

解　仍如图 3 - 9 - 19。由 $\dfrac{BM}{CM} = \dfrac{S_{\triangle ABG}}{S_{\triangle ACG}}$，$\dfrac{CN}{AN} = \dfrac{S_{\triangle BCG}}{S_{\triangle ABG}}$，$\dfrac{AP}{BP} = \dfrac{S_{\triangle ACG}}{S_{\triangle BCG}}$，得

$$\frac{BM}{CM} \cdot \frac{CN}{AN} \cdot \frac{AP}{BP} = 1。$$

这个结论叫做**塞瓦定理**。